京汉铁路
工人大罢工再研究

刘　莉◎著

ZHEJIANG UNIVERSITY PRESS
浙江大学出版社
·杭州·

目　录

绪　论 ……………………………………………………………… 1

第一章　宏大背景:大罢工的舞台和环境 …………………… 8

第一节　京汉铁路的自主化过程 ………………………… 8

第二节　京汉铁路沿线地理环境 ………………………… 12

第三节　京汉铁路沿线社会环境 ………………………… 20

小　结 ……………………………………………………… 44

第二章　内在动因:铁路工人群体的生存状态和力量成长 …… 47

第一节　工作状况 ………………………………………… 47

第二节　生存困境 ………………………………………… 66

第三节　分裂性因素与早期反抗 ………………………… 85

第四节　力量成长 ………………………………………… 99

小　结 ……………………………………………………… 112

第三章　外在动因:各种大罢工触发因素的积聚 ………… 114

第一节　国内外罢工潮流的影响 ………………………… 114

第二节　灾荒的影响 ……………………………………… 130

第三节　政治力量的介入 ………………………………… 138

第四节　北洋政府的防控 ………………………………… 177

小　结 ……………………………………………………… 185

第四章　即时反应:大罢工爆发前后的各方反应与博弈 ……………… 187

第一节　大罢工 …………………………………………………… 187

第二节　北洋政府的应对 ………………………………………… 209

第三节　社会各界对大罢工的反应 ……………………………… 238

第四节　二七惨案后的救济工作 ………………………………… 254

小　结 ……………………………………………………………… 266

第五章　罢工效应:革命史视野下的后续效应与百年符号流播 ………… 268

第一节　大罢工的社会效应 ……………………………………… 268

第二节　"二七"符号的建构和传播 ……………………………… 283

第三节　政治符号与社会动员:"二七"纪念与近代中国革命 ……… 312

第四节　新中国成立后"二七"符号的重塑和流变 ……………… 333

小　结 ……………………………………………………………… 343

结　语 ………………………………………………………………… 345

参考文献 ……………………………………………………………… 347

绪　论

一、选题意义

工人阶级是近代中国社会的一支新兴社会力量，是 20 世纪中国社会运动和社会革命的能动主体之一。纵观 20 世纪的中国社会，工人运动及工人群体以其数量之多，参与面之广，声势之浩大，对近代中国社会的变迁进程产生了深远影响。20 世纪中国的政治变革，从辛亥革命到五四运动，再到国民政府的兴衰、新中国的成立，及此后政治形势的发展，无不深受工人运动的影响。一些学者甚至声称，"有群众基础的运动和由此产生的冲突，是社会变迁的首要能动主体"①。

举凡我国近代社会变迁、思想醒觉、经济发展，以及政治演进、国家兴衰，在在与铁路问题有关。② 近代中国铁路工人是伴随着中国铁路的兴建、运营产生的，铁路工人群体集中程度高、组织力强，文化素质相对较高，与先进的生产方式相联系，其工作直接关系国计民生。因此，铁路工人群体往往受到国家政权和其他政治力量的重视，成为近代中国社会各方政治力量争相联合和利用的对象。可以说，铁路工人群体对近代中国社会的历史进程产生了重要的影响。因此，本书再次把京汉铁路工人大罢工事件作为研究的原点，"将工人阶级带回分析的中心"。

本书之所以称"京汉铁路工人大罢工再研究"，是因为本书是在目前学术

---

① ［波］彼得·什托姆普卡：《社会变迁的社会学》（林聚任等译），北京大学出版社 2011 年版，第264 页。

② 凌鸿勋：《中国铁路志》，沈云龙主编：《近代中国史料丛刊续编》（第 93 辑），文海出版社 1982 年版，前言第 1 页。

界已有大量前期研究成果的基础上再以新视野所做的新探索，既包含着对以往研究成果的继承，也包含着批判。不同的时代有不同的历史研究视野。就学术立意而言，本书是以社会史的视野重新探讨大罢工发生的来龙去脉及其所产生的深远影响，以加深对近代铁路工人群体的认识，并对大罢工在中国革命进程中的地位和影响有更准确的定位，从而在史学方法论上推进革命史与社会史的有机融合；就研究过程而言，本书是站在前人的肩膀上而进行的攀登；就研究内容而言，本书重点探讨的是此次大罢工发生的深刻原因及产生的深远影响；就研究的结果而言，本书力求接近历史原貌。

工人阶级作为近代中国社会的一支新兴社会力量，自产生以来就不乏关注。早在民国初期，劳工问题就已引起政府、政党、社会团体、媒体、学界等社会各界的关注。新中国成立以后，国内掀起了工人运动研究的热潮，大量有关工人运动的资料汇编和研究成果问世。近年，国内学界对工人运动史的研究有渐冷趋势，国外学界对劳工问题的研究亦同样辉煌不再。总体而言，国内外学术界对工人运动问题的研究虽时热时冷，却从未沉寂。美国学者裴宜理的《上海罢工——中国工人政治研究》一书从社会史的角度入手，以工人的自身诉求为研究中心，认为在近代中国"不同的工人从事不同的政治"[1]。裴氏的另一名作《华北的叛乱者与革命者（1845—1945）》则采用了社会生态学和环境学的视角与方法，分析了特定区域的地理生态环境与集体暴力之间的关系。[2] 贝弗里·J.西尔弗从全球化的角度认为 19 世纪晚期以来地方的劳工运动与国际范围内的政治、经济、社会进程是密切相关的。[3] 这些国外学者的研究方法和研究视角迥异于传统中国学者，给中国学界带来了新的启发和思考。受此影响，越来越多的中国学者开始注意内部取向，关注内源性因素在集体行动事件中所发挥的主导作用。同时，国际工运思潮、生态环境等外源性因素在集体行动中的催化作用也越来越受到工运学者的青睐。

---

① ［美］裴宜理：《上海罢工——中国工人政治研究》（刘平译），江苏人民出版社 2012 年版。

② ［美］裴宜理：《华北的叛乱者与革命者（1845—1945）》（池子华、刘平译），商务印书馆 2007 年版。

③ ［美］贝弗里·J.西尔弗（Beverly J. Silver）：《劳工的力量——1870 年以来的工人运动与全球化》（张璐译），社会科学文献出版社 2012 年版。

　　尽管国内已有数量惊人的工人运动方面的研究成果,但仍有许多问题有待探讨。社会运动是近代中国社会变迁的承载者、传播者,在一些关键历史时刻参与并影响了近代中国社会的历史进程。它不是凭空产生的,而是内在于社会之中。那么,近代中国社会为何催生了数量如此之多的工人运动?工人群体的阶级意识是如何形成的?政党在工人运动中发挥了怎样的作用?工人阶级参与集体行动的诉求和政党的政治目标有多大程度的吻合?工人运动对近代中国的历史进程产生了什么影响?马克思主义理论认为社会运动根源于阶级利益,是历史自身力量的体现,是历史必然发展趋势的工具、载体、执行者,它们可以放慢或加快历史进程,而不会导引历史进程。但社会运动的现代理论则认为社会运动是社会变迁的真正动因主体,而不是自主的历史过程的衍生物。社会运动产生、构建、创造历史,而不只是被动地执行变革和革命。工人运动在近代中国的历史进程中无疑扮演了一种很重要的角色。那么,工人群体作为“历史的行动者”是怎样从一个自在阶级成长为自为阶级的?近代中国工人运动既是近代中国社会模式的产物同时又是生产者,它们在近代中国的社会进程中参与和形成了怎样的政治话语、权力格局和文化符号?

　　在当今社会,特别是在欧美发达国家,由于“后工业社会”的来临,工人阶级不再是社会运动和社会革命的主要力量,工人阶级正从政治舞台退隐而去,工人运动亦日渐式微。西方社会学界将此种情况称为“双重危机”,即劳工运动本身的危机以及劳工运动研究的危机。然而,工人阶级在某些发达国家的沉寂并不代表着其他国家的工人阶级也同样丧失了历史意义。相反,如果我们放眼全球,就会发现产业工人阶级正在进行国际重组,在众多发展中国家和转型期国家中,工人阶级正在迅速崛起。其中,中国正在成为“世界工厂”,并拥有全球最庞大的工人阶级。

　　目前,我国正处于社会转型期,也是各种社会矛盾和敏感问题的多发期。其中,劳资纠纷仍是较为频发的社会矛盾之一。然而,当今我国社会的劳资关系已发生深刻变化。工人阶级表现出新的时代特点,如新生代的农民工权利意识提升,敢于主张利益,有较强的参与意识和集体行动意识,懂得用法律维护自身权益等。同时,现代工人群体性事件与早期工人运动仍有诸多相似之处,如劳资纠纷的核心问题仍是工作待遇问题,斗争方式仍带有原始色彩等。

这就迫切要求政府要及时找准自身在劳动关系中的角色定位,发挥政府应有的干预机能,维护劳动者的合法权益,才能化解劳动关系中的矛盾,构建和谐社会。"鉴往所以知来,考古乃能论今",工人阶级的产生渊源、成长轨迹、历史命运、对社会变迁的作用及对未来的影响等问题应该成为当前中国社会史研究和关注的重要议题。

二、国内外研究现状

100 年来,中外学界对京汉铁路工人大罢工事件的研究不断关注和推进,且带有时代痕迹,呈现出阶段性特征。新中国成立前,学界对这一历史事件的研究注重对铁路劳工问题、罢工意义及事件本身的回顾,研究目的主要是满足铁路事业发展和现实政治的需要。新中国成立后至 2000 年前后,学界主要将此次大罢工事件作为党史的一部分来进行研究,其内容重在研究中国共产党在大罢工中的领导作用和工人阶级的斗争精神。2000 年以来,有关京汉铁路工人大罢工事件的研究表现出新的特点,如研究视角逐渐多元化、研究视野更加开阔、研究中心逐渐下移等。现就 21 世纪以来国内外有关京汉铁路工人大罢工史的研究热点作一简要回顾和总结:

第一,关于共产国际与京汉铁路工人大罢工的关系。新史料的不断出现,对于深入研究京汉铁路工人大罢工与共产国际的关系提供了新的史料和视角。徐有礼认为在京汉铁路工人大罢工前,苏俄及共产国际已意识到孙中山、吴佩孚联合的渺茫,决定"全力支持国民党",但没有预见到吴佩孚在遭受这一外交冷遇后会寻机报复,更未预料到吴佩孚的这一举动将会给中国革命运动带来破坏。徐有礼认为苏俄的这一疏忽直接影响了中国共产党对国内政治形势的判断及活动,导致中国共产党不能妥善应对事变,大罢工遂以失败而告终。[①]郑志廷、李凤伟对吴佩孚制造二七惨案的背景进行了研究,他们认为苏俄对华政策的转变是吴佩孚制造二七惨案的外部因素;中国共产党领导的工人运动威胁到了吴佩孚的统治,是其政治因素;大罢工损害了吴佩孚的经济利

---

① 徐有礼:《苏俄政府在华策略与京汉铁路工人罢工》,《许昌学院学报》2003 年第 4 期。

益,是导致吴佩孚制造二七惨案的直接因素。① 胡云霞认为京汉铁路之所以能陆续建立工人俱乐部,中国第一次工运高潮之所以发生在吴佩孚控制下的区域,与共产国际的联吴政策不无关系。她认为二七惨案导致苏俄及共产国际彻底放弃了联吴计划,并最终选择孙中山为革命伙伴。② 从上述研究成果可知,京汉铁路工人大罢工事件确与共产国际的"联孙联吴"政策不无关系。

　　第二,对京汉铁路工人群体的研究。作为此次大罢工事件中的主体力量,京汉铁路工人群体也成为学界关注的对象之一。涉及这一群体的研究成果主要有:徐协华在《铁路劳工问题》一书中对民国年间的铁路劳工问题进行了全面研究③;《二七革命斗争史》一书对京汉铁路工人的早期状况进行了研究,认为铁路工人与先进的经济形式相联系,并在大工业生产中养成了高度的组织性和纪律性,因此工人阶级在革命斗争中比任何阶级都坚决、彻底。该书认为铁路工人的这些优点对中国工人运动甚至整个革命斗争都产生了重大深远的影响。④ 孙自俭对民国时期的国有铁路工人群体进行了研究,其中也较多地关注到京汉铁路工人这一群体。⑤ 陈龙则宏观剖析了北京政府时期的铁路工人,其中也涉及对京汉铁路工人的研究。⑥ 上述研究成果虽已关注到京汉铁路工人这一群体,但并未将京汉铁路工人群体聚焦于研究中心。

　　第三,对"二七"纪念和"二七"符号的研究。近 10 年来,"二七"纪念和"二七"符号成为学界关注的新热点。李良明、黄飞探讨了大革命前中国共产党早期领导人有关"二七"纪念的著述及其意义、价值等问题。⑦ 刘莉认为 20 世纪 20 年代国共关系虽经历了分分合合,但在建构和传播"二七"符号的过程中皆发挥了积极作用。二七惨案后,国共两党从多个维度对"二七"事件进行了塑造,不断建构和强化"二七"符号。经过国共两党的不断阐释和塑造,"二七"符

---

① 郑志廷、李凤伟:《试论吴佩孚制造"二七惨案"的背景》,《历史教学》2003 年第 8 期。
② 胡云霞:《"二·七"惨案前后共产国际联吴政策的演变》,《西南交通大学学报》2004 年第 3 期。
③ 徐协华:《铁路劳工问题》,东方书局 1931 年版。
④ 中国铁路史编辑研究中心:《二七革命斗争史》,当代中国出版社 1993 年版。
⑤ 孙自俭:《民国铁路工人群体研究》,华中师范大学博士论文 2012 年。
⑥ 陈龙:《北京政府时期铁路工人研究》,安徽师范大学硕士论文 2012 年。
⑦ 李良明、黄飞:《中共早期领导人与大革命失败前的"二七"纪念》,《中共党史研究》2013 年第 11 期。

号成为"反对军阀""反对帝国主义"等多重象征意义的政治符号。在近代中国革命进程中,"二七"符号发挥了重要的社会动员作用。① 卢鹏、俞祖华先后对全面抗战时期、延安时期、新民主主义时期中国共产党"二七"纪念的话语体系、媒体传播等问题进行了研究。②

第四,对"二七"精神的阐释与传承。100年来,中国共产党和学界不断地赋予"二七"精神新的时代内涵。关于其丰富内涵,新时代以来主要有以下几种阐释:一是千里同轨、万众一心的团结精神,坚定信念、追求真理的创新精神,顽强拼搏、勇为前锋的斗争精神和忠诚为民、不怕牺牲的奉献精神。③ 二是坚定理想信念、践行求真务实,牢记初心使命、发扬集体精神,勇担革命先锋、总结斗争教训,忠于党和人民、追求自由解放。④ 三是英勇、团结、牺牲、奉献。⑤

100年来,京汉铁路工人大罢工史的研究取得了诸多值得称道的研究成果,这为本书奠定了重要的研究基础。然而,上述研究成果也存在着明显的不足,以下问题应该引起研究者的注意:其一,研究内容有待进一步深入。现有相关成果中,关于京汉铁路工人群体自身及引发此次集体行动的内源性因素较少受到关注;京汉铁路工人中的帮口问题、工人的生存困境、大罢工造成的损失及社会效应、社会各界对大罢工的反应及对中国社会进程的历史影响等问题仍有待学界进一步探讨。其二,低水平、重复研究现象严重。主要体现在研究的深度不够,泛泛介绍类的研究多,运用理论结合史实深入分析的研究较少。多数研究对事件发生的深层次原因和后续影响挖掘、分析不够,对所研究问题进行的解释和说明又缺乏理论支撑,相当数量的论文选题重复或相近,研究内容缺乏新意。其三,现有研究成果中运用铁路史、社会史方面的文献资料

---

① 刘莉:《20世纪20年代"二七"符号的建构和传播》,《江汉论坛》2017年第5期;刘莉:《政治符号与社会动员:"二七"纪念与近代中国革命》,《民国研究》2017年春季号。
② 卢鹏、俞祖华:《全民抗战时期〈新华日报〉有关"二七"纪念的抗日话语研究》,《档案与建设》2022年第12期;卢鹏、俞祖华:《新民主主义话语建构下"二七"纪念研究》,《安庆师范大学学报》(社会科学版)2023年第3期。
③ 彭音:《"二七精神"的历史特质和科学内涵探析》,《中共郑州市委党校学报》2022年第3期。
④ 王武:《"二七"精神新探》,《郑州航空工业管理学院学报》(社会科学版)2023年第1期。
⑤ 唐正芒:《中国共产党革命精神巡礼》,湘潭大学出版社2015年版。

6

较少,相关资料有待进一步挖掘和利用。

针对上述问题,就研究方法而言,本书采用了跨学科研究法。工人运动是社会矛盾的一种突出体现,京汉铁路工人大罢工事件涉及政治、经济、文化、法律、社会保障等多个层面。错综复杂的社会矛盾和社会环境要求研究者必须进行多面相的观察分析,因而本书综合借鉴了政治学、经济学、法学、社会学、文化人类学、生态学、符号学及传播学等相关学科的研究方法。

在研究内容上,本书以京汉铁路工人大罢工为个案,以京汉铁路工人群体为研究中心,进而探索近代中国社会力量的成长和中国革命力量的起源问题。本书试图在某些重要方面突破传统中国学者对于近代中国工人运动的研究和解读,从环境学、生态学、社会学等角度关注铁路工人群体的生活、工作及所处的社会环境,从更深层次来探索近代中国社会不断发生工人运动的原因,而不是简单地用阶级意识来解释工人运动。本书侧重从铁路工人群体自身及中国社会内部等内源性因素来发现历史。同时,本书也很注重对大罢工发生的外源性因素、即时效应及后续效应的重新分析和解读。在京汉铁路工人大罢工爆发百年之际,谨以此书纪念那些为中国革命事业作出伟大贡献的工人阶级。

第一章 宏大背景:大罢工的舞台和环境

铁路是近代科技的产物,在现代国家的发展过程中扮演着重要的角色。京汉铁路作为一条纵贯中国南北的长途干线,在近代中国历史上意义特殊,它与近代中国的政治、军事、经济、外交及社会变革等密切相关。可以说,在近代中国社会转型期中诞生的京汉铁路从一开始就被染上了浓厚的"近代"色彩。本章旨在考察京汉铁路工人大罢工发生的宏大背景,重构大罢工发生时京汉铁路所处的历史舞台及地理、人文环境。本章首先回顾了京汉铁路的筹建历史,有助于从历史渊源上了解京汉铁路在中国发展的艰难历程。本章还从总体上考察了京汉铁路运营的地理环境和人文环境。通过对京汉铁路所处的宏大背景的透视,可以窥见近代中国社会在传统与现代之间所面临的种种矛盾和挣扎。这种环境为京汉铁路沿线工人运动的兴起提供了社会土壤和历史舞台。

第一节 京汉铁路的自主化过程

与其他"洋人洋物"一样,铁路在中国落地生根同样经历了一个复杂的历史过程。简言之,从拒斥到接受再到兴建进而收归国有,这是京汉铁路早期的发展轨迹。这一变化历程一方面反映了近代化是不可阻挡的世界大势,另一方面也反映了社会转型期国人思想观念的转变历程。从京汉铁路曲折艰难的发展史中,可以预料其运营管理也注定是矛盾重重的。

一、筑路之倡议

1825年,铁路创行于英国。鸦片战争前,一些欧洲来华传教士在撰写的汉文外国史地书籍里，偶有提到铁路、轳辘路、火轮车或火车等名词，有关铁路、火车的知识开始传入中国。五口通商以后，西方列国即屡次提出在中国修筑铁路的要求，但被清政府拒绝。对于早期中国抗拒铁路的原因，李国祁认为国人"是基于国防的理由居多，而造成这种因素的出发点，是对洋人的疑惧。这种疑惧实在是任何一个民族接受外来文化时，必然的现象"①。

　　随着中西接触的频繁与深入，一部分国人逐渐认识到铁路的价值。首先提出修筑京汉铁路的人是薛福成。光绪四年(1878)，薛福成向清政府提出修筑京汉铁路的主张。他从"便于商务，便于转运，便于调兵的几项利益"出发，反驳了当时修筑铁路会夺取人民生计的荒谬之说，并力谏清廷修筑京汉铁路。② 最先对京汉铁路提出具体修筑计划的是刘铭传。光绪六年(1880)，中俄因伊犁问题发生交涉，清廷特召刘铭传进京商议。刘铭传主张速造铁路以图自强，他建议以北京为中心，修筑两条南线与两条北线，而京汉铁路即是其中之一，并提出借用洋款筑路的主张。虽然刘的建议并未被清廷所采纳，但引起了朝堂内外关于修筑铁路的争论。当时，朝中文臣大多不识时务，对筑路多方阻挠，李鸿章、左宗棠、张之洞等封疆大吏则极力赞同。光绪十五年(1889)，两广总督张之洞从经济利益角度奏请清廷修筑卢汉铁路，"苟有铁路，则机器可入，笨货可出，本轻费省，土货旺销，则可大减厘税以鼓舞之"③。张之洞还对卢汉铁路的路线设计、工程费用、材料及筹款方法等进行了筹划。当时，因筑路之议刚起，风气未开，张之洞没敢直接提出将铁路修至北京，而以北京城外十余公里处的卢沟桥为起点。张之洞的奏请，大体上被清廷所采纳。同年8月8日，清廷调张之洞为湖广总督，以便就近办理卢汉铁路。路款方面，清廷规定由户部每年拨款200万两，专供修筑卢汉铁路之用。第二年，随着俄、日对我国东北地区的侵略日益加紧，直隶总督李鸿章奏请挪用卢汉筑路专款，先修关

　　① 李国祁：《中国早期的铁路经营》，台湾商务印书馆1976年版，第179页。
　　② 凌鸿勋：《中国铁路志》，沈云龙主编：《近代中国史料丛刊续编》(第93辑)，文海出版社1982年版，第5页。
　　③ (清)张之洞：《请缓造津通铁路改建腹省干线者》，《张文襄公全集》卷25，中国书店1990年版，第12—18页。

东铁路,卢汉铁路筑路计划因此被搁置数年。①

甲午战后,国势日非,筑路强国成为国人共识。首先是顺天府尹胡燏芬重提旧事,主张修筑卢汉铁路。张之洞也在此时重申卢汉铁路的重要性,指出"铁路成,则万里之外,旦夕可至;小民生业,靡不流通;朝廷耳目,靡不洞达;山川之产,靡不尽出;风俗之陋,靡不尽除。使中国各省铁路全通,则国家气象大变……至于调兵捷速,可省多营",他还特别强调"中国应用铁路之地甚多,当以卢汉一路为先务。此路南北东西,皆处适中,便于通引分布,实为诸路纲领"②。因卢汉铁路路线位于全国中央,对于修筑此路众人皆无异议,修筑卢汉铁路遂正式提上日程。

二、筹款之波折

甲午战败后,巨额的战争赔款使得清廷无力修筑卢汉铁路。国人对国防安全又极为敏感,不愿使用张之洞等提出的以洋人包办工程的办法,最后不得不决定走官督商办之路。光绪二十一年(1895),清廷确定了铁路商办的原则,设立铁路总公司承办卢汉铁路,派盛宣怀为督办铁路大臣。盛宣怀提出筑路资金使用官办、商办、洋股及洋债等各办法。后因官股和商股难筹,铁路总公司遂成为借洋款筑路的运转中心。

修筑卢汉铁路的消息传出后,美、英、德、俄等国资本巨头纷至沓来,展开了对中国铁路借款的激烈争夺。因甲午战后清廷国力虚弱,所以当时所借筑路外债大多出于被动且条件较为苛刻,最终盛宣怀选择了所提条件较为适中、与中国所涉政治关系较小的比利时。然而,比利时的后台老板却是法、俄两国。光绪二十三年(1897),盛宣怀与比利时银行工厂合股公司在武昌订立了卢汉铁路借款草约 17 款。但该草约签订后不久,比利时即告反悔。经过反复磋商谈判,中比双方于光绪二十四年五月八日(1898 年 6 月 26 日)正式签订了卢汉铁路借款正约。与之前的草约相比,中方丧失了诸多铁路利权,用人权、行车管理权、财政管理权及经济利益等各方面的权利均受侵夺。卢汉铁路借

---

① 凌鸿勋:《中国铁路志》,沈云龙主编:《近代中国史料丛刊续编》(第 93 辑),文海出版社 1982 年版,第 177 页。

② (清)张之洞:《吁请修储才折》,《张文襄公全集》卷 37,中国书店 1990 年版,第 24—25 页。

款合约成为此后正太、京沪、汴洛等路借款合约的蓝本，为世人所诟病。但在当时内外交困的情况下，中国只能忍痛签订卢汉铁路借款合约。

三、筑路与赎路

卢汉铁路的筑路工程在借款合同订立之前便已展开。光绪二十二年（1896）初，即铁路总公司尚未成立之时，张之洞就派德籍工程师锡乐巴（Hildebrand）前往卢汉路线勘测地形。后又经过美、比两国工程师及华人工程师的反复勘测，决定卢汉路取道信阳，一则避免与襄、樊之地的河舟轮船争利，二则可以节省筑路费用。卢汉铁路的修筑尽管经过了周密的筹备和部署，但筑路工程仍然受到多方因素的影响和制约。资金困难、配合失调、工程艰巨及政治局势混乱等问题给卢汉铁路的修筑带来了不少麻烦，以致延误了工程进展。

光绪二十五年（1899）五月，卢汉路卢保段工程竣工。1900年义和团运动爆发后，卢沟桥至漕河一带的铁路全部被拆毁，直到光绪二十六年（1900）十二月，卢保段才恢复通车。八国联军占领北京后，中英公司、关内外铁路公司与比利时卢汉铁路公司于1901年1月19日订立了合约，将卢汉铁路延展至北京，该路从此改称为京汉铁路。京汉铁路从北京至汉口共长1214公里，南北段同时动工筑路。1906年，全路完成通车。

铁路总公司举借外债筑路虽有利于铁路修建，但使中国丧失了诸多利权。京汉铁路开始修筑后不久，国内就兴起了拒洋款自办铁路的热潮。从1904年至1910年，"为全国各省主张拒外债、废成约，收回自办最激烈的时期"[①]。1907年，邮传部尚书陈璧认为京汉路大权操之于比利时，中国方面动辄受制于外人，且时人亦多认为京汉铁路由比利时代管并分享余利使中国方面利权损失甚大，因之提议赎路。清政府鉴于社会舆论压力及京汉铁路丰厚的利润，遂由邮传部向汇丰及汇理两大银行借款500万英镑，其中400万镑为赎还京汉铁路之费用，借款以30年为期，年息5厘，由国家担保。1908年，清政府将应

---

① 凌鸿勋：《中国铁路志》，沈云龙主编：《近代中国史料丛刊续编》（第93辑），文海出版社1982年版，第7页。

还比利时公司的本息各项及余利付清。1909 年 1 月 1 日,比利时将京汉铁路管理权归还中国。1912 年 3 月,南京临时政府规定该路名称为"中华国有铁路京汉线",以资统一。国民党定都南京后,京汉路又改称为平汉路。

京汉铁路从筹议到修筑再到赎路,可以说一波三折、历尽艰辛。京汉铁路所遇到的困难,一方面是当时中国工业落后、民智未开的结果,另一方面也与帝国主义各国对中国铁路利权的掠夺和破坏密切相关。因此,近代中国铁路的修筑常带有民族主义色彩。这也是近代中国铁路工人运动为何总与民族主义运动密切相关的重要因素。

第二节　京汉铁路沿线地理环境

京汉铁路位于我国中央腹地,是连贯我国河北、河南和湖北三省的大干线,北起政治中心北京,中经中部的河南,南接商业巨埠武汉,全长 1200 多公里。该路与其他铁路也有联运关系,"它在北京西连京绥铁路,东连京奉铁路;经石家庄西接正太铁路;在新乡与道清铁路交会;过郑州与陇海铁路交会,西可以抵陕甘,东可以达海边;到九省通衢的汉口,接粤汉铁路南抵湘粤,通长江航运横越东西。京汉铁路经由的地区人烟稠密,物产丰富。湖南、湖北是有名的粮仓,河北、河南盛产煤炭。南粮北调,北煤南运,都要靠京汉铁路"[①]。京汉铁路的政治、军事及经济价值由此可见。自然环境与人们的行为之间往往具有某些潜在的动态关联,这里有必要考察一下京汉铁路沿线的地理环境。

一、地形地貌与气候物产

京汉铁路经过河北、河南和湖北三省,沿途河流、山岭甚多,地形地貌复杂多样。气候是自然环境中最为活跃的因素之一。我国地域辽阔,南北跨度大,具有热带、亚热带及温带等多种气候带。京汉铁路所经三省的气候也表现出明显的差异性。

河北省地处华北平原,地貌复杂多样,高原、山地、丘陵、盆地及平原等类

---

① 铁道部郑州铁路局政治部:《二七罢工斗争史话》,河南人民出版社 1978 年版,第 15 页。

型齐全。河北气候属于温带大陆性季风气候,春秋短促而冬夏较长。夏季多表现为炎热多雨,冬季则寒冷干燥。降水季节分布很不均匀,全年降水量大多集中在夏季,尤其是 7—8 月间常有暴雨。该省主要生产小麦、玉米等粮食作物。

河南省位于我国北方中东部,大部分地区处在黄河以南,故名河南。河南横跨海河、黄河、淮河及长江四大水系,境内有 1500 多条河流交织。该省地形复杂,地势呈现出西高东低的趋势,北部为太行山脉,西部为秦岭余脉,南部为大别山脉及桐柏山脉,中南部自西北向东南则为横亘 400 公里的伏牛山脉。河南一带的气候具有四季分明、雨热同期、复杂多样及自然灾害频繁的基本特点,且自南向北由亚热带向暖温带气候过渡。该地气温冬季最低,降水也最少;夏季气温最高,降水亦最多,多集中在 6—8 月,这种雨热一致的气候特点有利于农业生产,提高了水热资源的利用率。在炎热夏季,农作物生长迅速,需要较多的水分供应才能维持正常的生理机能,而丰富的降水正好满足了农作物生长的需要。气候的多样性、过渡性是河南大陆性季风气候背景下的显著地方特色。全省自南向北因降水条件差异存在着湿润区、半湿润区、半干旱区的过渡性变化。南北气候的过渡性差异在农业生产种植上也有极强的表现,在自然降水条件下,豫南可一年种植两次水稻,自南而北,水稻栽培逐渐减少并被耐旱作物如小麦所替代。此外,气象灾害频繁、类型多也是河南气象的基本特点。在各种历史文献资料中,有关河南气象灾害灾情的记载,如旱、涝、冰雹、大风、霜冻等气象灾害动辄得见。据《河南新志》记载,“六、七月为雨季,河水涨,谓之‘伏汛’,为河工最吃紧之时”,“雨量多少无定,近年常苦亢旱。……伏秋大汛时,为患更甚”①。此外,河南地区蕴藏着丰富的煤、铁资源,也是重要的粮食和棉花产地。

湖北省位于中国中部偏南,地处长江中游,洞庭湖以北,故名湖北。湖北境内亦多山多水,该地东、西、北三面环山,中部为“鱼米之乡”江汉平原。经过长江及其最大支流汉水的润泽,湖北境内水网纵横,湖泊密布,因此湖北省又

---

① 河南省地方史志编纂委员会、河南省档案馆编:《河南新志》(上册),中州古籍出版社 1990 年版,第 21 页。

有"千湖之省"之称。湖北地处亚热带,除部分高山地区外,全省大部分为亚热带季风性湿润气候,光照充足,降水充沛,雨热同季。全省降水地域分布呈由南向北递减趋势,降水量分布也有明显的季节变化,一般是夏季最多,冬季最少,6—7月间雨量最多,强度最大,是湖北的梅雨期。这种气候非常有利于农作物生长,湖北盛产水稻、棉花及油菜等农作物,自古有"湖广熟,天下足"的称誉,是全国著名的粮食产区之一。此外,湖北的水果种植也很普及,古有"江浦之橘,云梦之柚"的说法。

河北、河南及湖北三省的地形、地貌及气候具有复杂性及多样性特征。三省的气候条件虽有明显差异但也具有某些共性,对于生产建设和生活居住有利也有弊。如在降水量方面,三省都是夏季雨量充沛,雨热同季,其他季节则降水较少。这种气候一方面有利于农业生产和人类生活居住;另一方面则容易出现灾害性天气频繁多发的问题,如旱涝灾害是最为常见的自然灾害,夏季容易出现涝灾,其他季节则容易出现旱灾。这种地形地貌及气候特征也给京汉铁路的修筑和维护带来了诸多困难,增加了技术难度和运营成本。对此,盛宣怀曾在奏折中说道:"铁道不难在筑路、铺轨,而难在造桥,尤难在造料。南北桥工如滹河、泝河、沙河……宽阔自数十丈至四五百丈,尤费经营。"[①]其中,工程技术难度最大、耗费也最为巨大的是黄河桥工程。黄河桥是当时中国最长的铁路桥。该工程一开始便引起了激烈的争论,河南巡抚张人骏以"河身沙松土疏,立根不牢可虑","地势南高北下,拖溜旁趋可虑","黄、沁交汇顶托,倒灌可虑"及"凌汛暴涨,水能浸桥可虑"等四项理由反对建桥,请求以建造浮桥或以渡船代替。[②]盛宣怀力排众议,极力主张建桥。1905年黄河桥方才完工,耗费265万两白银,保固期限为15年。但由于该桥在设计时未考虑行车时的动力,加之桥墩未稳就已通车,故行车速率只能限定为每小时15里。铁路运营也时常受到气候的影响。以河南段为例,京汉铁路因水灾而遭到破坏的事件屡见不鲜,1912年7月,因大雨导致洪河决口,西平县境内的京汉铁路被洪水冲断5处;1918年8月,河南各地大雨频降,山洪暴发,沁、卫、洛各河先后决

---

① 何汉威:《京汉铁路初期史略》,香港中文大学出版社1979年版,第32页。

② 《光绪廿九年秋七月丁酉条》,(清)蒋良骐:《东华录》卷179,中华书局1980年版,第76—77页。

口,受此影响,京汉铁路运输亦陷于瘫痪;1921 年 7 月 11 日,信阳突降暴雨,京汉铁路被大水冲断,火车停驶。[①] 此类事件不胜枚举。

京汉铁路沿途所经地区地形地貌复杂,四季分明。地形和气候相互作用,一方面有利于农业生产,使得京汉铁路沿途地带物产丰富,人口稠密;另一方面又形成了一个不稳定的生态环境,容易造成自然灾害。这种地理环境给京汉铁路带来了很大的影响,不仅直接关系到京汉铁路的运营,而且还间接影响到沿途铁路工人的生活水平和生活方式。显赫的地理位置和沿途富饶的物产既给京汉铁路的运营带来了丰厚的收入,也容易使京汉铁路成为兵家必争之地;沿途自然灾害频发、人烟稠密的生态环境容易滋生严重的灾荒及引发大规模的集体行动。

二、区域中心地的形成

为便利京汉铁路的修筑、运营及维护,邮传部先后在河北、河南及湖北境内的长辛店、郑州及江岸三地分别设立了三个中心点,这三地均设有规模较大的铁路工厂,形成了京汉铁路的三个区域中心地。

(一)长辛店

长辛店是京汉铁路的北段中心地。1901 年修筑京汉铁路时,邮传部在长辛店三合庄建立了一个小型铁路工厂——邮传部卢保铁路卢沟桥机厂,即长辛店铁路工厂的前身。当时,这里是一个大乡村,工厂只有一个小厂房,最早的一批铁路技术工人大多是从天津招募来的铁匠、木匠和油匠等,他们的技术大多是从小铜匠铺、小铁匠铺学来的传统手艺。这部分人进入工厂,经工厂技术人员指点后开始从事钳工等近代化机器工作。工厂里的小工大多是从附近乡村招募来的贫苦农民,"厂里本地工人很少,本地人管做工叫'吃洋工',大家都怕和洋人打交道。后来因为工厂人太少,管事的就打着旗子到附近村子里去招人。招来了一些农民,都是家里生活实在没法过了,才到这厂子里来混事。可是只能当小工,整天抬抬扛扛的卖苦力"[②]。随着铁路的开通与运营,这

---

① 王天奖、庞守信、王全营等:《河南近代大事记》,河南人民出版社 1990 年版,第 150、182、199 页。

② 长辛店机车车辆工厂:《北方的红星》,作家出版社 1961 年版,第 4 页。

里又设立了新的铁路工厂。这些工厂均是按照铁路组织而设立,共分三部:一是车务处,二是机器处,三是养路处。这些铁路工厂开始归邮传部管辖,后来由铁路管理局管理。长辛店铁路工厂成为京汉路北段工人最为集中的地方,至20世纪20年代初,约有工人3000名,是中国北方最大的工厂之一。

长辛店铁路工厂不仅规模较大,设备较为齐全,且与其他铁路之间的业务往来也非常频繁,因此长辛店铁路工人与其他铁路工人之间的接触也较为密切。"这个工厂不但担负着京汉路的机车装修任务,而且还承担其他线路机车架修等工作","当时京绥线上大同、归绥、张家口机务段和南口、张家口两大铁路工厂,都和长辛店工厂工人经常联系,往来密切"①。长辛店离北京只有20公里,当时坐火车约1个小时就能到达政治中心北京。

上述这些条件一方面凸显了长辛店在北方地区的重要性,另一方面也为日后长辛店铁路工人集体行动的爆发、各路工人之间的联络与互动及政治势力的渗入创造了有利条件。

(二)郑州

郑州是京汉铁路的中段中心地,郑州市是因铁路修建而扩展起来的城市。地处中国中部的河南省,承东启西,通南达北,古称"天地之中",为驿、漕运必经之地,商贾云集之所,由于地理位置重要,历来为兵家必争之地。

1904年以前,郑州为河南布政使司驻地开封府辖州,下辖荥阳、汜水、广武、中牟四县;1904年升为布政使司直隶州;1913年改称郑县,是时郑州虽居中原腹地,但因四周无险可守,属于"通衢四战之地",在当时以水运为主要运输方式的情况下,其交通条件不够发达,故长期以来发展缓慢,只被视为汴、洛之间一个较大的交通驿站。据《中国城市建设发展史》一书介绍,当时的郑县是这样的,"一直保持自明代以来的基本形状,城市面积2.23平方公里,交通也不甚方便,只通大车,没有现代工业,商业也不发达,人口只有两万余,是一个很普通的小城市"②。可见,在铁路修建之前,当时的郑县还是一个不起眼的小县城。

---

① 呼和浩特铁路局工会工运史研究室:《京包铁路工人运动史话》,内蒙古人民出版社1993年版,第68页。

② 董鉴泓:《中国城市建设发展史》,明文书局1984年版,第188页。

　　京汉铁路、陇海铁路的开通改变了郑县闭塞、落后的历史面貌。1904年3月，京汉铁路郑州站建成，位于当时郑县城西关以西1公里。随后，在郑州车站附近建立了京汉铁路机务修理厂和电务修理厂。1906年4月1日，京汉铁路全线通车，总长1214.49公里。其中河南境内有550公里左右，占全线的45％。[①] 1909年陇海铁路的前身汴洛线与京汉铁路交会于郑州，两线共用1个车站。如此一来，郑州车站就坐落在全国铁路十字中心的位置上，其地理位置骤显重要，在当时的中国绝无仅有。显赫的交通地位给当时的郑县带来了前所未有的发展契机，使其迅速成为闻名遐迩的交通枢纽城市。对于郑州的交通地位，《新闻报》曾这样评论道："郑州当京汉、陇海两路交贯之冲，商贾云集，实我国政治潮流会合之中心。证以近年事实，直系得之而连胜皖奉，段祺瑞、赵倜失之，而相率败亡，其他一切政潮之起伏，财货之运输，郑州一隅，直接、间接均可发生关系。"[②]作为全国交通枢纽中心的郑州，其政治、经济及军事价值由此可见一斑。

　　随着铁路的开通运行，以郑州车站为中心，周边工商业逐渐繁荣起来。郑州作为中国南北与东西两大主要铁路干线的枢纽，成为中原地区农产品及工商品的集散转运中心，农产品贸易以棉花为大宗，粮食、牛皮、枣、柿霜等次之。随着工商业的日益繁荣，1922年3月，北京政府决定开放郑州为商埠。此后，外国人也纷至沓来，到郑投资或兴办慈善事业等。如日本人在此设立了三井洋行，大量收购棉花；美国人在此地开设了美孚煤油公司；[③]意大利人、加拿大人等也在郑州购地建房，办教堂、开医院或经商、办工厂等。当时，岗杜、慕霖路(今解放西路)、长春路(今二七路)、菜市街、书院街等处均有外国人建的教堂和房屋。闻名于世的"二七"商埠圈从那时起就已开始渐次形成，郑州是火车拉来的城市之说也由此而来。

　　铁路带给郑州的另一重大变化是人口剧增，居民区范围不断扩大。最先移民到郑州的是一些铁路员工。京汉铁路的建成通车及附属工厂的设立，使郑州产生了第一批产业工人。这些工人绝大多数来自破产或无地耕种而流入

---

① 王宝善：《郑州工人运动史》，河南人民出版社1995年版，第7页。
② 《郑州之全国工人大会》，《新闻报》1923年2月5日，第2版。
③ 董鉴泓：《中国城市建设发展史》，明文书局1984年版，第188页。

城市的农民,约占80%。京汉铁路全线通车后,来自北京、长辛店、汉口、广东、福建、四川等地的铁路工人3000余名及家属共万余人,涌进郑州。1919年,上海资本家穆藕初在郑州火车站附近创办豫丰纱厂,该厂有职工4700余人。"最初增加的是大量的铁路工人,他们的居住区在车站与旧城之间的铁路沿线。于是,在车站与旧城西门外之间迅速地形成新市区。……市区迅速拓展至5.23平方公里。"①铁路工人及纱厂工人这两支移民队伍连同他们的家属近3万人集聚在郑州火车站附近,将郑州市的面积和人口各扩充了一倍。铁路修筑完成后,需要一部分铁路工人留下,长期从事京汉铁路以及途经郑州的火车的维修工作。移民涌入,使郑州人口急剧增加。由于大批筑路工人、纺织工人及商旅往来的生活需要,这里出现了较多的客栈、货栈、商店、饭铺、银行等工商店铺,逐渐形成了街衢。《郑县采风记》记载了铁路出现前后郑县发生的变化,"郑县当铁路未通时,仅有土店十一家,在西南关一带。自京汉、汴洛铁路通后,客栈最为发达,争强斗胜,层出不穷,于是有新式栈房数十家之多"②。由此,郑州逐渐成为繁华的商埠,城市重心向火车站一带转移。

(三)江岸

京汉铁路的南段中心地是位于汉口的江岸车站,因地处刘家庙,当地人又称为"刘家庙车站",位于今武汉市江岸区。湖北武汉素称"九省通衢",居华中之中,与河南、湖南、安徽、重庆、陕西、江西等6个省市毗邻,这种中心区地理位置决定了其交通的枢纽性地位。况且,流经武汉的长江,既是水路交通的大动脉,又是一道天险,进可攻,退可守,武汉战略地位之重要由此可见。

武汉很早就成为农产品及商品集散、加工及转运的中心,湖北、湖南、四川等省所产米粮下销江南、闽广各省,都要通过汉口转运,这里有"粮食之行,不舍昼夜"之说,许多手工业工人、搬运工人和店员也在此地谋生。便利的交通及发达的工商业,使武汉成为一个移民社会。早在清代,汉口已成为本乡人少异乡人多之移民城市。这些异乡人,大多是江西、安徽、江浙一带来汉经商的生意人及汉口周边黄陂、孝感一带进城的小商贩和苦力工人,以及近代来汉的

---

① 董鉴泓:《中国城市建设发展史》,明文书局1984年版,第188页。
② 胡朴安:《中华全国风俗志》,气象出版社2013年版,第69页。

外国人。[1] 1861 年,汉口被辟为对外通商口岸,英、德、俄、法、日等 5 个帝国主义国家先后在汉口开辟了租界。各国商人、传教士也纷纷到这里经商、设厂、传教、办学等,江岸地区建立了众多的洋行、银行、工厂和码头。就近代工业而言,据统计,从 1863 年至 1913 年间,英、美等 9 个资本主义国家在武汉开办了42 家工厂。此间,洋务派及民族资本家也在这里创办了一大批近代民族企业。如 1890 年,湖广总督张之洞将其在广州筹建的枪炮厂和炼铁厂迁移到汉阳,随后又在武汉建立了湖北织布局、京汉铁路汉口机器厂等 12 个官办(个别官商合办)工厂。至 1912 年,民族资本家在武汉共建厂 41 家。1920 年,湖北产业工人已有近 30 万人,且多集中于武汉,使武汉成为仅次于上海的工业城市。[2] 由于人口流动频繁,物品大量流通,使武汉不仅成为著名的"码头城市",还形成了所谓的"码头文化"。"码头文化"的基本内涵是交流频繁、更新速度快、包容性广泛及多元共生等。这些特点使得武汉人在近代能吸纳接受各种外来文化,视野开阔,思想活跃,性格豪放,容易接受新思潮、新事物。

江岸是京汉路南段最大的铁路中心段。这里,有江岸车站、机厂、工务段、电务段、工务修理厂和材料厂等铁路单位,居住着 3000 多名铁路工人。京汉铁路江岸机器厂创建于 1901 年。当时,为便于修理即将建成通车的卢汉铁路车辆以及路用配件等铁路运输工具,法国人决定在汉口江岸刘家庙修建一座铁路机厂。这一带地段广阔、交通方便,但地势状况较差,"到处是数不清的大大小小的臭水塘,地势低洼不平,杂草丛生。每到夏季长江水涨,便是汪洋一片。但也因此而地价便宜"[3]。当年秋,通过填塘筑堤,京汉铁路江岸机器厂正式建成,但厂房极为简陋。1902 年夏,法国人从国内运来了一批机器和蒸汽机。随后,又从福建马尾一带及汉口附近的黄陂、孝感、汉阳等县招募了一批木匠、铁匠、镶配匠等多名技术工人,机厂才算正式开工。京汉铁路全线通车后,机厂规模不断扩大,工人人数也初具规模。为满足铁路运输的需要,法国

---

① 刘玉堂、赵毓清:《中国地域文化通览·湖北卷》,中华书局 2013 年版,第 311 页。
② 武汉市总工会工运史研究室:《新民主主义革命时期武汉工人运动史略》,湖北省总工会工运史研究室、武汉市总工会工运史研究室编:《工运史研究资料》(第 4 辑),1983 年,第 91,92 页。
③ 饶辉樟:《京汉铁路江岸机器厂的创建和发展》,政协湖北省委员会文史资料研究委员会编:《湖北文史资料》(第 3 辑),1987 年,第 23 页。

人在刘家庙一带又相继修建了材料厂、车务段、机务段、电务段、工务段等铁路运输和后勤基地。自汉口开埠以来，加之京汉铁路的开通及铁路工厂的建立，江岸一带成为武汉地区的政治、经济、文化、金融、信息中心和交通枢纽，是华中地区物资集散和外贸转口中心之一。火车、电灯、电报等近代公用设施的出现，使江岸成为武汉城市近代化的起点。

长辛店、郑州、江岸三个京汉铁路区域中心地的形成，一方面刺激了当地经济的发展，促进了近代城市的形成；另一方面大量外来人口的涌入及近郊贫苦农民的加入，为地域性帮口组织的形成和集体行动的爆发提供了温床。

第三节　京汉铁路沿线社会环境

清末民初，国内政局纷扰不已，政权更迭频繁。据统计，"从 1912 年中华民国成立至 1927 年，20 世纪 20 年代的中国，总统几度易人，内阁更迭多达四十六次，任何一个中央政权都是短命政权"[①]。与政权频繁更迭相伴而生的是军阀混战接连不断，土匪猖獗，政治环境和社会环境均极不安定。京汉铁路自收归国有后，国内局势一直动荡不安，对铁路的运营产生了诸多消极影响。由于京汉铁路具有重大的经济、政治及军事价值，自晚清至民国历届政府及地方军阀均热衷于对该铁路的争夺。此外，京汉铁路的运营管理亦时常受到政府及地方军阀的干扰和破坏。京汉铁路作为中国近代化的产物，其运营自然难以脱离整个社会环境。现从兵祸匪患、铁路危机、政策调适与社会批判及"洋人洋物"四个方面来探讨这些社会环境对京汉铁路的运营所产生的影响。

一、兵匪之患

晚清民国以来，兵祸匪患连年肆虐，为害铁路甚多，致使铁路事业危机重重。京汉铁路作为当时国内重要的铁路干线之一，为兵家必争之地。因之所受战祸也较其他铁路为甚。

---

① ［日］中村三登志：《中国工人运动史》，工人出版社 1989 年版，第 11 页。

（一）战争破坏

铁路的出现对传统的战争形态产生了重大影响。20 世纪初,随着几条主要铁路干线在中国的建成通车,中国的战争形态从此也进入了一个新阶段。京汉铁路筑成不久,在华的法国观察家即指出京汉铁路使华北及华中的军事形势发生了重大变化,"利用京汉路及长江军运,仅九万名的军队,可在四十日内,从北洋地区及华北,集结到长江下游一带"①。由于枪炮等重型机械武器在现代战争中的广泛运用及军队动员人数增多,铁路不仅能大大缩短运输军队及装备的时间,而且能迅速补充军需,因此往往成为兵家必争之地,同时铁路沿线的附近地带也常成为驻军之地及战场。

因军事而毁路肇始于义和团运动。1900 年 5 月,义和团运动发生,京汉铁路被视为洋人之物受到拳民的仇视,该路卢保段自卢沟桥至漕河间 120 公里及周口店岔道 13 公里处的桥梁、轨道全部被义和团民拆毁。② 此外,涿州、长辛店、高碑店等车站均被义和团放火焚烧,长辛店材料厂、卢沟桥机器厂亦被严重破坏。③ 自此,国内每遇战事发生,铁路便难以幸免。"有关系的各路无不悉举所有,以供军用。交通工具一变而为战争利器,毁桥拆轨视为防御工程,扣车、炸车尤属数见不鲜之举。"④

民国以来,战火连年,战争对京汉铁路的破坏更为严重。"大小军阀一旦混战失败,更对铁路滥肆破坏。他们或拆毁路轨,破坏桥梁;或损毁机车,劫走车辆,不一而足。"⑤对此现象,张瑞德指出,"民国时期华北地区之军阀混战有一特色,即战火大多集中于铁路沿线地带。何以军阀均热中(衷)于铁路的争夺,其理由有三:首先,铁路所提供的速度有利于运输军队及装备,大大地增广了军事力量所能影响的范围";其次,"铁路增加了军事力量平乱的速度与能

---

① 何汉威:《京汉铁路初期史略》,香港中文大学出版社 1979 年版,前言。

② 张瑞德:《平汉铁路与华北的经济发展(1905—1937)》,"中研院"近代史研究所 1987 年版,第 22 页。

③ 何汉威:《京汉铁路初期史略》,香港中文大学出版社 1979 年版,第 32、33 页。

④ 张瑞德:《中国近代铁路事业管理的研究——政治层面的分析(1876—1937)》,"中研院"近代史研究所 1991 年版,第 37 页。

⑤ 宓汝成:《帝国主义与中国铁路(1847—1949)》,上海人民出版社 1980 年版,第 517 页。

力";"加以铁路本身即其沿线也可充作榨取的对象"①。身处炮火集中之地的京汉铁路自然也就更容易受到战争破坏。

各派政治势力因军事需要私自扣车、占车的现象十分严重。这种现象滥觞于辛亥革命。当时,"京汉之广水以南为南军占领。对于所有车辆,有事借以行兵,无事视为传舍,几于全供军用。是为军人占据铁路车辆之滥觞"②。二次革命期间,在1913年下半年至1914年上半年内,京汉铁路运兵费高达140万元。③ 1917年张勋复辟政变之后,军人占用车辆之事开始盛行,此后有关此类事件的报道常见于报端。据1917年12月23日的《申报》报道:"观北方铁路之现状,即可见政局纷扰贻害国家之一斑。京奉铁路有车约四百辆,为军人扣留,而京汉路车之被扣留者,当视此尤多","尤可异者,北方军人扣留车辆,并非今即用以装兵,不过留之以备将来运兵之用耳。其已赴浦口、汉口之军队,则强留南下之车辆,居于斯、食于斯,一旦事急且可乘之北返,故不肯放回空车。开此端者,实为张勋。今北方军人,纷起效尤,北方督军摧残国家生命如是。"④1922年4月,直奉战争爆发后,直系军阀吴佩孚亦多次占用京汉铁路。《申报》报道:"京汉线京汉铁路近日为预备军事,货车全行扣留,吴佩孚曾于前夕致电交通部,拟截留由彰德府而至北京之货车,全数备用。"⑤《晨报》也有类似报道:"日来吴佩孚颇忙于调兵北上填防,……京汉路三段,已准备车头三十辆,篷子车六百辆,候直军使用。"⑥第一次直奉战争后,京汉铁路先后被军阀吴佩孚、冯玉祥所掌握。《民国日报》讽刺道:"京汉铁路,原为国有铁路,后来一变,变为吴佩孚所有的铁路。自从赵氏兄弟坍台,冯玉祥做河南督军,又是一变,几乎变成兵匪互相乘除的铁路了。"⑦

---

① 张瑞德:《平汉铁路与华北的经济发展(1905—1937)》,"中研院"近代史研究所1987年版,第21页。

② 曾鲲化:《中国铁路史》,沈云龙主编:《近代中国史料丛刊》(第98辑),文海出版社1978年版,第399页。

③ 曾鲲化:《中国铁路史》,沈云龙主编:《近代中国史料丛刊》(第98辑),文海出版社1978年版,第22页。

④ 《西报论南北两方之情势》,《申报》1917年12月23日,第2版。

⑤ 《洛奉间之军事行动》,《申报》1922年4月15日,第7版。

⑥ 《郑州传来之吴佩孚布防》,《晨报》1922年4月15日,第2版。

⑦ 《京汉路的变局》,《民国日报》1922年10月31日,第3版。

民国时期,军事运输占用铁路车辆已成常态,且所占比重甚大(详见表1-1)。从表1-1可以看出,自1919年至1923年5年间,京汉铁路军运所占比重整体较大。其中,占比最高的年份为1921年,军运占载客量的22.09%,占比最低的年份为1923年,所占比重亦达到10.48%。从表中也可看出,利用京汉铁路运输的军队数量也较为庞大,反映出京汉铁路沿线战争规模较大或战争较为频繁的特征,京汉铁路的军事价值亦由此可见一斑。

表1-1　京汉铁路军运所占比重

年　份	运输里程/千米		军运占比/%
	载客	军运	
1919	608,315,551	128,138,427	21.07
1920	628,878,764	132,259,055	21.03
1921	526,733,884	116,348,881	22.09
1922	490,260,467	83,352,085	17.00
1923	515,217,471	54,000,911	10.48

资料来源:

1.严中平、徐义生、姚贤镐等:《中国近代经济史统计资料选辑》(第1种),科学出版社1955年版,第210页。

2.曾鲲化:《中国铁路史》,沈云龙主编:《近代中国史料丛刊》(第98辑),文海出版社1966年版,第24页。

(二)军人扰路

由于京汉铁路具有重要的军事价值,各派军阀常把该路沿线设置为战场或驻军之地。因而,京汉铁路火车运行亦时常受到军人的干扰和破坏,乱象丛生。主要有以下几种表现:

第一,无票乘车现象严重。民国时期,兵士无票乘车之风气非常盛行,成为影响铁路运营收入的一大隐患。此风"倡自张勋,而浸淫及于各省",京汉、京奉及津浦等国内重要铁路,无不深受此种风气之害,"无票军人往来自如,踵趾相接,不特妨害路局收入,抑且扰及旅客之安宁。武人之蹂躏交通机关,除扣留车辆外,此其最著者矣"①。由于各派军阀对兵士不加约束,无票乘车之风对铁路收入为害甚烈。军人无票乘车不仅严重影响铁路收入,且给列车运行带来诸多困难。

第二,扰乱列车运行环境。民国以来,京汉铁路沿线兵来兵往已成司空见惯现象。驻防军队或游兵散勇在铁路附近飞扬跋扈,破坏路政,虽经媒体屡次揭露,但当局却束手无策。对于这种现象,《申报》曾作了多次专题报道。1919年1月4日,《申报》报道,"武人在京汉路任意横行,报纸已书不胜书。据近在该路旅行之人言,则情形日益加恶","此种情形,若任其继续,迟早必发生严重之变故"②。1月5日,《申报》继续报道说:"军队把持车辆所有头等客车及饭车,内被其糟蹋污秽,不可言状,甚至行车时刻及地点悉听其便。如此,旅客虽不遭危险情事,然种种不便情形概可想见矣。"③铁路沿线的兵士给铁路管理及乘客出行带来了诸多混乱和不便。

第三,借军运之名牟取私利。民国以来,军阀混战频繁,火车车辆屡被征用为军事运输。因此,一些军官便乘机浑水摸鱼,甚至动用军队霸占车辆,以军运之名偷运私盐及鸦片等,牟取个人私利。1919年,京汉铁路局曾发现湖南督军所辖第7师多次以运输军粮的名义偷运私盐,且数量之多令人震惊。④因京汉铁路车辆常被军队把持,导致货物积压严重,多次引起各国公使团的强烈抗议。各国公使在向国务院提交的公文中抗议道,"郑州以南该路车辆被军队把持,输运大宗私盐烟土,益以某总长经营私家某公司煤矿,以致全路车辆不归公用,南北货物无车运行,一任其霉烂",要求中方"严速饬部,于一二星期内将前项弊端克日革除。如逾期贵部无此自治能力,各国为自利起见,则不得不以他种方法,共同暂代贵国管理此路,以杜私图,而利公众"⑤。直到1921年,京汉铁路局才采取措施,厉行禁烟章程,请直、豫、鄂地方军队会同京汉铁路局员,共同阻止军人利用铁路私运鸦片、私盐。⑥

---

① 庸:《军人与铁路》,《申报》1919年1月22日,第11版。
② 《军人骚扰京汉路之外讯》,《申报》1919年1月4日,第6版。
③ 《军人蹂躏铁路之外论》,《申报》1919年1月5日,第7版。
④ 《第七师之私盐案》,《申报》1919年2月12日,第7版。
⑤ 《使团对京汉路抗议之严重》,《申报》1919年2月26日,第6版。
⑥ 《北京电》,《申报》1921年6月1日,第6版。

第四,扰乱地方治安。京汉铁路附近的驻军不仅给铁路运营本身带来了诸多麻烦,而且使沿线旅客及居民、商户的生命财产安全受到严重威胁。1920年4月11日,驻扎在郑州的靳云鹗部队约20名士兵携带手枪,在郑州火车站进站列车上公开抢劫乘客,随之又洗劫了附近的各个转运公司及钱庄,"耀武扬威从容回营,地方政府不敢问津"[①]。

(三)铁路税捐及截挪路款

由于近代中国政治腐败,财政困窘,为增加税收,从中央到地方皆将铁路收入视为重要的经济来源,常于铁路沿线设税收捐或强行截款,名目繁多,不胜枚举,给铁路运营造成了重大影响。

中国铁路税捐始于京汉铁路。当时,我国各省设立重重关卡,对过往商运货物征收厘金已是普遍现象。火车开通后,地方厘局的厘金征收受到较大影响,铁路税捐便应运而生。1902年,京汉铁路湖北汉口至河南信阳段开通后,湖北地方当局即以"楚、豫来往商货,多由火车贩运",致使某些厘局"收数顿绌"为由,建议征收火车捐。[②] 8月,河南巡抚张人骏与湖北方面商定开办鄂、豫火车捐,在河南、湖北境内设立多处分局,凡经京汉铁路运输的货物一律按照25%的税率抽收税捐。所收税款,由鄂、豫两省平分。[③] 此举开了我国征收火车税捐的先河。1904年6月22日,经袁世凯上奏,清廷准许河南、直隶两省在京汉路所经的安阳站设立直豫货捐局,开征火车捐,仍然按照25%的税率征收货物税。[④] 此后,征收铁路税捐沿袭成例,成为中央和地方政府经费的重要来源,其他各路亦纷纷照此征收。

民国以来,为增收军饷,各派军阀常在铁路沿线创设各种捐税名目,或设卡征收,或由路局随运价附征,甚至强行截留路款,愈演愈烈,竟然达到了无法控制的地步。北洋时代,军阀混战连年不断,军费开支逐年增加(详见表1-2)。从表中可以看出,自1912年至1923年间,历年军费开支均占北京政府财政支

---

① 王天奖、庞守信、王全营等:《河南近代大事记》,河南人民出版社1990年版,第191页。
② 《火车货捐伤部立案折》(光绪三十年四月),(清)端方:《端忠敏公奏稿》第2卷,文海出版社1967年版,第49—50页。
③ 王天奖、庞守信、王全营等:《河南近代大事记》,河南人民出版社1990年版,第106、107页。
④ 王天奖、庞守信、王全营等:《河南近代大事记》,河南人民出版社1990年版,第111页。

出总数的 1/4 以上。其中,1913 年军费支出占比为历年最低,但也达到
26.89%;1923 年,军费支出占比竟然增至 64.00%,达到了惊人的地步。京汉
铁路位居全国中央,位置极为显赫,如此一来,铁路沿线不仅成为军阀间的战
场,铁路收入更是军阀财政收入的重要来源。因此,该铁路常被军阀所把持,
截留、挪用铁路收入及征收各种铁路苛捐杂税之事时常发生。

表 1-2　民国初年军费占政府财政支出总数的比重　　　　单位:%

年　份	所占百分比
1912	33.87
1913	26.89
1914	38.08
1916	33.81
1919	41.68
1923	64.00

资料来源:王仲鸣编译:《中国农民问题与农民运动》,平凡书局 1919 年版,第 129—
132 页。

当时,北洋政府的行政经费几乎有一半是依赖于交通部所属的邮、航、路、
电四个行业的收入来维持。[1] 按照当时的规定,北洋政府由财政部每月拨给正
规军的定额经费是 14 万两白银,对于非正规军则每月补助 4 万两,不足部分
实行自给自足制。在这种财政制度下,各派军阀军费不敷使用,只好自筹,导
致乱象丛生。一些军阀甚至不向财政部索要经费,而是直接向交通部勒索,勒
索之款基本上来自铁路收入。更有甚者,军阀在铁路沿线直接截留路款。
1920 年任直鲁豫巡阅使的吴佩孚首先在京汉路南段设立了监收处,截留路款,
此后各地军阀纷纷效仿。据保守估计,"吴佩孚自民国 8 年入洛阳至 13 年之
六年间,用变态方式支付军费之总额,共达银 680 余万两"[2]。实际上,直系军
阀所索取的军费远远不止这些。吴佩孚曾派军队多次在京汉铁路南段以胁迫

① 《京汉路预算亏短六百万元》,《晨报》1921 年 3 月 1 日,第 3 版。
② 参见曾鲲化:《中国铁路史》,沈云龙主编:《近代中国史料丛刊》(第 98 辑),文海出版社 1978 年
版,第 32、33 页。

手段截取路款,并与京汉铁路管理人员多次发生争执。[①] 吴佩孚与曹锟甚至私下商定,京汉铁路南段收入由吴支配,北段收入归曹支配,并各自设立征收机构。[②] 至 1922 年 7 月底,北京政府与曹锟对京汉铁路收入款的分配办法进行了磋商,双方达成协议:由北京政府每月从京汉铁路北段(郑州至北京)130 万元的收入中拨出 80 万元作为直系军阀的军费,直系交出京汉铁路管理权。[③] 8 月底,吴佩孚遂撤销了在京汉铁路南段所设的征税机关。[④] 据《晨报》报道,自 1922 年 6 月至 11 月,由交通部转账给财政部,再由财政部拨给直系军阀的军饷总数达近千万元,其中,绝大部分来自京汉铁路,数额惊人(详见表 1-3、表 1-4)。这些军费是经财政部转账的,而"直接由交部拨汇而未经财部转账者,尚不知有几千万"[⑤]。

表 1-3　1922 年 6 月至 11 月财政部拨给吴佩孚的军饷

日　　期	金额/万元	经拨机关
6 月 8 日	5.0	京奉铁路
6 月 14 日	5.0	津浦铁路
6 月 24 日	16.0	京汉铁路
6 月 26 日	33.0	京汉铁路
6 月 30 日	1.1	京汉铁路
8 月 17 日	30.1	京汉铁路
8 月 31 日	41.0	京汉铁路及部拨
9 月 18 日	24.3	京汉铁路
9 月 20 日	1.5	京汉铁路
10 月 13 日	18.0	"南满"铁路株式会社,即四洮路借款项下
10 月 24 日	90.0	京汉铁路

---

① 《吴佩孚权威下之京汉铁路局》,《晨报》1921 年 12 月 11 日,第 3 版。
② 《曹吴瓜分京汉路收入》,《民国日报》1922 年 7 月 7 日,第 3 版。
③ 《直派将交出京汉路》,《大公报》1922 年 7 月 31 日,第 3 版。
④ 《南北政局与外交》,《申报》1922 年 8 月 30 日,第 6 版。
⑤ 《请看高恩洪供给军阀之饷款》,《晨报》1922 年 12 月 8 日,第 2 版。

续表

日　　期	金额/万元	经拨机关
11 月 8 日	4.5	京汉铁路
11 月 20 日	80.0	京汉铁路
11 月 20 日	140.0	比利时营业公司,即京绥借款
11 月 17 日	11.4	京汉铁路及汉口电局
总　　计	500.9	

资料来源:《请看高恩洪供给军阀之饷款》,《晨报》1922 年 12 月 8 日,第 2 版。

表 1-4　1922 年 8 月至 11 月财政部拨给曹锟的军饷

日　　期	金额/万元	经拨机关
8 月 25 日	20.0	京汉铁路
8 月 31 日	25.0	京汉铁路
9 月 6 日	8.0	京汉铁路
9 月 18 日	20.0	津浦铁路
9 月 28 日	30.0	京汉铁路
10 月 6 日	10.0	京汉铁路
10 月 31 日	89.4	京汉铁路
11 月 14 日	40.0	津浦铁路
总　　计	242.4	

资料来源:《请看高恩洪供给军阀之饷款》,《晨报》1922 年 12 月 8 日,第 2 版。

　　京汉铁路的收入是直系军阀的大宗军费来源,高额的军费支出使京汉铁路的盈利大大减少,支出却不断增加,甚至达到了入不敷出的地步。1921 年初,京汉铁路局年度预算收入 2500 万至 2600 万元,而预算支出竟达到 3000 万元,资金缺口达到 500 万元以上。[①] 据有关资料统计,民国初年,因军费负担沉重,导致京汉铁路历年的营业百分率(收支相对而言)基本上均明显低于其他国有铁路(详见表 1-5)。

----

　　① 《京汉路预算亏短六百万元》,《晨报》1921 年 3 月 1 日,第 3 版。

表 1-5 1915—1923 年京汉铁路与其他国有铁路营业百分率

铁路分类	1915 年	1916 年	1917 年	1918 年	1919 年	1920 年	1921 年	1922 年	1923 年
京汉铁路	42.0	34.0	37.4	33.1	34.1	39.9	49.3	43.4	39.6
其他国有铁路	53.0	46.0	47.0	44.2	46.3	—	55.9	56.9	54.2

资料来源：何汉威：《京汉铁路初期史略》，香港中文大学出版社 1979 年版，第 133、134 页。

战争连年不断，兵祸成为中国之大患，也是中国铁路之大患。由上述可见，兵患确曾给京汉铁路的运营带来了极为严重的灾难。实际上，兵患对京汉铁路之损害只是全国兵祸的冰山一角。也因此种关系，民国时期铁路当局时常借助军阀势力来压制工人罢工。

（四）匪患

清末以来，政局动荡不安，全国各地会党林立。京汉铁路沿线尤其是河南一带人口稠密，自然灾害频繁，民风强悍，秘密社会组织几乎遍布全省。1908年 4 月，河南巡抚林绍年上奏清廷称："河南民情强悍，河北三府有大刀会、在园会'到处煽惑'；豫连年有'匪'，至今未净；豫西'刀匪横行无忌'，豫南'尤多邪教，结党拜会，时有所闻'；豫中各属'抢劫之案，亦几无处无之'。"①

民国时期，兵患与匪患相互交织，危害铁路甚多。在京汉铁路河南段，"数年来盗匪如麻，迄无宁日。驻防军队，蹂躏地方，不减于匪"②。对于河南匪患之来源，《民国日报》总编辑叶楚伦指出："没有饭吃，且去当兵，当兵吃不饱，再去做匪。这是河南、广东练兵的一样的心理，在军纪扫地、上行下效的时期，倒也不能十二分怪他，所可恶的就是那纵兵纵匪的头目罢了。"③据 1922 年 9 月13 日的《民国日报》报道，"现在河南全省土匪共达十二万之多"，且"均携有最精良之枪炮"④。对于京汉铁路河南一带兵匪猖獗的情况，《民国日报》将之归罪于吴佩孚，"河南大帮土匪，都经吴改编成了军队，吴佩孚当然该另提拔出一批小土匪来，补足改编了去的缺额。再小土匪累升成了大土匪，吴佩孚当然该

---

① 王天奖、庞守信、王全营等：《河南近代大事记》，河南人民出版社 1990 年版，第 126 页。
② 澹：《豫人御匪之金钟罩》，《晨报》1921 年 1 月 16 日，第 6 版。
③ 楚伦：《多兵多匪的河南广东》，《民国日报》1922 年 11 月 3 日，第 2 版。
④ 《土匪世界之河南》，《民国日报》1922 年 9 月 13 日，第 6 版。

另从良民中制造出一批来,补足小土匪补了大土匪去的缺额","吴佩孚这样,一手编兵,一手造匪,循环不穷着,其势必处处变为临城,全国都成肉票"①。军队几成造匪机器,兵溃即为匪,兵匪交织,到处劫掠,河南境内俨然已成"强盗世界"。

京汉铁路沿线匪患猖獗,给铁路运营带来的危害同样不可小觑。首先,匪患直接威胁到路局、工人及商旅的生命财产安全。京汉铁路的收入、路产及商旅的财物等常成为沿线土匪的抢劫目标。1921 年 3 月 3 日《晨报》报道:"日前夜八九时,有土匪数十人,均持有枪械闯入陆家山(京汉路南段)巡警分所,殴伤巡官夫役人等,将所有军装枪械衣物悉行抢去,旋即呼啸拥至该处车站,破扉而入。"②1922 年 3 月 2 日,在河南新郑也发生了类似事件,"新郑县境,本为京汉铁路必经之地。近来该处土匪异常猖獗,三月二号,忽有土匪五六十人,身御军服,手持快枪,窜至车站,将京汉路车站票房内抢劫一空。站长、办公人员,受伤至七人之多,幸公款随车报解,无大损失"③。此外,还有不少散兵游勇化兵为匪,盗取旅客钱财。《晨报》曾有一则这样的报道,康某本为士兵,身穿军服,伙同十余人,利用蒙汗药,专门在京汉路盗取乘客钱财。④ 其次,匪患还影响到列车的正常运行。京汉铁路沿线兵匪密布,两者时而激战时而勾结,给铁路运行带来了很大的影响。1922 年 11 月 4 日的《民国日报》报道:"京汉铁路特别快车,因土匪起事,停行二十四句钟。此辈盗匪,满布全路,自西至南,直至许州,约一百基罗米突之远。据说该盗匪均系前河南督军赵倜部下之散兵,连合本地土匪,于二十七日午后直至中夜,彼辈乱兵盗匪等,进逼郾城县,于是特别快车及各项列车等,不得不避至许州。"⑤14 日,《民国日报》又报道:"京汉线郾城县迤南现有大股豫匪,攻城掠县,已与官军接触。由十一日晨起至下午四时余,兵匪仍在鏖战中。所有京汉间往来交通,已被豫匪阻断,不能行车。"⑥

---

① 《造民为匪造匪为兵》,《民国日报》1923 年 7 月 21 日,第 3 版。
② 《京汉路陆家山之大抢案》,《晨报》1921 年 3 月 3 日,第 3 版。
③ 《京汉车站被劫》,《时兆月报》1922 年第 17 卷第 4 期,第 11 页。
④ 《京汉路沿线土匪仍甚猖獗》,《晨报》1923 年 1 月 25 日,第 6 版。
⑤ 《京汉路匪势之披猖》,《民国日报》1922 年 11 月 4 日,第 6 版。
⑥ 《豫匪截断京汉路交通》,《民国日报》1922 年 11 月 14 日,第 3 版。

清末民初,兵祸、匪患相互交织,给铁路运营带来了极大的危害。在一定程度上,兵匪相互转化,两者皆是社会病态的产物。京汉铁路的运营既受兵祸、匪患的严重摧残,又需要军阀军队来充当保护伞。

二、铁路危机

近代以来,兵祸匪患连年给京汉铁路的运营带来了诸多损害。动荡不安的政治环境和社会环境不仅直接影响到京汉铁路的运营和收入,也是引发工人不满的重要因素,增加了工人集体行动的可能性。

第一,财政危机。军事运输及战争破坏等因素还间接影响到铁路收入。据《平汉铁路年鉴》记载,民国初年京汉铁路每年因军事因素所受损失均在 111 万元以上,1916 年、1920 年、1922 年因军事因素所受损失分别高达约 887 万元、357 万元和 656 万元。以 1922 年为例,据 3 月 5 日的《民国日报》报道:"汉口自客岁军兴以来,铁路营业,日渐衰落,到处皆然。就中以京汉路为尤甚。闻该路最近收入,比较平时,约短去十分之四。"[①]另据《中外经济周刊》报道,京汉铁路本为中国各铁路中运营收入最为丰厚的铁路之一,但在 1922 年 10 月、11 月的营业收入统计中,京汉铁路的收入均比 1921 年同期大幅减少,而其他铁路的收入则大多同比有所增加。京汉铁路这两个月的收入分别减少233,185元和 139,501 元,其原因即是"近以扣留车辆,不敷运转,故营业进款,较去年减少"[②]。由于铁路运行环境恶劣,一些客商不得不选择其他运输方式,这也是导致铁路收入减少的重要原因。对此,《京汉铁路管理局公报》亦指出:"军事运输最明显的弊端即为妨碍正常营运。内战期间,平汉路因常受军运兵车延宕之影响,货物为海运所夺者,每年为数不少。"[③]

京汉铁路途经地区物产丰富、人口稠密,正常情况下,本是我国国有铁路中盈利最为丰厚的铁路之一。然而,自民国军兴以来,铁路收入大为减少。日本人"南满"铁道会社理事大仓曾对中国铁路做过调查研究,他把京汉铁路的

① 《京汉路受军阀影响》,《民国日报》1922 年 3 月 5 日,第 8 版。
② 《中国铁路财政情形》,经济讨论处编辑:《中外经济周刊》第 2 号(1923 年 3 月 17 日),第 6—8 页;《中国铁路财政情形》,经济讨论处编辑:《中外经济周刊》第 4 号(1923 年 3 月 31 日),第 16—18 页。
③ 《京汉铁路管理局公报》第 64 期(1922 年 9 月),第 34 页。

收入与"南满"铁路作了详细比较,认为"在中国铁路之中,以京汉线最为得利,而收入单独平均数,每基罗迈当亦仅二万二千二百九十四日元,……故以中国最得利之铁路与'南满'比较,每基罗迈当收入亦差五万一千八百四十六日元。成绩可谓相去甚远"。对此,大仓感慨道:"凡曾旅行京汉铁路者,无不觉该铁路所过地域,富饶胜于'南满',人口亦较多于彼,在势应当更为发达,乃事实适得其反。以彼观察所及,今日中国铁路应完全由专门人员办理,应不受军人之干涉。如此则三四年内收入必可增加至'南满'之半,年获三万万元之纯利。"①从上述大仓的调查数据中可以看出,兵祸及军人干涉路政确给京汉铁路的收入运营造成了巨大的损失。

经过层层盘剥,京汉铁路的盈利往往所剩无几,甚至入不敷出,出现了严重的财政危机。这种情况严重影响了铁路的正常开支及运营,造成了一系列恶性循环。1921 年 12 月 14 日,《晨报》报道了京汉铁路的财政危机:"上月全路薪水几乎发不出来,一切修缮工程,因为欠了包工的钱,只好停止,向中国银行团借的机车借款,也要停付利息,向各外国洋行定的材料,到期付不出款来。"②1922 年 7 月 17 日,《民国日报》也报道:"乃交部自军兴以来,路政收入,均作军用,对于内银团购车借款不能按期拨付,至今已停付两月,内银团屡向高恩洪催索。"③在直奉战争期间,京汉铁路工人曾连续 4 个月未发工资。④ 交通部亦报告:"该路近年因受战事影响,收入本不甚旺,加以担任保洛协饷实已超过全年盈余之款,以致一切料价债款均难应付,该局所称困难状况委系实情,本部库空如洗,亦无法代筹本届汇丰、汇理借款利息。"⑤对于京汉铁路出现的财政危机,何汉威认为"政府本身要负很大的责任。政府不断挪用京汉路款,往往超过营业收入所得,而且在民国 9 年 9 月前,该路收入多为不甚兑现的京钞,而支出则须用现金,亏损情形,显而易见。民国 11 年以后,京汉路因财政困难,以前所欠债项本息都须张罗偿还。但员役薪工和一切费用,又非开

① 《日人论中国铁路现状》,《民国日报》1923 年 5 月 26 日,第 7 版。

② 《京汉铁路之危机》,《晨报》1921 年 12 月 14 日,第 6 版。

③ 《北交部不付购车借款纠葛》,《民国日报》1922 年 7 月 17 日,第 3 版。

④ 郑州大学政治历史系:《"二七"大罢工斗争史》,河南人民出版社 1960 年版,第 68 页。

⑤ 《交部无法付京汉外债》,《申报》1923 年 3 月 13 日,第 6 版。

支不可,该路往往无款支付,只有向中外银行商借短期债款或临时透支应付。"①可见,受军事影响,京汉铁路的财政状况已到了山穷水尽的地步。

第二,运营危机。战争给铁路带来的另一影响是严重的运营危机。铁路设施往往容易遭到炮火的毁坏,军运、军人扰路及军阀截留、挪用路款等原因常使得车辆毁坏严重,不足以使用,又无法及时修复和补充,故而严重影响了铁路运营。

首先,战争对铁路带来的直接损害是铁路设施及装备被破坏,增加了运输成本。路局为节省支出,甚至不惜减少必要的养护及装备费用。这种情形加速了铁路设施及装备的损毁,造成恶性循环,给铁路运营带来诸多安全隐患。当时的铁路专家指出铁路财政支出应占收入的六成左右,"为不违营业健全之状态"。就 1917 年世界各国铁路支出与收入之比例而言,美国铁路支出占收入的 69%,德国为 70%,奥匈帝国为 76%,日本为 52%,中国为 47%,而京汉铁路则仅为 37.4%。表面看来,京汉铁路获利之丰厚似是世界之冠,实则不然。对于京汉铁路的这一情形,徐庆德认为除设备折旧一项未列入运输成本及华北地区人烟稠密、物产丰富,京汉路收入较为丰厚外,还有多种原因,如铁路运费率较欧美国家高,铁路员工工资较低。此外,用于扩充发展、添置车辆的经费过少也是重要因素。② 1922 年,一家媒体曾忧心忡忡地报道了京汉铁路全面失修的状况:"在总局得十日之收入(当时每月前 10 天的收入归京汉路局支配,余则上交)仅用开支员司薪水之用,而到期偿还内外本利,均无款可指,而全路之修补及材料之添置,更难计及。保险过期六年之黄河桥,更无人过问。据该路专家云,该路若长此混乱,不上五年,将成废路,不堪收拾云。"③ 1923 年 5 月 25 日,《民国日报》再次报道了京汉铁路面临的潜在危险,"前此直奉战争时,京汉路所积培路费悉挪作军用,以致铁桥日见朽坏,现该桥梁基石深陷沙泥中,危险即在目前"④。对于京汉铁路的此种遭遇,陈晖在《中国铁路

---

① 何汉威:《京汉铁路初期史略》,香港中文大学出版社 1979 年版,第 133 页。

② 徐庆德:《国民对于铁路问题应有之研究》,《东方杂志》第 17 卷第 9 期(1920 年 5 月),第 11—12 页。

③ 《京汉路之大危机》,季啸风、沈友益编:《中华民国史史料外编》(第 2 册),广西师范大学出版社 1996 年版,第 86 页。

④ 《京汉路隐祸已伏》,《民国日报》1923 年 5 月 25 日,第 6 版。

问题》一书中指出："平汉铁路适当华中华北军事要冲,历遭民五、民九、民十六、民十八各次大战的破坏,路产损失极重,而养路费无何增加。"①对此状况,《大公报》也痛心惋惜道:"军队肆行骚扰,车辆只见破损,旅行京汉道上者,鲜不生今夕(昔)之感者。"②

其次,影响商旅,客源流失严重。受军事影响,京汉铁路车辆被占已成常态,因之客源、货源流失较大。如 1917 年 12 月,京汉铁路车辆因军事需要被扣留,使北方货运受到较大影响。23 日的《申报》报道:"北方行将有缺煤之虞,此即扣留路车恶影响之一。产煤之区,存煤固多,奈无车装运,何不独煤如此,即他种货品亦受同一之影响。"③河南、河北是重要的煤炭产地和粮食产区,军运不仅影响煤的输出,使煤矿经营成本增加,造成销售受限,甚至导致生产停滞,同时还严重影响到农产品的输出。如 1919 年 1 月,"因军队扣留车辆,致京汉沿路各站,堆集棉花及他种货物,甚形拥挤"④。对此情形,何汉威在《京汉铁路初期史略》一书中指出:"政治的不稳定造成苛捐杂税层出不穷,路政的不健全,又造成运费高昂,二者交错的影响,使京汉沿线煤矿的生产成本不断提高。""一个国家的铁路,如果只单纯着眼于增加铁路本身的收入,无异于饮鸩止渴,……中国的铁路运价,对本国的国民经济,不特毫无帮助,反有阻碍。"⑤无奈之下,一些客商不得不选择其他运输方式,致使京汉铁路客源大为减少。

第三,管理危机。传统中国社会缺乏管理大规模近代企业的经验,而铁路无异于一家规模巨大的近代企业。由于近代中国在社会环境、技术水平及企业管理经验等方面的局限,当时的国有铁路普遍面临着严重的管理危机。金士宣认为中国铁路管理主要有三点弊端:一是官署化,"铁路原为便利人民交通而设,一切设施,应以社会人民之需要为依归,乃各路即属国有,用人行政,均随政治而变迁,视同普通行政机关,而在路人员,亦忘其所负之义务,铁路营业盈亏,漠不关心,对待客商,骄慢勒索";二是滥废,"滥废为中国行政机关之

① 陈晖:《中国铁路问题》,新知识书店 1936 年版,第 109 页。
② 湛之:《吴佩孚之把持京汉》,《大公报》1922 年 3 月 1 日,第 2 版。
③ 《西报论南北两方之情势》,《申报》1917 年 12 月 23 日,第 2 版。
④ 《军人蹂躏铁路之外论》,《申报》1919 年 1 月 5 日,第 7 版。
⑤ 何汉威:《京汉铁路初期史略》,香港中文大学出版社 1979 年版,第 132、135 页。

通病,亦为各铁路官署化之自然结晶。不论铁路事业之需要,负担能力之大小,辄以偌大之组织,委派巨额之人员以经营之,人浮于事,办事效能,达于零点,铁路进款,大半耗于总务费,反使维持道路必需之工车机运各项费用,无法应付。至于铁路用料,亦不问实际需要,尽量购买,吞图回佣,其滥废之程度,亦不逊于用人一项。"三是舞弊,"我国政府征收机关,以舞弊为默认之通病,……国有铁路亦多视为一种征收机关,内外上下各部分弊端之多,积弊之深,人所共知。"①京汉铁路在管理工作方面也具有上述三种通病。具体而言,主要有以下几个方面的问题:

首先,滥发免票现象严重。民国初年,各国有铁路收入锐减,原因虽多,而滥发免票实为一大宗罪。据交通部称:"各路所发长期免票多至四千余张,短期免票及军用半价票等,尤属漫无限制,综计各路损失,全年约在二千万元以上。"②此外,尚有"员役或因公乘车不守路章,越级乘坐;或乘车不购票,甚至私带戚友,擅自乘坐"等现象发生,③这些现象大大影响了京汉铁路的客运收入。

其次,政治、军事势力干涉路政,屡生管理弊端。民国时期,政府更迭频繁,政党派系之争不断,这种政治局面不可避免地会波及铁路,给铁路的管理运营带来严重问题。铁路运输是一门非常专业的公共事业,需要有专门的技术人员和有经验的管理者才能保证铁路的有效运行。然而,民国初年,"由国家经营铁路,往往受政党之影响,故须随一党之进退,方能谈铁路行政之得失也。更有以派别关系,排斥有学识、富经验之路员,而充以滥竽者。如此不仅危及铁路发展,抑且破坏其固有组织"④。特别是自吴佩孚把持京汉铁路后,直系军阀干涉路政,设立征税机关,直接破坏了京汉铁路原有的财政管理制度,导致财政收支混乱,屡生弊端。1922 年 7 月,《民国日报》对这一现象进行了报道:"最近该路局调查,自军人干路政以还,颇兹弊实,而管理出纳,亦不合法。每月预算,本可收入二百万元者,现经列表比较,计南段月收约四十万元;北段

---

①　金士宣:《中国铁路问题论文集》,京华印书馆 1935 年版,第 154、155 页。

②　《交通部令》,《政府公报》(第 192 册)第 2341 号(1922 年 9 月 8 日),第 108－109 页。

③　曾鲲化:《中国铁路史》,沈云龙主编:《近代中国史料丛刊》(第 98 辑),文海出版社 1978 年版,第 41、42 页。

④　王成森、沈达宏:《铁路管理》,商务印书馆 1933 年版,第 10 页。

月收约二十万元。"①从上述数据可以看出,军人干涉路政后,京汉铁路财政预算出入颇大,暴露出严重的财政管理问题。军阀任意征税致使京汉铁路的财政工作陷入混乱状态,"收入多寡,难于稽查,易滋流弊"②。

再次,人事制度混乱,任人唯私,冗员众多。自清末以来,人事制度混乱已是交通界的普遍现象,京汉铁路也存在着严重的人事问题。第一,任用私亲现象较为严重。1906年,唐绍仪接任全国铁路总公司督办后,即撤换了南北行车监督,改派其侄婿施肇基担任该职。施肇基虽曾留学美国,却对铁路和铁路管理一无所知。自施肇基任职后,"任人理财,权悉归施,上自委员,下及查票、车首,多半因贿而得"③,甚至形成了"全路委员皆总办私亲,人人坐食,其结果则一事不举而已,且上行下效,如响斯应"④。1914年,京汉铁路局局长关庚麟遭到弹劾,调查结果显示,"局长关庚麟巧立名目,安插各界闲人,引用私人,不知约束,经查核路局民国3年职员表,则总务处无资格者27人,车务处无资格者304人(内有站长70余人),机务处无资格者38人,工务处无资格者5人"⑤。更有甚者,每更换一次局长,便增添部分新人。各部门的中下级员司,也因主管领导监管不严,而任意增用职员,导致冗员逐年递增。京汉铁路上某外国管理人员对此情形极为不满,他曾这样对《申报》记者说道:"仆居贵国三十年矣,任斯路职务亦二十四年,亲见京汉铁路管理局长,更选至十五人,一人数任者尚不在内。至于邮传尚书、交通总长之暮四朝三,更不知调换至若干次。交通事业,专门之学也。吾国之从事此者,皆久于其任。贵国获此职者大半为外行,外行复不能久于其位,交通何能发展,办事焉有成绩?"⑥在京汉铁路,冗员之多莫过于路警,造成路警过多的原因主要是铁路沿途的社会环境恶劣,为维持铁路运行秩序及商旅安全起见,需适当增加路警数量,但实际上全国铁路的

---

① 《曹吴瓜分京汉路收入》,《民国日报》1922年7月7日,第3版。

② 《京汉路之大危机》,季啸风、沈友益主编:《中华民国史史料外编》(第2册),广西师范大学出版社1996年版,第86页。

③ 曾鲲化:《中国铁路史》,沈云龙主编:《近代中国史料丛刊》(第98辑),文海出版社1978年版,第41页。

④ [美]洛史:《中国社会之研究》(朱维译),《东方杂志》第10卷第2期(1913年8月),第32页。

⑤ 曾鲲化:《中国铁路史》,沈云龙主编:《近代中国史料丛刊》(第98辑),文海出版社1978年版,第53页。

⑥ 欧沧:《长辛店通信》,《申报》1922年12月5日,第10版。

路警数量已大大超过了正常限度。据统计，1923 年，全国铁路所雇用的路警数量竟然比实际从事铁路工作的人还要多，①京汉铁路的情形甚至更为严重。不合理的人事制度不仅给铁路管理带来了诸多不利影响，而且增加了铁路运营成本。

最后，贪污腐败、徇私舞弊现象严重。京汉铁路与其他国有铁路一样，自始至终都存在着严重的贪污腐败问题，即便是清末主持路政的盛宣怀也曾因此而被多次弹劾。②再如徐世章在担任京汉铁路局局长时，滥购材料，中饱私囊，给京汉铁路造成了巨大的损失。③此外，京汉路各站徇私舞弊、侮慢商旅现象也较为突出。这种现象自京汉铁路开通后就已存在，且多年积习难除。1906 年，京汉铁路局总局在告示中指出："访查各站，积习相沿，弊端百出。往往装运客货，任意需索，务饱贪囊，否则故为掯阻，以遂其抑勒之计。客票则以大洋小洋轻出重入，货物过磅则以多报少，隐事侵渔，且有未经买票上车之人，其车价即收归私囊。自站长以至各项工役，均皆上下其手，贯通一气，朋比分肥，侮慢客商，成为习惯。凡此徇私误公之弊□，罄笔难穷。"④这种陋习和不正之风给商旅带来了很大的不便和经济负担，"如北平之猪肉赖城外各乡镇供应，肉商需将牲口运城内屠宰。若未向站长致酬，则运猪货车可于中途停滞数日，使牲口饮食断绝而死。且有将载猪之车故意前后撞击，使牲口相互挤压致有死伤者，肉商为避免意外损失，不得不从优纳贿。据商民之抱怨，沿路各站自站长以下诸人，各公司每家每年馈送多至 2 千余元，少至千余元……若不送此项规费，则必有种种刁难，于营业上损失甚大"⑤。因此，商旅对京汉铁路管理当局亦极为不满。

混乱不良的管理秩序是京汉铁路收入锐减的重要因素之一。一位美国工程师认为："华人所完全自管之铁路，如京汉、京绥两线，其管理方法均不满人

---

① 曾鲲化：《中国铁路史》，沈云龙主编：《近代中国史料丛刊》（第 98 辑），文海出版社 1978 年版，第 55 页。

② 《愚斋存稿》卷 45，第 25—26 页。

③ 《国有铁路收入调查》，《民国日报》1922 年 9 月 1 日，第 3 版。

④ 曾鲲化：《中国铁路现势通论戊编管理》（下），华华铁路学社 1908 年版，第 47 页。

⑤ 曾鲲化：《中国铁路史》，沈云龙主编：《近代中国史料丛刊》（第 98 辑），文海出版社 1978 年版，第 42—43 页。

意"，"按中国国有各铁路，实为大可赚钱之企业"，"中国目下各路倘办理得法，收入涓滴归公，则用其赢余之款，尽够于此后十年或十五年间添造路线二万五千英里"，"以后此等铁路果能继续得良好之管理，则其为中国国家之一绝大财产。"①由此可见，京汉铁路财政状况的持续恶化也与落后的管理方式有着很大的关系。

综上可见，动荡不安的政治环境和恶劣的社会环境及混乱不堪的管理体制等因素相互作用，引发了一系列的铁路危机。同时，这些问题的长期积累，容易使工人缺乏公共安全感及职业认同感，增加了工人集体行动的可能性。

三、政策调适及社会批判

为解决铁路军运过程中出现的问题，北洋政府及铁路当局先后采取了不同的政策和措施加以整顿和治理，力图改善或规范铁路军运环境。

(一)政策调适

为使铁路军运顺畅进行，铁路当局成立了专门的管理机构，制定了相关规章制度。1913年7月，因二次革命起，军事运输繁忙，交通部特令京汉、京奉、津浦等路设立"临时军事运输处"。为解决战争期间因各军占车、毁路而导致的车辆不足与调拨困难等问题，铁路当局成立了专门的疏通机构。1916年2月，因各地反袁运动的兴起，战事再次频繁。交通部和陆军部制定了《军事紧急铁路运输暂行简章》，对十分紧急的军运任务制订了快速处理办法。②

为解决军用执照的滥发、滥用问题，1912年7月15日，交通部规定凡运输大宗军品，必须填用大总统发行、盖有军事处印章的执照；零星军品及军人因公乘车者，一律填用陆军部发行的执照，其他各种执照一概废止使用。1913年2月，交通部与陆军部又会同制定了《军用乘车及运输执照暂行条例》，对使用军用执照做了较为明确的规定。1914年6月，交通部对上述暂行条例进行了修改，对军运及军人乘车做了更加严厉的限制。同时，为严肃管理，各路局对

---

① 《美人论中国铁路与美国投资》，《民国日报》1922年7月16日，第6版。
② 交通部、铁道部交通史编纂委员会编：《交通史路政编》(第2册)，1935年版，第2630—2640页。

车务处提出了更为严格的管理办法。① 然而,由于交通部无管辖军人之权限,所以此项工作难度颇大,交通部不得不与多方政治势力周旋、协商。然而,实际效果却并不理想,滥发、滥用、假借军照牟取私利现象仍屡见不鲜。

　　为整顿军人无票乘车、借军运之名牟取私利等乱象,1919年3月,交通部不得不致电陆军部,"请陆军部取缔军人乘车,以便行旅,而免外议"②。至1922年,京汉铁路因军人免票导致该路来往军人太多,无法取缔,交通部决定"换发护照,以资变通"③。1922年8月28日,交通部制订了《取缔军人乘车暨惩罚规则》,对军人乘车守则、稽查办法及罚则等方面作出了详细的规定。④ 该规则虽已颁布实行,但各路军人往来乘车并不遵照上述规定办理。尽管交通部屡次试图改变这种现状,事实上却收效甚微。

　　对于军人扰路问题,铁路当局决定加强防御力量,作为危急时刻的必要自卫方式。其主要方式有二:一是设立铁路巡警。1913年之前,各路铁路警察大多素质低下,警务废弛。1913年交通部特设"铁路巡警教练所",培养通晓铁路警务且具备军事知识的专门人才。⑤ 此后数年,铁路警察系统得到了一定的发展。1923年临城劫车案后,交通部决定重整各国有铁路路警,将管辖权收归中央。路警的设置在保障铁路运输的畅通、旅客安全及预防兵害等方面发挥了一定的作用,但在战乱时期往往形同虚设,同时也增加了铁路运营成本。二是请兵稽查。由于铁路警察无法有效遏制军人扰路现象,铁路当局在加强警备之余,开始尝试请兵稽查方式,希望能达"以军制军"之目的。1918年11月,京汉铁路管理局率先派宪兵随车稽查,"遇有军人无票乘车、占座、扰客等事,均由各该军队分别盘查、惩办"⑥。此项办法得到了交通部的赞同。随后,交通部路政司将京汉铁路宪兵查车办法推行各路。⑦ 然而,好景不长,宪兵稽查办法

① 交通部、铁道部交通史编纂委员会编:《交通史路政编》(第2册),1935年版,第2630—2640页。
② 《北京电》,《申报》1919年3月10日,第3版。
③ 《北京电》,《申报》1922年9月30日,第4版。
④ 交通部、铁道部交通史编纂委员会编:《交通史路政编》(第2册),1935年版,第2652页。
⑤ 夏雪:《北洋时期铁路警察职能研究》,苏州大学2017年硕士学位论文,第22页。
⑥ 交通部、铁道部交通史编纂委员会编:《交通史路政编》(第2册),1935年版,第2662页。
⑦ 交通部、铁道部交通史编纂委员会编:《交通史路政编》(第2册),1935年版,第2650页。

又生弊端,军人扰路现象再度严重。1922 年 8 月京汉铁路局局长赵继贤又建议"另编陆军稽查队专任京汉全路,随车往来稽查"①。这种驻兵保护措施不过是各铁路局在军事频繁期搬来临时救兵,利用一方军人去防范或抵御另一方军人的无奈之举,在遏制军人扰路方面虽发挥了一定的震慑作用,但并未根本改善现状。

(二)社会批判

国内外社会各界对中国铁路军运之乱象极为痛恨。各大报刊对军阀危害铁路一事十分关注,并对各种乱象进行了连篇累牍地报道和批判。《申报》报道:"年来津浦等路,无票军人往来自如,踵趾相接,不特妨害路局收入,抑且扰及旅客之安宁。武人之蹂躏交通机关,除扣留车辆外,此其最著者矣。"②铁路军运乱象中最被国内媒体所诟病的莫过于军阀截留路款,破坏铁路收入一项。《大公报》就直系军阀吴佩孚把持京汉铁路发表时评,指出"昔者津浦线,苦于定武军之骚扰,国人莫不以罪张勋。今吴氏对于京汉,不但任其军队肆行骚扰,且将全路管理权与收入据为己有,较之张勋其罪更甚耶",公开批判吴佩孚曾以开明军阀、拥护法治自命,今其各种行为不无与其所言相悖,不过是个欺世盗名、违法自私、罪孽深重的军阀罢了。③ 军阀还将截留路款行为称之为铁路"协饷",《民国日报》对此嘲讽道:"协饷两字,始于直皖之役,继之以直奉湘鄂等战事,完全为武力强劫,无可抵抗,及内争既终,沿为惯例,美其名曰协饷。协饷以京汉为多,初则漫无限制,最多之数,年逾千万。"④

商旅群体对于军人扰路之弊病更是感同身受,深恶痛绝。每遇战事发生,军人霸占车辆,商运停滞,"商等购办货物,屯集该站,不下数千吨。暴露风雨,经冬历春,霉烂不堪,焦灼万状"⑤,几成战时商运常态。煤粮等日用品因受国内战事影响,铁路交通不畅,需求地供不应求,以致价格奇涨。与此相反,农商产品供应地则因产品运不出去而价格大跌。

---

① 交通部、铁道部交通史编纂委员会编:《交通史路政编》(第 2 册),1935 年版,第 2673 页。
② 庸:《军人与铁路》,《申报》1919 年 1 月 22 日,第 11 版。
③ 《吴佩孚之把持京汉》,《大公报》1922 年 3 月 1 日,第 2 版。
④ 《洛吴狂吸铁路脂膏》,《民国日报》1924 年 2 月 15 日,第 6 版。
⑤ 《驻防驻马店国民第二军》,《申报》1925 年 5 月 10 日,第 2 版。

　　中外商民苦不堪言,不满和抗议之声自然不绝于耳。由于中国国内战事不断,铁路每况愈下,极为混乱,因之而引发的外国公使抗议事件时常发生。因中国军阀危害铁路,外国商团、银行团的利益同样面临着巨大的威胁和破坏,为维护自身利益,他们常求助于本国驻华公使来与中国政府直接交涉。1919年2月,协约国驻京公使多次向北京政府递交抗议书,认为外国贸易遭受了巨大损失,其原因是货车缺少,致使货物积滞,而货车缺少则是由于中国铁路供军用之故。① 各国公使为保护本国在华侨商利益,要求中国方面尽快革除铁路弊端,并威胁中国政府"如逾期贵部无此自治能力,各国为自利起见,则不得不以他种方法,共同暂代贵国管理此路"②。1923年临城劫车案发生后,英、美、法、意、比等五国公使认为中国铁路没有能力保障中外商旅的安全,向北京政府提出最严厉的抗议,甚至要求出兵中国,再次提出共管中国铁路案。此后数年,外国驻华公使每遇铁路阻滞,便以此为借口屡次向中国政府提出铁路共管之要求。

　　社会各界对中国军运之乱象进行了严厉的批判和深刻的思考,并认识到其根源在于中国军阀政治。中国铁路军运之乱象为何屡禁不止? 时人从多个角度探讨了这一问题。有人认为是由于军阀有法不依、执法不公造成的。如在《铁路军运暂行条例》颁布后,军方发现冒充军人军照者,立即送交法庭查办。表面看来,似乎执法严厉。然而,按照《铁路军运暂行条例》第三十二条规定,各机关、各军队凡滥发、买卖军照者均应受到惩罚。既然有冒充者,就有滥发者和售卖者,而军方却只惩罚前者,对后者却不闻不问。按照规定,即便是军运也应该按照程序办理手续,但通常军方并不遵守。军阀如此行事,不但不能消除军运乱象,反而纵容了军人扰路,皇皇明令不过是掩人耳目罢了。③ 有人认为铁路军运紊乱是由于铁路当局软弱无能。《申报》署名为景文的记者直言不讳地批评交通总长吴毓麟,"懦怯无能,更何敢与各军阀抗? 故去年虽曾有整顿路电会议之召集,并订定军运条例,其结果亦等于零耳"④。中国铁路军

　　① 《北京电》,《申报》1919年2月22日,第6版。
　　② 《使团对京汉路抗议之严重》,《申报》1919年2月26日,第6版。
　　③ 《明令颁布后之军用路运》,《申报》1924年1月6日,第7版。
　　④ 景文:《北京通信》,《申报》1924年7月18日,第7版。

运乱象百出,铁路当局虽难辞其咎,但在军阀当道时代,铁路当局又能奈何?

透过中国铁路之现状可观中国时局之沉浮,中外社会各界有深刻认识。马寅初先生在一次演讲中指出,中国何以如此之穷,其重要原因之一即是军阀掠夺铁路,"有力之大军阀,如张作霖、吴佩孚等,且占据铁路,不肯放松。所有铁路收入,理应充造桥、修路之基金者,亦移作军饷"[1]。汇丰银行主席在1924年年会演说中是这样评说中国时局与中国铁路的,"中国时事纪录仍属一篇扰乱与政治阴谋史,欲求时局改良之一线光明,杳不可得,反觉国内形势在政治上、财政上、经济上皆愈臻恶劣","铁路乃中国以外人资本所造成之最大产业,现竟逐渐毁坏,此为中国内部颓败之一征兆"[2]。对于中国铁路与财政之衰竭,美国媒体评判道:"(中国)财政情形之可叹如此,求其原因,一言以蔽之曰,军阀为患耳。"认为"军阀不打倒终无办法"[3]。可见,社会各界已共同认识到军阀政治是中国铁路乱象之罪魁祸首,军阀不倒,中国铁路将纷乱不止。

四、洋人洋物

实际上,在1909年清政府将京汉铁路赎回收归国有之前,京汉铁路的承办权及运营权一直控制在比利时人手中。即便在京汉铁路被赎回之后,由于中国近代工业技术及管理等方面的落后,仍不得不继续依赖外国势力。如铁路工厂里的一切设备全是外国进口机器;有关生产、技术方面的大权也基本被外国势力所掌握;京汉铁路上的段长、总段长、厂长、工程师等重要职务基本由法、比两国人担任,如从建厂到京汉铁路工人大罢工爆发这20多年间,长辛店的厂务总管和厂长一直由法国人或比利时人担任。他们操纵着京汉铁路的技术和管理大权,路局公文及列车上的指示标牌等也大多使用法文。可以说,"洋人洋物"在京汉铁路是很普遍的存在。处于强势一方的外国势力为自身利益往往不惜牺牲中方利益,给京汉铁路的运营带来了诸多损害。其表现主要有以下数端:

第一,不了解中国国情,造成事故频发。由于外国工程师不了解京汉铁路

---

① 《中国何以如此之穷》,《申报》1924年6月1日,第22版。

② 《英国银行家之中国评》,《申报》1924年2月24日,第7版。

③ 《美报论财政委员会之报告》,《申报》1924年4月23日,第6版。

沿途的地理、土质、水流及气候等方面的历史变迁,在选择桥址、确定涵洞大小等问题时经常出现偏差,每当山洪暴发经常出现桥址路面被冲毁、涵洞塌方等事故,给中方造成了巨大的损失。如1903年12月,京汉铁路外籍工程师李嘉和在京汉铁路西平县境内擅自开洪引河,造成河水决堤,洪水泛滥成灾。[①]

第二,工程方法失当,造成工程款的极大浪费。据估计,由比利时人承办的京汉铁路每里的建筑费用多达4万余元,"而靡费居十分之四"[②]。

第三,洋员待遇丰厚,华洋员工待遇差别过于悬殊。京汉铁路上的外国人往往身居要职,他们在薪水、居住条件及生活条件等方面均享有特权,待遇与中国工人简直是天壤之别。在江岸车站一带,法国人建造了10栋2层的小楼供自己及厂长、段长等人居住,却不肯为铁路工人建造住所,工人们只得搭建茅草屋居住。强烈的贫富差距和中西方文化的差异,让这些洋人在中国人看来"过着纸醉金迷的生活"。如《二七罢工斗争史话》一书是这样描述京汉铁路的一位意大利籍段长的生活的:"在黄河南岸,他修筑了洋房住宅,把他老婆和小女儿接来,……过着纸醉金迷的生活。他有一名私人翻译,整天不离左右;一名听差和一名保姆,买菜做饭。……一名巡守,守更巡逻,保护安全;一名花匠,培植名贵花卉,……四个摇车工人,专门摇车送他进城游逛和在沿线监视工人。他三天两头请客赴宴,打牌取乐。他还强迫工人修筑了保险洞作为他家的安全室;修建了冰窖,一年四季储藏新鲜鱼肉和蔬菜。"[③]与此形成鲜明对比的是,中国铁路工人则连基本的温饱问题尚不能解决。

第四,部分洋员不能胜任本职工作,动辄辱骂华工,引起工人的不满。京汉铁路上的部分外国雇员,根本不具备专门的铁路学识,不仅不能胜任本职工作,反而骄横自大,任意凌辱中国铁路工人,引起了工人的反感和愤懑。如郑州机厂厂长祚曼"根本没有什么技术,工人背地里都称他'洋草包'","他偶尔下车间巡视,看谁不顺眼,张口就骂,动手就打,抬脚就踢,末了还要罚款,许多

---

① 王天奖、庞守信、王全营等:《河南近代大事记》,河南人民出版社1990年版,第109页。

② 曾鲲化:《中国铁路史》,沈云龙主编:《近代中国史料丛刊》(第98辑),文海出版社1978年版,第40页。

③ 铁道部郑州铁路局政治部:《二七罢工斗争史话》,河南人民出版社1978年版,第147、148页。

工人都吃过他的苦头。工人给他起了个绰号叫'万人恨'"①。因之,华洋职员之间的冲突亦时常发生。

由于近代中国饱受外国帝国主义的侵略,民众具有强烈的排外主义和民族主义情绪。在这一特殊的历史阶段,国人往往会对洋人洋物做出极端的反应。铁路作为洋物的代表符号之一,一开始就遭到国人的强烈抵制和仇视。如 1900 年,义和团运动爆发后,京汉铁路遭到严重破坏,洋总管倭松等人被杀,在长辛店、保定、正定的洋人纷纷逃亡。② 再如 1905 年 2 月,豫北詹店民众暴动,京汉铁路有 7 名洋人被杀。③ 除仇视心理外,人们对洋人洋物又往往带有畏惧感。在京汉铁路修筑初期,铁路工厂里只有很少的本地工人,本地人惧怕与洋人打交道,"后来因为工厂人太少,管事的就打着旗子到附近村子里去招人。招来了一些农民,都是家里生活实在没法过了,才到这厂子里来混事"④。

近代中国特殊的国情使得国人对洋人洋物格外敏感。京汉铁路及其外国雇员作为洋人洋物而存在,加上外国职员对中国国情不了解,对中国工人的蔑视及不当、苛刻的管理措施,中西文化之间的差异等,这些因素常成为激怒中国工人罢工,激发民众民族主义情绪的诱因。因而,中国的铁路工人运动容易与民族主义运动联结起来。

小　结

铁路是中国近代化的产物之一。京汉铁路的建成与早期中国其他铁路一样,经历了一个复杂的历史过程。从拒斥、疑惧到提倡再到借款修筑进而收归国有,是京汉铁路早期的历史发展轨迹。其过程可以说是一波三折、历尽艰辛。京汉铁路在修筑过程中所遇到的困难,一方面是当时中国近代工业落后、民智未开的结果,另一方面也与帝国主义各国对中国铁路利权的掠夺和破坏

---

① 铁道部郑州铁路局政治部:《二七罢工斗争史话》,河南人民出版社 1978 年版,第 92 页。
② 何汉威:《京汉铁路初期史略》,香港中文大学出版社 1979 年版,第 32、33 页。
③ 王天奖、庞守信、王全营等:《河南近代大事记》,河南人民出版社 1990 年版,第 113 页。
④ 长辛店机车车辆工厂:《北方的红星》,作家出版社 1961 年版,第 4 页。

密切相关。近代化的产物与滞后的思想观念、管理模式共存,注定了铁路在中国的发展必然是一场艰难的博弈。京汉铁路在中国的落成一方面反映了近代化是不可阻挡的世界大势;另一方面也反映了社会转型期国人对待洋人洋物的思想观念转变的历程。由于近代中国时常遭受外敌入侵的特殊国情,导致国人普遍带有排外主义情绪。铁路作为洋物的标志性符号之一,也容易成为引发国人民族主义情结的载体。

京汉铁路所处的地理环境具有滋生大规模集体行动的条件。京汉铁路位于全国中央腹地,北连政治中心北京,南接商业巨埠武汉,显要的地理位置决定了京汉铁路具有非同一般的经济、政治及军事价值。自然环境与人们的行为之间往往具有某些潜在的动态关联。京汉铁路沿途地区地形地貌复杂多样,四季分明,雨热同季。这种地形地貌及气候特征一方面有利于农业生产和人类生活居住,使京汉铁路所经地区大多人烟稠密、物产丰富;另一方面又形成了一个很不稳定的生态环境,使京汉铁路所经地区自然灾害频发。这种地理环境与京汉铁路的运营关系密切。重要的地理位置和沿途富饶的物产既给京汉铁路的运营带来了丰厚的收入,也容易使京汉铁路沦为兵火集中之地;沿途自然灾害频发的生态环境则容易形成重大灾荒,给沿途居民带来严重的生存危机,产生数量众多的流民无产者,进而导致严重的社会暴乱和恐慌。京汉铁路开通后,形成了长辛店、郑州及江岸三个区域中心地,大量外来人口的聚集及近郊贫苦农民的涌入,为地域性帮口组织的形成和集体行动的爆发提供了条件。

京汉铁路沿途的社会环境也是诱发集体行动的潜在因素。清末民初,国内政局纷扰不已,政权更迭频繁,军阀混战接连不断,土匪猖獗,政治环境和社会环境均极不安定。京汉铁路作为兵家必争之地,其运营自然逃不离整个社会大环境。动荡不安的政治环境和恶劣的社会环境等因素相互作用,引发了一系列的铁路危机。这些问题的长期积累,容易使工人缺乏公共安全感及职业认同感,增加了工人集体行动的可能性。尽管北洋政府及铁路当局采取了多项措施力图改善铁路军运之乱象,但收效甚微。中国铁路乱象频发引起了社会各界对军阀政治的讨论,时人认识到军阀政治不倒,中国政局将纷乱不止。与此同时,由于近代中国常遭受帝国主义的欺凌,国人对于洋人洋物往往带有严重的排外和仇视心理,容易产生极端的反应。作为从外国引进的标志性洋物之一,加之外国职员对中国工人的蔑视及不当、苛刻的管理措施,华洋职员之间的疏离及文化差异等因素,近代中国铁路常成为激怒中国工人罢工、激发民众民族主义情绪的众矢之的,京汉铁路亦不例外。

第二章　内在动因:铁路工人群体的
生存状态和力量成长

京汉铁路的运营处于很不稳定的自然环境和社会环境中。这种不稳定性给沿线的铁路工人带来了很大影响,使他们的生活、工作乃至心态都蒙上了浓厚的阴影。内因是事物发展、变化的根本原因。因此,此次大罢工发生的根本原因首先应从京汉铁路工人群体自身进行剖析。就铁路工人群体自身的基本工作状况而言,具有诱发工人集体行动的内在潜质。无论是从生活、工作还是法律层面来看,京汉铁路工人群体在生存方面面临着多重无法克服的困境,这种困境往往容易积聚成巨大的愤怒,进而成为工人反抗行动的内在动力。工人中长期存在的各种分裂性组织,一方面是工人整体团结的障碍,另一方面也是工人走向集体行动的桥梁。在不断的斗争中,工人们逐渐觉悟和成长起来,开启了反抗斗争的新篇章。

第一节　工作状况

京汉铁路作为贯穿中国南北的一条长途干线,其庞大的工人群体亦是近代中国产业工人的重要组成部分。可以说,早期京汉铁路工人群体的生存状况一定程度上是近代中国产业工人生存状态的缩影。

一、基本样态

早期铁路工人的出现是随着铁路的修筑、运营而出现的,他们主要来自破产的农民、手工业工人及城市贫民。徐协华认为,1923 年中国近代产业工人约有 200 万人,铁路工人约有 11 万人。[①] 据《中国铁路发展(1876—1949)》一书考证:"铁路正式工人数,根据各种有关资料核对后,在 1922 年全国铁路约有12.5 万人,其中,国有铁路约有 7.7 万人。"[②]另据交通部统计,1923 年,京汉铁路共有铁路工人 22517 人,[③]约占全国铁路工人总数的 1/5。

铁路工人具有不同于其他行业的特性:一是铁路工人须有特殊的专门知识和工作经验;二是铁路工人的工作事关国计民生,影响重大;三是铁路工人的工作兼具稳定性和流动性;四是由于当时技术条件有限,铁路工人的工作相对来说危险性较高,且无法预防。

京汉铁路局设有总务处、车务处、工务处、机务处和会计处 5 处,铁路工人主要集中于车务处、工务处和机务处。其中,机务处辖有长辛店机厂、郑州机厂、汉口机厂,这 3 地的机厂主要负责制造、修理、装配车辆及机件事项等工作,[④]聚集着大量的技术工人。

京汉铁路工人的年龄结构总体呈现出年轻化的特点。据 1925 年交通部的一份调查资料,京汉铁路工人的年龄结构如表 2-1 所示,可以看出,工人的年龄总体上较为年轻,19—49 岁之间的占 90% 以上。

表 2-1　京汉铁路工人年龄结构

年龄段	人数/人	占比/%	年龄段	人数/人	占比/%
0~19 岁	165	1.28	45~49 岁	1,088	8.41
20~24 岁	1,247	9.64	50~54 岁	496	3.84
25~29 岁	2,217	17.15	55~59 岁	218	1.69
30~34 岁	2,699	20.87	60 岁及以上	85	0.66
35~39 岁	2,697	20.87	不详	39	0.30
40~44 岁	1,978	15.29	共计	12,929	100.00

资料来源:刘明逵编:《中国工人阶级历史状况(1840—1949)》(第 1 卷第 1 册),中共中央党校出版社 1985 年版,第 197 页。

① 徐协华:《铁路劳工问题》,东方书局 1931 年版,第 165 页。
② 金士宣、徐文述:《中国铁路发展(1876—1949)》,中国铁道出版社 2000 年版,第 314 页。
③ 参见刘明逵:《中国工人阶级历史状况(1840—1949)》(第 1 卷第 1 册),中共中央党校出版社 1985 年,第 160 页。
④ 中国第二历史档案馆编:《北洋政府档案(86)》,中国档案出版社 2010 年版,第 306、308 页。

铁路工人按技能可以分为三类:技能工人、半技能工人和无技能工人。其中,技能工人包括匠首、司机和细匠;半技能工人包括升火、工头和帮匠;无技能工人包括夫头、小工及夫役等。[①] 就京汉铁路而言,技能工人、半技能工人和无技能工人在工人中所占比重大致如表 2-2。从表中可以明显看出,在 1920 年至 1923 年间,京汉铁路工人中无技能工人人数最多,所占比重均在 50% 以上,成为工人中的主体力量,他们大多来源于附近乡村的破产农民,主要从事铁路上的体力劳动;技能工人和半技能工人人数所占比例基本在 20% 左右,这部分工人主要来源于破产的手工业者和手工业工人,他们较多地集中在技术性较强的部门和工种,如火车司机、铁路机厂里的工匠等。

表 2-2 京汉铁路依技能分类工人人数及所占比例(1920—1923)

年 份	工人类别	人数/人	占比/%
1920	技能	1680	23.62
	半技能	1421	19.98
	无技能	4012	56.40
	总计	7113	100.0
1921	技能	1758	22.20
	半技能	1594	20.13
	无技能	4567	57.67
	总计	7919	100.00
1922	技能	1909	21.99
	半技能	1750	20.16
	无技能	5021	57.84
	总 计	8680	100.00

---

① 李文海:《民国时期社会调查丛编·城市(劳工)生活卷》(下册),福建教育出版社 2005 年版,第 974 页。

续表

年　份	工人类别	人数/人	占比/%
1923	技能	2231	22.98
	半技能	2116	21.79
	无技能	5362	55.22
	总　计	9709	100.00

资料来源:李文海:《民国时期社会调查丛编·城市(劳工)生活卷》(下册),福建教育出版社 2005 年版,第 978 页。

　　按铁路部门的雇佣性质,铁路工人可以分为正式工人和临时工人,又称为长牌工和短牌工。正式工是被铁路部门长期雇佣的工人,工资大多按月发放。铁路附设工厂及修路过程中通常采用包工制,这些工作需要临时招募大批短期工人。这类工人大多来源于附近的农民和城市贫民,从事铁路体力劳动,工资通常按日发放,用完随即解散。对于这些临时工人的来源及工作状况,金士宣、徐文述在《中国铁路发展史》一书中进行了较为详细地说明:"修筑一条干线铁路所需要的筑路工人,少者几万,多者十几万。这些工人绝大多数是由包工商人从各地农村招募来的……他们的流动性很大,在一个筑路高潮转入低潮时,除一小部分被留下养路外,有的返回农村,有的流离失所,散处四方。因此,各个时期筑路工人的人数没有统计可考。……临时工则绝大多数按日计算工资。临时工在工务段、机务段、机厂、电务段、车站各部门都有,人数很多,名为临时工,实际上是长期雇用的,只是在不需要雇用时,立刻可以解雇。此外,还有人数较多的车站货物装卸工人,他们是车站附近无地农民,出工人数看货物多少而定。"[1]可见,铁路部门官方通常只统计正式工人的人数,临时工人的人数则不在统计之列。对此,宓汝成也有同样的看法:"(官方统计)往往只限于长期在铁路上工作的工人,把一些日工、临时工、装卸工等排除在外。这些工人形式上是临时工人,实际上却在铁路上长年劳动。他们几占铁路工人的 40% 左右。"[2]因此,铁路工人的实际人数远远大于铁路部门的统计数字。

---

① 金士宣、徐文述:《中国铁路发展史(1876—1949)》,中国铁道出版社 2000 年版,第 313 页。

② 宓汝成:《帝国主义与中国铁路(1847—1949)》,经济管理出版社 2007 年版,第 426 页。

1911 年之前,中国铁路工人没有正式的、定期的休息制度,一般也不允许请假。民国以来,铁路工人大部分实行的是 10 小时工作制,他们的工作时间从早上 6 点到中午 12 点,下午 2 点到 6 点。没有星期天制度,每月按照农历初一、十五轮休两天。1912 年,京汉铁路局拟定了全路假日章程,规定新年、京汉铁路赎回日、广州起义纪念日等 13 天为全路放假日(详见表 2-3)。由于京汉铁路上华洋职员并存,京汉铁路局又规定"外国清明日、冬至日及复活日既习为风俗,准将此三天一律放假"。如此一来,京汉路上所有职员每年均享有 16 天假期。[①]

表 2-3　1912 年京汉铁路局拟定的放假日

新历日期	假　日	旧历日期	假　日
1 月 1 日、2 日	新年及全路赎回日	正月初一、二日	新年
2 月 13 日	宣布共和日	三月十九日	广州起义日
4 月 1 日	全路通车日	五月初五日	端午节
		八月十五日	中秋节
		八月十九日	武汉起义日
		十月十一日	南京光复日
		十一月十四日	冬至
		十二月三十日	除夕

资料来源:交通部、铁道部交通史编纂委员会编:《交通史路政编》(第 8 册),1935 年版,第 698 页。

铁路工人全年工作,不分寒暑。但暑天每月休息 4 天,其余月份休息 2 天。工作繁忙时需要加夜班,每工作 5 小时按照 6 小时计算工钱。实际上,铁路工人的年工作日数平均皆在 330 天以上。[②] 根据 1925 年 9 月的调查结果显示,京汉铁路工人中至少有 75% 的人日劳动时间在 10 小时以上(详见表 2-4)。

[①]　交通部、铁道部交通史编纂委员会编:《交通史路政编》(第 8 册),1935 年版,第 698 页。

[②]　中华全国铁路总工会编:《中国铁路工运史资料选编》(第 1 辑),河南人民出版社 1990 年版,第 9—10 页。

表 2-4　京汉铁路职工劳动时长(1925 年 9 月调查)

工作时长	人数/人	占比/%	工作时长	人数/人	占比/%
无定时	1,505	11.64	10 小时	6,262	48.44
6 小时	1	0.01	11 小时	901	6.97
7 小时			12 小时	2,573	19.90
8 小时	11	0.08	不详	1,581	12.23
9 小时	95	0.73	合计	12,929	100.00

资料来源:刘明逵编:《中国工人阶级历史状况(1840—1949)》(第 1 卷第 1 册),中共中央党校出版社 1985 年版,第 265 页。

二、福利待遇

(一)经济收入

京汉铁路职工之间的工资收入存在着巨大的差异。1918 年,交通部制定了国有铁路局局员月薪等级表(表 2-5),该表显示,国有铁路职工的月薪共分 49 级,月薪最高为 800 元,最低为 20 元,两者之间相差达 40 倍之多。

表 2-5　1918 年国有铁路局局员月薪等级　　　　　单位:元

级　别	月薪金额	级　　别	月薪金额
1 级	800	26 级	170
2 级	750	27 级	160
3 级	700	28 级	150
4 级	650	29 级	140
5 级	600	30 级	130
6 级	550	31 级	120
7 级	500	32 级	110
8 级	475	33 级	100
9 级	450	34 级	95
10 级	425	35 级	90
11 级	400	36 级	85

级　别	月薪金额	级　别	月薪金额
12 级	380	37 级	80
13 级	360	38 级	75
14 级	340	39 级	70
15 级	320	40 级	65
16 级	300	41 级	60
17 级	285	42 级	55
18 级	270	43 级	50
19 级	255	44 级	45
20 级	240	45 级	40
21 级	225	46 级	35
22 级	210	47 级	30
23 级	200	48 级	25
24 级	190	49 级	20
25 级	180		

资料来源：陈素秀编：《京汉铁路工人大罢工史料汇编》，河南人民出版社 1999 年版，第 33 页。

工资是铁路工人的主要收入来源，铁路工人的工资标准一般是按照工人的技能及技术熟练程度分类核定的。有关资料显示，1920 年至 1923 年间，技能工人的平均工资大约为 22～25 元之间，半技能工人的平均工资约为 13～16 元之间，而无技能工人的平均工资水平则在 10～13 元之间（详见表 2-6）。可见，京汉铁路技能工人、半技能工人及无技能工人的平均工资存在着明显的差异，尤其是技能工人的平均工资明显高于半技能工人与无技能工人，但这种统计只能反映当时不同技能铁路工人的整体工资水平差异。

表 2-6　京汉铁路按技能分类工人平均工资(1920—1923)　　单位:元

年　份	工人类别	平均工资
1920	技能	22.16
	半技能	12.97
	无技能	10.28
1921	技能	22.54
	半技能	12.76
	无技能	10.19
1922	技能	23.61
	半技能	13.19
	无技能	10.49
1923	技能	25.62
	半技能	16.21
	无技能	13.22

资料来源:李文海编:《民国时期社会调查丛编·城市(劳工)生活卷》(下册),福建教育出版社 2005 年版,第 987 页。

因工作性质及工龄、技术熟练程度的不同,工人个体之间的工资高低不等,差异也较大。据郑州铁路工人凌楚藩介绍:"我们的待遇,是以技术和工龄来决定。初提升的工匠,每月工资不过是二十多元,技术好的每月可得四五十元。特级工匠的工资有到七十元的,那要有熟练的技术和很长的工龄。在一百个工匠中难得有一两个。至于小工和临时工,那就苦极了,从八九元到十一二元不等。"[1]

除工资以外,京汉铁路每年年终发双薪,并有季节性的奖金,但只有高级管理人员、员司及工匠能享受到此种待遇,小工、杂役等人员享受不到此类奖金。[2] 1912 年 12 月,京汉铁路局还规定了新年给薪办法。旧历除夕日、春节及新历 1 月 1 日、2 日、3 日这 5 天依然在岗工作的员役,一律领双薪。[3] 此外,

---

① 包惠僧:《包惠僧回忆录》,人民出版社 1983 年版,第 82 页。

② 包惠僧:《包惠僧回忆录》,人民出版社 1983 年版,第 80 页。

③ 交通部、铁道部交通史编纂委员会编:《交通史路政编》(第 8 册),1935 年版,第 702 页。

京汉铁路工人每年还享有一定的免费乘车权。如郑州铁路工人经常免费乘车到汉口买米,因汉口的米价比郑州便宜一半。

1920年,交通部通令各国有铁路试办铁路员工消费合作社。其宗旨是"免去商人居奇,减轻消费者负担,而将该社中赢利,谋组员公共生活的改良和促进该社营业发达"[①]。消费合作社由路局给予一定的经济补助和照顾政策,该社所售给工人的物品低于普通市价,每年将社中盈利作为资本生息,并分余利给社员。1923年,交通部专门颁布了"国有铁路工人消费组合大纲",但实际成效并不大。尽管如此,交通部的这项惠工举措仍是值得肯定的,它对后来南京国民政府的铁路员工消费合作社产生了重要影响。

（二）抚恤及养老储蓄金

由于铁路工人的工作具有一定的危险性,为安抚工人,铁路部门特意制定了抚恤章程。1920年1月31日,京汉铁路局公布了《员司警工夫役抚恤章程》,该章程规定对铁路局员司、工、警、夫役等因病或因事故身亡者给予一定的抚恤。该章程第四条、第五条是有关工人的抚恤规定:"工警夫役人等因病身故者,给予三个月薪饷;遭险身故者给予六个月薪饷;其每月薪饷不及十元者,亦以十元计算,并得按其情节酌给棺木一具。临时雇用小工夫役,除遭险身故比照前项规定外,其余死亡概不给恤,但按其情节得酌给棺木一具,或折给棺木费十元。""员司工警夫役人等,如在差满十年以上,因病身故者,给予五个月薪资。其因行车遇险身故,得由该主管声叙明白,呈请特别抚恤,但所请不得过十二个月。"[②]

早在晚清时期,即有人向邮传部铁路总局提议建立铁路员工的养老储蓄金制度。光绪三十四年（1908）,邮传部曾制定了养老金办法,但并未施行。1914年,京汉铁路局上报交通部,请给铁路员工"特别劳金","凡满三年以上员工,由局按原薪核给百分之五,代储为养老金",但交通部并未批准。[③] 1922年2月25日,交通部制定了各路员役《养老储金章程》共7条,对铁路员工的退休、储蓄及养老金等问题做了明确规定,"凡服务满二十年以上者,均得享其权

---

① 徐协华:《铁路劳工问题》,东方书局1931年版,第145—146页。

② 《京汉铁路民国九年大事记》,《交通丛报》1922年第84期,第6页。

③ 徐协华:《铁路劳工问题》,东方书局1931年版,第141页。

利",该章程于 3 月 1 日起开始施行。① 然而,该章程规定能够享受养老金待遇的仅是员司及工匠群体,小工、杂役等普通铁路工人并不能享受养老金待遇。

(三)医疗与教育

1. 医疗

早在 1897 年京汉铁路开始修筑之时,郑州车站已有比利时籍医生及中国医生各 1 人,专门负责为比利时和中国筑路官员提供医疗服务,一般铁路职工及其家属是无法就医的。1906 年,京汉铁路通车后,铁路员工及其家属逐渐增多。京汉铁路总局为方便职工就医,首先在北京设立了医疗机构,以指导监督全路的卫生、医疗工作。1915 年,伴随着京汉铁路的全线通车,京汉铁路郑县医院建平房数间,宣告成立。由天津北洋医学学校毕业生施秉常任院长、上海震旦大学医科博士许豫生为医生,另有司药、司事共 4 人。当时,京汉铁路仅有郑州、长辛店、顺德、彰德、信阳及汉口江岸 6 处设立了医院,共有医务人员 21 人。京汉铁路沿线的医院没有病床,只能做一般的简单治疗。1923 年 9 月,京汉铁路郑县医院始扩充改建,设立病床 5～10 张,作为急诊之用,大多收容被火车轧伤后需要进行截肢手术的铁路职工和旅客。② 京汉铁路沿途医院的设立,确实为该路职工及家属提供了不少医疗便利(见表 2-7),受诊者绝大多数是该路职工。然而,由于京汉铁路是一条长途干线,工人人数众多,几所医院显然是远远不能满足职工及家属的就医需要的。从表 2-7 也可以看出,全路医院仅有 5～10 名医生,即每所医院平均 1～2 名医生,其医疗水平可想而知。

---

① 参见曾鲲化:《中国铁路史》,沈云龙主编:《近代中国史料丛刊》(第 98 辑),文海出版社 1978 年版,第 166－168 页。

② 中共郑州市二七区委宣传部:《二七记忆》(下),郑州市金秋彩色印务有限公司 2008 年版,第 99 页;曾鲲化:《中国铁路史》,沈云龙主编:《近代中国史料丛刊》(第 98 辑),文海出版社 1978 年版,第 691 页。

表 2-7   京汉铁路医院历年就诊情况

年份	医员		备役		总计		受诊者/人				前记中死亡者/人			
	人数/人	俸额/元	人数/人	俸额/元	人数/人	俸额/元	本路	旅客	其他	总计	本路	旅客	其他	总计
1915	6	991.0	34	547	40	1538.0	7367	5	177	7549	3	0	13	16
1916	6	1091.0	33	521	39	1612.0	9684	12	140	9836	4	3	12	19
1917	6	1221.0	34	547	40	1768.0	9591	3	164	9758	3	0	10	13
1918	6	1221.0	34	582	40	1803.0	11091	3	151	11245	9	1	7	17
1919	8	1351.0	33	572	41	1923.0	11503	4	197	11704	2	0	13	15
1920	8	1332.6	34	622	42	1954.6	11211	9	186	11406	7	2	9	18
1921	10	1502.6	36	669	46	2171.6	11113	2	237	11361	6	3	15	24
1922	7	1125.0	39	822	46	1947.0	1685		385	17246	2		10	12
1923	5	870.0	38	676	43	1546.0	15814	3	498	16315	1		12	13

资料来源:交通部、铁道部交通史编纂委员会编:《交通史路政编》(第 8 册),1935 年版,第 1020 页。

由于京汉铁路沿途站点较多,医院数量较少,不能满足职工及家属的正常医疗需要。1913 年 12 月,京汉铁路沿线各站均添置了一具药箱,以备紧急之需。1915 年,京汉铁路局制定了员司就医住院费办法,规定该路职工在该路医院住院治疗者,所有医药费及住院费由路局承担。1922 年 6 月,京汉铁路局规定该路员司、工匠、夫役及有合同关系之洋员因受伤或生病的医药费全部免除,并规定员司及其家属因病或受伤而产生的医药费及住院费由个人承担,以示限制。1923 年 1 月 27 日,京汉铁路局对职工看病办法再次作出修订,对职工家属看病给予了一定的照顾。该办法除规定"员司、工役确有病伤者,医药费、住院费可由公家担任"外,还规定"员司、工役家属,确有病伤者,可由医院之诊治,免出诊费及手术费。惟药费应自由缴,住院应缴半费"[①]。从上述可以看出,早期京汉铁路局的医疗服务主要是为员司以上的管理人员服务的,1922 年以后才逐渐对工匠、夫役及其家属的就医办法作出了明确规定。这种现象一方面反映了当时医疗资源较为短缺,医疗服务并未普及到普通职工;另一方面也反映了京汉铁路局的医疗服务逐渐下移的趋势,这也是当时京汉铁路工人频繁罢工争取到的利益之一。

---

① 交通部、铁道部交通史编纂委员会编:《交通史路政编》(第 8 册),1935 年版,第 1035、1039 页。

2.教育

中国铁路工人大多来源于破产的农民和失业的手工业者及城市贫民,他们文化程度整体较低,素质不高,与铁路运输事业很不相称。有关资料显示,"郑州铁路工人百分之九十以上不识字"[①];"工务段和火车房的工人差不多都不识字","车站的工人文化高一点,员司也多"[②]。在铁路工人中,工匠、工头及司机等少数人稍具文化水平,他们大多集中在机务处和车务处,其他部门和工种的大部分工人基本都是文盲。工人群体整体文化水平较低的事实显然是和铁路事业的发展不相适应的。

由于近代我国在科学技术、企业管理等方面水平较为落后,铁路技术人才及管理人才非常匮乏。铁路作为现代化运输事业的产物,其运营不仅需要培养专门的技术人才,也需要培养大批合格的铁路员工。同时,由于京汉铁路长达1200多公里,铁路职工散布在铁路沿线,给铁路职工的子女入学带来了较大的困难。基于这些方面的考虑,铁路部门创办了一些铁路学堂、职工教育学校及职工子弟学校。

早在1907年,京汉铁路职工就曾合力筹办了郑州铁路学堂,培养专门的铁路技术及管理人才。当时,邮传部和京汉铁路局对此均极为支持,并补给学堂部分津贴。郑州铁路学堂开设有铁路工程管理各科,并授以法文,毕业生有120余人。1911年,该校停办。[③]

为增进路工的专业知识技能及培养路工良好的道德品行,1920年10月,交通部设立了铁路职工教育筹备处,由路政司司长郑洪年负责规划实施,并派人调查了津浦、京汉、京奉、京绥四条国有铁路中工人的种类、数目、年龄、籍贯、住所、工作时间、教育程度、生活状况等,最终在四路工人最多的地方成立了职工教育学校。由于职工教育学校的师资力量较为匮乏,因此交通部先开办了职工教育讲习会,召集了96名师范学校毕业生和专门学校的毕业生进入

① 李全德、郑国均:《郑州工人夜校情况》,政协二七区委员会宣教文卫体史资委:《二七区文史资料》(第1辑),2004年,第38页。

② 长辛店机车车辆工厂:《北方的红星》,作家出版社1960年版,第166页。

③ 曾鲲化:《中国铁路史》,沈云龙主编:《近代中国史料丛刊》(第98辑),文海出版社1978年版,第195页。

职工教育讲习会学习,培养师资队伍。该会为这些毕业生开设了职工教育学大要、职工心理学大要、铁路大要、职工卫生学、社会政策等课程,培训期为四个星期。这 96 人毕业后随即被分派到各路,充当各个职工教育学校的老师。交通部在四大铁路设立的职工教育学校,计每路三所,京汉铁路三所学校分别在长辛店、郑州、信阳。此外,交通部还制定了详细的职工教育大纲及教育计划(详见表 2-8),把职工教育分为学校教育和学校以外的教育,并根据职工文化程度的不同分别进行普通教育和补习教育。这些学校属于公益性质,不收学费、书费,职工学习用品由学校自备,各校学生人数均有 200 人左右。此外,交通部还成立了演讲团,在工人较多的车站,定期筹办演讲,启蒙教育铁路工人。每路设立了 10 处演讲团,京汉铁路分别在长辛店、保定、石家庄、顺德、郑州、黄河南岸、信阳、驻马店、广水和汉口江岸各地成立了演讲团。[1] 不久,铁路职工筹备处改组为委员会,归路政司管辖,并编制教材,发行刊物。1921 年 5 月,因国内政局变更,铁路职工教育委员会裁撤,各路职工教育学校亦先后停办。[2]

表 2-8 交通部制定的路工教育大纲及计划

师范教育		铁路职工教育讲习会
学校教育	普通教育	收容未曾受普通教育或受普通教育尚未完全者,授以完全普通教育
	补习教育	收容已受普通教育之工人,授以铁路职业教育
	讲演团	分演说、幻灯、电影、留声机
学校以外的教育	图书馆	总图书馆
		分图书馆
		巡回文库
	职工杂志	
	阅报室	
	公共体育场	

资料来源:徐协华:《铁路劳工问题》,东方书局 1931 年版,第 34 页。

---

[1] 徐协华:《铁路劳工问题》,东方书局 1931 年版,第 132—134 页。

[2] 曾仲鸣、陈政等:《铁道年鉴》(第 1 卷),上海商务印书馆 1936 年版,第 558 页。

为解决铁路职工子女入学难问题,解除铁路职工的后顾之忧,交通部还创办了扶轮公学。第一所扶轮学校创立于 1918 年,此后各路逐年添设。扶轮学校的办学经费主要由京奉、京汉、京绥、津浦四路分担,学校亦主要分设在四路各大车站,专收铁路职工子女,一律免费入学。自 1918 年至 1922 年间,交通部在京汉铁路共建立了 8 处扶轮学校(详见表 2-9),分别位于北京、长辛店、石家庄、彰德、新乡、郑州、信阳及刘家庙 8 大车站,主要开设中小学教育,教职员共有 68 人,教学班级 46 个。扶轮学校的设立使铁路职工子弟受益匪浅,解决了部分职工子女的入学难题。然而,由于京汉铁路职工众多,这些扶轮学校是远远不能满足现实需要的。而且,扶轮学校只设立在大站,其他小站的职工子女入学仍然是个问题。此外,只有工匠及员司以上的职工子女才能进入扶轮学校读书,对于绝大多数的小工杂役来说,他们的子女仍然无法接受学校教育。

表 2-9　京汉铁路扶轮学校各校状况(1925 年调查)

校　名	所在地	设置年月	职教员/人	班级/个	
				初小	高小
北京第一	北京毛家湾	1922 年 3 月	12	4	3
长辛店	长辛店车站	1918 年 10 月	9	4	2
石家庄	直隶石家庄	1918 年 5 月	9	4	2
彰　德	河南彰德	1922 年 3 月	7	3	1
新　乡	河南新乡	1922 年 3 月	7	4	2
郑　州	河南郑州	1921 年 6 月	9	4	2
信　阳	河南信阳	1922 年 3 月	6	3	2
刘家庙	湖北刘家庙	1922 年 4 月	9	4	2
总　计			68	30	16

资料来源:王清彬、王树勋等:《第一次中国劳动年鉴》(第 3 编),北平社会调查部 1928 年版,第 91 页。

总之,京汉铁路工人在经济收入、养老、抚恤、医疗及教育等方面享有一定的优惠政策。然而,并非所有的铁路工人都能享受到这些社会福利,铁路工人之间的待遇存在着巨大的差异。但总体而言,当时京汉铁路工人的工资待遇优于一般工人。工人的文化水平与技术水平越高,工资水平也相对较高。对于这一情况,邓中夏也指出:"中国工人的工资,平均不过数角,……就中以铁路工人生活比较优裕,海员和市政工人次之,纺织及其他工人又次之,矿工、码头工人、人力车夫为最苦。工人知识,亦约略与生活程度相等。"①

三、大众文化

(一)娱乐休闲

休闲娱乐是大众文化的一种重要表现形式,也是人们生活中必不可少的一项重要内容。京汉铁路局自开展职工教育以来,也很注重改善工人的娱乐生活。从表2-8可以看出,京汉铁路局为了丰富工人的业余生活,特意在职工教育学校之外组织了演讲团,并配有幻灯片、电影及留声机等;在各大车站还设立了图书馆、阅报室,办有职工杂志,还设立了体育场等娱乐休闲设施及场所。这些娱乐项目和娱乐设施在当时是较为先进的,如郑州车站的娱乐设施,"屋宇高大,院落宽敞,教室操场游戏场,都很齐备","演讲团每月到郑州来演讲一次,并带有'话匣''电影'以助余兴。职工们劳苦之后,得着这种学习教育和正当的娱乐,自然是比较别的劳工好一点的"②。但实际上由于铁路工人人数众多,工作时间长,大多数工人又不识字,他们根本无暇享用这些娱乐资源,因此这些娱乐设施所能发挥的功效也是十分有限的,大多数铁路工人的生活仍是十分单调的。以报纸为例,据长辛店工人说:"只有少数工头和个别有点文化的工人看《正宗爱国报》和《京华日报》","一般工人谁也没有看见过什么报纸……大家下了工要是有一点工夫,就到东河去绕个弯,这就是文化生活了。"③

(二)宗教信仰

由于铁路工人的来源地较为复杂,其宗教信仰亦相对较为复杂。外来的铁路工人不但把家乡的生活习惯带到了铁路沿线,随之而来的还有从家乡带

---

① 《邓中夏文集》,人民出版社1983年版,第47页。

② 子健:《郑州两种劳工之状况》,陈素秀编:《京汉铁路工人大罢工史料汇编》,河南人民出版社1999年版,第34页。

③ 长辛店机车车辆工厂:《北方的红星》,作家出版社1960年版,第8,9页。

来的宗教信仰。于是,祖先崇拜、鬼神信仰及对世俗佛教的混合信仰构成了大多数铁路工人的基本信仰样态。

近代以来,基督教、天主教在我国传播迅速。以河南省为例,据统计,1920年全省共有基督教徒 12418 人,其中男性占 66％;天主教徒 51592 人;基督教会所办国民学校有 257 处,高等小学有 45 处,中学有 1 处。自 1911 年至 1920年短短十年间,基督教在河南增设了 24 所教堂,若加上以前所设教堂,省内共有 71 所基督教堂。[①] 京汉铁路开通之后,随着沿途车站的繁荣,一些意大利人、美国人、加拿大人等也相继来到京汉铁路沿线买地建房,办教会、开医院或经商、办厂。当时,在郑州车站附近的岗杜、慕霖路(今解放西路)、长春路(今二七路)、菜市街、书院街等处均建有教堂。与租界毗邻的武汉江岸车站附近也是教堂林立,京畿一带同样如此。

京汉铁路工人信仰基督教的现象较为常见。员司、工头及普通工人中均有不少基督教信徒。由于早期京汉铁路的修筑和运营对外国人依赖较大,来往公文也都使用法文,所以京汉铁路早期的员司大多是会法文的天主教徒。对于这些员司的来源,工人们这样说:"他们进厂来不需要别的条件,只要两条:一是天主教徒,二是会法文。……这些最早的员司,大部分是从北京西什库法国天主教堂来的,全是些念圣经的学生。"[②]这些员司的待遇明显高于普通工人。因此,信教、学习法文无形中使一部分工人意识到这是改变自身或子女命运的一种重要方式。因此,工人中信仰基督教者为数不少。如长辛店的工头王俊、王庆林、陈炳奎等人均是信仰基督教的。[③] 在这些工头及一些传教士的宣教下,也有不少铁路工人加入了基督教。据张国焘回忆,当时的长辛店铁路工厂里就经常有传教士去传教,且和工人们都很熟悉,有一部分工人已经是天主教徒。[④]

上述可见,京汉铁路工人的宗教信仰较为复杂,属于多神混合信仰。工人

---

① 王天奖、庞守信、王全营等:《河南近代大事记》,河南人民出版社 1990 年版,第 196 页。
② 长辛店机车车辆工厂:《北方的红星》,作家出版社 1960 年版,第 19 页。
③ 《北洋京畿卫戍司令部侦察处长给王怀庆的报告》,陈素秀编:《京汉铁路工人大罢工史料汇编》,河南人民出版社 1999 年版,第 128 页。
④ 张国焘:《我的回忆》(第 1 册),东方出版社 1980 年版,第 110 页。

的宗教信仰既带有浓厚的乡土情结，也带有明显的功利实用性。

（三）群体心态

社会心态是人们对自身及现实社会所持有的较为普遍的态度、情绪情感体验及意向等心理状态和行为模式。社会心态往往能反映出现实社会的一些问题和倾向，是社会改革发展的"风向标"、文化建设的"晴雨表"及社会稳定的"安全阀"。

中国铁路工人大多来自铁路所经地区的近郊农民和因破产而流入城市的农民。由于铁路大多穿行于广漠的农村，铁路管理当局"多用本地土人"充作"看路工役人"，作为一种安抚手段和防患措施。[①] 如在郑州铁路工人中，"来自破产或无地耕种而流入城市的农民，在产业工人中这部分人约占80％，京汉铁路郑州机厂煤台的抬煤工人几乎全部是从近郊的农民中招来的"[②]。因此，中国铁路工人与广大农民有着天然的密切联系，农民阶级身上所具有的某些特性同样存在于工人阶级身上。对于农民，中外学者大多强调其思想和行动的传统性，一种经典观点认为："一般来说，在世界的每个角落，农民一直是社会变革中的保守因素，是革命的阻力。"也就是说，农民的心态通常被学者描述为羞怯的、畏缩的、拒绝变化的。然而，一些学者则从另一方面强调了农民的"革命"气质，"农民被看成是独特的、容易产生自发的暴力"[③]。实际上，不管是对农民阶级还是工人阶级社会心态的解读都要回归到具体的历史场景中。京汉铁路工人的社会心态主要有以下几种特征：

第一，烦闷消沉，乃至自暴自弃。不管是在当时的社会调查中还是在一些工人的口述中，京汉铁路工人的烦闷和消沉情绪随处可见。包惠僧曾对江岸铁路工厂的工人作了实地调查，他发现工人中存在着种种不良嗜好，对其产生根源，他认为"因为工作太苦整天没有娱乐的机会，佢们一种烦闷的情绪，无从发泄，故以无智无识，就这样子了"[④]。在长辛店车站，"有一部分工人，在穷困

---

① 宓汝成：《帝国主义与中国铁路（1847—1949）》，上海人民出版社1980年版，第545页。

② 王宝善：《郑州工人运动史》，河南人民出版社1995年版，第12页。

③ ［美］裴宜理：《华北的叛乱者与革命者（1845—1945）》（池子华、刘平译），商务印书馆2007年版，第54页。

④ 包惠僧：《我对于武汉劳动界的调查和感想》，《民国日报·觉悟副刊》1921年4月9日。

生活的压榨下,对自己的前途失去信心,整天喝酒赌博混日子"①。郑州铁路工人凌楚藩在谈及京汉铁路工人的工作情形及生活情况时也说道:"一般工人的生活都很苦,没有心思干活,觉得没有什么前途。"②京汉铁路工人中普遍存在着烦闷、消极的悲观情绪,甚至沉迷于不良嗜好中,自暴自弃。

第二,逆来顺受与盲从。京汉铁路对工人的管理实行的是工头管理制,工头对工人有着"生杀予夺"大权,不仅可以任意压迫,甚至可以随意开除工人。由于当时社会劳动力大量过剩,工人谋取职业十分不易,因此对工头的压迫大多采取隐忍态度。据郑州老工人李全德回忆,"有一个姓金的杂工,工作好几年了,有一天上工到公事房挂牌,竟被没收了工牌,这就是开除。原因是什么,他也不知道。像这样非人的待遇,工人只能忍气吞声,没有一点办法"③。在长辛店,"工头对于普通的工人,也是一样的压制,什么事都独断独行! 可怜那无智无识的工人,只得服从着瞎闹! 就是有些心里明白一点的工人,也只得心里抱怨罢了。……因为旁的工人都在他的势力范围之内,只是敢怒而不敢言,存于心而不敢形于色!"④京汉铁路工人的隐忍、逆来顺受及盲从的社会心态由此可见一斑。

第三,狭隘闭塞。安于现状、安分守己一向是中国老百姓的重要生存法则之一,在这一法则指导下生存的人群往往表现出狭隘、闭塞的社会心态。早期京汉铁路工人的社会心态也明显地表现出这一倾向。长辛店工人王春荣回忆当年的生活情形时说:"那时候工人指望着'三饱一个倒'都指望不上,不敢想别的。至于想认两个字,谈论什么国家大事,更不用提。"⑤长久以来,封建统治者即对社会舆论实行高压钳制政策,稍有不慎就有可能招来杀身之祸。因此,"祸从口出"是国人的大忌,中国老百姓对于国事一向是讳莫如深,早期长辛店工人也具有这样的心态。"大家除了每天工作以外,别的什么也不知道",甚至大街上还贴着"莫谈国事,小心白钱"的纸条。当时,有句话流传甚广,"要问朝

① 长辛店机车车辆工厂:《北方的红星》,作家出版社1960年版,第160页。
② 包惠僧:《包惠僧回忆录》,人民出版社1983年版,第83页。
③ 李全德:《忆"二七"大罢工》,陈素秀编:《京汉铁路工人大罢工史料汇编》,河南人民出版社1999年版,第943页。
④ 大度:《长辛店》,《劳动周刊》第15号(1921年11月26日)。
⑤ 长辛店机车车辆工厂:《北方的红星》,作家出版社1960年版,第28页。

中事,山里问和尚",意思是国家大事只能到深山无人烟的地方去谈。读书看报是获取信息来源的重要方式,而铁路工人的文化水平普遍较低,具备阅读能力的工人极少,这也是导致工人信息闭塞、眼界狭隘的一个重要因素。在长辛店工人中,"一般工人谁也没有看见过什么报纸",工人获取信息的方式往往是被动、滞后的。对于一些国家大事,工人们往往是以一种比较奇特的方式感知的:"1908年11月突然宣告一百天内不准剃头,不准动锣鼓响器,这才知道是光绪皇帝和西太后死了。谁要在一百天内剃头就犯了国法。""一九一二年有一天,工人上班看见水塔上的大清国龙旗变成了红、黄、蓝、白、黑五色旗。另外就是有剪辫子队在街上捉着人就剪辫子。人们这才知道已经改朝换代了。"①

第四,排外仇富。从一些京汉铁路老工人的回忆里,也可以看出铁路工人对洋员的嫉恨、厌恶心理。尽管京汉铁路的技术大权被掌控在外国雇员手中,但管理工作则往往是由工头按照中国式的管理方法来进行。然而,由于华洋职员之间的疏离和偏见,铁路工人往往将管理工作中的不便、不公或弊病归罪于外国职员。例如,当时工人进厂做工需要找铺保,这本是中国的一种传统做法,但对于一般社会底层的贫苦人来说,这是一件极不容易的事情。一位老工人对此愤恨道:"管理郑州机厂的法国人,对中国人是从来不信任的,就连进去一个学徒工,也要打三份连环铺保。"②京汉路职工之间工资差异较大,工人对此极为抱怨:"工人每天工作十小时,一月歇两个星期天。一天累死累活的只能挣两毛钱到三毛钱,多数人每月挣八元四毛钱。只有很少的工匠挣十八元,就算顶着天了。可是工头总管每月都挣五十元、八十元、一百元的工钱,厂长每月挣四百元,铁路局长挣一千元。外国工头挣四百弗朗,厂长挣一千多弗朗,厂里还白供给房子水电和烧煤。"③可见,京汉铁路职工之间巨大的待遇差异及洋员、工头对工人的苛刻管理是引起工人心态失衡的重要因素,由此引发了工人的排外仇富心理。

第五,好勇斗狠。面对难以改变的强权势力或现状时,京汉铁路工人常表

① 长辛店机车车辆工厂:《北方的红星》,作家出版社1960年版,第8—9页。
② 王杰:《师徒俩闹革命》,《二七老工人访问记》,人民铁路报编辑部1958年版,第47页。
③ 长辛店机车车辆工厂:《北方的红星》,作家出版社1960年版,第8页。

现出消极、隐忍及被动的态度。然而,当忍耐达到了一定的限度之后,京汉铁路工人还表现出尚武、好斗的一面。当个人的力量微不足道时,结成团体就成为一种有力的斗争方式。早期京汉铁路工人为了斗争需要,常以结拜"把兄弟"或加入帮口组织的方式来增强自身的安全感。然而,这种小团体并没有给工人带来多少安全感。各帮口之间,常因利益之争发生矛盾,甚至发生械斗,工人被打死、打伤、打残亦是常事。[①] 此外,不同职业、工种之间的工人也矛盾重重,如司机与生火、工匠与学徒、工头与小工等彼此之间常发生歧视、债务及职业上的竞争与冲突,工人之间亦时常发生纠纷与暴力性事件。如1916年,长辛店机厂木工张庆云因工头马永太私吞了他的财物,愤而将马杀害。[②]

健康的社会心态是个人、社会和国家发展进步的重要心理基础,不良的社会心态则会加速或促进集体行动事件的爆发。京汉铁路工人群体的社会心态整体呈现出隐忍、怨恨、盲从而又好斗的倾向,长期的积怨和严重失衡的社会心态不仅是对集体冲突模式的一种慢性塑造,而且也是对集体行动的不断强化。

第二节　生存困境

总体而言,近代中国铁路工人的福利待遇稍微优于其他行业的工人,甚至有人认为铁路工人是工人中的贵族[③]。这一说法显然只看到表象,而没有深入到铁路工人生活中去考察工人群体的实际生存状态。在看似光鲜的福利待遇背后却隐藏着铁路工人诸多鲜为人知的心酸和困苦。现从生活、工作及法治三个层面来分别考察京汉铁路工人所面临的生存困境。

一、生活困境

(一)经济拮据

虽然总体看来铁路工人的收入略高于其他行业,但对大多数铁路工人来

① 《中国工人运动的先驱》(第1集),工人出版社1983年版,第109页。
② 北京市总工会工人运动史研究组编:《北京工运史料》(第3期),工人出版社1982年版,第88页。
③ 《铁路工人生活调查》,《铁路职工》第33期(1933年2月),第43页。

说，最大的生活难题仍然是经济拮据。

对铁路工匠群体来说，他们的工资收入一般是家庭经济收入的全部来源。有关铁路工人家属的资料较少，但至于为何工匠家属大多没有自己的工作，笔者推测有这样几种原因：一是铁路大多穿行于广大农村地区，铁路沿线近代工业不发达，工人家属大多没有就业机会；二是铁路工人劳动时间长，需要妻子在家照顾老少；三是工匠群体工资相对较高，能够勉强维持生活；四是即便在发达的工业城市，就业条件也较为苛刻，寻找就业机会并非易事，且时常有搜身等不文明现象发生。如郑州车站附近的豫丰纱厂规定，所招新工"必须找有固定资产的店铺或名流绅士为保人，方能报名"，"只要稽查、搜身婆认为必要，就迫使工人解开衣服，脱下鞋子进行搜查。一些流氓、特务乘机故意刁难、调戏、侮辱女工"①。上述原因可能导致了工匠家属不愿意外出寻找工作。工匠群体的工资收入虽然比普通工人高一些，但往往是一家老小生活的全部依赖，经济状况仍然显得较为拮据。据郑州工匠凌楚藩说："工匠的生活和工作时间与一般政府机关的中下级职员差不多，比人力车工人、码头工人、纺织工人高得多"，"我的家庭人口不多，生活还过得去。"②但对家庭人口较多的工匠来说，依靠一人之力养活全家，经济状况仍是非常困窘的。如长辛店工匠吴祯，他家里共有 9 口人，全靠他的工资生存，"家里也时常三天两头揭不开锅盖。一年四季穿的就是一身衣裳，到了严寒的冬天，添上棉套就是棉衣；到了夏天，抽出棉套，就是单衣"③。张国焘早年曾到长辛店铁路工厂做过调查，他对工匠群体有着较为深入地了解，他的观点也印证了工匠群体经济状况并不乐观的说法。关于工匠的生活状态，他说："尤其成问题的是工资低微，一个低级的工匠每月工资九元，学徒还要少得多，至于三十元的月薪，只有工作多年的老工匠才能拿到，六十元的月薪则是火车司机和少数技工的特别待遇了。他们平均的工资不过是十五六元左右，这种收入迫使他们把生活水准降得很低。"④

对于那些没有技术靠体力劳动生存的京汉铁路工人来说，他们的经济状

---

① 王宝善：《郑州工人运动史》，河南人民出版社 1995 年版，第 15、18 页。
② 包惠僧：《包惠僧回忆录》，人民出版社 1983 年版，第 88、83 页。
③ 长辛店机车车辆工厂：《北方的红星》，作家出版社 1960 年版，第 172 页。
④ 张国焘：《我的回忆》（第 1 册），东方出版社 1980 年版，第 115 页。

况更加困苦。他们的工资很低,只能"勉强维持本身生活,一般人无力抚养妻室儿女及父母"①。"许多工人为了一家老小的衣食,白天在厂里干完活,夜里还要去打零工"②。即便如此,许多工人家庭仍然难以维持生计,他们的家属还要打些零工才能勉强维持生活。对那些没有成家的工人,就只能到工头家里过极为恶劣的"锅伙"生活。

(二)生活质量差

近代中国工人的工资普遍较低,整体呈现出较为贫困的景象。1917 年以来,国内有关劳工生活状况的调查逐渐增多。据调查,当时的中国劳工家庭全家每年的生活费用大约在 30、40 元至 200 元之间。在劳工每年的生活费支出中,食物类支出占 50% 以上,甚至有多至 70% 者。"中国劳工工资,仅仅可以购买生活必需的食物,至于衣服、居住和其他费用,简直谈不上。"③

京汉铁路局为员司以上职员提供免费住房,但铁路工人的住宿只能自行解决,他们的居住条件整体较差。技术工人们一般是按照相同或相近的地域来源聚住在火车站附近,房屋是工人自己搭建的,简陋且拥挤不堪。如在江岸车站,福建籍工人均居住在车站北边的一条狭窄的小街上,"福建街的两旁,大部都是些小木楼,楼上楼下住满了铁路工人和家属,居住得拥挤不堪"④,这一情形是当时京汉铁路工人居住条件的缩影。尽管如此,这样的居住条件在工人中还算较好的,至少有自己的房屋可以居住。对一些无技能工人或者小工来说,他们只能租住简陋的茅草房或者住在工头的"花子房"里。

普通工人的衣服几乎都是棉布做成的,没有专用的工作服。由于京汉铁路途经地区是中国主要的棉花产区,所以棉布是沿线居民的主要布料。对普通的京汉铁路工人来说,虽然棉布是当地常见的布料,但也不是轻易就能消费得起的。一名工人说:"自己有啥穿啥,我的一条棉裤穿三年,共补了六层。"⑤

---

① 《罗章龙谈中国劳动组合书记部北方分部》,中国革命博物馆编:《北方地区工人运动资料选编(1921—1923)》,北京出版社 1981 年版,第 11 页。
② 《中国工人运动的先驱》(第 2 集),工人出版社 1983 年版,第 27 页。
③ 徐协华:《铁路劳工问题》,东方书局 1931 年版,第 109 页。
④ 郑州大学政治历史系:《"二七"大罢工斗争史》,河南人民出版社 1960 年版,第 84 页。
⑤ 李全德:《忆"二七"大罢工》,陈素秀编:《京汉铁路工人大罢工史料汇编》,河南人民出版社 1999 年版,第 943 页。

京汉铁路工人的主食是粗粮,如小米、红薯及杂粮做的窝窝头,此外还有红薯叶及咸菜等,这些都是工人的日常食物。在铁路工人的生活开支中,食物费用所占的比例是最大的。老工人李全德的生活花销是这样的:"当时我和祖母在马寨租一间草屋,每月五毛钱,吃盐要五毛,点灯煤油五毛,做饭买煤一元。这些都是最低的花销,剩下几元,只能买不多的粗粮……没钱买油和菜。"①另一名工人也说当时"吃的是红薯叶子稀饭"②。大米及白馒头算是工人们较好的食物了,但对普通工人来说,也并不经常能够吃到。五四运动时,张国焘等人曾到长辛店工人中宣传组织"救国十人团",他在谈及当时的情景时说:"当时长辛店的工人们以敬佩爱国青年的心情热诚地招待过我们。他们搬出了开水、咸菜和馒头来款待我们。这些东西确是他们所能拿出来的最好的东西。"③至于含蛋白质和脂肪较多的肉类、奶类等食物更是工人们平时所无法企及的,一年之中只有在重要节日的时候才能吃到。

低劣的饮食结构导致的营养不良,再加上糟糕的卫生条件,使工人的身体健康受到严重的威胁。当时,一名国外专家对中国工人低劣的饮食结构进行过专门的研究,他指出:"一个工人即使午饭能吃一点肉(而且这已超过了一般水平),每天也不过有 2660 卡罗里,其中 75.1% 来自含水碳素,15.4% 来自脂肪,9.5% 来自蛋白质。每人每天应接受的卡罗里指标是 3000 至 4000,其中 45% 应来自脂肪和蛋白质。因此,从数量到质量,工人的卡罗里都是不足的。而且,经检查,70% 缺 Va,80% 缺 Vb,40% 缺 Vc。"④营养不良使工人的免疫力大大降低,容易出现身体健康问题,甚至危及生命。"每年春夏之交,可怕的瘟疫就在江岸流行,夺去一个又一个工人的生命,有的甚至全家老少,同时丧生。贫病交加,饥寒紧迫。"⑤

(三)子女入学难

铁路职工大多散布在铁路沿线工作,给他们的子女入学带来很大困难,因

①　李全德:《忆"二七"大罢工》,陈素秀编:《京汉铁路工人大罢工史料汇编》,河南人民出版社1999 年版,第 943 页。

②　政协二七区委员会宣教文卫体史资委:《二七区文史资料》(第 1 辑),2004 年版,第 63 页。

③　张国焘:《我的回忆》(第 1 册),东方出版社 1980 年版,第 110 页。

④　刘明逵:《中国工人阶级历史状况(1840—1949)》(第 1 卷第 1 册),中共中央党校出版社1985 年版,第 372 页。

⑤　《中国工人运动的先驱》(第 1 集),工人出版社 1983 年版,第 108 页。

此铁路职工子女失学者甚多。交通部虽为方便职工子弟上学而创办了一些铁路扶轮学校,但这些学校基本集中在大车站,而且数量有限,只有员司及工匠的孩子能够入学读书,对多数小工来说,他们的子女入学仍是十分困难的。

由于京汉铁路沿线站点众多,对没有设立扶轮学校的车站及大多数普通工人来说,子女的教育一直是困扰他们的一大问题。关于这种困状,当时的交通部总长叶恭绰曾提及:"我当初因为办路事多年,总想替各路人员做一件切己有益的事,因此想到路员最为难的事,就是散在各地子弟没法去念书。这在各国的铁路都有一定的办法,不是公家开设学堂来教路员的子弟,就是路员自己组织,请公家帮助。这本是安慰路员叫他安心办事的一种好法子,也可说是路员应有之权利。但我国铁路办了四十几年从没有想到这一着,路员亦没有要求过。虽有一两处私塾,亦没多大益处,故此我才想发起这事。到现在不觉四年有余,此四年中我敢说无日不筹划这同人教育的事。其中第一困难即是预备入学的子弟太多,而学校不够。"[①]张国焘在他的回忆录中也提及这一问题,"他们的小孩子没有地方念书,希望有一间工人子弟学校"是当时长辛店工人的共同愿望。[②] 可见,当时的教育条件远远不能解决铁路职工子女的教育问题,这也是京汉铁路工人最为苦恼的问题之一。这种情况为早期共产主义者在京汉铁路创办劳动补习学校,进而接近、打入工人内部创造了有利条件。

(四)精神苦闷

对多数普通工人来说,长年累月繁重而又单调的劳动、养家糊口的经济压力及工头的打骂等常使他们感到精神异常苦闷。由于没有时间,也没有健康、有效的放松及发泄渠道,京汉铁路工人中常年沉溺于不良嗜好的人很多。铁路工人中最常见的恶习莫过于喝酒、赌博及吸食鸦片等。1921年包惠僧对武汉劳动界的工人进行了调查,发现工人中普遍存在着各种不良嗜好,"各厂的工人,没有一个不吃烟,而又嗜酒、嗜赌、嗜嫖……种种的不良习惯很多,而尤以运输工人为最甚"[③]。京汉铁路工人同样如此。实际上,这种现象在当时的工人群体中非常普遍。以缝纫工人为例,"一般都染上了吃喝嫖赌抽的嗜好。

---

① 叶恭绰:《遐庵汇稿》(下篇),上海书店1930年版,第45页。
② 张国焘:《我的回忆》(第1册),东方出版社1980年版,第111页。
③ 包惠僧:《我对于武汉劳动界的调查和感想》,《民国日报·觉悟副刊》1921年4月9日。

尤其是打牌,更是普遍。到了晚上收工之后,下饭馆、上牌桌、进妓院,胡搞一夜,第二天一早照样上工。过度的劳累和不健康的生活,使一些工人未老先衰,短命而死"①。

二、工作困境

近代工业在中国起步时并没有建立起相应的科学管理机制,其管理方式大多仍然沿袭了传统的行会模式。当时中国政局不稳,社会秩序动荡不安,国家也未能从现代国家的高度为近代工业的发展创造良好的条件。处在社会转型期的中国近代工业受内外环境的影响和制约,经历了一波三折、困难重重的发展历程。京汉铁路工人所面临的工作困境正是当时历史条件的产物。

(一)入职难

近代以来,由于西方资本主义的冲击,破产的农民、手工业者和城市贫民日益增多,他们纷纷涌入城市,寻找就业机会,成为一支庞大的产业后备军。由于中国拥有取之不尽、用之不竭的廉价劳动力,国内外资本家往往以此为筹码,以极低的价格雇佣中国工人。为了生存,中国工人不得不从事劳动时间长、待遇差、强度大,甚至有害身体健康的劳动。对于中国劳动界的这种状况,马林说道:"尽管工作条件艰苦,工业城市仍可以得到大量工人,因为贫苦农民大量流入城市。"②社会劳动力大量过剩必然会带来残酷的就业竞争。包惠僧在武汉劳工界做调查时对这一社会问题深有体会,他说:"武汉的人们,无职业的太多,想进工厂的人,必要人上托人,保上加保,然后方能保着工做。"③由于铁路运输业相对较为稳定,工人收入也稍高于其他行业,因而受到更多人的青睐。加之铁路运输事关重大,铁路管理部门在招募工人时也相对较为谨慎,工人必须经过多重关卡,方能获得就业机会。因此,铁路工人的就业竞争异常激烈。

①　《旧中国北京的缝纫业及工人状况》,北京市总工会工人运动史研究组编:《北京工运史料》(3)工人出版社,第24—25页。

②　《马林给共产国际执委会的报告》,孙武霞、许俊基编:《共产国际与中国革命资料选辑(1919—1924)》,人民出版社1985年版,第167页。

③　包惠僧:《我对于武汉劳动界的调查和感想》,《民国日报·觉悟副刊》1921年4月9日。

在京汉铁路，工人要获得工作机会一般要经过三道程序：一是报名；二是考工；三是立铺保。对一般老百姓来说，这三关均不是能轻易通过的。

其一，就报名关来说，想要入京汉铁路做工，并不是任何人都有报名资格的。一般来说，必须有铁路系统的人推荐才能有报名资格。因此，工人为获得报名资格，"找门子""拉关系"等自然难以避免。如京汉路郑州站老工人李全德，他原名陈福荣，托人求情，才在铁路上找到一姓李的介绍人，陈福荣改名换姓冒充李的家属，经他推荐，才得以报名参加考工。① 谈及当时在铁路谋职的艰难，京汉路工人林茂湘说道："在那个时候，先不谈工人生活怎么样，就是找个工作都很不容易，不知要求多少人，花多少钱才能报上名，报上名，还得送礼给监考人，免得他从中捣鬼。"②

其二，对铁路工人们来说，考工这一关不仅是对自身身体体能的考验，也是一笔不小的经济负担。据老工人回忆，"提起考工，真是过鬼门关"，"一个人要能扛起二百斤左右的机车配件，往返走一百米，途中还要往你腿弯猛踢两脚。如果腿不颤，身不歪，才算合格。有许多饿着肚皮的穷人，累得吐了鲜血，取消了资格。""考工、考工，外国厂长和监工不扒你一层皮，也要让你掉几斤肉。"③除了自身身体条件要经受住考验外，工人还要在考前"凑钱买礼物送给监考的大头佬"，"勉强考取的还要凑钱送谢礼"，"光考工送的礼钱，白干两三个月也不一定还得清。"④

其三，找铺保、立契约是工人进入铁路工厂做工的最后一道程序。当时的工厂、商店等在招募工人时，普遍要求工人找商铺老板或社会上有身份的人做保。很多工人由于找不到保人而无法得到工作，即便找到保人做保的一般也要给予保人一定的费用。对工人来说，这也是一笔不小的开支。京汉铁路管理局对员司、工人也实行铺保办法，该局规定："本局员司、工役人等，车务一

① 铁道部郑州铁路局政治部：《二七罢工斗争史话》，河南人民出版社1978年版，第20页。
② 徐琪珊：《一片激动人心的谈话》，《二七老工人访问记》，人民铁路报编辑部1958年版，第42页。
③ 李全德：《忆"二七"大罢工》，陈素秀编：《京汉铁路工人大罢工史料汇编》，河南人民出版社1999年版，第942页。
④ 中国铁路史编辑研究中心、全国铁路总工会工运理论政策研究室：《二七革命斗争史》，当代中国出版社1993年版，第17页。

处,向有履历注册并铺户担保办法,至是推行各处。全路员司,一律照相记注履历清册,详记历充职务、功过、赏罚等事。有经管款项之责者,均取具铺保。每年清查一次,工役人等,一律照相。"①除铺保外,京汉铁路有些车站还要求工人具结人身保、连环保。以长辛店工人张进宝的保单为例,他的保单共有 3份,分别是人身保、铺保和连环保。人身保内容如下:"具保结人现充京汉铁路机务修车厂木匠首领、职司,今荐保直隶省保定府安平县人张进宝进京汉铁路管理局供差,确系身家清白,为人诚实可靠。以后如有不了之事,以及偷窃逃走等情事,惟荐人是问,须至保结者。"铺保内容为:"具保结顺天府宛平县长辛店铺户福义泰记,今于京汉铁路管理局台前担保保定府安平县民人,兹入京汉铁路管理局供差之张进宝,身家清白,为人诚实可靠。以后如有不了之事,以及偷窃逃走等情,惟卑铺是问,须至保结者。"此外,张进宝还与 10 名工人具结了连环保,内容为"具甘结张进宝,如有不安本分,潜通乱党,因事拐逃及吸食鸦片,均惟具结人是问,理合互相担保,连带负责,所具甘结是实。"②从上述张进宝的保单可以看出,一名铁路工人如要成功入厂做工的话,要找 10 余人及一铺户结保,而且一般是有身份、有地位的人才能作保。此外,保人、铺户与被保人之间还存在着一定的连带责任。因此,要结成这样的保单也是颇费周折的事情,花费自然也不少。一名老工人说:"我当时上工,家里向亲戚朋友借了几十块光洋给这个送礼,给那个送礼,好容易才当上工。"③

综上可知,京汉铁路工人谋得工作职位是极不容易的事情。艰难的就业环境使得工人格外珍惜工作机会,不敢轻易反抗。对此情形,包惠僧在武汉工界做调查时也深有体会,他说:"你想一份工作很不容易的找来,奉职哪敢不谨慎,并且要感激厂主和荐主。所以厂主的意思,你们就不肯或违了,日子久了,竟忘了自己本身,甘做厂主的牛马。……佢们愚蠢,不敢和资本家奋斗,反而

---

①　《京汉铁路管理局规定员司、工人照相履历及铺保办法》,北京市总工会工人运动史研究组编:《北京工运史料》(第 3 期),工人出版社 1982 年版,第 102 页。

②　中华全国铁路总工会:《中国铁路工运史资料选编》(第 1 辑),河南人民出版社 1990 年版,第31 页。

③　徐琪珊:《一片激动人心的谈话》,《二七老工人访问记》,人民铁路报编辑部 1958 年版,第 42页。

听他们命令,真可怜的很啊!"①

(二)工头的虐待

京汉铁路对工人的管理实行的是总管负责下的工头管理制和西方的工厂管理制相结合的制度。从招募工人到分派劳动任务,再到工资发放、职位升迁等环节无不由工头经手。铁路工人因其工种的特殊性对工头有着更强的人身依附关系,工人所受工头的剥削和控制也更为严重。工头对工人的剥削和控制主要表现为以下几种方式:

第一,经济剥削。工头对工人的主要剥削方式就是经济剥削,克扣工资、压低工钱是最常见的方式。这也是诱发工人罢工的重要原因。在京汉铁路,工人入厂做工,前3个月的工资一般都要被总管、工头强行扣下,叫作"压资制度",工人工资不满1元的零头也经常被工头扣下作为自己的烟茶费用。② 工资被克扣、拖欠,压低工价等事更是时常发生。据《工人周刊》报道,1922年因长辛店工务处工人领工资时一般不现场清点数目,遂被工头利用,从中舞弊,克扣拖欠工人工资现象极为严重。此外,工头还压低工钱,遂激起了工人的集体抗议。③

"礼金"也是工头对工人经济剥削的一种方式。每逢中国传统节日端午、中秋、春节及大小工头家的红白喜事、爹妈生日、儿孙满月等,工人都要给工头送礼,有些工头甚至强行从工资中扣除。④ 短牌工是工人中工作最没有保障的,工头可随意开除。短牌工要想换成长牌工,不得不向工头行贿;即便是长牌工,"也要按三节二寿给工头送礼,不然就压根儿别想给你涨钱"⑤。

有些工头还通过开设赌场、放高利贷及经营小杂货店的方式对工人进行经济剥削。如郑州机厂工头张世荣在家中开设赌场,每逢工人发工资,就诱骗

---

① 包惠僧:《我对于武汉劳动界的调查和感想》,湖北省总工会工运史研究室、武汉市总工会工运史研究室编:《工运史研究资料》(第3辑),湖北省总工会工运史研究室1983年版,第52页。

② 铁道部郑州铁路局政治部:《二七罢工斗争史话》,河南人民出版社1978年版,第21页。

③ 雨生:《长辛店工务处工人的纠纷》,《工人周刊》1922年第30期,第3—4页。

④ 中国铁路史编辑研究中心、全国铁路总工会工运理论政策研究室:《二七革命斗争史》,当代中国出版社1993年版,第17页。

⑤ 长辛店机车车辆工厂:《北方的红星》,作家出版社1960年版,第8页。

工人聚赌。① 再如长辛店的小杂货铺大多是工头们开设的,这些小卖部通过赊账的方式向工人们出售生活必需品,发薪时由工人工资抵债。对多数工人来说,欠债已成普遍现象,这就意味着他们将付出更多的经济代价。"欠账每月尚须加付至少百分之十的月息,本利累积下来,欠账日益增多,每个工人都成了杂货店的债务人。欠几十元的工人算是情况较好的,通常都是欠账百元以上。有一个名叫张德惠的工匠在厂里做了几年工,欠账高达一千几百元。这样,工人们便无法脱离管工和监工的掌握,一旦债主不肯再赊,就等于宣布他们的死刑,这是他们最恐慌的事。"②

第二,人身控制。京汉铁路工人的人身自由在很大程度上也受到工头的控制。没有成家的铁路工人,要在主管工头家里集体食宿,这种生活被工人们称为"锅伙",又称为"花子房"。"锅伙"的饮食质量和住宿条件均极为恶劣。据老工人们说,"工人吃的是发霉的窝窝头和长蛆的咸菜。五六十人挤在一个小房间里睡觉,炕上连破席也没有,臭气扑鼻,尘土呛人"③;"锅伙里,每天吃小米和窝窝头,小米里的沙子多得就甭提了,吃饭时都不敢嚼,全生往下吞","我们这六十多人,就住在一间屋子里,臭味儿呛嗓子。土炕上连破席也没有,我们全都很穷,每个人只有一床补丁加补丁的小破被子。冬天挤着点还好过,一到夏天可倒霉了,臭虫成堆。"尽管饮食、住宿条件这样恶劣,工头所收工人的食宿费却很高。据工人王春荣说:"那时候我应名每月挣九元钱,可杨万瑞只给我七元,每月还要扣五元的饭钱,只能剩下两元钱,一来二去就都成他的了。"但工人们却不得不在"锅伙"里生活,否则马上就会被工头开除。工人下班之后,还要给工头干私活,如锯木头、盖房子、挑土等。④"锅伙"生活反映了工人与工头之间的人身依附关系,工人不仅在经济上受工头的剥削,而且在很大程度上也失去了人身自由。

第三,政治控制。由于工头对工人有较强的控制力,因此工头常成为政治势力利用和拉拢的对象。据1921年4月3日的《晨报》报道:在当时的议员选

① 铁道部郑州铁路局政治部:《二七罢工斗争史话》,河南人民出版社1978年版,第25页。
② 张国焘:《我的回忆》(第1册),东方出版社1980年版,第115页。
③ 《中国工人运动的先驱》(第2集),工人出版社1983年版,第25页。
④ 《"锅伙"里的生活》,长辛店机车车辆工厂;《北方的红星》,作家出版社1960年版,第25—26页。

举中,长辛店的部分工头被当局的政治势力所收买,通过舞弊手段把 3000 多名铁路工人的选举权作人情拱手送人,"他们把全体的选举票一齐领来,请几位临时书记,替几千的选民省麻烦,把所有的票都写好了"①。可见,在工头管理制下,工人们的政治权利也被工头们所剥夺。

第四,管理苛刻。工头对工人的管理往往缺乏人文关怀,动辄侮辱、打骂工人,随意克扣工资、开除工人之事时常发生。这种简单粗暴的管理方式也是诱发工人集体行动的重要因素,此类事件在工人罢工中屡见不鲜。

上述可见,京汉铁路工人在经济、人身、政治及管理等方面均受到工头的剥削和控制。这种很强的人身依附关系一方面使得工人不得不屈服于工头的权势之下,另一方面工头对工人的这种极端管理和剥削方式又很容易造成工人对工头的憎恨和逆反心理。当时的长辛店工人就曾把最恨的工头编成了这样的顺口溜:"丁一霸,刘一窝,李源甫,王银波。三头何宗德,四头丁六哥。"②工人与工头之间的这种既依附又对立的人际关系,造成了工人既不敢轻易反抗又心怀怨恨的心理,为大规模集体行动的爆发埋下了仇恨的种子。

(三)工作环境不良

工作环境是企业文化的重要组成部分。安全、稳定、宽松及舒适的工作环境有利于员工更加忠诚、高效地完成工作,而不良的工作环境则会导致员工离心离德、心情压抑、工作积极性不高,甚至爆发集体反抗事件等。

1.工作时间长、休息时间短

京汉铁路工人的固定工作时间是 10 小时,具体工作时间是早上 6 点至 12 点,下午 2 点至 6 点。但实际上,工人因工作而耗费的时间远远不止于此。首先,当时的工人没有计时工具,不得不提前去上班,以防迟到。京汉铁路对工人迟到的处罚是极为严厉的,轻者施以罚金,重者可随时开除。京汉铁路规定:"每日入厂之时,由机务大厂鸣放汽笛一声,各职工闻声后,于五分钟内鱼贯入厂,逾限到厂者,应即科以相当之罚金。"③因此,工人极为害怕迟到。当

① 《长辛店选举的怪状》,《晨报》1921 年 4 月 3 日,第 6 版。
② 长辛店机车车辆工厂:《北方的红星》,作家出版社 1961 年版,第 8 页。
③ 交通部、铁道部交通史编纂委员会编:《交通史路政编》(第 8 册),1935 年版,第 846 页。

时,"表是十分昂贵的用品,工人们是买不起表的"①。为了避免迟到,很多工人早上5点就进厂了。②若遇上阴雨天,工人的上班时间甚至更早。据一名长辛店老工人说:"那时候工人买不起表,遇到变天的时候估摸不准时间,只得后半夜就爬起来往工厂赶。有时候太早了,就得在门口忍饥受冻地等上两三个钟头。"③其次,加班时间较多。京汉铁路因运输业务较为繁忙,工人加班是常事,有些部门的工人工作时间甚至达到了无法忍受的地步,工人反抗事件不时发生。如京汉铁路郑州站的运煤工人,露天工作,风吹日晒,面目黧黑,本极辛苦。该厂厂长又令工人连续做夜工,"计每日作工十七点钟,这样长时间的劳动,叫人如何能受呢? 所以煤台工人公举工头问厂长,要求减少工作钟点,该厂长自知违背章程,即时应允,同别的工人一样每日作工十点钟"④。另据当时的一份调查资料(见表2-10),从1921年至1923年,京汉铁路工人不管是技能工人、半技能工人还是无技能工人均有不同程度的加班现象,说明了当时京汉路工人加班现象较为常见。

表 2-10　京汉铁路依技能分类工人平均实际所得与平均工资率之比较(1920—1923)

单位:元

年　份	工人类别	实际所得	工资率	平均加工日数
1920	技能	21.43	22.16	−0.99
	半技能	12.87	12.97	−0.24
	无技能	10.26	10.28	−0.04
1921	技能	23.26	22.54	+0.96
	半技能	12.93	12.76	+0.38
	无技能	10.47	10.19	+0.81

①　中共郑州市二七区委宣传部:《二七记忆》(下),郑州市金秋彩色印务有限公司2008年版,第116页。

②　《师徒俩闹革命》,《二七老工人访问记》,人民铁路报编辑部1958年版,第48页。

③　中国铁路史编辑研究中心、全国铁路总工会工运理论政策研究室:《二七革命斗争史》,当代中国出版社1993年版,第14页。

④　《郑京京汉厂煤台工人骇人听闻的工作时间》,中华全国铁路总工会编:《中国铁路工运史资料选编》(第1辑),河南人民出版社1990年版,第30页。

续表

年　份	工人类别	实际所得	工资率	平均加工日数
	技能	24.49	23.61	＋1.11
1922	半技能	14.45	13.19	＋2.88
	无技能	10.75	10.49	＋0.75
	技能	25.97	25.62	＋0.42
1923	半技能	16.61	16.21	＋0.75
	无技能	13.24	13.22	＋0.06

资料来源:李文海:《民国时期社会调查丛编·城市(劳工)生活卷》(下册),福建教育出版社 2005 年版,第 1014 页。

尽管京汉铁路工人的工作时间长达 10 个小时以上,但休息时间却极为短暂。按照京汉铁路管理局的规定,只有"每晨八点及八点一刻,机厂各鸣汽笛一声,工人借此时间,得稍事休息或食用早点"[①]。除此时间之外,工作期间工人再无任何休息、放松时间。即便是在炎热的天气下,喝水也是被禁止的。如有违反,工头将给予严厉的处罚。[②]

过长的劳动时间不仅会损害工人的身体健康,而且使得工人们疲惫不堪。他们更没有时间享受家庭的乐趣及享有接受教育、提升自己的机会,更没有时间和精力去追求精神幸福,过度的体力消耗却得不到应有的放松和恢复。长此以往,就会造成工人对工作失去了热情,也容易产生悲观、消极的情绪。

2.徒有虚名的福利

京汉铁路工人的待遇比其他行业相对稍好,尤其是在抚恤、教育及医疗等社会福利方面。然而,一定程度上来说,这些福利只是一些特权者的专利。对大多数工人来说,这些福利仅是徒有虚名而已。

尽管京汉铁路沿线各站各段均设立了诸多福利机构,然而这些福利机构实际所发挥的功效是极为有限的。据郑州站工匠凌楚藩介绍:"在工人福利方面,也是虚有其名,各路各段各厂各处都设有福利机构,用人很多,花钱不少,

---

① 交通部、铁道部交通史编纂委员会编:《交通史路政编》(第 8 册),1935 年版,第 846 页。
② 长辛店机车车辆工厂:《北方的红星》,作家出版社 1960 年版,第 159 页。

所用的那些人,都是一无所长的特权阶级的私人,这些家伙营私舞弊。贪污腐化。福利费真正用到工人身上的,那是很有限的。"[1]以京汉铁路设立的医院为例,由于医疗水平及医疗资源均极为有限,普通工人生病基本上是无法享受到这些医院的治疗的。对此,一名长辛店工人说道:"好在我们不害病,倘真个害病,他们也不医,不说是没有病,就说没有药,除非有脸子才得到一点药呢!"[2]

至于奖金、红利等绝大部分都归少数高级员司、工头、工匠等,普通工人所得极少或者基本与此无缘。"每年年终发双薪,季节发奖金,这些小恩小惠从局长员司到工匠为限,小工却沾不到边。"[3]甚至有些时候,铁路工人还得为国家债务买单。如1921年4月、7月,北京政府分别发行了500万及300万元的支付券,由京汉、津浦及京绥三路分担。此后,这三路工人领取工资时必须领一些支付券,而这些支付券后来多数不能兑现,成为废纸。[4]

3. 战争带来的威胁

由于京汉铁路沿线经常战祸不断,受军事影响,工人的劳动时间和劳动强度大为增加,甚至工人的生命安全也受到严重威胁。据一名京汉铁路老工人回忆:"军阀之间的连年混战,物价上涨,铁路军运频繁,工厂收入减少,工人的工资也不能按时发放。这时由于火车头、货车皮的损耗加大,进厂修理的数量增加,还要求缩短周期,工人每天的劳动时间比以往更长。"[5]另一名老工人也回忆道:"去年(1922年),吴佩孚同张作霖打仗,强迫司机、升火工人拉饷运兵,一上车就是月把四十,在车上饿得直不起腰,累得睁不开眼。一次机车碰头,死去六个工人兄弟。不久,段长程瞎子不顾工人死活,又迫使工人上一台失修的机车,为军阀运送军队。因为机车安全阀失修不灵,造成锅炉爆炸,又有三个工人兄弟丧命。"[6]可见,战争给京汉路铁路工人的生活、工作及生命安全均

---

① 包惠僧:《包惠僧回忆录》,人民出版社1983年版,第82页。

② 《长辛店旅行一日记》,《邓中夏文集》,人民出版社1983年版,第6页。

③ 包惠僧:《包惠僧回忆录》,人民出版社1983年版,第80页。

④ 北京市总工会工人运动史研究组编:《北京工运史料》(第3期),工人出版社1982年版,第106页。

⑤ 饶辉樟:《京汉铁路江岸机器厂的创建和发展》,政协湖北省委员会文史资料研究委员会编:《湖北文史资料》(第3辑),1987年版,第26页。

⑥ 铁道部郑州铁路局政治部:《二七罢工斗争史话》,河南人民出版社1978年版,第136页。

造成了不良影响。

战争大大加重了工人的劳动负担和劳动风险,但铁路管理局在工人收入方面并没有体现出多劳多得的分配理念,更没有对工人需要承担的额外风险予以补偿。"工厂的生产任务不是按年、季、月度安排的,是来多少修多少。铁路运输的淡季,入厂修理的车少,旺季则多。工作时松时紧。如果逢到行车事故,车皮成列入厂,工人被迫加班加点,日夜不停地干。工人的工资仍是按平常的支付,并不因为工作做得多而多拿钱。"①显然,这样大的劳动强度、劳动风险及不合理的收入分配制度是不能令工人满意的。此外,沿线士兵众多且又飞扬跋扈,容易诱发工兵冲突。这种不安定的政治环境容易使工人缺乏公共安全感,长此以往,也容易导致工人的积怨和愤懑,增加了工人集体行动的风险与可能。

4.劳动条件恶劣

早期近代中国工厂里的劳动条件普遍较为恶劣,铁路行业尤甚。由于铁路行业的特殊性,大多数工种需终年野外作业,条件极为艰苦。以 20 世纪 20年代的江岸机厂为例,"厂房狭小、简陋,好多工种设在一间场房里,机器的皮带轮横七竖八,铺天盖地,铁锤的锻造声震耳欲聋,翻沙铸造灰尘飞扬,乌烟瘴气,弧光刺眼,噪音难挨。在这样的环境里干活,大小事故经常发生,各种职业病屡见不鲜。就是这样的环境,比起调车工人和筑路工人还算是好的。调车工人无论是冰天雪地,刮风下雨,或是顶烈日冒酷暑,终年在露天作业,没有任何劳保和防护用品,穿梭在疾驶的车辆中间,跳上爬下,摘钩挂钩,稍有不慎就可能命丧轮轨之间";更苦的是筑路工人,"鸡叫头遍就上路干活,月亮偏西才回窝棚。上千斤重的钢轨靠肩扛手抬一步步地挪动,冬天冻得手裂足烂,鲜血直流,夏天顶着烈日踩在烫脚的石渣上真是刺骨穿心"②。铁路工人劳动条件之恶劣由此可见,他们不仅要忍受恶劣的天气、嘈杂的工作环境及繁重的体力劳动,而且没有任何安全防护措施。一名铁路工人说:"当时根本没有劳动保

---

① 饶辉樟:《京汉铁路江岸机器厂的创建和发展》,政协湖北省委员会文史资料研究委员会编:《湖北文史资料》(第 3 辑),1987 年版,第 26 页。

② 中国铁路史编辑研究中心、全国铁路总工会工运理论政策研究室:《二七革命斗争史》,当代中国出版社 1993 年版,第 15 页。

护条件,自己有啥穿啥。"①生命安全毫无保障。1921年间,京奉路机车机器厂至少有5名工人被机器伤害。在铁路工厂里,"最多的是机器,最危险的也是机器:一齿一齿的齿轮,一条一条的条带,真像军营的杀人器具,又像地狱的刀山火山,稍不细心,挨着了,轻则血肉狼藉,重则不但性命没有了,连骨头都粉碎了"②。

三、法治困境

按照民主原则把国家事务制度化、法律化,严格依法进行管理是现代法治国家的总体特征。然而,近代中国的法治化进程较为缓慢、滞后,远远落后于时代的发展需要。近代中国社会虽已开始工业化,但国人对于劳工的观念仍停留在农业社会形态。就劳动界而言,所面临的法治困境主要有两方面:一是有关劳工保护的法律与制度方面的缺失较为严重;二是劳动界对相关的法律规范及制度执行不力,仍带有浓厚的"人治"色彩。所谓"人治",并非我国完全没有法律,而是国民的内在守法精神不够,对法律不够尊重,执法人也不能公平地施行法律,执行标准也常因人而异。这种内在守法精神的欠缺,实在与近代国家管理不相适应。

(一)无法可依

劳动法是调整劳资关系及与劳资关系密切相关的社会关系的法律规范总称。劳动法作为独立的法律体系,产生于19世纪,与工业革命的发展及工人运动的日益壮大密切相关。早在1802年,英国就通过了《学徒健康和道德法》,成为现代劳动立法的开端。1817年8月,社会主义者罗伯特·欧文最先提出8小时工作制。1864年,英国颁布了适用于一切大工业的《工厂法》。20世纪初,西方主要国家大都相继颁布了劳动法规,基本实行了8小时工作制。

一战后,劳动立法问题已成为国际共识。对此重大社会问题,北京政府在劳工问题上的执政理念却落后于国际形势及时代需求。1919年,在巴黎召开的和平大会上成立了两个国际性组织,一是国际联盟;二是国际劳工组织

① 李全德:《忆"二七"大罢工》,陈素秀编:《京汉铁路工人大罢工史料汇编》,河南人民出版社1999年版,第943页。

② 中华全国总工会中国职工运动史研究室编:《中国工运史料》(4)工人出版社,第69—70页。

(ILO)。国际劳工组织的宗旨是促进充分就业和提高工人生活水平,主张通过劳动立法来改善劳工状况等。该组织实行"三方机制"原则,即各成员国代表团由政府代表2人,工人、雇主代表各1人组成,三方都参加各类会议和机构,独立表决。按照国际劳工组织的规约,中国是国际联盟的会员国,自然也是国际劳工组织的会员国。然而,北京政府每年仅派2名政府代表赴国际劳工大会,而从未派过工人代表及雇主代表。对于国际劳工大会所议决的公约草案,北京政府以我国工业不发达为由,没有批准任何公约草案。为此,国际劳工组织第一次大会曾组织了一个"特别国家委员会",专门讨论工业不发达国家适用8小时公约的问题。对于中国问题,该委员会亦认为:"中国的工业幼稚,关税又未自主,承认中国暂时不能完全仿行欧美各国的现在劳工法。"[①]此后数年,中国劳工问题再未被认真讨论过。

北洋政府在国际劳工大会上对劳工保护问题的漠视与消极态度激起了国内劳工团体的不满和反对。1919年11月25日,中国劳工同盟会向北京政府发出抗议电,谴责北京政府未派雇主及工人代表参加国际劳工大会,指出:"此次华盛顿开万国保工会,传闻我政府决议,不派劳工代表,殊深骇异。现在劳工问题关系世界安宁。中国劳工供给居世界第一,对于善后决议,独不能置身其间。我政府虽甘放弃国际上应享权利,损失国家地位而不惜,我中国劳工此后岂任人处置乎","请政府迅图补救,速派劳工代表与会,为国家挽回权利,为劳工筹议善后。"[②]国会议员何海鸣等人亦联名上书国务院,质问政府:"夫中国工业现量在幼稚时代,然通商大邑,工厂林立,人所共见,岂一一皆为家庭之工业。纵使现时尚无劳动团体,然此次大会劳工界及雇主应各派代表,既为万国所共同规定,政府接到此项召集代表之电,理应咨询工商界各旧有团体及商会有无举派代表办法,何以蒙蔽人民而径自于无形中消灭劳动界、雇主界等选派代表之权利。"[③]可见,劳工保护问题已在国内引起一些有识之士的重视。

---

① 陈宗城:《国际劳工组织与中国》,王云五、李圣五主编:《劳工问题》,商务印书馆1933年版,第20—22页。

② 《劳工同盟会郑浩然等抗议政府不派代表参加万国保工会电》,中国第二历史档案馆:《中华民国史档案资料汇编民众运动》(第3辑),江苏古籍出版社1991年版,第90—91页。

③ 《国务院关于议员质问为何不准人民派代表参加国际劳动大会函件》,中国第二历史档案馆:《中华民国史档案资料汇编民众运动》(第3辑),江苏古籍出版社1991年版,第90页。

　　从国内法律层面看，北洋政府并无专门保护劳工的法律。按照当时的法律规定，工人罢工及集会触犯了北洋政府的相关法律规定。1912 年 4 月，袁世凯窃取南京临时政府政权后，颁布了《中华民国暂行新刑律》，第 224 条规定："从事同一业务之工人同盟罢工者，首谋处四等以下有期徒刑、拘役或三百元以下罚金。余人处拘役或三十元以下罚金。聚众为强暴、胁迫或将为者，依一百六十四条至一百六十七条之例处断。"[①]可见，新刑律是明令禁止工人罢工的。1914 年 3 月 2 日，北洋政府公布了《治安警察条例》，对人民的集会、结社、游行及罢工等权利作了严厉限制。如该条例第 22 条规定："警察官吏对于劳动工人之聚集，认为有下列情形之一者，得禁止之：一、同盟解雇之诱惑及煽动；二、同盟罢业之诱惑及煽动；三、强索报酬之诱惑及煽动；四、扰乱安宁秩序之诱惑及煽动。"[②]《中华民国暂行新刑律》和《治安警察条例》严重剥夺了工人的罢工权及集会结社权，这就意味着工人无法通过正当的渠道来表达自身的职业诉求和权益。上述新刑律和条例成为北洋政府禁止及镇压工人罢工、集会、结社的重要法律依据，也成为日后社会各界强烈要求废除的法律条文。

　　一战后劳动立法问题已成为国际共识，并引起了国人的注意。对此重大社会问题，北京政府却缺乏应有的认识。可以看出，北京政府在劳工问题上的执政理念已落后于国际形势及时代需要。

　　晚清民初时期，全国铁路系统并无完善的、统一的铁路工人工作准则及相关的规章制度。因此，这一时期铁路管理部门对铁路工人的管理极为混乱、随意。总管、员司及工头等管理人员对工人随意打骂、惩罚，甚至无端开除工人的现象较为严重。这种情况在早期京汉铁路工人中亦是司空见惯之事，"那些洋人厂长和中国监工，把工人当成会说话的牛马，可以任意污辱，惩罚打骂"，"工头还可以随意开除工人"[③]之类的事件时常发生。然而，工人既无保护自身的法律依据，也无正当的申诉渠道。总体而言，这一时期铁路系统基本上仍是

---

　　①　《中华民国暂行新刑律》，见《中华民国六法全书》，上海广益书局 1918 年版，第 23 页。
　　②　《治安警察条例》，西北政法学院法制史教研室编：《中国近代法制史资料选辑（1840—1949）》（第 2 辑），西北政法学院法制史教研室编印 1985 年版，第 204 页。
　　③　李全德：《忆"二七"大罢工》，陈素秀编：《京汉铁路工人大罢工史料汇编》，河南人民出版社 1999 年版，第 943 页。

传统的"人治"管理方式。这种不规范的管理方式也是引发早期铁路工人罢工的重要因素之一。

(二)有法不依

尽管近代中国铁路系统的各项管理规定并不完善,但也制定了一些相关的规章制度。各铁路一般也制定有适用于本路范围的奖惩条例、工作规则或者相应的工作办法等。但这些条例、规则或办法往往制定得较为笼统、模糊,并无切实可行的操作规范或落实措施,以至于给铁路管理工作留下了诸多漏洞,使得这些管理规定及工作办法等并没有得到真正的贯彻执行。

实际上,在铁路管理系统,"有法不依"的现象是较为严重的。以交通部制定的请假章程为例,1912 年 3 月 9 日,交通部公布了《华洋人员服务请假章程》。该章程规定"每员请假日期除星期及例假外,如自行请假,每年总共不得过十四日以外,逾限者按日扣薪";"合例之请假,如亲丧婚娶及依年限应享给假权利等,准免扣薪"[①]。按照交通部的规定,华洋职员凡在规定范围内享有假期或请假的,是不扣薪的。然而,从后来的诸多调查资料和工人访谈录中,笔者发现真实情形并非如此。实际情况是"所有请假、星期、疾病,假期均按日按时在薪工内扣除,其未经准假而旷工者则加倍处罚"[②];"如果要在初一、十五休息,还得扣除这两天的工资"[③]。不仅请假制度未能严格按照规定执行,其他规章制度同样如此。由于铁路工作带有一定的危险性,铁路部门为预防或减轻这些风险带给工人及其家属的伤害,也制定有相应的抚恤、医疗办法。但从工人反映的情况看,这些抚恤、医疗办法也并未得到真正的贯彻执行。据江岸老工人林茂湘回忆:"我亲眼看到有个翻砂匠,被千斤铁锤砸死了,他的一家都跑到厂里哭死哭活,厂里随便给了他几块钱什么也不管。工人们都伤心的流泪,大家捐了一些钱给了家属,把尸首埋了。"[④]"没有保护劳工的法律,也没有劳动保护和医疗卫生条件,工伤和病假一律不发工资","生老病死无保障,劳动伤

---

① 交通部、铁道部交通史编纂委员会编:《交通史路政编》(第 8 册),1935 年版,第 692 页。

② 梁空:《武汉工厂调查》,中华全国铁路总工会编:《中国铁路工运史资料选编》(第 1 辑),河南人民出版社 1990 年版,第 10 页。

③ 铁道部郑州铁路局政治部:《二七罢工斗争史话》,河南人民出版社 1978 年版,第 21 页。

④ 徐琪珊:《一片激动人心的谈话》,《二七老工人访问记》,人民铁路报编辑部 1958 年版,第 42页。

残被踢开"才是他们的真实生存状态。[1] 再如，长牌工人每两年加薪一次，这本是京汉铁路的惯例。然而，京汉铁路的管理人员或工头，常常不按章给工人加薪，甚至有工人多年未加薪。铁路管理局制定的对工人有利的规定或章程，管理人员经常秘而不宣。这些弊病也是造成工人积怨较深，进而引发工人罢工的常见原因。铁路管理系统出现"有法不依"的现象，一方面确是由于当时法规制度的不完善，另一方面也是由于"人治"造成的制度真空。

上述资料可见，"无法可依"是当时劳工界面临的普遍困境。虽然早期铁路管理部门也曾制定了一系列的规章制度，但实际上并未得到真正的贯彻执行，"有法不依"的现象较为严重。京汉铁路工人所面临的法治困境是全国工人的写照。由于缺乏法律制度的保障，工人无法通过合法的渠道表达自身的职业诉求及维护自身权益，因而罢工就成为他们铤而走险的反抗方式。

京汉铁路工人在生活、工作及法治层面所遭受的这些困境是当时我国劳工界所面临的普遍问题，也是当时社会问题的集中反映。共同的苦难遭遇一方面容易成为团结的基础，另一方面也容易积淀成集体情绪大爆发。正如谢诺所说："在工人阶级共同遭受苦难生活面前，所有这些由于社会的、籍贯的不同和招雇方法的不同所造成的工人之间的差别和分裂，很快就都消失了。工人由于饱受无情的折磨，工作时间过长，事故经常发生，工头的残暴虐待，监工的苛刻管束，总之，由于现代工业强加给工人难以忍受的工作条件，使一切有分歧的工人分子，联合起来结成了一个真正的、团结的无产阶级。"[2]

第三节　分裂性因素与早期反抗

民国初年，随着资本主义经济、政治及文化事业在中国的进一步发展，人们的劳动方式、生活方式及思想观念等均发生了明显的变化。辛亥革命后，借着《临时约法》的有利条件，民国社会涌现出了诸多具有近代意义的政治势力、职业组织及其他社会组织，并且这些政治势力开始介入到职业组织中去。同

---

① 铁道部郑州铁路局政治部：《二七罢工斗争史话》，河南人民出版社1978年版，第21页。

② ［法］谢诺：《中国工人运动（1919—1927）》，刘明逵编：《中国工人阶级历史状况（1840—1949）》（第1卷第1册），中共中央党校出版社1985年版，第178页。

时,地缘性的帮口组织也异常活跃。工人政治化、职业组织的涌现及地缘性组织的兴盛是造成工人阶级分裂的重要因素。

一、政治性分裂

由于京汉铁路具有重要的军事、政治及经济价值,国家政权及各种政治势力都很注意发展自身在京汉铁路的势力,决定了京汉铁路工人与各种政治势力之间必然会发生或多或少的联系。

辛亥革命是京汉铁路工人政治化的起点。自辛亥后,京汉铁路工人开始不断地被卷入到各种政治洪流中。辛亥革命爆发后,京汉铁路成为清政府用来运兵以镇压革命军的重要工具。然而,经过革命新军的宣传发动及革命浪潮的感染,京汉铁路工人也掀起了参军参战的热潮。汉口战事开始后,一部分倾向革命的京汉铁路工人把所运清兵直接送到革命军的火力包围圈内,使清军在军事上受到很大损失。1915 年,在中国民众反对日本灭亡中国的"二十一条"的爱国行动中,京汉铁路工人也参加了这场民族主义行动,表达了他们强烈的爱国热情及反帝立场,他们走上街头,宣传"抵制日货"。①

民国伊始,对京汉铁路影响最大的政治势力是交通系。交通系是北京政府时期,控制中央财政、掌握交通大权,对中国政局影响较大的一个政治派别。交通系的成员大多来自交通银行或者交通部,因此被称为"交通系"。交通系有新、旧之分。旧交通系形成于民国初年,以梁士诒、朱启钤为首领,主要成员有叶恭绰、梁鸿志、周自齐、龙建章、沈云霈、陈振先等人。他们以北京侨园为俱乐部,又被称为"侨园派"。旧交通系的成员,大多担任过北京政府的交通总长等重要职务,是掌控北京政府财政来源的重要力量,势力很大。1918 年,旧交通系会员在参、众两院中曾占有 200 多席位。袁世凯死后,旧交通系首领被通缉。在此之际,为维持交通系在政府中的固有势力,叶恭绰指使交通银行总理和交通总长曹汝霖与陆宗舆出面组织了新交通系。② 交通系在铁路系统中拥有极大的势力。对于这一状况,邓中夏指出:"中国铁路上早有一种政治集

---

① 中国铁路史编辑研究中心、全国铁路总工会工运理论政策研究室:《二七革命斗争史》,当代中国出版社 1993 年版,第 18 页。

② 王晓华、李占才:《艰难延伸的民国铁路》,河南人民出版社 1993 年版,第 60、61 页。

团叫作交通系。以梁士诒、叶恭绰为首领。北京政府内阁虽屡有更换,但交通总长差不多总是该系充当,该系爪牙布满了各铁路,国家铁路变为该系私产。该系在铁路上的势力确已根深蒂固。"[①]京汉铁路作为一条重要的政治、军事及经济命脉,一贯受到北京政府的重视。交通系在京汉铁路的势力亦是星罗棋布,"从铁路局长到各路各段各厂各站员司以致工头都是他们的人"[②]。

民国初年,在南京临时政府民主自由的气氛中,各种职业组织纷纷涌现。1912年6月30日,中国第一个全国性质的铁路组织"中华全国铁路协会"在北京成立。该会是由詹天佑、梁士诒、陈策、叶恭绰、朱启钤等人发起的,由孙中山任名誉会长,梁士诒为会长,叶恭绰任副会长。该会以"协助本国路政之进行,促进铁路工业之发达,保护本国铁路之权利,融洽铁路同人之情谊"为宗旨,对会员及名誉会员做了严格规定:"凡在本国各路曾任及现任职事者,有专门学识经验者及财产事业与铁路有关系者,得会员2人以上之介绍,本会允许为会员","凡与路事有特别劳绩者或捐助百元以上于本会者,本会得推举为名誉会员。"[③]此后,中华全国铁路协会先后在各地各路设立了分会,并将各路现有的类似组织也认定为该会分会。尽管副会长叶恭绰在该会成立时指出:"目下一般社会铁路知识苦难普遍,本会亟应设法将铁路普通知识灌输于一般社会,庶将来一切路事易于推行。"[④]然而,从上述中华全国铁路协会对会员资格的规定可以看出,交通系发起的这一全国性铁路组织并不是普通铁路工人的组织,而是一个中高级铁路职员组织。在铁路工人眼中,这确实不是他们自己的组织,而是特权阶级的组织,"该系向来在各铁路上自员司以上皆吸收为全国铁道协会会员"[⑤],"通谊会为局长及上级中级各员司所组织之会,除了员司加入以外,决没有工人加入或参与其间"[⑥]。

在民国职业组织思潮及全国铁路协会的推动下,京汉铁路各站各工种也纷纷成立了诸多职业性组织。受交通系影响,京汉铁路所成立的这些职业性

---

①　邓中夏:《中国职工运动简史(1919—1926)》,人民出版社1979版,第24页。

②　包惠僧:《包惠僧回忆录》,人民出版社1983年版,第80页。

③　交通部、铁道部交通史编纂委员会:《交通史总务编》,1935年版,第383—387页。

④　叶恭绰:《遐庵汇稿》(下篇),上海书店1930年版,第1页。

⑤　《各路工人不上交通系的当》,《晨报》1922年7月25日,第3版。

⑥　《京汉工会怕人冒牌》,《晨报》1923年1月28日,第7版。

组织也大多是中高级职员组织。据罗章龙回忆："交通系的组织是采取各部门分立办法,职工教育有扶轮学校、技术训练所等。职员有同人会,不与工人混合。在工人中间开车、车务与工厂工头各有独立组织。如交通传习所、精业研究所、车务见习所、留法预备班分隶于交通系直接领导。凡工人就业、升降级、生活福利、工资、教育等事均由该系掌握。"①在京汉铁路,这种职业性组织林立。如京汉铁路同人通谊会,其会员包括"本路各员司,上自局长,下至写字的先生"②;升火和司机组织了"升火、司机传习所"、行车工人组织了"京汉铁路机务行车传习公寓"等。交通系影响下的这些职业性组织的成员大多是现行体制下的既得利益者,他们对当局有较强的认同感。

这些狭隘的职业性组织虽然有利于职业交流,但也加剧了铁路员工的分裂,整体上使铁路中高级职员与普通铁路工人之间的分层现象更为明显。同时,各种职业团体的出现,一方面为各种政治势力的拉拢和利用提供了可乘之机,使得这些职业性组织极易蒙上政治色彩;另一方面也容易招致政府当局的顾忌和防范。如1922年,直系军阀控制北京政府后,交通系掌控下的"铁路同人教育会"被交通部裁撤。关于被撤原因,叶恭绰说道:"传闻有两种原故:第一种,他们以为这个会系鄙人的一个私机关,并且教职员、学生都是我的党羽,故不但要消灭这个会,并且要消灭这一分的教育事业;第二种,他们因会中历年省俭储蓄,现尚存十几万元,打算拿去做什么用。因有这两种原故,所以下此辣手。但这两种原故,说起来都很可笑。"③由此可以看出,北京政府对这些规模较大的职业性团体怀有疑忌和防范心理,以防对自身政权构成威胁。

自五四运动起,早期激进的共产主义者也开始介入到京汉铁路工人组织中。这是京汉铁路工人政治化的又一重要时期。可以说,五四运动开启了我国工人运动的新篇章,也开启了京汉铁路工人运动的新历程。"五四运动以还,我国劳动界受外潮之激荡,因之应声而起,全国弥漫铁路之罢工也、机轮之

---

① 《罗章龙谈中国劳动组合书记部北方分部》,中国革命博物馆编:《北方地区工人运动资料选编(1921—1923)》,北京出版社1981年版,第19页。

② 《京汉工会怕人冒牌》,《晨报》1923年1月28日,第7版。

③ 叶恭绰:《遐庵汇稿》(下篇),上海书店1930年版,第45、46页。

罢工也、工厂之罢工也，扰扰攘攘，迄无已时。"①

　　最早将京汉铁路工人带入五四爱国洪流中的是一批激进的知识分子。1918 年 8 月，长辛店铁路工厂出现了第一批"留法高等法文专修馆工业科"学生，他们和这里的工人们一起生活，过着半工半读的生活。这些青年学生是准备到法国去勤工俭学的，他们"都是些开始接受了十月革命影响想出国去求真理的先进青年"。1919 年 5 月 4 日，由青年学生发起的一场爱国运动爆发了。北京的青年学生还组织了演讲队，到街头、到工厂发表爱国演讲。长辛店铁路工厂因离北京较近，工人多且集中，成为爱国学生们最先开展动员工作的地方。当时，还是北京大学学生的张国焘就曾到长辛店工人中去演讲，他回忆："我在五四运动时担任讲演部工作的时候，曾率领一队同学到那里去对工人演讲，宣传爱国和发展十人团的组织。当时长辛店的工人们以敬佩爱国青年的心情热诚地招待过我们。"②五四当天，长辛店留法预备班的学生及艺员养成所（技工训练班）、车务见习所（行车人员训练班）的学生就一起参加了天安门前的反帝爱国群众大会。

　　很快，青年学生发起的这场运动就点燃了工人们的爱国热情，"一些能看看报的工人，知道了中国要亡国。这厂的工人因为受够了外国人的压迫，比较容易认识帝国主义的狠毒，大家不甘心当亡国奴，加上学生们成天讲演宣传，把工人的爱国热情激了起来"③。京汉铁路工人也被卷入到了这场爱国运动中。5 月 7 日，一部分长辛店铁路工人举行罢工，他们和留法预备班、艺员养成所及车务见习所的学生一起走上街头。这群激进青年包围了副厂长刘家骥的住宅，因刘之前曾阻挠和破坏他们参加这场爱国运动。由于法文教员的调停，刘的住宅才幸免于难，"火烧赵家楼"的场景没有重演。④ 自此以后，京汉铁路工人与这些激进的知识分子建立了联系。

　　工人阶级在这场著名的爱国运动中显示出了巨大的集体力量，引起了早

---

①　骆兆演：《劳动界与资本家当互相谅解》，《申报》1923 年 9 月 5 日，第 1 版。

②　张国焘：《我的回忆》（第 1 册），东方出版社 1980 年版，第 110 页。

③　长辛店机车车辆工厂：《北方的红星》，作家出版社 1960 年版，第 9—10 页。

④　中华全国铁路总工会编：《中国铁路工人运动史大事记（1881—1949）》，沈阳铁路局锦州分局印刷总厂 1988 年版，第 43 页。

期共产主义者的注意,他们开始投入组建工人组织中去。在五四运动过程中,天津学界就已开始了联络长辛店铁路工人的工作。早期的共产主义者在天津成立各界联合会时,就曾派天津南开中学的学生郭维海到长辛店去组织工人,因郭的父亲是长辛店火车修配厂的职员。在郭维海的联络和一些思想觉悟较高的工匠如史文彬等人的领导下,长辛店工人成立了"救国十人团"组织,发起了抵制日货的爱国运动。[①] 当然,"救国十人团"仅是爱国意义上的工人组织。但是,这种组织已经具备工人组织的雏形。它以工人为中心,不同于交通系的职业性组织,打破了工种、部门的限制,且已颇具规模,在长辛店拥有工人团员500余人。"救国十人团"使得京汉铁路工人开始与学生运动发生联系,"他们屡次赞助学生运动,每次为公益的事情捐款,总在百元以上"[②]。上述资料可见,五四运动使京汉铁路工人与早期共产主义者之间建立了联系,为早期京汉铁路工人运动的政治化、革命化奠定了基础。

二、地缘性分裂

帮口是晚清以来在城镇中按地域关系结成的一种劳工互助集团、帮派,是同乡会性质的地方主义组织。近代以来,战争频繁、外敌入侵、军阀割据、农村经济破产及中国近代城市的兴起等原因导致大批流民涌入城镇寻找职业和生活机会。据统计,1923年,中国城镇约有劳工500万人,其中近代产业工人约有200万人,铁路工人约有11万人。[③] 大量产业工人的形成为帮口组织的产生和发展创造了条件。民国时期,由于中央权威衰弱,帮口组织在一定程度上合法化、活跃化。帮口组织反映了近代中国社会转型期中传统与近代、乡村与城市的整合轨迹。在近代工业集中的城镇、交通要道等处,帮口组织广泛存在,京汉铁路亦然。

(一)地域来源

20世纪20年代,京汉铁路已有工人2万余人。工人中帮口林立,大多以

---

① 刘清扬:《回忆建党初期党领导北方人民进行的英勇斗争》,中共北京市委党史研究室:《北京革命史回忆录》(第1辑),北京出版社1991年版,第113页。

② 国涛:《长辛店发起劳动补习学校》,中国革命博物馆编:《北方地区工人运动资料选编(1921—1923)》,北京出版社1981年版,第58页。

③ 徐协华:《铁路劳工问题》,东方书局1931年版,第165页。

地缘祖籍来划分派别。京汉铁路上的技术工人大多是外来人口，他们主要来自福州、武汉、上海、广州、唐山、天津及早期工业较为发达的沿海地区，这些地区的工人最早接触到西方先进的工业技术，特别是造船技术。当时的京汉铁路主要形成了福建帮、湖北帮、江南帮、安徽帮、天津帮、山东帮等帮口组织。长辛店、郑州、江岸车站这三个中心段均设有铁路工厂，铁路工人最为集中，帮口组织也较为复杂。

京汉铁路帮口组织问题最为突出的地段是位于武汉地区的江岸车站。武汉位于东西南北要冲，素称"九省通衢"。1861年，汉口被辟为对外通商口岸，武汉成为商品集散、加工、转运中心。1920年，湖北产业工人已有30多万人，多集中于武汉，武汉成为仅次于上海的工业城市。[①] 交通便利，工商业发达，使武汉成为著名的码头城市和移民城市，形成了人们所谓的"码头文化"。这就使得武汉人能吸纳各种外来文化，思想活跃，性格豪放，容易接受新思潮。湖北具有光荣的革命传统，著名的武昌辛亥首义曾发生在这里。武汉一带帮会、帮口组织活动炽热，"上至官府、下至里弄，从工厂码头到摊贩商店，从赌场戏院到澡堂妓院，无处不留下秘密结社活动的踪迹"[②]。工人中的江湖气、行帮色彩非常浓厚，帮会、帮口之间的矛盾也错综复杂。在江岸，约有3000多名铁路工人。这些主要来自福建、湖北和江浙一带的铁路工人，按照地缘关系分别结成了福建帮、湖北帮、江南帮三大帮派。其中，势力最为强大的是湖北帮，成员基本都是土生土长的本地人，早期曾使用过"老君会"的称号。[③] 他们常按照地域来源聚住在一起，如福建籍铁路工人大多居住在汉口江岸车站附近的"福建街"，房屋大多是福建式的小木屋或两层的小木楼。

郑州是因铁路修建而扩展起来的城市。在铁路未修建前，当时的郑县没有现代工业，商业也不发达。随着京汉、陇海两大铁路的开通，郑州成为中国两大铁路干线的枢纽中心和中原地区农产品集散、转运及工业品转运中心。

① 武汉市总工会工运史研究室：《新民主主义革命时期武汉工人运动史略》，湖北省总工会工运史研究室、武汉市总工会工运史研究室编：《工运史研究资料》（第4辑），1983年版，第92页。
② 皮明庥：《武汉通史晚清卷》（下），武汉出版社2005年版，第158页。
③ 李伯刚：《关于"二七"大罢工的若干回忆》，陈素秀编：《京汉铁路工人大罢工史料汇编》，河南人民出版社1999年版，第917页。

1906 年京汉铁路全线通车后,郑州境内修建了郑州机务修配厂、郑州电务修理厂等几个铁路工厂,工人数量逐渐增多,到 1919 年郑州的京汉铁路员工已达到 900 余人。郑州早期的铁路工人多数来自外省,以 1920 年左右的京汉铁路工人为例:京汉铁路车务总处驻郑州段员工共有 81 人,在这 81 人中,除 7 人籍贯不明外,有 65 人来自外省,2 人来自法国,来自河南的仅有 7 人。① 郑州车站的技术工人大多来自近代工业出现较早的天津、唐山、青岛、上海、汉口及福建、广东等地。这批技术工人文化水平及技术素质相对较高,成为早期铁路工人中的技术骨干,逐步形成了各工种中的技术工匠。② 这些来自各地的郑州铁路工人,按地域结成了湖北帮、天津帮、上海帮、彰德帮、开封帮、朱仙镇帮、郑州帮以及汲县同乡会等帮口组织。③

在其他车站也同样存在着帮口组织,但不如江岸、郑州车站突出,主要是因为这些车站所在的城镇近代工业不甚发达。如长辛店车站,它是京汉铁路北段中心,约有 3000 多名工人。早期长辛店铁路工人为了斗争需要,也曾以同乡关系形成过一些帮口组织,如"定州派""天津派"。④ 1918 年夏,长辛店机厂的广东工匠们组织了"消夏团",但人数不多,存在时间较短。⑤ 此外,还有德州帮、本地帮等。在彰德车站,来自湖北、安徽、江苏等地的工人较多,这些来自外地的工人以南方人居多,因南北方方言、生活习惯等方面的差异,双方互相歧视,如南方人的聚住地被北方人称为"蛮子大院"。⑥

综上可见,京汉铁路工人中帮口林立,车站所在城镇的工业越发达帮口组织问题也越突出。这些铁路工人常按照相同的地域来源聚住在火车站附近,在某种程度上仍然保留着来源地的生活习俗。这种地域性工人群体的集聚增加了集体行动的可能与风险。

① 《论郑州城市人口的变迁》,郑州二七纪念馆:《二七》2012 年第 1 期,第 34 页。

② 王宝善:《郑州工人运动史》,河南人民出版社 1995 年版,第 7、12、13 页。

③ 王宝善:《郑州工人运动史》,河南人民出版社 1995 年版,第 24 页。

④ 长辛店机车车辆工厂:《北方的红星》,作家出版社 1960 年版,第 9 页。

⑤ 《中国劳动运动史》,陈素秀编:《京汉铁路工人大罢工史料汇编》,河南人民出版社 1999 年版,第 999 页。

⑥ 《"二七"老工人周云青回忆彰德俱乐部组织和斗争》,陈素秀编:《京汉铁路工人大罢工史料汇编》,河南人民出版社 1999 年版,第 924 页。

（二）帮口首领

地域帮口首领通常是由"有权有势"的同乡人担任。在京汉铁路中,各个帮口组织的首领通常由一些技术好、威望高、富有反抗精神的工匠担任。他们一般都接受过一定的文化教育或技能培训,有着较为丰富的社会阅历,与工人关系较为密切,在工人中有很强的号召力。如湖北帮帮首杨德甫,湖北宜昌人,曾到日本留学,是同盟会会员,后加入国民党。他在江岸车站以工龄长、手艺好、徒弟多而享有较高威望,喜欢交结人,与政府、政党及资本家等均有联系。再如福建帮首领林祥谦,热心助人,深受工人爱戴,"每遇同乡同事有缓急之需,常典当衣物帮助人,济困扶危,乐善好施。尤好为人打抱不平,每遇强暴凌辱穷苦人民,必挺身而出,仗义执言,虽花钱费力在所不计"[1]。再如曾任"三江帮"(江苏、浙江、江西)头领的曾玉良,"秉性刚直,豪爽热情,不畏强暴,爱打抱不平,又擅长武术,会哼越剧,会拉胡琴",深受工人欢迎,被工人们称为"能文能武的曾铁匠"。帮首杨德甫、林祥谦和曾玉良曾多次带领江岸工人同法国厂长杜拉克和大小监工作斗争,为工人争取利益。[2] 由上可见,京汉铁路中的帮口首领在工人中一般享有较高的名望,对工人有较强的号召力,在组织铁路工人与路政当局作斗争,在维护工人权益方面发挥着积极的领导作用。

帮首自身也带有较多的落后性。因其对同帮工人有较强的控制力,容易成为政府当局、政党、资本家等利诱的对象,从而背叛工人阶级。如法国厂长通过加薪的方式,贿赂了长辛店机厂"消夏团"为首的几名工匠及工头,劝导他们"不必作消夏的闲游",从而瓦解了广东帮的"消夏团";[3]再如在一次英美烟厂工人罢工时,京汉路湖北帮帮首杨德甫本应答发动工人援助英美烟厂工人,但在接受了英美烟厂厂方的贿赂之后,反而威吓工人,强令上工。[4] 这些帮首社会关系较为复杂,有些帮首甚至与其他秘密帮会组织也有密切联系,如湖北

---

① 包惠僧:《包惠僧回忆录》,人民出版社 1983 年版,第 88、115 页。

② 高惟源:《党领导下的工人先驱——"二七"烈士曾玉良》,《党史纵横》1991 年第 6 期,第 10 页。

③ 《中国劳动运动史》,陈素秀编:《京汉铁路工人大罢工史料汇编》,河南人民出版社 1999 年版,第 999 页。

④ 《中国工会运动史料全书》总编辑委员会:《中国工会运动史料全书河南卷》(上册),中州古籍出版社 1999 年版,第 145 页。

帮首领之一周天元,曾是洪帮小头目。[①]

(三)成员构成及主要活动

帮口组织就其产生机制而言,是社会失控的产物。京汉铁路中帮口组织成员主要是由破产的农民、手工业者和游民构成,包括技能工人、半技能工人、无技能工人等,他们通常是地位不高的弱势群体。

各帮口组织有"会馆"或"公所"作为活动场地,会馆主要为同乡人提供各种帮助,如提供暂时居住地,调解争端,使同乡人免受外人欺侮,帮助寻找工作等。如福建帮在江岸建有福建会馆,二七惨案后福建籍遇难工人家属就曾到这里寻求帮助;[②]在郑州车站有湖北会馆等,当时的郑州铁路扶轮小学就设在湖北会馆。[③]

工人们加入帮口组织主要是为了互济互助和自卫抗暴。当时,工人获得工作机会,大多依靠同乡或亲戚的介绍,"凡某乡人数在某区某业中占有地位后,往往会尽力吸引同乡邻里或亲戚故旧,前往工作"[④]。例如,最早到达江岸车站的铁路工人中有一批是来自福建马尾造船厂的,[⑤]在他们的介绍下,京汉铁路的福建籍工人逐渐增多,并形成了福建帮。福建帮帮首林祥谦就曾在福建马尾船厂当钳工,后通过在京汉铁路工作的妹夫周连城和几位同乡的介绍,林祥谦及其父亲、弟弟先后来到京汉铁路工作。[⑥]再如福建籍工人林开庚曾在汉阳钢铁厂当学徒,后经同乡的介绍来到京汉铁路江岸机务段车头厂当验车工。[⑦]此外,有些企业主或工头在招募工人时也更愿意找自己家乡的熟练工人,这样更便于沟通管理。这种通过同乡或血缘关系获取工作的方式,助长了地域帮口组织的形成及工种、行业的地域性垄断。帮口组织这种同乡会性质的互助组织在帮助工人寻找就业机会、保护工人免受外人欺侮、联合起来向雇

---

① 包惠僧:《包惠僧回忆录》,人民出版社 1983 年版,第 405 页。

② 《京汉路工潮之汉口惨剧详记》,《大公报》1923 年 2 月 12 日,第 2 版。

③ 多化良:《铁路职工夜校的时代回响》,《二七》2013 年第 1 期,第 19 页。

④ 何德明:《中国劳工问题》,商务印书馆 1938 年版,第 210 页。

⑤ 中华全国铁路总工会编:《中国铁路工人运动史大事记(1881—1949)》,沈阳铁路局锦州分局印刷总厂 1988 年版,第 16 页。

⑥ 《福建革命烈士传》(二),福建人民出版社 1987 年版,第 12 页。

⑦ 王大同:《林开庚》,林公武、黄国盛:《近现代福州名人》,福建人民出版社 1999 年版,第 227 页。

主争取权益等方面发挥着积极的作用,使这些背井离乡的铁路工人在经历了生存环境的急剧变化之后,能够获得一种心理上的安全感和亲切感,建立一种他们所熟知的人际交往和生活方式。

帮口组织毕竟是狭隘的利益集团,在同帮之间尚能讲义气、互相帮助,但当帮口或个人利益受到别帮侵犯或威胁时,帮口之间就会发生纠纷甚至械斗,暴露出帮口组织好勇斗狠的缺点。关于这种地域性组织的利弊,谢诺指出:"虽然工人来自不同省份有助于提高工人阶级的全国性质,但在同一工业中心或企业里也易形成地区性或划分省份的彼此对抗。这些互相对抗的集团、帮派之间常常引起恶感和敌视,特别是南方各地,由于言语不同,更加重这种敌视。"[①]因此,从整体上来看帮口组织不利于工人阶级的团结和统一。

帮口组织拥有众多成员,是一支巨大的社会势力。帮口工人在斗争中也逐渐感受到群体整合的力量,加强了反抗行动的分量,在此种意义上帮口组织常作为一股巨大的"反社会势力"而存在着,成为各个政治派别或利益团体拉拢利用的对象。因此,中国的工人运动常常带有政治色彩,美国人赫奇斯也注意到这一独特现象:"惟今日中国之劳动运动,与西方有一不同之点,即其中含有政治性质是也。美国之劳动界,除国际工党外,其他劳动风潮,纯粹为经济性质,为劳资间之一种问题。中国则容易牵涉政治问题,即如京汉铁路罢工,即带有政治色彩者。"[②]

三、早期反抗模式

进入 20 世纪后,随着中国资本主义工商业的发展,工人人数激增。据统计,1923 年,中国城镇约有劳工 500 万人,其中近代产业工人约有 200 万人,铁路工人约有 11 万人。[③] 随着工人阶级的发展壮大,罢工事件也日益频繁。当时中国工人的工作时间之长、工资之低、劳动条件之恶劣为世界所罕见。从 1840 年起至 20 世纪 20 年代初,中国工人罢工次数呈现出逐年递增的趋势。

---

① 　[法]谢诺:《中国工人运动(1919—1927)》,刘明逵编:《中国工人阶级历史状况(1840—1949)》(第 1 卷第 1 册),中共中央党校出版社 1985 年版,第 177 页。

② 　《美人论中国铁路工潮》,《申报》1922 年 9 月 15 日,第 10 版。

③ 　徐协华:《铁路劳工问题》,东方书局 1931 年版,第 165 页。

就铁路工人而言,工人罢工的频率大致与国内整体情况趋同。

曾鲲化在《中国铁路史》中认为:"我国铁路工人以勤俭醇谨著世,初不知所谓要挟也。自各国同盟罢工之流言东渐,好事者遂利之,以为攻人之具。虽借口增加工资减少工作,而其实则或另有其他作用。以故迭次罢工之举多属被动,而由工人自行发难者乃绝少焉。"① 不可否认的是,近代中国铁路工人罢工一定程度上是受到了外界因素的影响,但促使铁路工人罢工的根本原因仍应该从工人自身来解读。实际上,铁路在中国诞生后不久,就有了铁路工人罢工的记载。早在 1891 年 4 月,津沽铁路唐山机厂的 100 多名工匠为了反抗外国工头伯恩的欺压,就曾举行过罢工。② 这可能是有文字记载的最早的中国铁路工人罢工事件了。早期京汉铁路工人的罢工大多是为了增加工资或反对工头而发动的,且罢工的发动者大多是机厂的工匠们。如 1912 年 1 月,因春节临近,粮价上涨,京汉铁路郑州站的机厂工匠们要求增加工资,集会决定罢工。然而,由于当时工人没有组织团体,力量涣散,路局拒绝了工人们的要求,罢工遭到镇压,以失败而告终。③ 此外,也有一些资料仅用只言片语记载了江岸、长辛店等地铁路工人的早期反抗,但因这些斗争大多规模较小,参与人数少,而无法考证详情。但可以看出的是,工人团体的产生与反抗事件有着直接的关系。据杨德甫回忆,他在 1913 年进入江岸机厂工作时,当时工厂内尚无工人组织,为反对员司的压迫,他才暗中联络工人积极分子姜肇基、张廉光、曾玉良、周长庆、林祥谦等十余人,分别联络工人结成团体,以谋自救。④ 江岸车站的地缘性组织由此开始形成。这些积极分子基本都是来自外省的工匠,他们大多成为各个帮口组织的首领及组织工人反抗的重要领导人,如杨德甫、林祥谦、张廉光、姜肇基等人。早期长辛店工人也发起过一些自发性的反抗斗争,并以同乡关系形成了帮口组织,如"定州派""天津派"等。⑤

---

① 曾鲲化:《中国铁路史》,沈云龙主编:《近代中国史料丛刊》(第98辑),文海出版社1978年版,第223页。

② 金士宣、徐文述:《中国铁路发展史(1876—1949)》,中国铁道出版社2000年版,第316页。

③ 王宝善:《郑州工人运动史》,河南人民出版社1995年版,第25页。

④ 《杨德甫自述》,陈素秀编:《京汉铁路工人大罢工史料汇编》,河南人民出版社1999年版,第820页。

⑤ 长辛店机车车辆工厂:《北方的红星》,作家出版社1961年版,第9页。

早期京汉铁路工人的抗议带有很大的自发自卫性质。增加工资、反对工头是抗议者的主要诉求。一般来说，早期抗议规模较小，抗议主体大多是待遇较好的工匠群体，而工作最苦、收入最低的非技术工人的反抗行为则鲜少发生。总体看来，早期工匠们的抗议似乎成效并不显著。地缘性组织的产生与抗议有着密切的关系，工匠是这些地缘性组织得以产生的积极推动者。尽管一些美国历史学家的最新研究成果十分强调中国工人的分裂特性在集体行动中的作用，①但从江岸工匠们的早期抗议中可以看出，为了共同的斗争需要，这些地缘性组织一开始就有联合起来的举动。

20 世纪 20 年代后，受五四运动及国内外罢工潮流的影响，京汉铁路工人的罢工次数明显增多。即便是在中国共产党介入之前，京汉铁路的工匠们就已经发动了几次较大规模的罢工。仅在 1921 年 3 月至 8 月间，《晨报》就报道了 4 起京汉铁路工人罢工事件。在这 4 起罢工事件中，第 1 起是车务、工务及机务 3 处工匠的联合罢工，这次罢工还得到了员司的支持；②第 2 起是修车厂的工匠和临时工同时发起的罢工；③第 3 起是临时工的罢工；④第 4 起是车务工人的罢工，这次罢工也得到了员司的响应。⑤ 总体而言，相较于早期，20 世纪 20 年代初京汉铁路工人罢工的频率更高；罢工的主体更加广泛，但工匠群体仍是集体行动的主导力量；工人联合的趋势也更加明显。

由于技术工人的工资往往是家庭经济收入的全部来源，物价及市场行情的变化很快就会波及他们的生活，加之工匠们不可替代的技术成为他们要挟的资本，因此要求增加工资的罢工一般是由他们发起的。如 1921 年 3、4 月间，京汉铁路车务、工务及机务 3 处的 3000 多名工匠，多次集会，要求京汉铁路局援照沪宁铁路方案，增加工资，并公推代表上书政府，扬言"政府不予以和

---

①　如［美］裴宜理：《上海罢工——中国工人政治研究》(刘平译)，江苏人民出版社 2012 年版；［美］艾米莉·洪尼格：《姐妹们与陌生人：上海棉纱厂女工(1919—1949)》(韩慈译)，江苏人民出版社 2011年版；Gail Hershatter, *The Works of Tianjin*, 1900-1949, Stanford University Press, 1986.

②　《京汉路亦将罢工》，《晨报》1921 年 3 月 16 日，第 3 版；《京汉路工人要求增加工资》，《晨报》1921 年 4 月 20 日，第 3 版。

③　《京汉路工人短时间之罢工》，《晨报》1921 年 7 月 30 日，第 3 版。

④　《长辛店之路工罢工》，《晨报》1921 年 7 月 30 日，第 3 版。

⑤　《京汉路南段工人将罢工》，《晨报》1921 年 8 月 31 日，第 3 版。

平解决,必酿成同盟罢工之举动"①。从中可以看出,工匠们已经开始了联合斗争行动。

反对总管、工头的苛刻管理及经济剥削仍是铁路工人罢工中最为常见的理由。京汉铁路对工人实行的是工头管理制,这种"人治"管理方式往往造成路局的规章制度无法贯彻到工人中去,管理工作乱象丛生,总管、工头随意克扣工钱等现象司空见惯。1921 年 7 月间,长辛店工人因待遇不良,久已怀怨,而该厂管理人员,常将总局稍利工人之规定,秘不宣布。如每 2 年加薪一次,本为该厂规例,厂长等管理人员用蒙上欺下之手段,将此条福利无形取消,以至有工人多年未涨工资,因之酿成罢工风潮。② 参与此次罢工的不仅有工匠,还有临时工。因总管之前允诺将奖金与工人平分,将短牌工改为长牌工,但后来总管食言,因而招致工匠们和短牌工的一致强烈反对。此次罢工仅持续 2 小时,双方交涉多次,总管害怕罢工风潮扩大,被迫答应工人的全部条件。③ 这次罢工再次证实了"人治"式的管理制度往往是激起罢工的重要因素。从中也可看出,工匠们对工资是极为敏感的,因其个人收入决定着家庭生活水平。

非技术工人和临时工一向被认为是最为低调的罢工群体。有西方学者认为,"非技术性工人之与增加工资有关的罢工一般都是低调的"④。然而,事实并不总是如此。1921 年 7 月 28 日,长辛店的一部分非技术工人因要求增加工价,发动了一场罢工,此次罢工的参与者全是临时工。因该段警务长恐罢工闹大,答应与政府当局磋商,工人才复工。⑤ 一般来说,这些临时工既无固定的组织团体,也无可以凭借的罢工资本,他们的反抗一方面反映了他们所受的压迫之深及生活之无奈,另一方面也反映了工人们反抗意识的觉醒。

民国初年,军人扰路现象严重,直接影响了铁路工人的生活,这也是激起工人罢工的重要因素之一,也是促使铁路工人团结起来成立工会进行斗争,维

---

① 《京汉路亦将罢工》,《晨报》1921 年 3 月 16 日,第 3 版;《京汉路工人要求增加工资》,《晨报》1921 年 4 月 20 日,第 3 版。

② 《京汉路工人罢工之酝酿》,《晨报》1921 年 7 月 28 日,第 6 版。

③ 《京汉路工人短时间之罢工》,《晨报》1921 年 7 月 30 日,第 3 版。

④ [美]裴宜理:《上海罢工——中国工人政治研究》(刘平译),江苏人民出版社 2012 年版,第 67 页。

⑤ 《长辛店之路工罢工》,《晨报》1921 年 7 月 30 日,第 3 版。

护自身利益的重要因素之一。1921 年 5 月 5 日京汉路长辛店铁路工会成立，一名工人代表发言说:"十年来内争不息,固由军阀之专横,但亦由身受痛苦之人民不谋自救也。如去年此地工人受直皖战争之痛苦,最近粤汉工人受湘直战争之痛苦,是皆身受惨痛。"①据 1921 年 8 月 31 日的《晨报》报道,因吴佩孚截留路款,造成 7、8 两月京汉铁路工人的工资无法发放。该路各车站工人及员司要求路局设法解决,否则将全体罢工。②

上述这些罢工案例表明:早期京汉铁路工人的罢工往往是迫于基本生活需求而被迫做出的反应,且大多是涉及物质层面的要求而做出的自卫性质的反抗,鲜少涉及工人的政治权利。其中,罢工的主体除工匠群体外,还有短牌工及员司的参与。尤为值得注意的是,上述罢工事例大多发生在中国共产党介入之前或者工人俱乐部还未成立之时。也就是说,即便没有中国共产党等政治力量参与其中,工人的反抗传统就已形成。尽管工人中存在着严重的职业分层、地缘性分裂因素,但在具体的反抗事件中,依然可以清晰地看出不同部门、工种工人之间的联合趋势。技术工人与非技术工人、不同帮口工人之间、员司与工人之间在罢工过程中均存在着互动关系。凌驾于各种分裂因素之上的,正是共同的利益,这才是同盟得以达成的基础。

第四节　力量成长

在早期共产主义者的努力下,20 世纪 20 年代初京汉铁路沿线相继建立了很多工人俱乐部。③ 在这些工人组织的领导下,京汉铁路工人的反抗斗争空前活跃起来。与之前相比,不管是从罢工次数、斗争规模来说,还是从工人的思想觉悟、组织状况、波及范围及斗争方式等方面来看,这一时期的京汉铁路工人罢工均有了非常明显的变化。

---

①　《长辛店工会最近之活动》,《晨报》1921 年 10 月 22 日,第 3 版。

②　《京汉路南段工人将罢工》,《晨报》1921 年 8 月 31 日,第 3 版。

③　详见本书第三章第三节《中国共产党的介入》。

一、工人群体的觉醒

20 世纪 20 年代后,京汉铁路各地罢工斗争逐渐频繁,"星星之火"已经点燃。尤其是长辛店"八月罢工"胜利后,对北方铁路工人运动产生了强烈的革命效应。一时间,全国铁路工人运动风起云涌,渐成燎原之势。

(一)星星之火

京汉铁路各地工人俱乐部或工会成立后,工人中依然残存着帮派意识,妨碍团结。工人俱乐部研究了当时的具体情况,决定通过领导工人进行罢工的方式,巩固团结,增强工人敢于斗争、敢于胜利的信心。如长辛店工人俱乐部"就当时工人存在的最迫切的要求和生计问题,集中成十二条,作为向路局斗争的要求"①;江岸工人俱乐部决定"找出路局压迫工人最突出的事实及路局最不合理的规章制度"②,经过工人俱乐部的周密准备,开展了一系列的罢工斗争。如江岸工务处工人反对段长比利时人陆登士的罢工,郑州机务处工人反对厂首陈福海的罢工,长辛店工人反对工头邓长荣的斗争等,这些斗争大多取得了胜利。从罢工事由来看,工人俱乐部领导的罢工斗争主要包含以下几种类型:

第一,因待遇及管理不良而引发的罢工。此类罢工事件最为常见。如1922 年 2 月,京汉铁路郑州机务处全体工人举行了反对厂首陈福海的罢工。此次罢工的起因是春节休假问题。按照路局规定,除夕及春节当天要放 2 天假,加上当年阴历初二正赶上工人大礼拜日,即工人应当有 3 天假期,但郑州机务处只给工人放 2 天假,而长辛店、江岸等地的工人则休 3 天假,由此引发了郑州机务处工人的罢工。工人们提出,此次罢工是"为自由计、为人格计、为路政计,实在是再容忍不过了"③。其后,京汉路彰德机务处全体工人发动了反对厂长徐国龄的罢工,该处工人历数厂长罪状及该厂管理积弊 13 条。④ 上述罢工事例暴露出当时京汉铁路各站普遍存在的管理问题,而并非一人一处之

---

① 罗章龙:《椿园载记》,生活·读书·新知三联书店 1984 年版,第 181 页。
② 陈素秀编:《京汉铁路工人大罢工史料汇编》,河南人民出版社 1999 年版,第 918 页。
③ 《京汉路大罢工的酝酿》,《工人周刊》第 28 期(1922 年 2 月 5 日),第 2 版。
④ 《京汉路工人的大集合》,《民国日报》1922 年 3 月 11 日,第 6 版。

问题。可以说，这些问题是当时各国有铁路普遍存在的管理问题，京汉路工人的情况不过是全国铁路工人的缩影。引发工人罢工的根源则是长久以来积压在工人心中的愤恨和不满。

第二，因兵工冲突而引发的罢工。由于京汉铁路沿线驻军较多，兵工之间时常有摩擦发生，但工人大多采取忍耐态度。1922年1月，在京汉铁路郑州段，一名工匠与士兵发生冲突，导致数名工人与士兵均加入各自阵营，群起互殴。工人受伤情况较为严重，并有多名工人被军方逮捕，进而引发了郑州段工人罢工，造成列车停驶。[1] 工人提出惩办肇事士兵、释放被捕工人及抚恤受伤工人三条件。此事最终以军方向工人道歉，惩戒肇事士兵，满足工人所提要求而解决。值得注意的是，工人在此次罢工事件中不仅表现出较强的团结力，而且也表现出较高的思想觉悟。一名工人说："我们工人，刻已开化，不比从前，易受蹂躏。劳动神圣不受他人侵犯，亦不侵犯他人。"对于工人的这种觉悟程度，参与调停的一名直系旅长由衷地赞道："兄弟一向以为中国工人，大都无甚学识，自顷方知已渐渐利（厉）害起来。"[2]

第三，因裁员而引起的罢工。京汉铁路任用私人现象较为严重，每届领导上任往往会裁撤旧人，安插私人，此为京汉铁路之陋习。1922年5月，京汉铁路局会计处处长陶立上任后，排斥异己，安插私人，并将会计处全处裁去280多人。被裁人员中，确有闲散冗员，但也包括在局工作多年者。会计处全体员司决定联合各处，自6月1日起全体罢工。[3] 6月2日，经交通部调解，京汉铁路局不得不收回全部裁员令。[4] 这次罢工使得200多名工人免于被裁。

从上述几种京汉铁路工人罢工的类型来看，20世纪20年代初京汉铁路工人罢工主要是源于自身的合理利益诉求得不到满足，与早期罢工事由相比并无太大差异。表面看来，这些罢工事件通常是一人或一事引发的。实际上，引发这些罢工的深层次原因往往是路局长期以来不科学的管理体制及不良待遇在工人心中形成的不满和积怨。这些罢工之所以大多能取得胜利，是因为工

---

① 《京汉路又起罢工风潮》，《申报》1922年1月8日，第8版。

② 《京汉路罢工续志》，《申报》1922年1月9日，第7版。

③ 《京汉路裁员风潮会计处全体罢工》，《申报》1922年6月5日，第7版。

④ 《京汉局罢工已平息》，《申报》1922年6月7日，第7版。

人俱乐部在其中发挥了重要的组织领导作用。与早期罢工不同的是,20 世纪 20 年代初的京汉路工人罢工事件无论是从罢工参与主体、罢工规模、罢工频率还是工人的团结程度来说,较之以前均有了明显的变化,工人的反抗已成为一股强大的潮流。

(二)燎原之势——八月罢工

1922 年 8 月 24 日,京汉铁路北京、长辛店、琉璃河等地 3000 多名铁路工人手执白旗,上书"不得食不如死""打破资本专制""请愿一死""不达目的不止""劳工奋斗""打倒国贼高恩洪"等字样,齐集于长辛店举行集体罢工。这次罢工的起因是"先是京汉路局全体工人因生活日昂,工资不敷支配,向该局要求加薪,并对于工人之待遇上,亦提议请稍加优渥。路局当事左支右吾,毫无确切之表示"①。

于是,工人们决定集体罢工。罢工开始后,长辛店俱乐部向京汉铁路局提出了 8 条要求,随后又追加了 11 项条件:(1)前所要求之八条概行允许,但短牌换长牌应六个月一换。(2)在罢工期内不得克扣工资。(3)不得因罢工借端开除俱乐部人员。(4)凡出差饭费各大小工均为一工一饭,各站各厂均取一致。(5)前砖瓦窑所革除之工人九名应复职。(6)工厂改良,夏天多开窗,冬天添暖炉。(7)行车处司旗挂钩看车等人饭钱应与第四条同。(8)年终余利工人应得花红应即拨,接京汉规定章程照办实行。(9)监工处北京工务处存车厂,无论星期假日,概不休息,应照厂中工友一律休息。(10)以上所要求八条,从北京总局起至顺德府止,凡属工人都应同等享受。(11)前门段长车务段长带同随身警士,狐假虎威,嗾使巡警持手轮射击工人,应严行查办。② 26 日,在各方压力下,路局基本答应了工人提出的所有条件和要求,罢工结束。此次罢工虽仅持续两天,却大获全胜。"八月罢工"为京汉全路工人争得了每人加月薪三元、两年加薪一次、短牌工期满改为长牌工以及建设工人休息室等多项权利。此外,这次罢工还赶走了长辛店机厂的法国厂长祚曼及其他外国总管,从此长辛店再无外国人担任厂长。

---

① 《京汉路工人昨日罢工》,《晨报》1922 年 8 月 25 日,第 3 版。
② 《京汉路工人昨日罢工》,《晨报》1922 年 8 月 25 日,第 3 版。

这次罢工使京汉铁路局损失惨重。据统计，"全路工人，每人每月增加三元，每年增加三十六元，全路三万人每年应增加工资一〇八万元，附列经济条件并入计算，不下二百万元。其他各路若准此推算，路局增加开支近千万元"①。通过这次罢工，即使是低工资工人，每年工资也能增加 36 元，生活得以明显改善。

"八月罢工"胜利的消息传出后，京汉全路工人无不欢欣鼓舞。郑州工人"全体列队，由厂中出，至车站，燃放爆竹万余，高呼胜利"②。长辛店工人俱乐部在致唐山工会的信中不无自豪地写道："可笑我们只坚持两天的时日，那班军阀和京汉当局就屈服于群众势力之下，把我们所要求的条件俯首应允了！"③当时，在工人中流行着这样一段顺口溜："书记部，真不赖！立工会，多自在！领头罢工有担戴(待)，长工钱，歇礼拜，年节包饺子，姑娘把花戴！今后谁禁咱罢工，咱就打破他们的脑袋！"④

"八月罢工"的大获全胜很快产生了强烈的社会反响，推动了全国第一次工人运动浪潮的继续高涨，并赢得了社会各界的同情和支持。其主要影响如下：

第一，提高了工会威望，激发了工人加入工会的热情。由于"八月罢工"是在工会的组织领导下进行的，这次胜利使工人空前意识到工会组织的重要性。日本学者中村三登志对此评论说："由于加薪的条文也适用于长辛店站以外的京汉铁路员工，通过这件事使工人们认识到工人俱乐部的力量。"⑤一名京汉铁路老工人对于"八月罢工"前后的变化记忆犹新，他说当时正定车站有职工1000 多人，"八月罢工"前仅有 53 人加入俱乐部。"八月罢工"后，工人们都愿意参加俱乐部、交会费。⑥ 为感谢工会在这次罢工中的卓越贡献，京汉全路工

①　罗章龙：《椿园载记》，生活·读书·新知三联书店 1984 年版，第 185 页。
②　《地方通信郑州》，《申报》1922 年 9 月 2 日，第 10 版。
③　中华全国总工会工运史研究室等编：《二七大罢工资料选编》，工人出版社 1983 年版，第 60 页。
④　罗章龙：《椿园载记》，生活·读书·新知三联书店 1984 年版，第 185 页。
⑤　［日］中村三登志：《中国工人运动史》(王玉平译)，工人出版社 1989 年版，第 42 页。
⑥　中国革命博物馆党史研究室编：《党史研究资料》(第 3 集)，四川人民出版社 1980 年版，第247、249 页。

人自愿将第一个月增加的 3 元工资全部捐给总工会作为建设经费。① 可见,这次罢工胜利极大地激发了工人加入工会的热情,增强了工人的团结意识,推进了各地工会组织的建立。

第二,促进了京汉铁路总工会的成立。"八月罢工"后,京汉铁路各地工会组织纷纷成立。因此,组建京汉铁路总工会成为当务之急。邓中夏对此认为:"不消说,这使全路工人发生休戚相关的深刻印象。这就可以解释统一全路总工会为什么首先成为京汉铁路工人的迫切要求,以至于为了成立总工会,不惜与军阀搏战,作最大的牺牲。"② 显然,"八月罢工"直接促进了京汉铁路总工会成立的进程。

第三,赢得了社会各界的同情。"八月罢工"中京汉铁路工人所提要求和条件均为工人应该享有的权利,因此博得了社会各界的同情。罢工发生之时,在当天的京汉铁路乘客中有国会议员李国珍、陈邦燮等人,他们"目睹工人要求之合理,大表其同情心,咸谓交通当局之太不人道,毫无保护劳工观念,决定今日向国会提出弹劾交通当局议案"③。罢工胜利后,郑州铁路工人发起游行运动。当时,由于附近土匪甚多,郑州处于戒严状态,"而此种示威运动,竟博社会市民之大同情,实为可喜之现象。沿街兵士,其面色咸呈一种表示同情之热望,一望可知"④。对近期的这些罢工,《民国日报》亦颇为同情道:"中国的工人,组织还是很单薄,希望也极平常。然而居然被人疑神疑鬼得很可怕似的了。大家看明白些,这几年来,工潮虽多,所要求的何尝过度。左一个风潮,右一个风潮,所要求的不过两件事:一,在物价腾贵中,要求多得几个工钱;二,在牛马般的苦工中要求受些人的待遇。完了,没有别的要求了。这种要求,是中国工界中原有的,不是从别国学来的,是人心里自然发生的,不是从外国书上读出来的,连新奇两个字都挨不上讲,哪里讲得到可怕。"⑤

第四,引起了革命的连锁效应,成为北方铁路工潮的起点。长辛店"八月

---

① 《地方通信郑州》,《申报》1922 年 9 月 2 日,第 10 版。
② 邓中夏:《中国职工运动简史(1919—1926)》,人民出版社 1979 年版,第 28 页。
③ 《京汉路工人昨日罢工》,《晨报》1922 年 8 月 25 日,第 3 版。
④ 《郑州铁路工人庆祝战胜》,《晨报》1922 年 8 月 31 日,第 3 版。
⑤ 《有幸有不幸的工人》,《民国日报》1922 年 11 月 20 日,第 2 版。

罢工"大获全胜也感染了其他各路,北方铁路工人罢工此起彼伏。"仅在1922年9月至12月间,进行罢工斗争的,就有京奉铁路山海关桥梁工厂工人,京绥铁路全线车务工人,京奉铁路唐山机厂工人,正太铁路石家庄机厂工人"①。除此之外,"八月罢工"还成为各地工人罢工效仿的典范,其斗争方式、所提条件等成为各条铁路工人罢工的参照标准。如1922年9月9日粤汉铁路工人举行的罢工,在工人所提的7条罢工要求中,有多条参照了长辛店工人在"八月罢工"中所提的条件,粤汉管理局方面的答复也以京汉铁路管理局为范例。如粤汉工人提出:"全路工人工资,概依京汉路例。作工满两年者,改以日资计为月资计,病假期须照给工资。"粤汉铁路管理局的答复是"概照京汉办理";关于粤汉工人提出的加薪及战争期间的补贴问题,粤汉铁路局方面的答复是"亦照京汉办理"及"调查京汉长辛店仿照办理"。② 从上述粤汉铁路工人罢工情况来看,"八月罢工"确实对之产生了重大影响。"八月罢工"后,在劳动组合书记部的领导下,全国开展了广泛的工人运动,半年之内各地大小罢工达96次之多,参与人数有27万多人。③ 对于当时的铁路罢工潮流,《民国日报》也注意到这一现象,"近来铁路路工运动,几乎漫延全国,罢工日有所闻"④。对此,一位不明真相的美国人把这种现象归因于中国旧行帮制度,他认为:"以中国旧工帮制度之巩固有力,而适用于铁路罢工,其结果可使全中国铁路于一时期内,完全扰攘不宁,乃意中事也。"⑤这种看法恰恰从侧面反映了中国共产党在北方铁路工人运动中,非常有效地利用和改造了帮口组织这股巨大的社会力量。

由上述可见,"八月罢工"推动了全国工人运动的继续高涨。通过领导罢工斗争,各地工会的威望大大提高,工人意识到只有联合起来方能维护自身利益,帮口障碍也在无形中逐渐消失,全国工人运动呈现出风起云涌之势,为京汉铁路工人大罢工的爆发奠定了广泛的群众基础。然而,这次罢工所取得的巨大胜利却触犯了当局的利益,祸根即隐伏于此。

---

① 金士宣、徐文述编著:《中国铁路发展史(1876—1949)》,中国铁道出版社2000年版,第322页。
② 《粤汉工潮解决情形》,《申报》1922年9月29日,第10版。
③ 湖北省总工会工运史研究室、武汉市总工会工运史研究室编:《工运史研究资料》(第1辑),湖北省总工会工运史研究室出版1982年版,第8页。
④ 《津浦路酝酿中之风潮》,《民国日报》1922年12月23日,第6版。
⑤ 《美人论中国铁路工潮》,《申报》1922年9月15日,第10版。

二、工人群体的变化

相较以往,20世纪20年代初期的京汉铁路工人群体已悄然发生了很多变化。现从工人组织方式、思想变化、社会地位、斗争方式及武装力量等方面发生的变化分别进行探析。

第一,组织方式的变化。早期京汉铁路工人中不仅帮口组织林立,而且还有各种职业组织、慈善组织、爱国组织及秘密社会组织等,但全路并无统一的工人组织。这些因地缘、职业等因素组织起来的工人小团体、小组织均带有明显的狭隘性,使得工人内部四分五裂,不利于工人群体的整体团结。自中国共产党介入后,京汉铁路的工人组织状况开始发生变化。

自1921年5月起,长辛店、郑州及江岸三地先后建立了工人俱乐部,并以这3个工人俱乐部为中心,在沿线各站陆续组建了多处工人俱乐部。在"八月罢工"的刺激下,京汉铁路各站工人俱乐部获得迅速发展,并将俱乐部逐渐改组为工会。至1922年底,京汉铁路全线已经成立了16处分工会,全路工会会员达到2万多人,"其组织之宏大,与纪律之谨严,几为全国工会冠"[1]。

随着京汉铁路各地分工会组织的建立,成立全路统一的工会组织——京汉铁路总工会就成为当务之急。经过三次筹备会议,中国共产党及京汉铁路各工会决定于2月1日在郑州举行京汉铁路总工会成立大会。[2] 至1922年底,京汉铁路工人组织已由"省界帮科"性质的旧式组织开始转变为全路统一的工会组织,京汉铁路总工会的筹备说明了工会组织在工人中已取得了绝对优势地位。这种组织上的联合与统一是工人群体团结力的一种表现,也是京汉铁路工人敢于发动反抗斗争的组织保证。

第二,社会地位的变化。在各地工人俱乐部的领导下,工人的反抗斗争不断取得胜利,一些欺压工人的厂长、总管及工头们也得到了惩罚。如此一来,管理人员们再也不敢任意欺压工人,工人的社会地位无形中得以提升。一名工人骄傲地说:"这时候,工人可真是扬眉吐气,走上大街胸脯都挺了起来",

---

① 僧:《"二七"惨案略史》,陈素秀编:《京汉铁路工人大罢工史料汇编》,河南人民出版社1999年版,第950页。

② 《京汉铁路总工会成立记事》,《工人之路》第224期(1926年2月6日)。

"不论街面上的警察、流氓和厂里的工头司事,谁也不敢再欺压工人了","工头们谁也不敢再明目张胆地克扣工人,见面也都是张师傅、李师傅,再也不敢当面称呼'臭抹油的'了。"①

工人社会地位的提高从其乘车遭遇的变化也可窥见一斑。京汉铁路开通有方便员司上下班的交通车,但在工人俱乐部成立之前,普通工人是不允许乘坐的。一名京汉路老工人说:"汉口江岸间的交通车,只准员司坐,不准工人坐。"工人上车就是"违法",工人乘坐交通车一旦被发现通常会被稽查员踢下车。② 在俱乐部的领导下,经过一系列的罢工斗争,工人们的乘车待遇很快发生了变化。这种变化首先发生在俱乐部的委员们身上,因工作需要,他们经常往返乘车,并随身佩戴有俱乐部的证章。久而久之,车上的票务员就认识了他们,后来他们乘车不需要买票。再之后,凡是有俱乐部证章的工人,坐本路火车都不用买票。随着俱乐部活动的日益繁忙,委员们之间的来往也越来越频繁,由于往返乘车不太方便,长辛店俱乐部研究决定派出一个不挂车厢的火车头,专供全路各站的俱乐部委员们来往乘坐,方便工作,司机也是长辛店俱乐部直接派遣的。③

工人社会地位的提高还体现在自身的人格和价值受到尊重。对这些铁路工人们来说,活着尚且如此卑微,更不敢奢望死后的尊严。工人俱乐部成立后,不仅帮助工人提高生活质量与改善工作待遇,而且也很注重尊重工人的人格和尊严。例如,京汉铁路郑州工会曾为一名因病去世的工人举行了追悼会。为一名普通工人举行追悼会,在京汉铁路几乎是从未发生过的事情。当时,这件事还引起了郑州市民及媒体的注意。《民国日报》报道了这一新奇事件,"十二月十七日清晨,在郑州却有一件事很惹起市民的注意,这就是郑州京汉路工会为了一个每月只赚二十余元的机器工人开追悼会"④。

第三,思想觉悟的提高。思想是行动的先导,思想觉悟提高往往会带来行

① 长辛店机车车辆工厂:《北方的红星》,作家出版社1960年版,第90—91页。
② 徐琪珊:《一片激动人心的谈话》,《二七老工人访问记》,人民铁路报编辑部1958年版,第43页。
③ 长辛店机车车辆工厂:《北方的红星》,作家出版社1960年版,第95—96页。
④ 《一个铁路工人的追悼会》,《民国日报·觉悟副刊》1922年第25期,第3页。

动上的改变。工人俱乐部成立后，特别是经过一些具体的反抗斗争后，工人们逐渐意识到他们是一个利益共同体，团结力量大，团结才能胜利。这种经验在工人们心中逐渐内化为阶级意识，阶级意识的生成又反过来影响和指导着他们的集体行动。

首先，工人自身的行为方式发生了明显的变化。一个非常明显的事实是自工人俱乐部成立后，他们不再效忠于工头了。以长辛店为例，自工人俱乐部成立以来，"工人等过时过节，决定不送礼物与总管们。平常进厂也不施运动费了，凡厂内要请长工或工人，都要由平常的小工按次升入"①。一些工人的不良生活方式也得到了改正，"在丰富多彩的活动和夜校的学习中，一些工人身上的不良习气，如酗酒、赌博和吸食鸦片，得到了纠正。这些工人的家属也很高兴，认为工人俱乐部把酒鬼和赌鬼都改造好了"②。

其次，工人思想觉悟的提高还表现为工会组织的有序性。如"八月罢工"开始后，各站已事先约好举行同盟罢工。一名记者亲往郑州车站察看情况，郑州工人的镇静和井然有序使其感到极为震惊。这名记者注意到，在同盟罢工前夕，"郑州工会镇静如常，竟无何举动"。在同盟罢工开始后，工人"鱼贯出厂，其秩序之严整，是真令人起敬"。当记者到郑州工会探查时，"见会所情形如常，只有门前悬牌云'下午一时半开全体大会'字样，会中虽有工人不少，皆阅报、下棋、弹歌等，绝无丝毫慌忙状态，于此又可见其纪律训练之甚可惊也"。见此情形，记者不由得感慨"'劳工神圣'诚非虚语"③。工会组织之有序，工人思想觉悟之高，由此可见一斑。

再次，工人的自我意识和阶级意识逐渐苏醒。从以上诸多罢工事例中可以看出，除因增加工资而举行的罢工外，更为常见的罢工事由则是要求改良待遇及反对虐待、提高人格，这一现象说明了工人作为社会个体自我意识的苏醒。当然，罢工次数日益频繁及工会组织的不断发展壮大本身就意味着工人阶级意识的提高。尤其是"八月罢工"后，这一现象尤为明显。《晨报》对此评

---

① 《京汉路工人昨日罢工》，陈素秀编：《汉铁路工人大罢工史料汇编》，河南人民出版社1999年版，第73页。
② 曹荣：《项英》，中国工人出版社2012年版，第18页。
③ 《郑州工人响应长辛店罢工之始末》，《晨报》1922年8月29日，第3版。

论道:"最近工人的团体逐渐加添,罢工的风潮也逐渐增多,在这里就可证明他们的阶级意识虽然还在萌芽,但的确日趋明了了。"①

最后,工人开始有了法律保护意识和参政议政意识。这一时期,在中国共产党的领导下,全国开展了轰轰烈烈的劳动立法运动,工界及社会各界纷纷响应。"八月罢工"后,北洋政府有关部门开始关注劳工保护问题。同时,京汉铁路工人就自身权利向交通部和京汉铁路管理局提出了三种意见:一是工人应该享有的权利,包括集会结社权、工会应有缔结契约权及路局制定或修改有关工人的法律及规章制度时应经总工会同意等;二是工人待遇方面的权利,如分红、抚恤、八小时工作制、劳动保护措施、教育及医疗等;三是工会要参与工厂管理,包括惩戒、裁员、生产、升迁、荐人及待遇、休假等权利。② 从上述内容可以看出,工人已有了较强的法律保护意识、平等意识及参政议政意识。

这一时期,在工会的领导下,工人通过不断地斗争获得了多项权利,工资收入及待遇均有了明显改善。然而,工会的合法性问题仍然是其发展的一大障碍。《申报》报道了这一困境,"惟此种团体,未经呈明立案,经官厅许可,诚属缺憾","苟再有合法之组织,而求精神上之进步,则劳工真神圣,而秩序可望安宁矣"③。迫于形势,北洋政府有关部门也已意识到劳工保护问题的重要性,并试图做些改善。但其出发点并不是真正为工人谋取利益,而是为了抑制工人罢工,所以其改革措施及效果自然不能令人满意。由此也可看出,北洋政府在劳工保护理念上的滞后与工人阶级法律保护意识的日渐觉醒已成为显著的社会矛盾之一。因此,京汉铁路工人的罢工斗争由经济斗争转向政治斗争,以至京汉铁路工人大罢工的爆发,这是一种自然而然的趋势。

第四,斗争方式从孤立走向联合。早期京汉铁路工人的反抗斗争大多是自发性质的,不仅规模较小,而且带有明显的孤立性,大多是一地、一厂或一路范围内的反抗。20世纪20年代后,京汉铁路工人的斗争方式开始从孤立走向联合,不仅本路工人在反抗斗争中相互响应和支援,而且与其他铁路及行业也有了互动。

---

① 张维周:《中国的劳动阶级》,《晨报》1922年9月3日,第7版。

② 《京汉全路工人提出意见》,《民国日报》1922年9月22日,第6版。

③ 欧沧:《长辛店通信》,《申报》1922年12月5日,第10版。

首先,本路工人之间表现出较强的团结、联合意识。京汉铁路工人之间曾因地缘、职业不同而造成的分裂现象较为严重,不同地域、工种之间的工人矛盾和积怨较深。然而,随着工人们思想觉悟的提高,他们逐渐意识到他们是利益共同体,因而在反抗斗争中表现出越来越强烈的团结联合意识。如在郑州工人反对厂长陈福海的罢工斗争中,本来郑州车站的司机与机器厂的工匠们矛盾较深,简直是"水火不容",但在罢工中,双方均能冰释前嫌,"大有如临大敌之势",携起手来共同罢工。① 同时,在本路其他各站的工人罢工中,各地工人之间均表现出明显的联合团结意识,相互支援,共同向路局作斗争。

其次,京汉铁路各地工人的反抗斗争得到了其他铁路的支援和响应。由于京汉铁路与京奉、京绥、津浦、陇海等多条铁路有联运关系,工人之间联系较为密切,互通信息较为方便,因此为各条铁路工人之间的相互支援创造了条件。如在"八月罢工"中,京绥、京奉、正太、津浦四路工人均起而响应,并派代表到长辛店工人俱乐部表示援助,决定"一二日内,交通当局若再不予完满答复,即一致起而罢工"②。当各路听说交通部将以武力解决此次罢工时,立即组织了五路职工联合会,"京奉、津浦、沪宁各路咸报不平,以为同人遭此深祸,实为各路职工前途之危。今特互相通电,一致联合进行应付方针,并在上海组织五路职工联合会,设分部于京汉各埠,以便消息灵通"③。由于铁路事关国计民生,因此各条铁路之间的响应和援助往往能给当局带来一定的压力,有利于罢工取得胜利。

再次,对其他铁路或行业的罢工,京汉铁路也给予了积极的支援和响应。香港海员罢工发生时,京汉铁路及北方其他各条铁路也给予了很大的支援和帮助。"有以罢工援助者,有以捐款援助者,有以舆论援助者"④。京汉铁路江岸工人俱乐部、粤汉铁路徐家棚工人俱乐部及汉口人力车夫工会等组织了香港海员罢工后援会,并致电海员要坚持到底,争取最后胜利。在长辛店工人俱

① 《京汉路工人的大集合》,《民国日报》1922年3月11日,第6版。
② 《京汉路工人昨日罢工》,《晨报》1922年8月25日,第3版。
③ 《五路职工已实行联合》,《大公报》1922年8月30日。
④ 《香港海员罢工的现状及各地援助的踊跃》,《工人周刊》第29期(1922年2月12日),第2、3版。

乐部的发起下,京汉、京奉、陇海、京绥等北方各工团成立了香港海员罢工北方后援会,发表宣言并以实际行动进行援助。关于当年京汉铁路援助海员罢工的情形,张国焘在事过多年后依然记忆犹新:"京汉铁路的工人在火车上大张'支援香港海员罢工'的旗帜,极具宣传效果;各地工会纷纷函电汇款慰问罢工海员,声势显得相当浩大。这些情形不但使罢工的海员感到兴奋,并且促成了全国工人团结的倾向。"①可见,援助香港海员罢工不仅加强了北方各条铁路工人的团结意识,而且对全国工人的团结也起了很大的促进作用。

在"八月罢工"的影响下,北方地区掀起了工人运动的高潮,京汉铁路对这些罢工斗争也大多积极地支持和声援,形成了极大的声势。当时,粤汉铁路工人罢工、开滦工人罢工、唐山工人罢工、湖南水口山矿工罢工、湖北大冶下陆铁矿工人罢工及北方各条铁路工人的罢工等,京汉铁路工人均给予了帮助和支持。综上可见,这一时期的工人罢工斗争方式大大突破了以往的孤立状态,京汉铁路工人与其他铁路及行业的工人之间有着非常密切的互动关系,这种相互支援和响应的斗争方式不仅促进了工人的整体团结,也促进了工人组织的联合。

第五,工人武装力量的产生。为满足斗争需要及工人自卫之目的,1922年6月,即与工头邓长荣作斗争后,长辛店工会最先开始组建工人纠察队,成为工人武装力量的雏形。随后,按照长辛店的工作模式,京汉铁路各地工人俱乐部也相继秘密组织了工人纠察队。

工人纠察队的组织工作通常是秘密进行的。工会通常选较可靠的人当纠察队队长,再由队长发展队员,队员必须勇敢"敢干",且队长要能够掌控得住队员。②"年轻力壮""斗争勇敢""不怕牺牲"是这些工人纠察队员的共同特征。这些工人纠察队员平时正常做工,下班后一般到工人俱乐部或指定的地点跟随拳师操练武艺,拳师通常是由一些练过功夫的工人充任。以长辛店工人纠察队为例,"这伙纠察队员每天下了班在俱乐部院里操练武艺,像孙茂森这类

---

① 张国焘:《我的回忆》(第1册),东方出版社1980年版,第220页。
② 《吴雨铭口述记录》,陈素秀编:《京汉铁路工人大罢工史料汇编》,河南人民出版社1999年版,第848页。

人,小时候进过拳房的,就当教师"①。他们的武器通常是工作工具,如木棒、大刀、斧头及锤子等,这样一则便于掩护,二则一旦发生冲突这些工具即可派上用场。此外,工会还有少量手枪可供工人纠察队使用。在与工头邓长荣作斗争时,由于邓自组有帮会组织,势力较大,中国共产党特意委托留学法国的罗海潮先后购买了几支勃朗宁手枪运回国内,作为工会的武器。②

各地工会组织的工人纠察队通常分成几支小分队,每队由小队长统领,由工会统一指挥领导。工人纠察队平时的任务主要是协助工会开展日常工作,如调查登记会员、征收会费及排解工人之间的纠纷等。在罢工期间,工人纠察队往往发挥着维持秩序、打探消息及冲锋陷阵的重要作用。为保证罢工的顺利进行,他们还常常采用截车、卧轨、破坏铁道等极端方式来达到罢工目的。这种方式带有极大的危险性,他们通常被工人们称为"卖命军"。在大罢工前夕,各地工会又扩充完善了工人纠察队组织,成立了工人纠察团。大罢工过程中,有些地方的工人纠察团改称为工人"敢死队"。这些工人纠察队在大罢工过程中发挥了非常重要的作用,是早期工人武装力量的雏形。

综上可见,受各种因素影响,京汉铁路工人在组织、思想、社会地位、斗争方式及武装力量等方面均有了非常明显的变化。大多数京汉铁路工人开始意识到他们之间有着共同的利益,他们与军政当局是对立的。实际上,一种民主精神正在工人中间形成。可以说,从各方面来看,京汉铁路工人正在成长为一支较为成熟的革命力量,开始从自在阶段向自为阶段转变。这种变化并非只发生在一个或一部分工人身上,而是遍及整个工人阶级。然而,正当工人们沉浸在胜利的狂欢之中时,危机已悄然来临,就像一部悲剧电影总是以狂欢为序幕一样。

小　结

京汉铁路工人群体是近代中国产业工人的重要组成部分,这一群体的生

---

① 长辛店机车车辆工厂:《北方的红星》,作家出版社 1960 年版,第 104 页。
② 罗章龙:《椿园载记》,生活·读书·新知三联书店 1984 年版,第 181、182 页。

存况一定程度上是近代中国产业工人生存状态的缩影。相对而言，京汉铁路工人自身的劳动条件如工作性质、年龄结构、技术工人集中等容易成为引发工人集体行动的内在因素。收入悬殊及工人福利待遇上的巨大差异容易造成工人的社会心理失衡，生活的单调及娱乐文化的缺失等导致工人普遍存在着消极、隐忍、怨恨而又好勇斗狠的社会心态。这些因素的叠加创造了一种不满现状和丧失前途的气氛，成为引导工人走向行动主义的潜流。

京汉铁路工人群体在生活、工作及法治三个层面均面临着严峻的生存困境。由于缺乏法律制度的保障，工人无法通过合法的渠道表达自身的职业诉求及维护自身权益，同时又无法逃避工作、生活中的重重困境。共同的苦难遭遇一方面成为工人们团结的基础，另一方面也使集体行动成为他们最有力的反抗方式。

早期京汉铁路主要存在着两大类型的组织：一是政治势力影响下的职工组织，政治势力的介入是京汉铁路工人政治化的推进力量，也是工人组织产生的催化剂；二是工人自保互助性质的组织，这类组织的出现往往是工人互济自保的产物。总体而言，京汉铁路上的职工组织呈现出明显的职业分层现象。不管是职业性组织、地缘性组织还是其他性质的组织，都是存在于工人中的壁垒，一定程度上影响着工人群体的整体团结。但反过来说，这些组织团体的出现，成为工人小范围内团结的重要媒介，也是引导工人走向集体行动的桥梁。早期京汉铁路工人的反抗大多是基于生存，要求增加工资、改良待遇等，所提要求尚未涉及集会结社等政治权利。

随着不断的觉悟，京汉铁路工人开启了反抗斗争的模式，从"星星之火"逐渐形成"燎原之势"。在不断的反抗斗争中，京汉铁路工人在组织、思想、斗争方式及武装力量等方面均有了明显不同于以往的变化，逐渐成长为一支较为成熟的革命力量。上述这些内源性因素是京汉铁路工人大罢工发生的根本动因。

第三章　外在动因：各种大罢工触发因素的积聚

外因是事物发展变化的次要因素，它往往通过内因而对事物的存在和发展起作用，它能加速或延缓事物的发展进程。基于这种理论认识，本书在上一章以铁路工人群体为中心，重点探讨了京汉铁路工人大罢工发生的内在动因，同时也不能忽视对外因的探索。国内外罢工潮流的兴起在国内所营造的革命氛围，一定程度上为京汉铁路工人大罢工的发生奠定了社会基础，甚至起了引导和典范作用。自然灾荒的发生，加剧了铁路工人群体的生存压力与不满情绪，是北方铁路工人罢工事件此起彼伏的重要诱因。中国工人阶级产生、成长的社会环境决定了这一阶级不可避免地带有旧社会的习气、特征。工人阶级作为一支新兴的社会力量，受到了不少政治派别的关注，他们既想拉拢利用工人阶级又想对其进行改造。中国共产党、国民党及共产国际等政治势力的介入不仅加速了现代工人组织的发展壮大，而且促进了工人团结，为大罢工的爆发奠定了群众基础。北洋政府的高压防范和打压政策则从另一方面激起了更为剧烈的社会反抗。这些外源性因素以不同的方式，不断地作用于工人群体，成为引发工人集体反抗的助燃剂。在各种内、外因素的相互激荡、作用之下，一旦条件成熟，京汉铁路工人就将拉开革命的序幕。

第一节　国内外罢工潮流的影响

罢工运动的兴起是近代工业革命的产物。近代以来，随着资本主义的入侵，中国农村经济逐渐解体，越来越多的农民涌入城市，成为城市雇佣大军。进入 20 世纪后，随着中国民族资本主义经济的发展，工人数量激增，工人阶级已经成为一支重要的社会力量。在中国工矿企业中,罢工事件日益频繁,形成了一股巨大的罢工潮流。

一、国内罢工潮流兴起的历史条件

(一)工人数量激增

中国工人阶级是伴随着外资、官僚资本及中国民族资本三种近代工业而产生发展的。第一次鸦片战争之后,五口被迫对外开放为商埠,外国资本开始在这些通商口岸建立中国第一批近代企业,中国最早的产业工人就产生在这些地方。19世纪60年代起,"洋务派"以"富国强兵"为名,创办了一批近代军事工业和民用工业。同时,中国商人自办企业也开始起步。至甲午战争前,无论是外资企业,还是中国官办企业,规模及数量均不大,民办企业力量更为薄弱,因此工人阶级的数量增长缓慢,总数近10万人(详情见表3-1)。

表3-1　1894年中国工矿企业及产业工人人数

业　别	工人人数/人
外国资本在中国经营的近代工业	34,000
清政府经营的近代军用工业	9,100～10,810
清政府经营的炼铁与纺织工业	9,500～6,000
近代矿业	16,000～20,000
民族资本经营的近代工业	27,250
共　计	91,850～98,060

资料来源:刘明逵编:《中国工人阶级历史状况(1840—1949)》(第1卷第1册),中共中央党校出版社1985年版,第87页。

由于中国拥有丰富的原料和廉价的劳动力,外国资本不断加大对中国市场的投入。到1913年,外资工厂总数已达166家之多,[①]国内又增加了大批铁路、海员、矿山、纺织等各种行业的工人。中国民族工业也有了初步发展(包括官办、民办),至1913年,中国民族企业总数已达698家,工人人数已达到27

---

① 刘明逵编:《中国工人阶级历史状况(1840—1949)》(第1卷第1册),中共中央党校出版社1985年版,第3页。

万人(见表 3-2)。据粗略估计,一战前,中国中外资企业中的近代工人人数应在 50 万至 60 万人之间。[①] 加上铁路、航运、邮政、建筑和码头工人等,我国工人总人数约有 100 万人。[②]

表 3-2　1913 年中国近代工厂及工人人数

业　别	企业数量/家	资本/千元	工人数量/人
纺织工业	231	32,547	157,150
食品工业	105	18,620	13,700
印刷文具工业	25	8,280	8,460
机械和五金工业	101	31,219	18,450
冶炼工业	8	28,100	7,532
化学工业	153	20,127	28,687
公用事业	38	53,700	5,640
军械工业	23	128,000	28,500
铸银钱业	5	10,000	1,447
其　他	9	231	1,151
合　计	698	330,824	270,717

资料来源:陈真、姚洛:《中国近代工业史资料》(第 1 辑),生活・读书・新知三联书店 1957 年版,第 55 页。

　　一战是中国工业发展的重要契机,工人人数也飞速增长。一战爆发后,由于欧洲各国忙于战争,无暇顾及中国市场,使中国工业发展进入到空前的"黄金时代",中国工人阶级队伍也迅速扩大。据不完全统计及对有关行业地区的估算,到 1919 年前后,全国产业工人总数约有 261 万人(详见表 3-3)。其中,铁路工人总数为 16.5 万人,海员为 15 万人,矿业工人为 70 万人,外资工人为 23.5 万人等。此外,还有 1800 万手工业者、店员和城市苦力。"一支具有中国特色的工人阶级队伍已经形成"[③]。总之,"无论怎样说,可以认为除极小规模

---

　　① 刘明逵编:《中国工人阶级历史状况(1840—1949)》(第 1 卷第 1 册),中共中央党校出版社 1985 年版,第 88 页。

　　② 王建初、孙茂生主编:《中国工人运动史》,辽宁人民出版社 1988 年版,第 6—7 页。

　　③ 王永玺、赵巧萍主编:《新编中国工会史》,中国工人出版社 2013 年版,第 2 页。

的手工业外,第一次世界大战后中国产业工人人数已大概超过了二百万"[①]。

表 3-3　1919 年中国产业工人分布情况

行　业	人数/人
铁路工人	165,000
邮电	30,000
海员	150,000
汽车、电车工人	30,000
搬运工人	300,000
中国工厂工人	600,000
外国在华工厂工人	235,000
矿业工人	700,000
建筑工人	400,000
总　计	2610,000

资料来源:刘明逵编:《中国工人阶级历史状况(1840—1949)》(第 1 卷第 1 册),中共中央党校出版社 1985 年版,第 122 页。

(二)各种团体组织的出现

由于早期的中国产业工人大多数来源于破产的农民和手工业者,为生存需要,他们大多又加入了行会、帮口及秘密结社组织,这是五四以前中国工人的主要组织形式。辛亥革命和一战前后,中国才出现了带有近代意义的工会组织。中国工会的出现与政党有着密切关系,往往带有浓厚的政治色彩。值得注意的是,即便是在工会大量出现之后,行帮、会党等旧式组织在工人中仍然拥有很大的势力,这是早期工人组织的主流特点。

工会是工业日益发达的产物。随着工厂和工人数量的增多,劳资冲突也越来越多。中国劳工身处恶劣环境之中,为自保自救,所以才寻求联合,以改良生活及提高自身地位。尤其是在中国就业竞争异常激烈的环境中,工人和资本家之间自由订立条约,工人没有任何法律保护,常有失业之危险,所以工

---

① [日]中村三登志:《中国工人运动史》(王玉平译),工人出版社 1989 年版,第 11 页。

人只有团结起来,才有力量与雇主斗争。这种反抗的结果就促成了今日之工会,各国工会的起源也大都如此。19世纪五六十年代,广州搬运工人成立了"广州打包工人联合会",这是中国最早的行业工会组织。① 辛亥革命后,中国的民族资产阶级及其他社会组织利用《临时约法》倡导民主自由的有利条件,掀起了组建与工人有关的"政党""工会"的热潮。民国社会涌现出了诸多具有近代意义的政党组织、职业组织及其他社会组织。政党组织如中国社会党、中华民国工党、劳动党、无政府党等。在这些政党的推动下,产生了近代工会组织。如工党在上海成立了"上海制造工人同盟会";孙中山领导的同盟会在广州成立了"广东机器研究公会"等。这些工会组织大多由资产阶级知识分子、各政治派别、资本家、工头等掌控和操纵。因此,民国时期的工会组织和职业团体,大多带有浓厚的政治色彩和阶级色彩,且在不同程度上仍然保留着旧式行帮组织的痕迹。然而,受民族资产阶级的影响,这些组织已经具有了现代工会萌芽的性质。

五四运动后,"工会精神"在国内日益兴盛。"劳工神圣"成为风行一时的口号,各行各业的组织和团体纷纷成立。仅在1919年4月到1921年间,上海就出现了55个工会组织。尽管这些工会组织大多被一些资产阶级知识分子、政客、资本家及工头等所把持和操纵,但这些组织团体的存在是对中国社会长期以来禁止人们结社、集会、言论和出版自由的挑战与冲击,孕育了真正意义上的现代工会组织。② 同时,一些激进的共产主义知识分子也开始致力于工会工作。据有关资料统计,到1923年止,在200多万新式产业工人中,加入工会者已有28万人。其中,在11万多名铁路工人中,加入工会者已有42000多人。③ 1923年5月,共产国际驻华代表维经斯基在他的报告中也印证了这一数据:"最近几年来,在上述无产者中约有三十万工人已经组织了不同于行会和同业公会的现代工会","在这些工会中,最大的是拥有五万会员的冶金工会,其次是海员工会,会员四万五千人,铁路工会四万二千人;建筑工会三万人;烟草工会一万八千人,纺织工会一万人,印刷工会一万人以及其他一些工

① 钱传水:《中国工人运动简史》,安徽人民出版社1986年版,第15页。
② 王永玺、赵巧萍主编:《新编中国工会史》,中国工人出版社2013年版,第6页。
③ 徐协华:《铁路劳工问题》,东方书局1931年版,第165页。

会。"他还指出:"从这些数字可以看出,中国的工人阶级开始作为一种社会力量非常明显地分化出来,在组织上因而也是在意识形态上形成为国内一支独立的政治力量。"[①]

工会组织的兴盛又促进了行业总工会及地域性的跨行业联合会的建立。"自民八、九年至十二、三年之五六年间,工会之发生,极为兴盛,组织之运动,亦传播极远,卒能使各地均有总工会之组织。"[②]如当时的汉口是中国第二大工业城市,劳工人数仅次于上海。自 1921 年 12 月武汉第一个工会组织——人力车夫工会成立,短短一年时间内,铁路、铁厂、兵工厂、水电、纺织、香烟、车夫等行业均已成立工会组织。随着工会组织的不断发展,产业总工会和地域性的跨行业工界联合会开始出现。1922 年 10 月,湖北全省工团联合会(原名武汉工团联合会)成立。当时,加入这一联合会的工会有 28 个,会员达到 3 万多人。这是中国最早的一个地方性总工会组织。1922 年 12 月,汉冶萍总工会在汉阳成立。它由汉阳钢铁厂工会、安源路矿工人俱乐部、大冶下陆铁矿工人俱乐部、汉冶萍轮驳工会、大冶铁厂工会等五个工会组织组成,共有会员 3 万多人。这是当时全国最大的一个产业工会。除此之外,1922 年 11 月,粤汉铁路总工会也在湖南长沙宣告成立。这是中国第一个铁路总工会组织。工会组织团体的建立和发展,有力地推动了各地工人的罢工斗争。

(三)罢工频发

中国工人罢工是随着工人阶级的产生而出现的。近代以来,中国工人罢工次数呈逐年递增趋势,参与人数及罢工规模不断扩大,为工人阶级的反抗从自在阶段向自为阶段的转变创造了条件。

1858 年,为反对英、法侵略军占领广州城,香港 2 万多名市政工人和搬运工人举行大罢工,一致回广州。这是我国近代最早的一次大罢工。据有关统计,从 1840 年至 1904 年的 60 多年中,全国工人罢工共有 50 多次,即年均不

---

① [苏]魏金斯基(维经斯基):《中国的民族革命运动和工人阶级》,安徽大学苏联问题研究所:《苏联〈真理报〉有关中国革命的文献资料选编(1919—1927)》(第 1 辑),四川省社会科学院出版社 1985 年版,第 37—38 页。

② 王清彬、王树勋等:《第一次中国劳动年鉴劳动运动》(第 2 编),北平社会调查部 1928 年版,第 7 页。

足一次。但从 1905 年至 1911 年的 7 年中,罢工就有 55 次,即年均有 8 次之多。在辛亥革命的推动和影响下,国内罢工次数迅速上升,在 1912 年到 1913 年间,全国共发生罢工 24 次,平均每年达 12 次之多。一战后,由于工人数量激增,罢工次数亦随之增加。从 1914 年到 1919 年 5 月,全国共发生罢工 120 多次,年均 20 多次。仅 1918 年,全国就发生罢工 33 起,1919 年达 67 起。短短 6 年里的罢工次数竟比 1840 年到 1911 年这 70 年间的罢工总数还要多。这一时期,中国工人罢工次数明显增加,规模和范围不断扩大,开始出现同盟罢工。如 1905 年,为反对工头的压迫及克扣工资,上海集成纱厂南、北两厂的工人先后组织起来举行了同盟罢工,参与罢工的工人达 4600 人。又如 1909 年,汉口几家砖茶厂(俄办)的工人发动了同盟罢工,参加人数达 8000～9000 人,几乎酿成大规模暴动。再如 1916 年,天津法租界工人为反对法国殖民主义吞并老西开而举行同盟罢工,这次罢工不仅打破了行业局限,而且超出了产业和地区的界限。1922 年堪称"中国罢工年",是中国工人运动空前活跃的一年。自 1922 年 1 月的香港海员大罢工到 1923 年 2 月 4 日的京汉铁路工人大罢工,历时 1 年 1 个月,全国共发生大小罢工 100 多次,罢工参与人数在 30 万人以上,形成了中国工运史上的第一次罢工高潮。[①]

频繁的罢工不仅为工人阶级积累了丰富的集体行动经验,使得斗争方式和斗争策略不断提高,而且必然会带来工人阶级觉悟的提高,为工人阶级的反抗斗争由自在阶段向自为阶段的转变打下基础。

二、诱发罢工的因素

(一)劳动条件恶劣,工资不敷支出

由于我国拥有大量剩余劳动力,工业落后,所以中外资本家给中国工人所提供的劳动条件普遍较为恶劣。通常这些近代企业并未为工人提供任何安全保护措施,工人因工伤亡事件时常发生。除此之外,工人们还要忍受工厂的苛刻管理及工头的恶意盘剥。

---

① 参见钱传水:《中国工人运动简史》,安徽人民出版社 1986 年版,第 15、16 页;王建初、孙茂生:《中国工人运动史》,辽宁人民出版社 1987 年版,第 36—40、73 页。

以武汉工人为例,"工人工资很低,武昌官布局的工人每月工资不超过三元五角,只有当时同工种的上海工人工资的二分之一,英国工人工资的七分之一。工人劳动时间很长,一般每天在十二小时以上,多达十六小时,甚至二十小时"[①]。至于其他福利设施更是不可企及,"简直和逃荒的灾民一般。就是有了疾病,也没有钱去请医生,更哪里有钱吃药。加以冻馁之苦劳动界的死亡率,就特别的高"[②]。劳工们的生活贫困程度可想而知。此外,不良的嗜好、恶劣的生活环境及不健康的生活方式更加剧了工人的不幸。

对大多数工人而言,全部的工资收入也仅能维持个人基本的生活需要,根本无力养家,其家庭成员几乎要全部参加劳动才能维持基本的家庭开支。据1922年的一份调查显示,在上海工人家庭的生活费用支出中,伙食费占63.1％,房租费占15.7％,衣服费用占10.6％,其他占10.6％。北京工人的伙食费占的比例更大,占73.6％。[③]

工资收入是工人及其家庭赖以生活的主要经济来源。物价上涨、货币贬值、灾荒等经济因素的变动往往会直接影响到工人的生活,因此工人对市场行情是极为敏感的。经济指数的波动也常成为引发工人罢工的重要因素。生活费指数是衡量人们生活程度的一个重要参考数据,数值越高,则说明物价越高,人们的生活水平越低。以北京为例,从表3-4可以明显看出,自1920年起,北京的生活费指数明显高于以往数年,在1920至1924年间,一直居高不下,反映了这几年间北京的物价一直较高的现实。

表 3-4　北京生活经费指数(1900—1924)

年份	指数	年份	指数
1900	81	1913	100
1901	68	1914	93

---

① 武汉市总工会工运史研究室:《新民主主义革命时期武汉工人运动史略》,湖北省总工会工运史研究室、武汉市总工会工运史研究室编:《工运史研究资料》(第4辑),湖北省总工会工运史研究室1983年版,第92页。

② 包惠僧:《我对于武汉劳动界的调查和感想》,湖北省总工会工运史研究室、武汉市总工会工运史研究室编:《工运史研究资料》(第3辑),湖北省总工会工运史研究室1983年版,第51页。

③ 汝信主编:《中国工人阶级大百科》,中国国际广播出版社1992年版,第225页。

续表

年份	指数	年份	指数
1902	76	1915	88
1903	84	1916	96
1904	78	1917	102
1905	75	1918	97
1906	83	1919	88
1907	87	1920	114
1908	89	1921	117
1909	89	1922	113
1910	90	1923	118
1911	100	1924	126
1912	102		

资料来源:王清彬、王树勋等:《第一次中国劳动年鉴》(第1编),北平社会调查部1928年版,第140页。

在工人罢工的诸多因素中,经济因素占有较高比例。从表3-5可以看出,在1918至1926年的历年罢工统计数据中,因增加工资、生活困难、反对虐待、反对工头等原因而导致的罢工占绝大多数,说明了工人罢工的主要诉求是为了改善与提高自身的劳动条件,反映了当时社会劳动条件普遍较差的状况。

表3-5 1918—1926年罢工次数按照原因逐年比较

罢工原因		1918年	1919年	1920年	1921年	1922年	1923年	1924年	1925年	1926年	总计
经济压迫	生活困难	2	3	16	18	1	1	4	11	19	75
	要求加资	13	18	15	12	50	23	24	78	210	443
	反对加租	0	1	0	1	6	2	4	4	9	27
	反对加捐	0	1	1	2	1	2	2	2	4	15
	反对减资	0	0	0	0	3	0	0	9	8	20

续表

罢工原因		1918 年	1919 年	1920 年	1921 年	1922 年	1923 年	1924 年	1925 年	1926 年	总计
工人待遇	工作时间	0	2	1	1	0	0	0	3	13	20
	虐遇苛待	1	0	3	3	4	1	4	27	30	73
	变更工作情形	2	2	3	0	2	0	1	4	10	24
	反对雇主	1	1	0	0	1	0	2	11	14	30
	反对工头	3	2	0	4	3	1	1	7	45	66
	赏金恤金酒资	0	0	4	1	2	2	1	0	8	18
	反对无故开除	0	0	0	0	0	0	0	0	36	36
	其他待遇	0	0	0	0	0	0	0	0	16	16
群众运动	爱国	0	35	0	0	1	1	0	2	16	55
	新思潮影响	0	0	0	0	0	0	1	5	3	9
组织工会权之要求		0	0	0	0	4	2	0	4	11	21
与外界冲突		0	0	0	3	3	3	2	4	15	30
同情罢工		0	0	0	1	2	2	1	0	16	22
其他原因		3	1	2	3	3	4	7	11	23	5
原因未明		0	0	1	0	5	3	2	1	29	41
总计		25	66	46	49	91	47	56	183	535	1,098

资料来源:王清彬、王树勋等:《第一次中国劳动年鉴》(第 2 编),北平社会调查部 1928 年版,第 142 页。

（二）国内外社会思潮的影响

辛亥革命以后,国家政体由专制改为共和,民主自由潮流遍及全国。在这种政治氛围下,民国社会空前活跃,各种团体组织纷纷而起,思想多元并存,报刊媒体大量涌现。民国开放的社会思潮对工人运动起了推波助澜的作用。在各种政党的推动下,各种职业团体纷纷成立。早期的这些职业团体大多是劳资混合团体,带有浓厚的行帮色彩。但是,这些职业组织所表现出来的工会精神及组织工会的方法却在工人中产生了重大影响。这些职业组织的出现,一方面是中国社会政治、经济及文化思想在民国社会发展的体现,另一方面又反过来深深影响了民国社会历史的发展。

第一次世界大战结束后,从西欧和俄国返回的 10 万名华工把欧洲工人罢工和俄国十月革命的消息带回了国内,这些革命新思潮也是造成国内工人运动兴起的重要因素。一些关注俄国十月革命的知识分子这时已经开始转而关注中国的社会问题,日益壮大的工人阶级队伍引起了他们的注意。早在 1918 年 3 月,中国第一次出现了以"劳动"命名的刊物。当年 11 月,在庆祝一战胜利的群众大会上,北京大学校长蔡元培先生就提出了"劳工神圣"的口号。1919 年 3 月,马寅初也指出:"中国之希望,在于劳动者。"[1]这说明受当时世界革命潮流的影响,先进的知识分子开始关注无产阶级这一社会群体。

五四运动中,工人阶级在同盟罢工中展示出来的巨大力量激起了社会各界的广泛关注,国内兴起了"劳工神圣"的思潮。一些对工人表示同情的政党、社会团体、知识分子及工界自身等开始关注工人的权益保护问题。国内较早倡导保护劳工利益的是青年会和基督教会等社会团体。关于青年会开展保护劳工运动的原因,陈达认为直接原因是"他们原来以改良社会为职志,近年来的工界情形既堪怜恤,他们自然打算补救";间接原因则是一战的刺激,因当时英法两国劳动力缺乏,在我国招募了大量工人。青年会干事(大半是留美中国学生)为工人们做教育和改善待遇方面的工作。1920 年以后,华工及部分青年会的职员逐渐回国,归国的青年会会员主张继续保障回国华工及其他工人们的利益。1921 年 4 月,基督教会提出要"研究工业与劳工问题"。[2] 5 月,上海举行了全国基督教大会,会议议决了"限制工作时间""改良卫生情形""设置安全机关"等多项保护劳工办法。[3] 从以上资料可以看出,青年会、基督教会等社会团体为保护劳工而提出的建议或主张,主要目的在于改善工人当前的劳动条件及待遇。

---

[1] 马寅初:《中国之希望在于劳动者》,《北京大学月刊》第 1 卷第 3 期(1919 年 3 月),第 6 页。

[2] 陈达:《中国劳工问题》,商务印书馆 1930 年版,第 542 页。

[3] 《爱迪氏论中国劳工问题》,《申报》1923 年 1 月 18 日,第 13 版。

中国工人运动的兴起在很大程度上也受到了世界革命潮流的影响。在一些知识分子、社会团体及政党的推动下,舆论界掀起了鼓吹工人运动的浪潮。各种报刊及小册子对俄国革命及世界各国工人运动的报道连篇累牍,国内外工人罢工的消息不绝于耳。《晨报》曾转载了外国报纸对 1920 年世界各国的罢工人数及罢工日数的统计(见表 3-6)。[1] 从表 3-6 中可以看出,在发达资本主义国家,工人罢工事件是很常见的现象。越是工业发达的国家,工人罢工的参与人数和罢工日数也相对较多,如德、意、法、英、美等发达资本主义国家。对此,邓中夏认为:"中国职工运动的发展无疑的是受了世界革命高潮的影响","世界革命潮流的消息当时在中国报纸上真是'日不绝书'的,中国工人的文化程度虽然落后,虽然百分之九十是不识字不能直接看报,然而街谈巷议,工人们是听着的。中国工人经济生活那样极人世间少有的痛苦,迎受世界革命潮流,不用说是很自然的;特别是俄国十月无产阶级大革命的胜利,更使得中国工人受到深刻的影响和强烈的鼓励。就在这种情形之下,中国职工运动开始它的黎明期了。"[2]在各种媒体及国内外罢工潮流的耳濡目染之下,普通工人们也强烈地感觉到了这股革命气息。一名长辛店工人在演讲中说:"因世界的潮流所趋,亦当联合团结。"[3]《晨报》也注意到了这股革命潮流带给铁路工人的影响,"各路工人年来咸受世界潮流,逐渐觉悟,平日受交通系压迫甚深,怒恨亦甚,群起组织各项工会,以图抵抗"[4]。

表 3-6　1920 年世界各国罢工人数及累计日数统计

国家	人数/人	累计数/日
德国	1,866,358	18,201,660
意国	1,781,250	21,650,200
法国	1,186,670	19,358,400
英国	1,117,040	6,926,900

[1]　《去年世界罢工之统计》,《晨报》1921 年 1 月 26 日,第 2 版。
[2]　邓中夏:《中国职工运动简史(1919—1926)》,人民出版社 1979 年版,第 12、13 页。
[3]　《长辛店铁工大结合》,《民国日报》1922 年 4 月 12 日。
[4]　《各路工人不上交通系的当》,《晨报》1922 年 7 月 25 日,第 3 版。

续表

国家	人数/人	累计数/日
美国	958,700	11,287,400
西班牙	724,700	11,630,100
澳大利亚	303,400	7,620,000
瑞典	180,070	4,779,170
比利时	176,940	2,096,340
奥地利	97,540	902,900
埃及	95,000	441,000
印度	90,000	1,780,000
波兰	81,000	429,000
阿根廷	61,100	659,400
巴尔干	45,000	2,176,000
南非	41,000	809,000
丹麦	17,200	241,800
葡萄牙	13,150	235,050
捷克	3,800	29,300
挪威	1,400	28,000
爱尔兰	100	2,000
瑞士	73,380	2,753,1600
荷兰	63,000	795,300
合计	8,977,798	24,814,890

资料来源:《去年世界罢工之统计》,《晨报》1921 年 1 月 26 日,第 2 版。

20 世纪 20 年代初,中国掀起了第一次工人运动高潮。据有关资料统计(见表 3-7),仅在 1922 年 9 月至 12 月的 4 个月间,被各种报纸报道的罢工事件就有 41 件,罢工取得完全胜利的占罢工总数的 56.5%,罢工取得部分胜利的占 18.4%,罢工失败率为 25.1%。总体来看,罢工胜利的比例还是相当高的。较高的罢工胜利率也在一定程度上增强了工人罢工的信心。从职业来看,旧式手工业工人参与的罢工仅有 14 次,其他 27 次均是新式产业工人举行的罢工。此外,新式产业工人参与罢工的人数也更多,罢工持续的时间也更长,说明新式产业规模较大,工人较为集中,为了共同利益更便于团结起来。对于当时日益高涨的工人运动,邓中夏指出:"中国的工人运动,原是最近三年的事,可是在这三年之中,工人却做出不少惊天动地的光荣事业来。如罢工,从香港海员罢工起,到京汉路工罢工止,其间差不多没有那一处那一路那一矿那一厂不罢工,固然罢工之中不少失败,然而胜利的总占多数。"①

表 3-7　各行业工人罢工情况统计(1922 年 9 月至 1922 年 12 月)

业别	次数/次	人数/人	工人损失/日	罢工结果/人		
				胜	一部分胜	负
铁道	4	19,000	132,000	19,000		
矿工	4	60,500	2,210,000	27,500	3,000	30,000
车夫与苦力	5	12,300	60,000	12,300		
纱厂	2	5,000	100,000	500	4,500	
机器工人	6	7,800	70,000	2,300		5,500
烟草	4	30,000	438,000	14,000	15,000	1,000
印刷	2	2,000	25,000	1,000	1,000	
成衣	2	600	3,500	500	100	
旧式手工业	10	7,480	146,400	4,380	3,100	
其他	2	1,100	9,000	1,000	100	
总计	41	145,780	3,274,900	82,480	26,800	36,500
百分数				56.5	18.4	25.1

资料来源:《中国最近罢工问题之分析与补救》,《努力周报》第 53 期(1923 年 5 月 20 日)。

总之,中国罢工潮流的兴起既是中国历史条件的产物,也深受世界革命潮流的影响。自香港海员罢工取得胜利起,国内劳工界受此刺激,"皆以罢工为改良工作待遇解决生计困难之捷径",罢工潮流遂风起云涌。"今世国际交通

---

① 《邓中夏文集》,人民出版社 1983 年版,第 43 页。

日益便利,新思想之传布如风如电,莫之能御。中国既国于地球,胡能独免?"①可见,中国的罢工潮流不过是世界罢工风潮的一部分罢了。

(三)工人阶级的日益觉悟

工人阶级的日益觉悟也是造成这一时期工人运动兴起的重要原因之一。20 世纪 20 年代初,工人阶级的觉悟主要体现在阶级意识及民族主义意识的日渐觉醒。

第一,阶级意识的觉醒。共同的苦难和遭遇是工人阶级意识形成的基础,在不断的反抗斗争中,阶级意识得以强化。在上述 1922 年 9 月至 12 月之间发生的 41 次罢工中,工人们共提出 97 项罢工条件,其中:要求增加工资或维持工资的有 37 项;反对管理规则的有 15 项;要求承认工会的有 11 项;要求假期休息权的有 10 项;与养老抚恤有关的有 6 项;要求恢复被开除工人工作的有 5 项;反对工头的有 5 项;同盟罢工的有 5 项;要求减少工时的有 3 项。可见,工人罢工所提条件绝大部分是为了提高经济收入及改善劳动待遇。这些条件均是工人应该享有的基本劳动权利,然而却被中外资本家所剥夺。共同的苦难和遭遇使工人们在争取权利的斗争中逐渐意识到他们是一个利益共同体,同属被压迫阶级。邓中夏在《我们的力量》一文中说:"试问这九十七项之中除反对工头五项似为对人问题而近于所谓'宗法社会思想'者以外,其余的哪一项不是具体表现阶级的意识和觉悟?原来无产阶级的觉悟,是由它被压迫被掠夺的地位反应(映)出来的,它的觉悟程度是随它的反抗的争斗之经验而发展的,断乎不能因其有宗法社会心理而能阻止它的觉悟。"②随着工人的反抗斗争不断深入发展,工人阶级的思想觉悟日益提高已成为显然的事实。1922 年 11 月,中国代表刘仁静在共产国际第四次代表大会上报告了中国的形势:"所有这些罢工此伏彼起,间隔很短。反抗资产阶级斗争的扩展几乎唤醒了工人群众。这说明中国的群众运动并不光是社会主义者的梦想,而是明摆着的现实。"③可见,反抗斗争是工人阶级意识苏醒的重要因素,并不是社会主

---

① 《中国最近罢工问题之分析与补救》,《努力周报》第 53 期(1923 年 5 月 20 日)。
② 《邓中夏文集》,人民出版社 1983 年版,第 100—101 页。
③ 中国社会科学院近代史研究所翻译室编译:《共产国际有关中国革命的文献资料(1919—1928)》(第 1 辑),中国社会科学出版社 1981 年版,第 62 页。

义者"煽动"的结果。此外,罢工斗争的胜利也在一定程度上促进了工人的阶级团结意识及反抗的信心。以1921年底的武汉人力车夫罢工为例,在此次罢工中,武汉界的人力车夫组织工会联合罢工,最终取得了胜利。"于是一般工人,都知道组合团体的好处,和人格保全的必要。一遇资本家待遇不平的时候,大家都知道群策群力的抵制。今年湖北发见的工潮,实在不少。"①关于工人罢工与阶级觉悟之间的关系,《中国最近罢工问题之分析与补救》一文也指出:"罢工既为经济社会之自然现象,故一国之工业愈发达,劳动界之思想愈进步,资本阶级之压迫愈甚,则罢工之事亦愈多。"②

第二,民族意识的觉醒。由于近代中国产业较为落后,一些大规模的生产企业大多为外国资本所垄断,尤其是交通运输事业,如铁路、邮政、海关及轮船等。这些外国资本企业在雇用华工时,往往任意打骂工人,管理苛刻,不尊重工人人格,容易激发工人的民族主义情绪。因此,近代中国工人的罢工斗争,尤其在反对外国资本企业或外国管理人员的罢工斗争中,除了阶级利益诉求外,中国工人也常常表现出强烈的民族主义情绪。对于我国工人运动的这一特点,劳工问题专家徐协华在《铁路劳工问题》一书中就曾指出:"在我国,则除却争得阶级利益以外,却含有民族自觉的意义。"③随着工人阶级觉悟的提高,他们的民族主义意识也在逐渐觉醒。在中国工人反抗外国资本家的斗争中,常引发工界甚至中国民众强烈的民族主义情绪。1923年1月10日,汉口英商开办的隆茂棉花工厂的工人因组织工会,有300名工人被开除,3名工会会员被拘捕。事后,工人们愤而包围了英租界,遭到了英国军警的武力镇压。结果,汉口市民对此异常激愤,认为"中国人民如再不奋起图存,势必沦为黑奴之不若"。汉口工界反应更为激烈,武汉工团联合会所属的20多个工会组织准备以实力来反抗。武汉的学界、新闻界亦闻之而动。北京方面接此消息后,学界及热心民权运动的人也准备有所行动。"这些消息证明中国人民已能明了这并不只是资本家压迫工人的意义,简直是外国侵略家压迫全中国人民的

---

① 《武汉工团风起云涌》,《晨报》1922年12月15日,第6版。
② 《中国最近罢工问题之分析与补救》,《努力周报》第53期(1923年5月20日)。
③ 徐协华:《铁路劳工问题》,东方书局1931年版,第184页。

意义。"①

20 世纪 20 年代初,中国掀起了第一次工人运动高潮。这一潮流既是中国近代工业发展的产物,也深受国内外革命思潮的影响。在这期间,工人群体的阶级意识开始形成,民族主义意识逐渐觉醒,工人阶级的反抗斗争开始从自在阶段向自为阶段转变。著名的京汉铁路工人大罢工事件,既是这一罢工潮流推动的产物,也是这一罢工潮流的重要组成部分。

第二节　灾荒的影响

京汉铁路沿线的气候特点具有易旱又易涝的潜在危险,这种自然灾害频发的地理环境直接影响到当地的经济、社会治安及沿线居民的生活,通常也是引发集体行动或暴力型事件的诱因。自古以来,因灾荒而引发的农民起义在历代王朝屡见不鲜。20 世纪 20 年代,京汉铁路沿线自然灾害严重,这一时期北方铁路工人罢工事件频发与此有着很大的关系。

一、灾害与恐慌

自然灾害的发生,常与物价上涨、流民数量激增及群体性事件高发等一系列现象相联系。即便是在工业日益发达的近代社会,自然灾害与集体行动事件也常有着某种联系。早在 1909 年 8 月,河南境内就发生了严重的旱灾,粮价日涨,因感工钱不够养家糊口,开封各行各业的工匠们就已多次集会酝酿罢工。木、砖、泥、瓦、铁及油漆匠们等集体举行罢工,要求雇主增加工钱。② 诸多资料已经显示,20 世纪 20 年代初兴起的全国第一次罢工高潮与自然灾害也有着莫大的关系。

1921 年和 1922 年这两年,京汉铁路沿线地区发生了严重的自然灾害,引发了严重的社会危机。1921 年上半年,北方地区出现了严重的灾荒,这次饥荒所造成的社会后果很快就在更大范围内蔓延。一名在华的俄国人报告说:"据

---

① 田诚:《英国帝国主义在汉口之逞凶》,《向导周报》第 16 期(1923 年 1 月 18 日),第 128 页。

② 王天奖、庞守信、王全营等:《河南近代大事记》,河南人民出版社 1990 年版,第 132 页。

经济学家预测，北方三省到 4 月份要有 1800 万人饿死；再者，在上海等城市出现大批失业者，军队中因得不到军饷士兵哗变接连不断。"[1]同年 7、8 两月，河南境内又发生了百年不遇的大水灾。这次水灾不仅导致京汉铁路沿线的多处车站被淹没、冲毁，且使河南境内许多地区洪灾严重，直至当年秋天，水灾依然严重，河南灾民人数达到了 300 多万人。[2]

　　1922 年，京汉铁路沿线地区再次发生了大面积的灾荒。在河南境内，"自三月间下雨后，迄今八个月，点滴未降，旱魃为灾，麦子因此均不能下种。明年春间，势必籽粒无收"[3]，"本年早秋收播以来，天雨甚少，自从八月以来，数月之久，雨泽未降，二麦竟未能播种，及至今日，已冬至到矣。无论如何，明年二麦，业已丝毫无望"，除少部分具备灌溉条件的地方外，大部分地区的小麦均无法播种。"自汜水县起，至关乡县到潼关为止，其附近两路各县，除有井地河水能灌各田地外，统计未播二麦者，尚有三十余县之多"[4]。1923 年 2 月 6 日的《时事新报》对河南的灾情再次进行了报道："统计灾区，当居全省十分之七。本年秋后无雨，二麦未播。东北虽有麦苗，不足十分之一；西南则赤地千里，竟无一株之麦。"[5]据估算，这年的大旱造成河南 90 多个县麦收不足 5 成，秋收不足 4 成，灾民人数达到 670 万人。[6] 此次旱灾，湖北境内的灾情并不亚于河南。自1922 年入冬以来，湖北境内滴雨未下，农业绝收，大量饥民无法维持生计，涌入武汉，即便是城市居民生活也受到严重影响。"汉阳乡间，竟有用秤称水的事"[7]，"住在省城的人，连家常日用的水，都很难得，说到菜蔬，更是亡命的涨价，住在乡间的人，大概都在灰尘里面过日子，明春收割的麦子，应在这时候种的，因为没有雨水的缘故，只好搁着不理会"[8]。

　　严重的自然灾荒产生了一系列社会后果。灾荒与其他社会因素相互交

---

　　①　中共中央党史研究室第一研究部译：《联共、共产国际与中国国民革命运动(1920—1925)》，北京图书馆出版社 1997 年版，第 63 页。

　　②　王天奖、庞守信、王全营等：《河南近代大事记》，河南人民出版社 1990 年版，第 199、200 页。

　　③　《兵匪蹂躏下之豫》，《民国日报》1922 年 12 月 6 日，第 6 版。

　　④　《兵匪骚扰下之豫省》，《民国日报》1922 年 12 月 19 日，第 6 版。

　　⑤　《豫省预防春荒办法》，《时事新报》1923 年 2 月 6 日，第 1 版。

　　⑥　王天奖、庞守信、王全营等：《河南近代大事记》，河南人民出版社 1990 年版，第 211 页。

　　⑦　《鄂省大旱中之种种现象》，《晨报》1923 年 1 月 16 日，第 5 版。

　　⑧　《萧耀南面子扫地》，《晨报》1923 年 1 月 14 日，第 6 版。

织、相互影响,共同酿成了一股强大的群众运动洪流。

第一,物价上涨。当时,多家报刊对这场旱灾引起的物价上涨进行了报道。《晨报》报道:"近日高粱(即黑面)一项,每斤售钱一百三四十文,小民终日奔走不能谋一日之饱,言之可悯。"①平时价格较便宜的高粱面尚且如此,其他粮食的价格就更高了。湖北的粮食歉收也导致湖南"米谷腾贵",湖南官方不得不禁止粮食外出,"以致汉上每米一石涨至十余元,贫民生计益艰"②。还有一些奸商乘机囤货居奇,哄抬粮价。《江声日刊》披露了武汉米业的卑劣行径,"据武汉机器米业之实地消息,每日行销食米,约在六千石以上,以现在每石把持四五串之多,米厂每日所共获之利,当在三万串左右。以二十几家计算,无怪米厂之易于发财也,乃贪心不足,竟于天寒岁暮之中,大施居奇"③。不仅仅粮食因旱荒而价格上涨,其他物品的价格也跟着不断升高。"因为有这荒象的影响,无论什么东西,都在预备涨价,听说自阴历下月初一起,连豆腐都会要涨到一倍的价值,其余的东西,更不可问了。"④"现在物价,一天飞涨一天,比较两月以前,已是大不相同了。"⑤此外,"银贵钱溅"也是导致米价上涨的一个重要因素。一些米商"改官票为洋码,明为洋码一律,暗则从中舞弊","洋价日涨,钱价日落,不得不日涨其价。殊不知改为洋码与米价有绝大关系。官票不用,自然日跌,米商只认银洋,洋价自然日高,洋码一日不能取消,钱价即一日不能回生"⑥。

第二,暴乱与恐慌。严重的饥荒使社会秩序更加失衡,兵祸、匪乱及饥民暴动等事件不绝于耳。早在 1922 年 3、4 月间,河南就有多地发生大规模的饥民抢粮风潮。⑦ 随着灾情的不断加深,匪乱年荒之情形已成不可掩盖之势。豫东、豫南及豫西均匪势猖獗,当地人民大受其苦。11 月中旬,一名记者前往河南匪区亲历了兵匪激战后留下的悲惨场景:"见已正法之匪尸甚多,尸身衣服,

---

① 《兵匪骚扰下之豫省》,《民国日报》1922 年 12 月 19 日,第 6 版。
② 《最近汉上之民食问题》,《江声日刊》1923 年 2 月 5 日,第 4 版。
③ 《机器米又涨》,《江声日刊》1923 年 2 月 6 日,第 1 版。
④ 《萧耀南面子扫地》,《晨报》1923 年 1 月 14 日,第 6 版。
⑤ 《鄂省大旱中之种种现象》,《晨报》1923 年 1 月 16 日,第 5 版。
⑥ 《机器米又涨》,《江声日刊》1923 年 2 月 6 日,第 1 版。
⑦ 王天奖、庞守信、王全营等:《河南近代大事记》,河南人民出版社 1990 年版,第 204 页。

皆被剥尽，野犬争食尸肉，为状至惨。又过一街，见全街皆尸遍地咸为血色染红，不堪卒目。匪势之猖獗，与十一月中旬情形，曾无少异。"实际上，大部分土匪在一番劫掠之后，早已逃之夭夭。25日，又有一帮土匪经过，"约七百余人，自豫北一带掳掠过汴，人民大起恐慌。幸该匪等已满载而归，得免遭殃"①。1923年1月，河南境内绿林武装几乎遍及全省，军方不得不分区"剿办"。如此一来，河南地区兵祸匪患连绵不绝。对此情形，《晨报》评论道："河南为大小军阀所支配，所将者皆匪兵。而益以匪之行为，是为兵匪。各官吏搜刮民财，磨牙吮血是为官匪，大股小杆，遍地皆是，奸杀焚掠，日有所闻，是为土匪。准是以观，河南真为匪世界。"②

因干旱造成的饥荒往往持续时间较长，容易对人们造成严重的心理恐慌。1922年的这场灾荒，使受灾地区的人们惶惶不安。有人担忧道："本年冬季虽粮食昂贵，民间因存有高粱若干，尚可支持残冬。约计二月以后，二麦则丝毫无望，秋收遥遥无期。"③"今年秋收极歉，本不能支持，到明年二月，如果不早筹赈抚办法，则明春地方之乱，恐较之本年匪乱，更为可虑。"④《晨报》对此情形也极为担忧："百物奇昂，四乡的土匪，已在那里蠢蠢欲动，便是抢谷和抢水的事，听说已经几处发现了。照这看来，今冬固很可虑，明年春荒，更是一件不得了的事……明春是如何情景，此时固不可知，不过危险到了万分，是已经无疑义的了。"⑤民不聊生至此，悲哉！

二、政府的财政窘况及应对

赈灾不仅是政府应尽的义务和责任，也是事关社会稳定及人心向背的国家大事。通常情况下，政府采取的赈灾措施主要包括义施、平粜、以工代赈等。但不管采取什么方式，无不需要政府有强大的财政实力作为后盾。然而，20世纪20年代初，在严峻的灾情面前，上至中央政权下至地方政府，各级机关的财

---

① 《兵匪蹂躏下之豫省》，《民国日报》1922年12月6日，第6版。
② 《河南吏治腐败之原因》，《晨报》1923年2月10日，第6版。
③ 《豫省预防春荒办法》，《时事新报》1923年2月6日，第1版。
④ 《兵匪骚扰下之豫省》，《民国日报》1922年12月19日，第6版。
⑤ 《萧耀南面子扫地》，《晨报》1923年1月14日，第6版。

政状况均已出现难以为继的局面。政府部门自顾尚且不暇,根本无力赈灾。

1922 年底,北京政府的财政状况已陷入绝境。据《民国日报》报道,当时国家债务已达 21 亿 6 千万多元,比清末的国家债务还增加了不止 3 倍。按照当年全国人口总数为 4 亿 4 千 3 百余万人计算,平均每人负担国债约为 5 元。这些国家债务,是需要按期支付利息的,"假使平均址(只)计假定为六厘周息,是则国库中对于现负债额之利息负担,每年总计约在一万二千万元之谱,其影响于财政自不待言,盖所有确实税收,亦多经分别拨充作抵款"[①]。另据《申报》报道,国家财政已陷于绝境,仅 11、12 月间,到期的国家外债而又不能拖延者就有三种:一是美国芝加哥银行借款;二是湖广铁路借款;三是邮传部借款,三者共计 490 万元。其中,湖广铁路借款和邮传部借款均是交通部被迫代为垫付的借款,且邮传部借款是以京汉铁路为担保的。"对于各方面索款或犹可以勉强延宕,苟长此不筹办法,不知到阴历年关时,将如何得了也。"[②]对交通部来说,因路款收入多被军阀截留,同样入不敷出,更无力偿还国债基金。"交通部自军兴以来,各路收入,多被军人截留充军饷之用,京汉铁路尤甚。本部薪水,尚无力筹发,已经国务会议议定之八校教育经费,尚图翻案不付,何有能力筹拨公债基金。"[③]可见,国家财政状况确已到了山穷水尽的境地。然而,更可怕的事情是如何安抚民众度过日益临近的年关。

国家财政尚且如此入不敷出,各省财政状况也大多如此。自 1919 年以来,河南财政赤字每年均在 300 万元以上。[④] 1920 年,河南财政预算收入仅930 万元,而支出竟达到 1400 万元以上;省地方收入有 170 万元,支出达 200多万元。两者相加,财政赤字竟达 500 多万元,"似此年复一年,中国财政,将益陷于至危之地也"[⑤]。至 1923 年 2 月,河南地方政府欠债总额已达 1600 多万元。[⑥] 造成河南财政异常困难的原因除天灾之外,人祸也是重要因素。《晨报》也发表了类似看法,"河南财政困难,达于极点。莫明真相者,咸谓原因于

---

① 《骇人听闻之国债总额》,《民国日报》1922 年 12 月 10 日,第 3 版。
② 《财政部已陷绝境》,《申报》1922 年 12 月 25 日,第 6 版。
③ 《银行学社马寅初之财政演讲(续)》,《申报》1922 年 6 月 24 日,第 15 版。
④ 王天奖、庞守信、王全营等:《河南近代大事记》,河南人民出版社 1990 年版,第 212 页。
⑤ 《豫省九年度亏短五百余万元》,《晨报》1921 年 3 月 13 日,第 6 版。
⑥ 王天奖、庞守信、王全营等:《河南近代大事记》,河南人民出版社 1990 年版,第 212 页。

今年之天灾,孰知军队众多,亦与之有绝大关系。河南全省军队,通盘计算,不下二百营。客车不兴焉,地方公款罗掘几尽,而军事长官犹日谋增"①。

　　湖北本为我国经济较为发达之省份,然而其财政状况的困难程度并不亚于河南。1921 年 3 月 26 日,《晨报》披露了湖北的财政状况:"自王占元督鄂以来,其经常军政费用,已较民国二年间增加至三倍以上,故入不敷出,而使鄂省财政近况渐陷入于破产之地步。"②第一次直奉战争后,湖北成为吴佩孚掌控的地盘,湖北的财政收入也成为直系军阀军饷的重要来源,索款、截款之事时常发生。1922 年 11 月 8 日,《民国日报》报道吴佩孚再次请湖北督军萧耀南筹措军费支援河南第一师,但萧表示只能接济枪械子弹,"所需军饷,因湖北财政万分支绌,无法筹济"。随后,吴又下令由京汉铁路南局代筹军费。7 日,吴佩孚再次电鄂,"令饬当局迅速筹款三十万元汇洛,以济要需"③。对于这种催款、索款之事,邵力子十分不满地指责道:"武昌督军署里,没有断绝过吴佩孚索款电","实在这几年来,湖北地皮经萧刮去的,已经不少,吴佩孚若依旧干下去,湖北真连命都会没有呢。"④各种天灾人祸已使湖北财政"入不敷出,积欠之款,为数甚巨"。经调查核算,1922 年湖北财政缺口达 1300 多万元,而且尚有积欠的政费军费 400 多万元,致使"各机关坐索环催,急于星火,窘迫情形,非可言喻"⑤。1923 年 2 月 4 日,即京汉铁路工人大罢工爆发当日,湖北督军萧耀南还在召集财政会议,此次会议主要是商筹旧历年底的军费和政费问题。⑥ 正当财政当局为军政两费日夜奔走之际,湖北各界已是民怨沸腾,即便是日常最为文雅的教育界也无法再漠视最基本的生存问题。"现在各校教职员,因生活日高,年关日逼,而欠薪迟迟不发之故,特联合多人,组织索薪团,日向财厅坐索。"⑦湖北财政困难之窘况由此可以想见。

　　面对如此严峻的灾荒,各省财政却无能为力,政府亦束手无策,处置失当。

① 《财政困难中之河南》,《晨报》1921 年 3 月 5 日,第 2 版。
② 《入不敷出之鄂省财政》,《晨报》1921 年 3 月 26 日,第 6 版。
③ 《吴佩孚又向鄂省筹饷》,《民国日报》1922 年 11 月 8 日,第 7 版。
④ 《湖北给刮尽了》,《民国日报》1923 年 6 月 4 日,第 7 版。
⑤ 《鄂省财政之支绌状况》,《民国日报》1922 年 11 月 19 日,第 3 版。
⑥ 《鄂省年关之筹款》,《时事新报》1923 年 2 月 5 日,第 2 版。
⑦ 《鄂省教育界之形形色色》,《晨报》1923 年 2 月 7 日,第 6 版。

据初步估算,仅河南一地的赈灾就需要巨额的救济款。"如果设法平粜,亦需款一千万元以上。如果办赈,则共五六千万元不能入手",其他救济办法亦无实行之可能,"如言以工代赈,则当轴亦无此毅力,至向他省乞振(赈)一节,前年河北皇(蝗)灾,江浙各省,早经协助,今浙省旱况,不下河南,汴省既不能极力相助,何能再乞怜于人?"①湖北军政当局对此次灾荒处置也显得应对失当。尽管湖北成立有赈灾机构,但因灾害频发,"湖北的赈务处,简直成了一个永久的机关","各县局的款项,早已被他们提得一个干干净净,并且还是寅支卯粮",即便是求助外省的方法而今也不再可行,因"外省现在,也多半是自顾不暇,很有些不可靠,非自己设法不可"。在此种情况下,萧耀南向各县发出电令,预备春赈。然而,"各县知事,接到这种电令,虽然知这事是不可不办的,但是都感着很大的困难。省署对于这种春赈,原也觉得很是重要,但是现在还无从着手"②。这场旱灾使得湖北受灾十分严重,"鄂东鄂北,都是赤地千里,流亡载道,惨不忍观"③。萧耀南身为湖北的军政长官,却在灾情面前显得手足无措,不仅不能妥善处理救济工作,反而多次到各寺庙道观烧香拜佛求雨,④荒唐至极。《晨报》对萧指责道:"萧耀南对此全省大荒,不思筹拟救荒的正当方法,反同乡愚一般的见识,迷信求雨。初令武汉禁屠,继令禁止荤三素","唪念皇经,耗费两万串,此款由六十九县分派。"⑤

灾荒严重,政府无力,民不聊生,一系列社会问题接踵而来。严重的灾荒往往会产生大量的流民,大量流民涌入城市不仅使城市治安受到严重威胁,而且使就业竞争更加激烈。一些资本家和工厂主常借此机会,压低工人工资且施以苛刻的管理,更易激起工人的不满和反抗,一时硝烟四起。

三、灾荒与北方铁路工人罢工

因灾荒而引起的物价上涨及社会惶恐心理是造成社会矛盾激化的重要因

---

① 《兵匪骚扰下之豫省》,《民国日报》1922年12月19日,第6版。
② 《萧耀南面子扫地》,《晨报》1923年1月14日,第6版。
③ 《鄂省大旱荒之救济》,《晨报》1923年1月30日,第6版。
④ 《萧耀南面子扫地》,《晨报》1923年1月14日,第6版。
⑤ 《鄂省大旱荒之救济》,《晨报》1923年1月30日,第6版。

素。这些因素的叠加和交织又成为诱发集体行动的重要因素。依赖工资而生存的工人,对物价的上涨是极为敏感的。因此,灾荒所引发的物价上涨不可避免地也会波及工人群体的生活。

1922年,北方铁路工人罢工事件频发,尤其是在京汉铁路。造成这种情况的重要因素之一就是由于京汉铁路沿线地区遭受了严重的自然灾害,这些灾荒直接影响到铁路工人的生活水平。在这一年诸多铁路工人所提的罢工条件中,多次提到"生活程度高""物价昂贵"等字眼,而这一情况正是当时严重的自然灾害造成的。如在1922年3月彰德机务处工人反对厂长徐国龄的上局长书中,就曾提及这场灾荒对工人生活的影响,一是"在此生活程度日高,物价日涨时,蒙很大的苦楚",因此反抗厂方克扣工资零头;二是"按路章上因连年荒歉,每月向工人发给免费运单一次,每人可买办五元米粮的机会",郑州站每月皆按时发给工人,而彰德站则不按时发放,因之彰德工人异常气愤。① 长辛店工人俱乐部举行"八月罢工"的一个重要原因也是由于当年工人感觉"生活日昂,工资不敷支配"②,"生活程度一年比一年高"③。"八月罢工"爆发前,京汉路北段工人曾屡次向当局反应"物价腾贵,生活困难",要求增加工资,但当局一直未予答复。当时,北方其他铁路也因之相继举行罢工,要求增加工资。其后发生的规模巨大的京汉铁路工人大罢工,一定程度上也与当时物价昂贵造成的罢工效应有关。1927年2月7日,在武昌首义公园举行的"二七"纪念大会上,某代表在解释"二七"事件时就曾指出,大罢工发生的原因是"物价昂贵,并非工人加高工资的影响"④。可见,当时京汉铁路乃至北方各铁路工人举行的多次罢工事件确与当时严重的灾荒有着很大的关系。

中国共产党在开展工运工作过程中也有效地利用了这场灾荒。如当时北京面粉较为紧张,为解工人燃眉之急,争取民心,中国共产党就派人到汉口购买了两车面粉,使得长辛店工人非常高兴。⑤ 1922年5月,中国共产党"乘我

① 《京汉路工人的大集合》,《民国日报》1922年3月11日,第6版。
② 《京汉路罢工风潮》,《申报》1922年8月27日,第10版。
③ 长辛店机车车辆工厂:《北方的红星》,作家出版社1960年版,第103页。
④ 《武昌劳动童子团游艺大会》,《民国日报》1927年2月11日,第1版。
⑤ 《吴雨铭口述记录》,陈素秀编:《京汉铁路工人罢工史料汇编》,河南人民出版社1999年版,第850页。

国物价腾贵与财产之振兴"①,工人运动勃发之机召开了全国第一次劳动大会,此次大会大大提高了中国劳动组合书记部的威望。

频繁且广泛的自然灾害往往能强化集体行动的现存模式,尤其是在工业欠发达时代,这种影响更为显著。民众的集体反抗常以打破现有秩序、改变现状为目的,这本身也就意味着革命力量的诞生。从此种意义上说,灾荒成了革命发生的催化剂。

第三节　政治力量的介入

工人阶级在五四运动中表现出巨大的社会力量,受到社会各界的瞩目。早期共产主义者、中国国民党都注意到了这一现象。五四运动后,具有初步共产主义思想的知识分子加强了与工人阶级的联合,拉开了中国知识分子参与和领导工人运动的序幕。中国国民党是国内较早开展工人运动的政党。五四运动后,国民党也开始在铁路工人中秘密开展工作。与此同时,共产国际为打破帝国主义对苏俄的封锁和包围,迫切需要中国的支持,组织与俄联合的反帝力量。由于当时中国政局纷扰,军阀割据混战,苏俄和共产国际经过对中国国内各派政治力量的了解,认为吴佩孚和孙中山可以成为苏俄合作的对象,制定了"联孙联吴"政策。这一政策对中国国内政局产生了重要影响。

一、中国共产党的介入

中国共产党成立伊始,开展铁路工人运动是其主要工作目标之一。为深入铁路工人中,早期中共遭遇了诸多困难。经过一番探索研究,中国共产党采取了多种针对性的措施和方法,逐渐化解了工作中的障碍,在京汉铁路沿线建立了一些工人俱乐部,成为中国共产党领导铁路工人运动的组织机构。

(一)早期中共对工运工作的探索

各地共产主义小组成立初期,已把组织工人运动和学生运动作为他们的工作目标。由于早期的共产主义者大多是知识分子,他们对工人十分陌生,便

---

① 王清彬、王树勋等:《第一次中国劳动年鉴》(第2编),北平社会调查部1928年版,第356页。

决定首先对工人群众进行初步的调查访问。北京共产主义小组成立后，曾先后派张国焘、罗章龙、何孟雄等人到工人区调查访问，"每逢大礼拜就有不少同学几人一队分途到长辛店、丰台、南口、石家庄，甚至更远的地方进行访问调查"，借机与当地工人建立初步联系，结识了当地工人组织中的一些首领，并通过这些人认识了更多的工人群众，初步建立了工运工作据点。① 武汉共产主义小组对工人运动同样是陌生的，小组成员只有 1 人是工人出身。经过多次讨论，武汉小组也决定先从调查入手。对当时的情况，包惠僧回忆说："费了一个多月的时间，才把武汉各工厂工人的分布和工资、男工女工童工的状况做了一个初步的调查，送到《新青年》杂志发表。除此之外，工人运动计划差不多是纸上谈兵了。实际上除了郑凯卿外，同志们没有接触到任何一个工人。为了商量如何去接触工人，如何去组织工人的问题，支部开了好几次的工作会议，还没有得出结论。""这种情形一直继续到一九二一年七月，中国共产党第一次全国代表大会召开，才有了根本的改变。"② 可见，早期党小组虽然已经开始开展工人运动工作，并对工作对象进行了初步的了解和探索，但并无具体的、明确的工作计划和工作目标，也并未真正深入到工人中去开展实际意义上的工人运动。

中国共产党成立后，把组织产业工会作为主要工作目标。中国共产党在第一个决议案中提出"本党基本任务是成立工会。每个地方，凡有一个以上工业部门的，均应组织工会"③。按照决议，成立劳动补习学校是组织产业工会的一个准备步骤。此外，还应成立劳工组织讲习所，"讲习所目的在于训练从事我党实际工作的工人，以便使组织工会、协助无产阶级其他各种活动，以及调查各工会和无产阶级的状况诸方面受到特别重视"④。

为加强对工运工作的领导，1921 年 8 月 11 日，中国共产党在上海成立了

---

① 中国革命博物馆编：《北方地区工人运动资料选编(1921—1923)》，北京出版社 1981 年版，第 2、12 页。

② 包惠僧：《包惠僧回忆录》，人民出版社 1983 年版，第 65 页。

③ 《中国共产党的第一次决议》，孙武霞、许俊基编：《共产国际与中国革命资料选辑(1919—1924)》，人民出版社 1985 年版，第 86 页。

④ 湖北省总工会工运史研究室、武汉市总工会工运史研究室编：《工运史研究资料》(第 3 辑)，湖北省总工会工运史研究室 1983 年版，第 2 页。

中国劳动组合书记部,作为公开领导全国工人运动的总机构。总部成立不久,书记部又在北京、武汉、长沙、济南、广州等地设立了五个分部。根据工作需要,书记部创办了《劳动周刊》作为机关刊物。书记部成立后不久,就先后参加了香港海员罢工运动、汉口租界人力车工人同盟罢工运动及陇海铁路的罢工运动。在陇海铁路罢工后,书记部遂计划在京汉铁路建立工会组织,"并决定京汉路从郑州以南,由武汉支部负责组织;郑州以北,由北方支部负责组织"①。由此,在京汉铁路组建工会组织成为当时中国共产党的一项重要任务。

1922 年 1 月,远东各国共产党及民族革命团体第一次代表大会在莫斯科举行,张国焘、邓培等人参加了这次大会并受到列宁的接见。列宁说:"铁路工人运动是很重要的。在俄国革命中,铁路工人起过重大的作用;在未来的中国革命中,他们也一定会起同样的或者更重大的作用。"②这次大会及列宁对中国代表的谈话对中国共产党从事铁路工人运动产生了重大影响。

1922 年 5 月 1 日,中国劳动组合书记部在广州召开了中国第一次劳动大会。此次大会得到了国民党方面的大力支持。当时,国民党人邵力子及张继为此事曾专门拜访了陈独秀,他们表示:"如果共产党愿意召集这样一次大会,广州政府可提供方便。因为当时国民党还没有专门从事工人运动的机构。"③第一次全国劳动大会通过了罢工援助案及全国总工会组织原则决议案等,提出将来由各地方联合会组成全国总工会。在全国总工会成立之前,由中国劳动组合书记部担任全国总通讯机关。这次劳动大会不仅奠定了中国劳动组合书记部在全国工人运动中的领导地位,而且大大推动了全国工人运动的开展。邓中夏认为:"这次大会的成功,无疑的引导工人阶级开始走向全国团结的道路,虽然这次大会有极大的缺点,但无论如何它给予全国工人的影响是极其巨大的,我们只看大会以后,中国罢工高潮便发展到最高度,就可证明。"④

1922 年 6 月,中国共产党提出要集中力量组织全国五大产业组合,分别是

① 僧:《二七惨案略史》,陈素秀编:《京汉铁路工人大罢工史料汇编》,河南人民出版社 1999 年版,第 949 页。

② 张国焘:《我的回忆》(第 1 册),东方出版社 1980 年版,第 199 页。

③ 中国革命博物馆党史研究室编:《党史研究资料》(第 4 集),四川人民出版社 1980 年版,第 103 页。

④ 《邓中夏文集》,人民出版社 1983 年版,第 485 页。

全国铁路总工会、全国海员总工会、全国电气工人总工会、全国机器工人总工会及全国纺纱工人总工会；组织三个地方总工会，分别是上海、广东和武汉总工会。[①]　1922 年 11 月，中国共产党又提出中国工人运动已呈现出由地方性组织向全国性组织转变，由经济斗争向政治斗争转变的倾向，因而要进行组织全国铁路总工会及矿工总工会的计划。中国共产党认为"中国工人阶级只有铁路工人、海员、矿工为三个有力的分子，海员已有全国的组织，铁路工人及矿工经数次大罢工，亦有全国的组织之可能"，要组织铁路工人、矿工及海员的三角同盟，"在一个大规模的全国劳动总联合中，尤其在工人组织幼稚的国里，若是没有几个大的有力工会为中坚，是不容易团结及持久的，所以在未组织全国工会总联合以前，必须努力先成此三个产业联合的三角同盟"[②]。

　　中国带有现代意义的工人运动是从中国共产党领导下的中国劳动组合书记部开始的。"我国劳动运动，带有现代色彩，乃最近之事。上海有中国劳动组合书记部之组织，此书记部实为我国劳动之先驱。"[③]中国共产党组建的工会组织带有鲜明的阶级性，有明确的政治目标，从政治上、思想上、组织上与传统的旧式工人行帮组织及其他阶级政党的招牌工会组织均有着根本区别，使中国的工人运动实现了历史性的转折。

　　(二)中国共产党在京汉铁路开展工运工作的困难及对策

　　尽管早在五四时期，一些早期的共产主义者已经与京汉铁路长辛店的工人建立了联系，然而当真正要深入到工人中去开展工人运动工作的时候，这些生活在象牙塔里的知识分子才发现接近工人并非易事，工人阶级的复杂状况远远超出了他们的想象。

　　1. 工作困难

　　由于中国工人阶级大部分来自破产的农民、手工业者和城市贫民等，谋生艰辛、文化水平较低等因素导致他们在思想上、组织上和行为方式上均不可避

---

　　①　《中共中央执委会书记陈独秀给共产国际的报告》，孙武霞、许俊基编：《共产国际与中国革命资料选辑(1919—1924)》，人民出版社 1985 年版，第 166 页。

　　②　《中国共产党对于目前实际问题之计划》，中央档案馆编：《中共中央文件选集(1921—1925)》(第 1 册)，中共中央党校出版社 1991 年版，第 122、123 页。

　　③　王清彬、王树勋等：《第一次中国劳动年鉴》(第 2 编)，北平社会调查部 1928 年版，第 356 页。

免地带有一定的落后性、狭隘性或保守性等特征。工人阶级的这些特性成为早期中共开展工运工作的一大障碍。加之早期中共党员大多是知识分子出身,既无工厂工作经验又无工运工作经验可以借鉴,因此早期中共开展工运工作可谓困难重重,主要体现在以下几个方面:

其一,当时的北京工商业不发达,没有工人比较集中的大工厂,开展工人运动非常困难。当时的北京虽然也有一些较大的工厂和企业,如编辑部、出版社、仪器厂、度量衡厂及铁路工厂等,但这些都是政府机关主办的企业。"这里的厂主和雇主就是政府本身",国家政权对这些企业的工人有着较强的控制力。因此,在这些企业开展宣传工作十分困难,比与私营资本家及工厂主打交道要困难得多。据当时身为北大平民教育讲演团主任的朱务善回忆:"在那时候的北京,可以说没有一个工厂,连一个现代产业工人也找不出来,记得1921年及1922年间我们想作工人运动,但在北京没有对象。有几次我们企图组织'洋车夫工会',后来又想组织'印刷工人工会',但总没能成功。因为,一则他们居住散漫,不能团结,二则他们行会的观念太深,工头力量太大,不能插足。"①

其二,工学壁垒分明。早期中共党员大多是知识分子,甚至他们中的很多人是在校大学生,如张国焘、邓中夏等人。再以中国共产党领导下的劳动组合书记部为例,尽管当时书记部对外宣称是由26人发起的一个组织,但实际上真正参与工作的只有7个人,"其中一个是工人,一个是在工厂作工的大学生,其余都是知识分子"②。这些穿"长袍"的知识分子与工人之间存在着巨大的距离,这种距离不仅是衣着、言行、生活环境、社会地位等外在的差距,更是一道极深的思想鸿沟。这种距离使得中国共产党很难接近工人,更无法深入到工人中去开展工运工作。中国共产党在长辛店工人中就遇到了这样的难题。据罗章龙回忆:"人们,特别是老年工人,对学生隐约怀有若即若离的态度,这就是当时所称为'工学界限'问题。""工学界限使学生与工人不易接近,因而影响

① 朱务善:《中共成立前后在北京工作的回忆》,中共北京市委党史研究室:《北京革命史回忆录》(第1辑),北京出版社1991年版,第88页。
② 上海党史资料征集委会:《中国劳动组合书记部的成立及其在上海的主要活动》,戴逸主编:《中国近代史通鉴(1840—1949)五四运动与国民革命》,红旗出版社1997年版,第495、496页。

革命宣传与组织的深入,这是一个迫切需要解决的问题。"①即便是工人较多且较为集中的武汉地区,知识分子出身的共产党员也遭遇了同样的难题。包惠僧曾到京汉铁路江岸车站附近的工厂做过工人调查,他体会尤为深刻,"我们只好到大智门车站,江岸各工厂旁边作调查,想找机会接近工人,同他们发生联系,终于仍是不得其门而入","在这一段的工作中,我们定了好几个工作计划,武汉有很多的工厂,很多的工人,我们是可望而不可及,真感到苦闷,我们也设想过,都进工厂做工,再搞工人运动,但是长江支部的工作同志一共只有三四个人,各人有各人的具体工作,谁也不能进工厂,而且也没有哪个工厂招收工人,更不会招收我们这样文绉绉的既没有技能又没有足够劳动力的人去做工"②。

其三,合法性问题。从法律层面来说,中国共产党开展工运工作面临着双重问题:一是自身不能合法公开存在。由于当时北京政府将共产主义视为"洪水猛兽""过激主义"等,并对"过激党"严厉打压,中国共产党自然不能合法公开存在。二是工会组织不能合法存在。按照当时北京政府的法律规定,工会组织没有合法存在的依据,工人也没有集会结社自由权。尽管中国共产党将组建工会作为自身的基本任务,但开展这一工作意味着要冒很大的政治风险,工会组织随时可能遭到军政当局的武力干涉或解散,工会工作者甚至会遭到法律的制裁。

其四,旧式工人组织势力强大,尤其是帮口组织。由于中国产业工人大多来自破产的农民和手工业者,他们大多数都加入了传统的旧式组织,如行帮组织及秘密社会等。在京汉铁路工人中,最常见的组织是工人帮口。此外,还有各种各样的职业组织、慈善组织及秘密结社等。京汉工人帮口组织主要有湖北帮、福建帮、江南帮等;职业组织主要是交通系控制下的各种传习所、同谊会等;工人中还有"救国十人团""慈德公益会"等组织。工人中这些小团体的存在,造成了工人的严重分裂,各个小组织各自为政,相互倾轧,整体上不利于工人的团结。

---

① 《罗章龙谈中国劳动组合书记部北方分部》,中国革命博物馆编:《北方地区工人运动资料选编(1921—1923)》,北京出版社 1981 年版,第 11 页。

② 包惠僧:《包惠僧回忆录》,人民出版社 1983 年版,第 71 页。

其五,工人阶级总体上思想相对落后、保守。阶级觉悟不高是重要表现之一,"中国无产阶级的心理,大多数还沉睡在宗法社会里,还未与家族,亲属,帝王,神权等旧观念绝缘:有国家觉悟的是少数;有阶级觉悟的更是少数中的极少数"①。工人中还存在着较严重的自私狭隘心理、封建正统思想、宗法等级观念、宿命思想等,对自身的痛苦麻木,这在很大程度上使得工人逆来顺受,不敢轻易反抗,因而影响工人阶级的联合斗争。北京共产主义小组在北京调查时发现尽管北京是全国政治中心,但当地居民并不关心政治问题,"北京人铭记古代哲学家所说的'搞政治不是下等人的事',这种宿命思想深深地刻印在他们的脑海里","俯首听命和从属依附的情感深深地扎根在他们的心坎上"②。工人中利己主义思想极为盛行,他们缺乏集体主义精神,保守思想严重。因此,怎样使工人对政治产生兴趣,怎样组织发动工人从事革命运动是早期中共面临的极大难题。

2. 对策

经过一段时间的探索和反复研讨,针对工作中存在的困难和问题,中国共产党采取了相应的对策和方法。总的工作策略是:在实际工作中逐渐消除障碍,秘密组建工会。

针对北京工业不发达,工人较为分散的问题,早期中共决定把工作对象转移到工人相对较为集中的铁路工人中去。对于这一选择,北京共产主义小组解释道:"北京工业还不发达,没有可以把工人联合起来的大工厂。在这种情况下,我们决定把工作转到铁路员工方面来。"③京汉铁路因其显要的地理位置,工人人数众多且相对较为集中,自然成为早期中共的重要工作目标。张国焘甚至认为中国共产党是以北方铁路工人运动起家的。④ 京汉铁路的工人运动是中国共产党工运工作的重要组成部分。

如何打破工学界限是中国共产党最初开展工运工作时遇到的最大难题。

---

① 《我们的力量》,《邓中夏文集》,人民出版社 1983 年版,第 100 页。

② 中央档案馆编:《中共中央文件选集(1921—1925)》(第 1 册),中共中央党校出版社 1991 年版,第 11 页。

③ 中央档案馆编:《中共中央文件选集(1921—1925)》(第 1 册),中共中央党校出版社 1991 年版,第 14 页。

④ 张国焘:《我的回忆》(第 1 册),东方出版社 1980 年版,第 221 页。

为解决这一问题，中国共产党对工人进行了多次调查走访，然而这并不能解决实际问题。经过认真地分析，中国共产党认为工学界限主要来自两方面：一是工人自身的疑虑；二是官僚政客对工人与学生关系的挑拨离间。前者主要是两者之间的社会地位差异造成的，在"天之骄子""金枝玉叶"的大学生面前，贫苦的工人有强烈的自卑感，这种差异是很显然的。后者则主要是由于政府当局唯恐学生叛逆造反，危及自身政权，因而不断向工人宣传："学生是危险人物，是过激派、穷党。他们是专门来煽动工潮，借此捣乱的，你们千万不要上学生的当！"①这种舆论显然也加深了工人与学生之间的隔阂。经过多次讨论，中国共产党提出的解决办法是要与工人加强内部联系，开办劳动补习学校与工人打成一片，使学生生活工人化，进而缓和工人与学生之间的隔阂和疏离。

为接近工人，中国共产党尝试了各种办法。最初，中国共产党曾试图采用工人中普遍盛行的"拜把子""结兄弟"的旧方式与工人建立友谊，如李启汉、杨殷等人就曾采用过这种方式，与工人在神像面前歃血为盟，立誓"一人有事，众人帮忙，一人丧命，大家报仇"！但此后中国共产党觉得这种方式较为落后，易滋生流弊，后决定不再采用。为消除工人对学生的偏见，中国共产党也曾多次召开工学座谈会，对工人进行解释说服教育。为缓和工人与学生之间的陌生感，缩小两者之间的距离，劳动组合书记部对从事工运工作的共产党员制定了一系列的规定，并要求党员严格遵守以下准则：献身革命工人运动，百折不回，誓为实现真诚无欺的民主自由而奋斗；不争夺地位荣誉，万众一心为革命，时时站在最前线；胜则相让，败则相救，牺牲个人利益；廉洁奉公，生活朴素，重视劳动，尊敬妇女，不嫖不赌；不捧角，限制谈恋爱，禁绝一切败坏道德的行为。为使学生工人化，也为了节省工作开支，书记部对成员的生活消费作了严格限制，如规定党员生活水平不得超过普通工人，党员收入超过定额时，余款一律交作党费或捐助工会。去往各路工作，尽量多乘煤车或货车，以节省费用。对这些知识分子来说，这种生活方式极为清苦，后来甚至有人将书记部称为"新的清教徒""政治童贞"等。此外，在生活习惯与语言举止等方面，工学之间的

---

① 中国革命博物馆编：《北方地区工人运动资料选编（1921—1923）》，北京出版社 1981 年版，第12 页。

差异也十分突出,"书记部的南方同学乡音很重,生活习惯与本地劳动人民多所异趣,时有格格不入之感"。长辛店劳动补习学校的教员也几乎全是南方人,南人操北语不仅听起来别扭,而且容易造成理解上的偏差,"不止是笑话百出,有时更构成误会"。为此,书记部还专门编成了《应用京话词汇》,分发给大家学习。如见到年长者要称呼"二哥",称呼大哥则是不礼貌行为;乱说话为"胡诌";散步为"溜达";烟酒不用称"在理"等。当时的中共党员把这份《应用京话词汇》带在身上,以备随时翻阅,经过一段时间的学习和努力,双方之间的语言障碍逐渐克服,工学界限也逐渐消除。① 工学壁垒的消除,为中国共产党深入工人中开展工会组建工作打开了方便之门。

由于自身及组建工会工作均不能合法公开进行,中国共产党决定秘密从事组建工会工作。早在五四时期,这些激进的知识分子就已遭到北京政府的仇视。为避免当局的打击和破坏,中国共产党以劳动组合书记部作掩护,作为领导全国工人运动的总机构。在开展工运工作时,共产党员的身份是绝对秘密的,往往以学界、教界或新闻界人员的身份来开展工作。1920 年 11 月,武汉共产主义小组成立后,其最早一批成员董必武、陈潭秋、包惠僧、林育南、项英等人当时都潜伏在武汉从事教育工作。劳动组合书记部表面上也一直保持着普通工会的面目,尽量避免带有共产主义色彩,并在当局备案,以合法方式存在。

1922 年,直奉战争以直胜奉败而告终,交通系亦随之倒台。此间,正值共产国际"联孙联吴"之际,中国共产党与吴佩孚之间有一定的联络。吴佩孚为收买人心,通电发表四大政治主张,其中之一便是"保护劳工"。中国共产党借助这一有利时机,使得工会组织能够公开存在,工人运动获得了快速发展。对于这种情况,张国焘回忆说:"当时,吴佩孚却正在高唱保护劳工的政策。吴氏于战胜奉系以后,即通电宣称保护劳工。由于他这种政策的影响,北方各地和湖北、湖南一带,工会正在公开组织起来,罢工的活动也可以公开进行,这些地方的工人运动都在欣欣向荣,共产党在北京、武汉和长沙一带的工作,也得着

---

① 参见《罗章龙谈中国劳动组合书记部北方分部》,中国革命博物馆编:《北方地区工人运动资料选编(1921—1923)》,北京出版社 1981 年版,第 11—16 页。

显著的发展。"①

中国共产党秘密从事工会组建工作的另一策略是向各铁路派遣秘密联络员。经过李大钊的介绍,中国共产党向交通部总长高恩洪建议每路派一名密查员,经高允许,中国共产党向京汉、京奉、京绥、陇海、正太、津浦六条铁路派遣了六名密查员。如此一来,给中共的工运工作带来了极大的方便。一是中国共产党可以在各路免费乘车,节省开支;二是密查员的薪水很高,都在100元以上,不仅解决了党员的生存问题,而且多余部分上交组织,可以缓解经费不足的问题;三是各路职员都很惧怕这几位密查员,中国共产党在各路可以畅通无阻,来往自由,为开展工作提供了极大的方便。实际上,这6名密查员是中国共产党在各路开展工运工作的特派员,主要目的是发动各路群众,建立工会组织。后来,中国共产党在铁路上的工会势力迅速发展,这6名密查员功不可没。身为京汉铁路密查员的包惠僧在回忆录中也提及中国共产党向各铁路派遣密查员的事情。据包惠僧说,这几名密查员到交通部工作先是以密查员的名义,后改为以"育才视学"的名义。高恩洪交给他们的任务是调查交通系在各条铁路上的小组织和骨干人物,以便日后清洗交通系的势力。中国共产党的计划则是"要在每条铁路上有一个公职人员身份的人作掩护,来秘密进行工人的组织工作"。这几名密查员在交通部共任职11个多月,"大部分时间是在铁路上,各路各站各厂差不多都跑遍了,走熟了,工人俱乐部的组织,普遍建立起来了"②。向各铁路派遣的密查员确实为中国共产党在铁路系统开展工会工作减少了很多困难,提供了诸多有利条件。为铲除旧交通系的势力,吴佩孚企图借助中国共产党在铁路上的优势。对于吴佩孚的这一企图,中国共产党是十分明了的。"当时共产党北京党部明知道吴佩孚的利用,然而亦乐得相互利用一下,因为在铲除交通系这一点上对于工人阶级是有利的。"③

(三)中国共产党对工人帮口组织的利用与改造

近代中国革命与帮会、帮口组织有着密切的关系。关于中国共产党领导的京汉铁路工人大罢工,90多年来,学界已进行了较为充分的研究。铁路工人

---

① 张国焘:《我的回忆》(第1册),东方出版社1980年版,第261页。

② 包惠僧:《包惠僧回忆录》,人民出版社1983年版,第98、99页。

③ 邓中夏:《中国职工运动简史(1919—1926)》,人民出版社1979年版,第25、26页。

中广泛、长期存在的帮口组织,曾是中国共产党在京汉铁路开展工运工作的一大障碍。这一问题,已引起部分学者的注意,[①]但学界并未对此进行深入系统的研究。那么,中国共产党在发动和领导这次大罢工中是如何破除帮口组织这一障碍的? 本节拟详细解剖中国共产党与京汉铁路工人中的帮口问题,以期深化对京汉铁路工人大罢工及中国共产党早期工运政策的认识。

1. 中国共产党对工人帮口组织的认识与策略

帮口组织作为一支巨大的社会力量,能否将其争取过来,为革命所用,不仅事关人心向背、革命力量的整合,而且也是建立革命统一战线过程中必须解决的问题之一。因此,正确认识、改造和利用帮口组织,成为当时中国共产党开展工运工作的当务之急。

新生的中国共产党要站住脚跟,必须要有群众基础。中国共产党在京汉铁路开展工运工作,遇到的一大障碍就是帮口问题。当时,"中国工人阶级中基本上还没有现代意义上的工会组织,有的只是行帮、帮口和帮会这类固有团体。这些封建地域性质的帮口和封建宗法式的帮会,直到现代工人运动开始的时候,依然拥有极大的势力"[②]。地域帮口组织的存在,不但滋长工人间的械斗风气,扰乱社会秩序,而且也是工人运动的一大障碍。"因为有了地方色彩的工帮,工会就很难发展,即使工会得以成立,为了调和排解各帮间的隔膜,及防止可能的冲突,至少要消磨不少的精力,间接就是限制工会的活动和进步。"[③]可见,如何排除工人中的帮口障碍,重新组织工人,确是中国共产党在京汉铁路组建工会时面临的极大难题。

为寻求解决之道,中国共产党对帮口组织进行了探讨和研究。关于帮会、帮口组织的来源,陈独秀认为:"他们的团结是跟着物质上生活需要自然发生

---

① 如周建超的《秘密社会与中国民主革命》(福建人民出版社 2002 年版);蔡少卿的《中国近代会党史研究》(中国人民大学出版社 2009 年版);王永玺的《浅析行帮、会党与中国工会运动——也评六卷本〈中国工人运动史〉与此有关部分》(《工会理论与实践》2000 年第 3 期);孔凡军的《党在创立时期对帮口和会党的政策与策略》(《中共党史研究》1990 年第 4 期);张军的《秘密社会与第一次工人运动高潮》(《求索》2005 年第 1 期);韩振国的《中国共产党在工人运动中对帮会的利用与改造》(《信阳师范学院学报》2010 年第 5 期)等均注意到中国共产党与京汉铁路工人大罢工中的帮口问题。

② 蔡少卿:《中国近代会党史研究增订版》,中国人民大学出版社 2009 年版,第 326 页。

③ 何德明:《中国劳工问题》,商务印书馆 1938 年版,第 209 页。

的。"①中国劳动组合书记部认为地域帮口组织具有严重的消极作用,"劳动者把他们自己分成什么宁波帮、广东帮、江北帮等等是不行的。这是把自己分裂的办法,怎样能拿着这种团体来和资本家奋斗呢?"②共产国际驻中国代表马林也意识到:"中国的旧式工人组织、行会、秘密结社……与其说是工人运动健康发展的一种助力,勿宁说是一种障碍。"③时任书记部武汉分部负责人的包惠僧对京汉铁路工人中的帮口组织不无担忧,他认为:"工人本身的阶级觉悟还很差,封建意识形成的帮口作用,严重地影响了工人的团结。京汉铁路是这样,其他各条铁路也是这样,这一问题如果得不着适当的解决,组织工会几乎是不可能的。"④从以上论述可以看出,对于帮口组织的产生根源及消极作用,中国共产党已有了较为深刻的认识。

至于解决之方,陈独秀早在 1920 年就提出消除帮口障碍"决不能够全由政治法律的力量任意将他消灭下去。消灭他们之根本办法,惟有使各业工会在法律上都公然成立,并且使工会的权力能够容纳他们,团结他们,能够应他们物质上的生活需要,他们的秘密团结自然会消灭下去"⑤。中国劳动组合书记部在成立宣言中提出:"我们只有把一个产业底下的劳动者,不分地域,不分男女老少,都组织起来,做成一个产业组合。因为这样一个团体才能算是一个有力的团体,要这样的组织法,劳动者才能用他们的组织力,做奋斗事业,谋改良他们的地位呢。"⑥1922 年 5 月,中国劳动组合书记部发起的第一次全国劳动大会也强调:"我们工人们决不要分地域,决不要分党派,决不要分男女老少,只要是赚工钱的工人们,都应该按照产业的分类法,组织在各种工会里;而且要把各地工人们按照产业组织的工会,联络起来,组织各种全国的产业总工会。"⑦经过反复的研究讨论,中国共产党确立了开展工会工作的原则:消除帮

---

① 独秀:《四论上海社会》,《新青年》第 8 卷第 4 期(1920 年 12 月)。

② 《中国劳动组合书记部宣言》,《共产党》1921 年第 6 期,第 22 页。

③ 孙武霞、许俊基编:《共产国际与中国革命资料选辑(1919—1924)》,人民出版社 1985 年版,第 167 页。

④ 包惠僧:《包惠僧回忆录》,人民出版社 1983 年版,第 97 页。

⑤ 独秀:《四论上海社会》,《新青年》第 8 卷第 4 期(1920 年 12 月)。

⑥ 《中国劳动组合书记部宣言》,《共产党》1921 年第 6 期,第 22 页。

⑦ 中央档案馆编:《中共中央文件选集(1921—1925)》(第 1 册),中共中央党校出版社 1991 年版,第 563 页。

口组织,按产业原则组织工会。

要清除工人群体中的帮口组织绝非易事,中国共产党决定分步骤来破除障碍:第一步是针对帮口首领讲义气、品性较端正的特点,实行"红心白皮"政策,"同他们交朋友、讲义气",先调和帮口与帮口间的矛盾;第二步是对工人进行"天下工人是一家"的阶级教育,来团结工人,进而瓦解帮口组织。总之,消除帮口障碍的办法是"钻进去,先接近它,然后才能瓦解它、利用它、争取它"①。

2.中国共产党对帮口首领的利用与改造

既定方针确定之后,中国共产党便开始进行消除帮口障碍的具体工作。由于京汉铁路工人中帮口林立,帮与帮之间隔阂较深,中国共产党最初联络工人时往往接近了这帮工人,就难以接近别帮工人,工作局面很难打开。因帮口首领对工人有很强的号召力,中国共产党决定先从各帮首领取得突破。主要工作方式如下:

第一,通过同乡、亲戚、把兄弟等熟人关系联络帮口首领,继而说服他们联合起来办工会。如劳动组合书记部的李震瀛是天津人,他以找同乡的名义,联络到天津帮的姜海士和高斌,再通过这两位同乡结交到更多的铁路工人,随后在郑州建立了工人俱乐部。② 在帮口问题最为突出的江岸车站,中国共产党与各帮首的联络过程中,郑州工人凌楚藩起了非常关键的作用。他是湖南人,"是一个超乎帮口以外的人",且与福建帮、江南帮和湖北帮均相处融洽。经过凌楚藩的介绍,中国共产党与湖北帮帮首杨德甫、福建帮帮首林祥谦和江南帮帮首黄桂荣等取得了联系。③ 随即通过交朋友、认同乡的方式与这些帮首拉近距离;以劳动组合书记部的名义向他们宣讲了书记部的工作方针、各国工人运动的简况及组织京汉铁路工人工会的意义等;说服他们消除帮口不和,团结起来,维护整个工人阶级的利益,使其认识到工人阶级整体团结的必要性;决定把各帮口首领作为发起人,筹建江岸工人俱乐部。④ 在此过程中,中国共产党

① 包惠僧:《包惠僧回忆录》,人民出版社1983年版,第66页。
② 中华全国总工会工运史研究室等编:《二七大罢工资料选编》,工人出版社1983年版,第695页。
③ 参见包惠僧:《包惠僧回忆录》,人民出版社1983年版,第84—89页。
④ 《中国工人运动的先驱》(第1集),工人出版社1983年版,第111页。

派去的负责人项德龙（项英）起了非常重要的作用。中国共产党要求他"在工作中注意联系各帮的领袖人物，调和帮口的冲突，再逐渐地消灭帮与帮的矛盾"。根据这一要求，项德龙与工人吃住在一起，"与各帮的领袖人物处得很好"，使江岸工人俱乐部的筹建工作得以顺利进行。①

第二，针对帮口之间不和睦的问题，中国共产党通过对帮首委以工会领导职务的办法将其团结进工会，再通过帮首说服教育本帮工人加入工人俱乐部。由于帮首威望高，让他们担任一定的领导任务不仅能减少工会工作的阻力，而且能迅速地发动工人群众，组建工会。如在江岸工人俱乐部筹备工作中，中国共产党多次邀请各帮帮首参加讨论，在职务分配上充分征求他们的意见并兼顾帮口之间的平衡，"干事杨德甫、管庶务的周天元，是湖北帮的；干事林祥谦、管财务的张连光，是福建帮的；干事黄桂荣、工人骨干曾玉良，是江南帮的"②。《包惠僧回忆录》中对当时江岸工人俱乐部的筹备委员名单也有详细的记载和说明："推定杨德甫、黄桂荣为筹备委员，林祥谦为财务干事，周天元为庶务干事，曾玉良为交际干事，这些人事上的安排，是经过事前同各帮口的协商，平均分配的。"③这种策略成效显著，各帮帮首基本满意。杨德甫发表意见说："我们同意你们的意见，按产业组织起来。各个帮口之间不睦，是事实。从今天起，到会的人都要负责向自己的弟兄解释，消除帮口之间的隔阂。"④林祥谦率先冲破帮口界限，对福建帮、湖北帮、江南帮等帮口的工人一视同仁，"不管哪个省籍的工友有困难，他都尽全力帮助"，"受到大家的赞扬和拥护"⑤。中国共产党通过"让这些帮口领袖作为宣传和串联的骨干，使工人知道了加入工人俱乐部的好处，了解到工人俱乐部是为工人阶级服务的，是工人自己的组织"⑥。在各帮口首领的支持下，江岸工人俱乐部很快建立起来。

第三，把觉悟高、工作能力强的帮首和工会中的积极分子发展成共产党

---

① 包惠僧：《包惠僧回忆录》，人民出版社 1983 年版，第 93、94 页。

② 王继民、于洪伟：《项英与武汉工人运动》，《炎黄春秋》2001 年第 5 期，第 19—20 页。

③ 包惠僧：《包惠僧回忆录》，人民出版社 1983 年版，第 93、94 页。

④ 《中国工人运动的先驱》（第 1 集），工人出版社 1983 年版，第 111 页。

⑤ 湖北省总工会工运史研究室、武汉市总工会工运史研究室编：《工运史研究资料》（第 2 辑），1983 年版，第 143 页。

⑥ 曹荣：《项英》，中国工人出版社 2012 年版，第 17 页。

员,培养工会骨干力量,是中国共产党对帮口首领改造与利用的另一策略。当然,这种工作是秘密进行的,"共产党在当时是一个绝对秘密的党,有一套保密的规定"①。按照中国共产党的规定,这些加入中国共产党的工人甚至还要对他们的家人隐瞒党员身份。据罗章龙回忆:"长辛店工人中最早吸收入党的有史文彬,后来又发展了王俊、陶善琮、陈励茂、葛树贵、崔玉春等,成立了党的小组……后来党在沿线各站如:高碑店、保定、正定、石家庄、新乡、郑州、信阳等站也都发展有党员,当时各站工会负责人和书记部特派员大都由中共党员和社青团员充任。"②其中,杨德甫、周天元、林祥谦、张连光等人均是中国共产党从帮口首领中发展的党员。一般来说,他们在各分工会中均担任着重要的领导职务。以林祥谦为例,1922年夏他被发展为中共党员,曾担任江岸分工会委员长一职。他不仅积极参与了江岸分工会的组建,而且参与了京汉铁路总工会的筹备工作。在大罢工中,林祥谦还组织了工人敢死队,誓死保卫总工会。③

通过上述几种工作方式,中国共产党利用各帮首领在工人中的威望,在京汉铁路各主要车站迅速地建立起工会组织。这些帮口首领和工人骨干分子成为共产党在京汉铁路发动工人群众的得力助手,在工会工作中发挥了重要的组织领导作用。

(四)中国共产党对京汉铁路工人的教化与发动

对于京汉铁路工人中普遍存在的帮口观念及思想觉悟较差的状况,中国共产党主要是以报刊、劳动补习学校及工人俱乐部为媒介,分别从思想上和行动上引导工人逐渐消除或淡化帮口观念,进而提高其思想觉悟,增进工人团结。尽管一些美国历史学家的最新研究成果十分强调中国工人的分裂特性在集体行动中的作用,④但传统中国学者则认为阶级意识的提高是中国工人运动兴起的重要原因。不可否认的是,在工运史研究中,传统中国学者的观点仍有很大的说服力。

---

① 包惠僧:《包惠僧回忆录》,人民出版社1983年版,第63页。
② 罗章龙:《椿园载记》,生活·读书·新知三联书店1984年版,第180页。
③ 陈素秀编:《京汉铁路工人大罢工史料汇编》,河南人民出版社1999年版,第1032、1033页。
④ 参见[美]裴宜理:《上海罢工——中国工人政治研究》(刘平译),江苏人民出版社2012年版;[美]艾米莉·洪尼格:《姐妹们与陌生人:上海棉纱厂女工(1919—1949)》(韩慈译),江苏人民出版社2011年版;Gail Hershatter,*The Works of Tianjin* 1900—1949,Stanford University Press,1986.

1.宣传鼓动

关于如何在工人中开展宣传鼓动工作,中国共产党党内有着明确的规定。要求党的宣传鼓动工作必须在无产阶级群众中扎根,必须来自工人的具体生活,来自他们的共同利益和愿望,特别是来自他们的共同斗争。中国共产党的工作方式主要有三种:一是对工人进行个人口头说服教育;二是党员要参加工人的职业运动和政治运动;三是通过报刊和书籍扩大影响。中国共产党要求党员要参加工人阶级举行的罢工,研究工人生活中的具体问题,帮助工人分析解决这些问题,发挥工人阶级的团结精神,提高他们的阶级觉悟,使工人认识到他们是一个利益共同体,他们是同一个阶级,是世界无产阶级的组成部分。共产党员对工人的宣传还要注重结合共产主义学说,"这种有关工人生活和工人组织的报道,或者是以简明新闻的形式把它登载出来,使报纸成为一个接近生活和生气勃勃的劳动团体,或者是用这种实例来阐释共产主义学说,这是使广大工人群众了解伟大共产主义思想的一种最好方式"[1]。

为启发工人的阶级觉悟,早期中共先后创办了《劳动界》《劳动音》《劳动者》《向导》《劳动周刊》《工人周刊》等刊物,介绍国内外劳动界消息,鼓吹工人运动。五四运动后,工人阶级的力量引起了社会的关注。早在 1920 年 11 月,邓中夏就在《劳动者》发刊词中指出:"今日世界上最重大的事情是什么? 就是社会改造问题——直言之就是'劳动问题'。"[2]在上述宣传刊物中,对工人影响最大的是《工人周刊》。该刊辟有"工人常识""工人谈话""工人之声"等专栏,直接刊载来自工人的要求和呼声,报道各地工人的困状及国内外罢工消息等,发行量较大,且大部分销往北方铁路工人中间。工人赞其"办得很有精神","不愧乎北方劳动界的一颗明星","是全国劳动运动的急先锋","为全国铁路工人谋利益"。《工人周刊》"成为中共北方区委和北方劳动组合书记部在工人中的代称"[3]。中国共产党利用这些刊物向工人阶级宣传地域帮口组织的危害性。李启汉在《工人周刊》发表了《工友们,我们为什么要分帮》;项英在《劳动

---

① 参见《共产党的组织建设、工作方法和工作内容提纲》,孙武霞、许俊基编:《共产国际与中国革命资料选辑(1919—1924)》,人民出版社 1985 年版,第 101、102、106、117 页。

② 《邓中夏文集》,人民出版社 1983 年版,第 2 页。

③ 罗章龙:《椿园载记》,生活·读书·新知三联书店 1984 年版,第 141、142 页。

周报》(该报是劳动组合书记部武汉分部的机关报)发表《省帮与阶级》一文,向工人指出:"我们常见许多工会或工厂中,把工友分成什么广东帮、两湖帮、三江帮、福建帮、天津帮及本地帮等,弄成七零八落,互相排挤,互相斗争","这不自己杀自己吗?""快快觉悟起来呵! 打破以前错误的省帮观念,以阶级斗争的精神,争回我们应有的权利呵!"①在各种刊物的宣传鼓动下,工人阶级日益觉悟。一些工人甚至开始动手写自己的工作生活,《劳动界》《劳动者》《工人周刊》等刊物为他们开设了专栏。据统计,仅《劳动界》第 3—18 期,就发表了 20多篇工人的稿件。这些工人的稿件题目带有鲜明的阶级色彩,如《我们流出的汗到那里去了?》《老板和老虎》《一个工人的觉悟》《苦工日记》等,从中可看出他们反抗意识的强烈和思想觉悟的提高。《一个工人的宣言》中写道:"工人的运动,就是比黄河还厉害还迅速的一种潮流。……我们工人就是这样潮流的主人翁,这个潮流的主人翁,就要产生工人的中国。"②20 世纪 20 年代初,全国各地罢工斗争此起彼伏,以致"在中国出版的美、英、法、日等国资产阶级杂志和报纸上,以及从这些国家归来的无数旅游者所写的书籍中,现在都在谈论'觉醒的中国',……近两三年来汹涌澎湃地冲击着中国政治现实生活的年轻的、具有巨大潜力的工人运动","每天、每周、每月从中国的中心和偏僻地区发来数以万计的文章、电讯和通信,惊恐不安地报道中国人民这个'巨人的觉醒'"③。

2. 开办劳动补习学校

劳动补习学校是工会的准备阶段,也是中国共产党对工人进行阶级教育的重要阵地。民国初期,"平民教育"成为一种潮流,"教育不论是资本家、劳动者、老头子、小孩儿都应该领受的"④。京汉铁路工人文化水平整体较低,如"郑州铁路工人百分之九十以上不识字"⑤,工人的求知欲望较为强烈。中国共产

---

① 中华全国铁路总工会编:《中国铁路工运史资料选编》(第 1 辑),河南人民出版社 1990 年版,第142—144 页。

② 王永玺:《中国工会史》,中共党史出版社 1992 年版,第 81、82 页。

③ 安徽大学苏联问题研究所、四川省中共党史研究会编译:《苏联〈真理报〉有关中国革命的文献资料选编(1919—1927)》(第 1 辑),四川省社会科学院出版社 1985 年版,第 36 页。

④ 《邓中夏文集》,人民出版社 1983 年版,第 7 页。

⑤ 政协二七区委员会宣教文卫体史资委编:《二七区文史资料》(第 1 辑),2004 年版,第 38 页。

党顺势在京汉铁路各大站创办劳动补习学校,受到广大铁路工人的欢迎。中国共产党以劳动补习学校为基础再筹建工人俱乐部,成立工会。

长辛店劳动补习学校是中国共产党在京汉铁路创办的第一个工人补习学校。实际上,早在 1919 年 10 月,李实就在长辛店创办了平民补习学校,普及工人教育,学员大多是长辛店机厂的工人。1920 年上半年,北大学生组织的平民教育讲演团也曾到长辛店进行过宣传教育活动,邓中夏、朱务善、张国焘等人曾定期到这里进行演讲,每周一次。为进一步开展工作,1920 年底,北京的中共党小组派邓中夏、张太雷、杨人杞、张国焘等人到长辛店在李实办的平民补习学校的基础上发起了劳动补习学校。当然,这些早期党员是以学生身份开展工作的。

长辛店劳动补习学校的发起是在一帮有势力的工头们的支持下进行的,如陶善琮、段其伟、史文彬、施五常、郭长泰、张珍、李茂银、武明科、邓长荣及陈励懋等。对于这一事实,张国焘也曾提及"(长辛店劳动补习学校)在发起之初,为长辛店一班有力工头,工人中觉悟分子及热心工人运动的志士所主持"[1]。当然,中国共产党对这些工头们隐瞒了他们的党员身份,"那些工头不知道我们是共产党,所以他们都同意了"[2]。在各工头的支持下,1921 年元旦,长辛店工人补习学校成立,1 月 11 日正式开学,报名者有 100 余人。当时,《晨报》记者曾亲往该校参观,认为:"其现在规模虽小,而设备则甚为完善,殊不让于智识阶级所经营者。实中国工界前途之光明也。"[3]长辛店劳动补习学校位于车站南边的工人住宅区一个名叫铁匠营的小胡同内,房屋较为简陋,"门宇低垂,伸手可触檐瓦,计有屋三间,一大二小,东大间作教室,中小间作办公及阅报文娱室,西小间为教员卧室"[4],学校附近的娘娘庙前有可容纳数千人的广场。这样的选址方便工人上学,使中国共产党容易深入到工人中去,另外也为大规模的集会提供了便利的场所。

---

① 张特立:《"二七"前后工会运动略史》,《新青年》第 2 期(1925 年 2 月 7 日)。
② 《朱务善谈"二七"》,陈素秀编:《京汉铁路工人大罢工史料汇编》,河南人民出版社 1999 年版,第 896 页。
③ 《长辛店工人办学之好现象》,《晨报》1921 年 1 月 19 日,第 6 版。
④ 中国革命博物馆编:《北方地区工人运动资料选编(1921—1923)》,北京出版社 1981 年版,第 16 页。

　　然而,劳动补习学校的创办过程并非一帆风顺,起初工人参与的热情并不高。在长辛店劳动补习学校创办之初,对此项工作最为热心的大多是工头,而大多数工人虽对此表示欢迎但并不热心参与,以致在招生简章贴出去以后,来报名上学的工人寥寥无几。对许多铁路工人来说,为维持生计,他们在经受了白天至少10小时的工作之后,夜里还要去打零工补贴家用,根本无暇读书。还有一些工人,对前途失去信心,沉迷于不良嗜好,也不愿去上学。为此,长辛店工人史文彬不得不挨家挨户劝说工人上补习学校读书,"史文彬深深感到,动员工人上学读书,比筹办学校要难得多"①。此外,中国共产党创办的劳动补习学校还要与京汉铁路管理局方面主办的"职工学校"竞争。相较于财力、人力均十分匮乏的劳动补习学校来说,"职工学校"显然对工人更具吸引力,"有一个挺整齐的大院子。科室里窗明几净,跟正式中学一样。院里陈列着整整齐齐的各式铁路信号、扬旗、路牌,都是专门供讲授铁路工程技术用的教具。技术课由本段段长史清亲自出马讲授,讲弯路怎么修,坡道怎么修,讲得满详细。另外还有国文课、算术课、法文课,课程相当整齐,又有好几位专任教师。工人一报了名,立刻发给课本,还有纸墨笔砚。这还不算,如果学得好一点,还有特别优厚的奖品。每回考试,考第一、二名的各得钢表一块,这块表足值一个普通工人三四个月的工资。第三、四名各得木版'四书'一套,白铜墨盒一个。以下全有奖,直到第九、十名,还各得大褂儿一件,或者是青布一块,足够做一件大棉袄。"②如此好的教学设施、实用的教学内容及丰厚的奖品,对工人来说颇有诱惑力,因此有不少工人被吸引去"职工学校"读书。如此一来,中国共产党创办的劳动补习学校就显得有些门前冷落车马稀。中国共产党对这一情况进行了研究,认为只有打垮这个"职工学校",工运工作才能顺利开展。于是,就派史文彬等几个有威望的工人打入"职工学校"内部,通过与工人"同诉阶级剥削的苦,同讨阶级压迫的罪"等方式与工人加深感情,将他们从"职工学校"吸收到劳动补习学校听课。"这些工人一来到劳动补习学校,就感到工人团结的气氛浓厚,说的都是工人心里话",因此,"到劳动补习学校学习的工人

---

　　① 《中国工人运动的先驱》(第2集),工人出版社1983年版,第27页。
　　② 长辛店机车车辆工厂:《北方的红星》,作家出版社1961年版,第75页。

越来越多，'职工学校'慢慢就偃旗息鼓了"①。

在劳动补习学校里，教员及负责人一般先与工人建立友好、融洽的关系，再向其灌输阶级斗争观念。关于劳动补习学校所应发挥的作用，1921 年中国共产党在《关于中国共产党任务的第一个决议》中指出："劳工补习学校应逐步成为劳工组织的核心"，"所授学说，最重要的是应能唤醒劳工觉悟，并使其明了组织工会的必要。"②因此，中国共产党对劳动补习学校的教员及工作方式、教学内容等皆进行了深思熟虑的安排和部署。在长辛店劳动补习学校开办初期，北京的中共党小组派罗章龙、张特立、墨耕、邓康等几名党员轮流任教员，后改为专任教员制度并推定一人负责，教员需长期驻校。该校负责人先后为李实、吴汝明、吴容沧等。这些教员大都是经过中共党组织严格筛选派遣的，他们在工作中均隐瞒了党员身份，以教员身份开展工作。他们对待工作十分认真，对待工人十分耐心而友好，如他们称呼工人为"工友"，对工人生活关心至极，事无巨细，有求必应，深受工人好评。在长辛店担任工人子弟学校教员的李实，态度和蔼，极富耐心，帮助工人解决各种问题，对不同帮口工人之间的矛盾和纠纷，均能妥善处理，深受工人信任。③ 在逐渐的接触中，这些教员与工人之间建立了非常亲密熟悉的关系。这种亲切感从工人与教员双方之间的称呼中即可感知："起初书记部的人到工人区时，双方称呼均表示客气，北大学生见工人称某师傅，工人见学生则称某先生，后厮混渐熟，双方互称老史、老罗，更久则以绰号相称。如呼老史为麻哥，老王(俊)称毛子(王原为天主教布道师)，……后来工人对学生几乎每人都给以绰号，如张特立足智多谋称为张孔明，……邓中夏称为邓大炮，何孟雄对人说话腼腆称为小闺女，……吴汝明极度近视称吴瞎子……当时以绰号称人者表示亲昵，受之者不以为忤，此时一切嫌猜悉化为乌有！"④在这种信任、友好、亲密的关系之上，劳动补习学校在课堂上再对工人进行"天下工人是一家"的阶级教育，并启发工人破除帮口观念，团

①　铁道部郑州铁路局政治部：《二七罢工斗争史话》，河南人民出版社 1978 年版，第 48、49 页。

②　湖北省总工会工运史研究室、武汉市总工会工运史研究室编：《工运史研究资料》(第 3 辑)，1983 年版，第 2 页。

③　张国焘：《我的回忆》(第 1 册)，东方出版社 1980 年版，第 111 页。

④　中国革命博物馆编：《北方地区工人运动资料选编(1921—1923)》，北京出版社 1981 年版，第 16—18 页。

结斗争。劳动补习学校的教材是由书记部教育委员会编辑的,内容大多取材于《共产党》《工人周刊》《向导》《苦力》《劳动界》及《国际通讯》等刊物。补习学校教员的教学内容带有强烈的阶级斗争色彩,鼓吹工人运动。据北京的一名共产党员报告说:"我们教工人什么呢? 我们经常不断地向他们说,他们遭受他们的厂主资本家的掠夺,不得不过着牛马般的生活;其次,向他们介绍外国工人运动史。我们不断地向他们指出组织起来的意义和方法,时常给他们讲课,教他们识字,同时,还教他们习惯于用文字来表达自己的思想","起初,他们感到有些为难,但后来从他们中间培养出了一些优秀的鼓动员。"①据郑州站老工人回忆,当时的夜校教员曾在课堂上这样启发工人,"工人光愁不行,团结起来有力量,不团结起来就好像一盘散沙一样",并当场抓起一把沙子示意。②当时,李大钊也曾到郑州工人补习学校演讲,他说:"工人两个字连起来是个天字,工人阶级能顶天立地,工人团结起来就力大无边。"③这种讲解形象生动,富有鼓动性,启发了工人的觉悟,增强了工人的反抗信心,使其领悟到团结起来力量大的道理。

在长辛店劳动补习学校的影响下,郑州、江岸等地的工人补习学校相继按照长辛店的模式建立起来。如 1921 年 3 月,郑州铁路工人劳动补习学校成立,由湖北共产主义小组成员赵子健任教员,地址设在花地岗湖北会馆内,共有学员 100 多人,4 个班级,3 名专职教员。工人习惯称之为"工人夜校"。④

劳动补习学校在京汉铁路的建立,确为中国共产党组建铁路工会打下了组织基础。至于劳动补习学校在多大程度上提高了工人的整体文化水平及思想觉悟,笔者认为这是一个值得思考的问题。首先,由于当时中国共产党财力人力有限,在京汉铁路创办的劳动补习学校一般来说规模并不大。从前述资料可知,长辛店、郑州这些大站有上千名铁路工人,劳动补习学校则仅有学员

---

① 《北京共产主义组织的报告》,中央档案馆编:《中共中央文件选集(1921—1925)》(第 1 册),中共中央党校出版社 1991 年版,第 16 页。

② 刘明逵:《中国近代工人阶级和工人运动》(第 3 册),中共中央党校出版社 2002 年版,第 835 页。

③ 王宝善:《郑州工人运动史》,河南人民出版社 1995 年版,第 32 页。

④ 郑州市总工会工运史研究室编:《二七精神永放光辉》,化工部地质勘探公司印刷厂 1993 年版,第 13 页。

100 余人。也就是说,对大部分工人而言,他们并没有接受劳动补习学校的教育和教化。因此,劳动补习学校在京汉铁路工人中的影响范围是十分有限的。其次,从教育效果看,并非所有学员都认可或接受中国共产党的阶级教育观念。《中国劳工运动史》一书就曾提到当时的一些长辛店工人在劳动补习学校听中国共产党讲工人运动时,并不认同中国共产党的教育,"例如时常谈到国际派以及什么派的种种名称,有些工人,就感觉头痛,不到他们说完,便摇头而去"①。甚至一些劳动补习学校的发起人,特别是一些工头,在听到教员的阶级宣传后,感觉势头不对,就不再来了,个别工头见劳动补习学校的政治性越来越强,也慢慢地疏远了。② 这些情况从侧面反映了并非所有的学员都认同中国共产党的阶级教育,劳动补习学校在提高工人的思想觉悟方面所发挥的作用是有限的。

更为重要的是,中国共产党在京汉铁路创办的劳动补习学校确为工会及工人运动工作培养了一批领导和骨干力量。中国共产党在创办劳动补习学校的过程中,与工人之间建立了长期交往的关系,积极参与其工作的一些帮口首领、工头、基督教徒及工人中的积极分子成为中国共产党在京汉铁路开展工运工作的重要助手。他们中的不少人被中国共产党秘密发展为党员,成为各工会的主要领导人,在后来的工人罢工中发挥了组织领导的重要作用。据朱务善回忆,他在长辛店劳动补习学校与工人长期在一起,一年时间内,经他介绍加入共产党的几名工人,到京汉铁路工人大罢工时都成了罢工运动的领导人。再如,在赵子健任教员的郑州京汉铁路工人夜校里,有几位学员也成了大罢工中的领袖人物和坚定分子,如高斌、姜海世、汪胜友、司文德、郑国均等人,他们也先后加入了中国共产党。可以说,劳动补习学校不仅成为传播革命思想的阵地,而且为中国共产党储备了一批革命骨干力量。

3.组建工会

工人俱乐部是在劳动补习学校的基础上建立起来的。长辛店、郑州、江岸这 3 个地区最早建立,京汉铁路其他各站的劳动补习学校或工人俱乐部均是

---

① 《中国劳工运动史》,陈素秀编:《京汉铁路工人大罢工史料汇编》,河南人民出版社 1999 年版,第 1003 页。

② 长辛店机车车辆工厂编:《北方的红星》,作家出版社 1960 年版,第 84 页。

以这 3 地为中心逐渐组建起来的。

1921 年 5 月,长辛店工人俱乐部成立,这是京汉铁路成立的第一个工人俱乐部,当时叫作"京汉路长辛店铁路工人会"。该会的成立宗旨是"联络感情,实行互助,谋改良地位,增高生活,得到共同幸福"。主要开展以下活动:娱乐、救济抚恤、教育及帮助同路工人组织团体。俱乐部会议形式分为两种:大会及干事会。大会由全体会员参加,每 4 个月召集一次干事会;干事会由干事组成,分为书记、会计、庶务、娱乐、教育、调查及交际 7 部,每部设主任 1 人,干事会每月开会一次,也可根据工作需要召开临时会议。凡入会会员必须经干事会审查合格后,方可加入,并发给徽章。会员享有该会规定的各种权利,如干事选举权及被选举权,同时也负有缴纳会费的义务。各地工人俱乐部召开大会时,一般均有隆重而热烈的会议仪式,表现出强烈的现代色彩,但有些地方的会议仪式也遗留有传统习俗。如 1921 年长辛店工人举行的五一劳动节纪念大会,议程为:(一)振铃开会;(二)推举主席;(三)唱纪念歌;(四)主席报告开会宗旨;(五)报告组织工会情形;(六)报告五一节历史;(七)自由演说;(八)讨论及决议;(九)游行;(十)到原处散会。此外,还有唱歌活动。歌词如下:"美哉自由,世界明星,拼吾热血,为他牺牲。要把强权制度一切消除尽","红旗飞舞,走上光明路,各尽其能,各取所需,不分富贵(贫)贱,责任唯互助,愿大家努力齐进取。"①歌词带有自由、平等及团结、阶级斗争的色彩。再如江岸工人俱乐部的成立大会议程为 10 项,主要有:摇铃开会、音乐、主席致辞、来宾演讲、燃放鞭炮及摄影等。会后,备有来宾午餐。"餐时有许多工友在旁打起锣鼓,拉起胡琴,唱起京调,音调抑扬,都极有节奏,简直同戏院名角差不多。"②其后,长辛店工人俱乐部的组织构成略有变化,如设立秘书、庶务、会计、交际及教育五科,每科设正副主任各一人,为执行委员;每两周召开会议一次;主席由委员推定,6 个月改选一次;经费来源分三种:常捐、自由捐及无条件的团外特别捐等。其他各站的工人俱乐部与长辛店大同小异。从上述长辛店工人俱乐部的组织状况来看,已经大体具备现代工会组织的特征,不同于旧式的行帮工

① 张锡彬:《劳动节之长辛店工人大会》,《晨报》1921 年 5 月 2 日,第 2 版。
② 须除:《汉口江岸京汉铁路工人俱乐部成立大会盛况》,《工人周刊》第 28 号(1922 年 2 月 5 日),第 1 版。

人组织。

工人俱乐部能够顺利成立首先是因为劳动补习学校的教员与工人之间建立起了信任的关系，其次则是由于工头们的支持。据曾在京汉铁路郑州工人夜校学习过的工人李全德说："学习一段以后，大家认识提高了，教员提出大家应当组织起来，成立工人俱乐部，大家自愿参加，每人拿出半天工资作经费。结果，不到三个月工人俱乐部就组织起来了。"①当时的一名教员也印证了这一情况："那时我们多半当教员，后来因为我们与工人接近日好，并进一步办工人俱乐部，这俱乐部多半是由工头参加的，并在官所立了案，这样于是那很多的大的成绩来了，这便是中共开始到工人中去的情形。"②

工头对工人有较强的控制力，工会没有工头的支持是很难组织起来的。当时一位陇海路的工头曾对包惠僧这样说："要把陇海铁路的工人组织起来，甚至要把全国的铁路工人组织起来都不难，不过要面面照顾到，组织工人最主要的，工人得不到员司的支持，工人就很难组织起来。再说我们这个类型的人，就是员司与工人之间的桥梁，没有我们，组织工会就很难做到。"③不仅陇海铁路如此，京汉铁路也是这样。因此，中国共产党在京汉铁路组建工会的过程中非常注意拉拢利用工头，这些工头对工会的筹建发挥了非常关键的作用。如在长辛店工会成立之初，加入工会的主要是机厂和火车房的工人，而工务修理厂的工人加入工会的较少，但在工头谢德清的鼓动下，工务修理厂300多人全体加入了工会组织。④

京汉铁路其他各站及北方其他铁路的工人俱乐部的组建工作也大多借鉴了长辛店工人的办会经验。可以说，长辛店是北方工人运动的发源地。当时的《共产党》《工人周报》《晨报》等刊物都对长辛店工人俱乐部的斗争情况、工作方法、经验等予以介绍、登载过，长辛店工人俱乐部被誉为"北方劳动界的一颗明星"。长辛店工人俱乐部的工作不仅使本路工人看到了组织起来的巨大

① 李全德、郑国均：《郑州工人夜校情况》，政协二七区委员会宣教文卫体史资委：《二七区文史资料》（第1辑），2004年版，第38页。

② 湖北省总工会工运史研究室、武汉市总工会工运史研究室编：《工运史研究资料》（第1辑），湖北省总工会工运史研究室1982年版，第6页。

③ 包惠僧：《包惠僧回忆录》，人民出版社1983年版，第79页。

④ 铁道部郑州铁路局政治部：《二七罢工斗争史话》，河南人民出版社1978年版，第91页。

力量,也在北方各铁路工人中产生了重大影响。正太、京奉、京绥、陇海、津浦等路也纷纷派工人代表到长辛店参观学习,回去之后,他们也都按照长辛店工人俱乐部的模式组织起了工人俱乐部。中国劳动组合书记部看到这一形势后,指示长辛店工人俱乐部派出俱乐部委员到天津、山海关和康庄等地,帮助他们成立工会组织。这些工会组织的成立,为北方铁路工人运动的发展奠定了组织基础。

开展丰富多彩的娱乐活动是工会的一项重要任务,这一任务对增进工人的团结意义重大。"劳工没有娱乐的机会,就不能禁止伊们发生不良的嗜好。探本穷源,定要组织劳工俱乐部。……一方面固可使伊们得着娱乐的机会,一方面还可收促进伊们觉悟的功效,真是一举两得。"[1]为消除不同帮口工人之间的隔阂,增强工人阶级的团结意识,工人俱乐部决定从丰富工人业余生活入手。针对铁路工人工作时间长,生活单调,工人中酗酒、赌博和吸食鸦片等不良习气较多的现象,京汉铁路各工会组织了象棋、篮球、京戏、讲演等活动,丰富工人的业余生活。在"吹拉弹唱"的娱乐活动中,不同帮口工人之间的关系逐渐融洽起来,消除了彼此之间的隔阂,加强了工人的团结,中下级工人的地位也得到提高。据包惠僧回忆:"自从俱乐部组织起来以后,对工人的阶级教育在工人中发生了影响,工匠对于小工也称哥道弟,客气起来了,因之小工与工匠、工务员、工程师常在一起坐着,一起活动,地位无形中提高了,工匠对小工的团结,是工人俱乐部成立以后所发生的阶级友爱,所以小工对俱乐部的信仰很高。"[2]小工是工人中的多数,工人俱乐部把他们团结、组织起来,使之成为京汉铁路工人中最为坚定的一支革命力量。一些经常参加工会活动的穷苦工人及曾得到过工会帮助的工人,对工会工作尤为热心,成为工会中的积极分子。如黄河南岸的挑水工张士汉,他经常参加郑州工人俱乐部的讲演会,思想觉悟得到提高。大罢工前,他组织了郑州车站的工人纠察队;大罢工期间,他担任敢死队队长。再如长辛店一名姓"史"的年轻工人,由于他父亲在工作中因事故而死亡,工会帮助他"子顶父缺"进厂工作。因此,"他对工会的事情非

---

① 包惠僧:《我对于武汉劳动界的调查和感想》,《民国日报·觉悟副刊》1921 年 4 月 9 日。
② 包惠僧:《包惠僧回忆录》,人民出版社 1983 年版,第 94、95 页。

常积极,收会费、发通知,总是跑在前面,因而被选为工会的十人干事"①。在后来的罢工斗争中,这些工会积极分子往往冲锋在前,成为罢工斗争中一支重要的骨干力量。可见,工会活动非常有效地消除了因地缘、职业而造成的差异感和疏离感,加深了工人之间的感情。各帮口工人通过参与工会活动逐渐形成了特有的集体精神,这种精神正是引导工人走向集体行动的潜在力量。

4.开展劳动立法运动

五四运动以来,劳工问题引起了国人的注意。由于中国拥有取之不尽、用之不竭的廉价劳动力,北洋政府及中外资本家不可能制定真正保护工人的劳动法和劳动保险条例,中国工人不得不从事时间长、强度大,甚至有害生命健康的劳动。一些对工人表示同情的社会团体、知识分子、政党及工界自身等开始倡导用法律手段来保护工人的权益。

从法理意义上来说,打破北洋政府的法律桎梏,使工人罢工合法化的第一步是从孙中山的广东军政府开始的。1921 年 1 月 23 日,广东军政府明令宣布废止《治安警察条例》;1922 年 2 月 17 日,孙中山发布大总统令,宣布废除《暂行刑律补充条例》。孙中山政府的这两项重要举措具有重大的意义,不仅使工人罢工在广东地区取得了合法地位,而且开启了全国劳动立法运动的大门。

20 世纪 20 年代,在中国共产党的推动下,劳动立法运动在全国范围内产生了重大影响。中国共产党在成立伊始提出"本党的基本任务是成立产业工会"②。然而,工人罢工时常遭到军警的镇压,工人罢工及工会的合法性问题成为中国共产党开展工运工作的一大障碍。1922 年 7 月,北京政府召开制宪会议。中国共产党利用这一时机,联络了部分国会议员、新闻记者及各社会团体发起了劳动立法运动。中国劳动组合书记部总部及各地分部负责人邓中夏、毛泽东、谭平山、袁大时及王尽美等人联名向国会提交了请愿书,要求国会将保护劳工法律纳入国家根本大法,并要求废除《中华民国暂行新刑律》及《治安警察条例》。此外,书记部还拟具了保障工人的政治自由、改良经济生活、参加劳动管理及劳动补习教育等四项劳动立法原则及包括集会结社权、同盟罢工

---

① 铁道部郑州铁路局政治部:《二七罢工斗争史话》,河南人民出版社 1978 年版,第 160 页。

② 《中国共产党第一个决议》,中华全国总工会编:《中共中央关于工人运动文件选编》(上),档案出版社 1985 年版,第 1 页。

权、八小时工作制及工人休假权等十九条劳动法大纲,并在全国各大报刊刊登。

在劳动组合书记部的倡导下,劳动立法运动在国内引起了强烈的社会反响,最先响应并支持劳动立法运动的是工界各团体。如京汉铁路长辛店工人俱乐部致电劳动组合书记部:"贵部所拟劳动法案建议,本部工友详加讨论,条条皆是保护劳动者最紧急最切要最低限度之要求。闻讯之余,异常感激。但你们既倡之于先,我等安得不继之于后?所以我等当万众一心,一致主张,誓不达到目的不止。"①武汉各工团也积极响应书记部提出的劳动立法法案,并向国会请愿:"万恳各界同胞念我等最大多数是社会的生产者,反处于极悲惨不幸的境遇,主持正义力与援助,务使劳动者的权利,在国家根本大法上有切实之保障。"②

除工界外,其他社会各界也积极响应和支持中国共产党提出的劳动立法运动,全国掀起了废除治安警察法运动。1922 年 10 月底,北京社会各界数十余社会团体向国会请愿,要求北京政府撤销《治安警察条例》。10 月 29 日,北京 50 余个社会团体在北大开会,讨论决定再向府院呈请实行废止治安警察法、组织永久机关专办废止治安警察法事宜,并将该会定名为"撤消(销)治安警察法大同盟"③。随后,北京 70 余个社会团体"以治安警察法之侵害人民权利及国家文化",公推代表蔡元培、林长民等 4 人携带请愿书再次向国会请愿。30 日,在民权运动大同盟的发起组织下,各社会团体再次开会议决撤销治安警察法事宜,"电告各省地方组织同样之团体,起而响应,以唤醒舆论,实行大规模之运动","请北京政府尊重民意,迅速取消"等。④

尽管这一时期中国共产党提出的劳动法案并未获得国会的通过,但中国共产党倡导下的劳动立法运动却产生了巨大的社会影响,提高了工人的法律保护意识,推动了全国第一次工人运动高潮的到来。其中,长辛店工人发动的"八月罢工"和京汉铁路工人大罢工的爆发均与此有着密切的关系。

---

① 《京汉路长辛店工人俱乐部致中国劳动组合书记部及参众两院电》,《时报》1922 年 8 月 29 日。
② 《武汉各工团之劳动法案》,《民国日报》1922 年 9 月 4 日,第 6 版。
③ 《废止治安警察法之运动》,《民国日报》1922 年 11 月 1 日,第 3 版。
④ 《撤销治安警察法之进行》,《民国日报》1922 年 11 月 2 日,第 6 版。

5.斗工头

自工人俱乐部成立后,交通系就开始支持一部分工头另立组织,与中国共产党的工会组织相对抗,致使一部分工人不敢加入工人俱乐部。另外,工人俱乐部的成立也直接威胁到一部分工头的利益,一些工头渐起破坏工会之心。于是,俱乐部决定对这些工头进行斗争。如郑州机厂的工头唐廷玺、张世荣和张九成受交通系资助创办了"升火司机传习所"。为吸引会员,该传习所规定该所成员不仅有推荐子弟就业权,而且不交会费,每月还补助3元。因此,火车房、机务及行车工人加入传习所的较多,加入工人俱乐部的较少。为此,工人俱乐部对张九成和唐廷玺进行了斗争。再如长辛店工人俱乐部成立后,工头邓长荣受交通系收买,也召集工头、员司及路警开会,筹划另立工会组织,并在工人中散布不利于工会发展的言论。还有一些工头看到教员在工人俱乐部宣传阶级斗争,也逐渐与俱乐部疏远了。经过研究,中国共产党决定先在《工人周刊》《劳动周刊》等刊物上发表文章揭露邓长荣的劣迹,进而再制造舆论,发动工人举行罢工,采取武斗方案将邓长荣驱逐出长辛店。通过这些方式,工人俱乐部在惩办邓长荣之后,又陆续开除了多名平时欺压工人的工头。工人俱乐部通过对工头的斗争,使工人日益认识到团结起来的力量,俱乐部的威望也大大提高,一些不敢加入工人俱乐部或持观望态度的人也开始纷纷加入工人俱乐部。①

由于俱乐部敢于为工人伸张正义,受到了工人们的信赖和拥护。俱乐部简直成了工人们"出气的地方",凡有总管无故惩罚工人、工头打骂工人及地痞流氓欺负工人等事情发生,工人们就会报告给俱乐部,俱乐部收到报告后就会讨论应对办法。一般来说,小事情就由俱乐部派人找对方谈话以示警告,直到对方赔礼道歉并保证下回不敢为止;对于重要的事情,俱乐部就会动员全体工人去对付。由于俱乐部能帮助工人免受工头们的欺压,替他们伸张正义,因此成为工人们敢于反抗的后盾,以至于"工人有受气的、被罚的,都来找。这里仿佛成了他们的娘家"②。

---

① 铁道部郑州铁路局政治部:《二七罢工斗争史话》,河南人民出版社1978年版,第49—61页;长辛店机车车辆工厂:《北方的红星》,作家出版社1960年版,第90页。

② 长辛店机车车辆工厂:《北方的红星》,作家出版社1960年版,第95页。

中国共产党的介入改变了工人组织的原始样态和原本落后的精神面貌。通过打破工学界限、消除帮口障碍、创办劳动补习学校、媒体宣传、组建工会组织、开展劳动立法运动及对工头进行斗争等各种灵活的策略和方式,中国共产党与工人群众打成一片,非常有效地改造了帮口组织这股强大的社会势力,促进了工人的团结,提高了工人的思想觉悟。通过组建工会,中国共产党不仅把一批工人精英培养成了工人运动的领导者,把工会会员团结成为一支坚定的革命力量,而且完成了工人组织形式上的统一。

二、中国国民党的参与

中国国民党是国内较早开展工人运动的政党。早在 1906 年,孙中山准备在华南武装起义,先后派革命党人在香港、广州机器工人中开展秘密工作,开始创建工人团体。

同年,孙中山还派马超俊去香港组织劳工支援革命。马超俊在他以前做工的工厂中组织一些工人建立了一个劳工团体,并以此为核心在香港组织劳工。随后,他又去广州、武汉、上海组织了一些产业工人,后又回到广州与石井兵工厂工人组织了一个秘密团体支持孙中山的革命。如广州起义、武昌起义等都曾得到了这些工人团体的支持,"黄花岗七十二烈士"中就有几位是工人。① 1909 年,孙中山派革命党人在香港和广州建立了"中国研机书塾""广东机器研究工会"。这些名义上是为研究机器工业结成的团体,实际上是由同盟会组织和领导下的进步民族资本家及机器工人联合组成的团体。《临时约法》颁布后,国内工人政党、工人团体如雨后春笋般涌现。这一时期,在一些工业较为发达的城市和铁路、航运等产业中出现了工人自己组织起来的团体,如广州的"打包工业联合会"、上海的"制造工人同盟会""银楼工会"等。

辛亥革命前后,国民党就已开始关注工人在革命中的作用。国民党在中央和地方都有一定的组织和宣传机构来加强与工人的联系,指导工人运动。20 世纪 20 年代前后,国内工人运动风起云涌,革命事业屡遭失败的孙中山看到了新兴的工人阶级蕴藏的巨大力量,开始重视工人运动。

---

① 台山县政协文史委员会:《台山文史(第 10 辑)》,1988 年版,第 52—53 页。

1917年广州军政府成立,孙中山授命马超俊拟订开展全国劳工运动的计划。他提出了八条工运计划,第一条就是"扶植工会之组织",他的计划得到了孙中山的同意,马超俊立即着手实施。1917年底,全国机器工人联合会成立,总部设在广州,开始实行纪念国际劳动节。1919年广州机器工人罢工、1920年香港工人罢工等都是马超俊等国民党人组织参与的,均取得了重大胜利。

国民党涉足铁路工人运动始于1919年,孙中山在上海面谕马超俊:"如欲解除人民之痛苦,必先铲除北洋军阀,欲铲除北洋军阀,必先联络铁路工人。"[①]由于当时工人运动为北洋政府所禁止,未能公开活动,马超俊奉令赴北平一带秘密联络铁路工人,参加革命活动。起初,国民党在各路秘密组织了通讯处,便于彼此联络。铁路工人也支持甚至参与了国民党领导的一些革命行动。1920年8月,在孙中山率领粤军驱逐桂系军阀的战争中,粤汉、广九等地的铁路工人举行罢工,拒绝为桂军运输,还炸毁多处铁桥,使桂军不攻自溃。到1921年,广东已有工会组织130多个,香港有120多个,这些工会大部分是在国民党的影响之下。[②] 这一时期,国民党在工人中的影响主要集中在南方地区,但在北方工人中的影响是十分微弱的。1921年,在孙中山桂林督师北伐之际,国民党密派马超俊与10余名得力人员随同北上,开始在京汉铁路、津浦铁路等组织分工会,秘密开展工人运动。[③]

与此同时,早期的一些共产党员也在武汉、北京、上海等地秘密开展工人运动。如此一来,国共两党在开展工人运动方面就会有一些交集或合作,当然也不可避免地出现了一些矛盾或冲突。1920年10月,武汉共产主义小组成立,小组成员董必武、陈潭秋、包惠僧、项英等人当时都潜伏在武汉从事教育工作,他们中的一些人与国民党保持着亲密关系。20世纪20年代初期,国共两党在开展工人运动方面总体来说合作是颇为愉快、融洽的,两党对领导武汉的工人运动都很积极,这也是当时武汉工人运动颇为活跃的重要原因。[④] 当然,

---

① 《〈中国劳工运动史〉选摘(台湾)》,陈素秀:《京汉铁路工人大罢工史料汇编》,河南人民出版社1999年版,第998页。

② 颜辉、王永玺主编:《中国工会纵横谈》,中共党史出版社2008年版,第237页。

③ 《〈中国劳工运动史〉选摘(台湾)》,陈素秀:《京汉铁路工人大罢工史料汇编》,河南人民出版社1999年版,第998页。

④ 张国焘:《我的回忆》(第1册),东方出版社1980年版,第267页。

也有一部分国民党党员敌视中国共产党、敌视劳动组合书记部。在劳动组合书记部成立之初,就有一些国民党人利用他们影响下的报刊"谩骂诅咒书记部,说他们是一群乱党,叛徒与匪帮,人人得而诛之的国贼罪人"①。在国民党党员中,有一部分人信仰马克思主义,共同的信仰成为两党能够合作开展工人运动的思想基础。如包惠僧、李汉俊曾介绍郭寄生、陈天、周无为、张孑余等国民党人加入了武汉马克思学说研究会。②

在武汉,中国共产党掌控了那里的工运工作。当时武汉方面的罢工,几乎都是由当地的共产党所领导,在这方面没有遇到任何竞争者,③当然其中也有少数国民党人的参与。国共两党在武汉开展工人运动过程中有着一定的合作关系。当时,在湖北影响最大的组织是成立于 1922 年 10 月 10 日的湖北工团联合会,有 28 个工会组织加入,拥有会员 20 多万人,是湖北省最为健全、力量最大的一个组织。该组织是中国共产党领导下的一个组织,联合会的主要领导人大多数是共产党人,如秘书科主任许白昊、宣传科主任林育南、组织科主任项英、组织顾问包惠僧、教育顾问李汉俊、法律顾问施洋等执委委员均是共产党人。除此之外,也有一些国民党人加入其中,并担任了重要领导职务。例如,湖北工团联合会主席杨德甫、总干事陈天均是国民党党员。④ 湖北工团联合会的机关报《真报》也是国共两党共同创办的,创办人主要是共产党人林育南、施洋等;参加编辑工作的主要是国民党人,有总编辑郭寄生、编辑郭聘帛、张孑余等人。可以说,《真报》是国民党影响下的一份报纸。⑤ 它在支援武汉工人罢工,争取社会舆论的支持方面发挥了重要的作用。

当时,国共两党在领导工人进行罢工过程中,尚能颇为默契地相互配合、支援、借鉴。这一时期国民党领导的罢工斗争最有影响力的莫过于香港海员

---

① 中国革命博物馆:《北方地区工人运动资料选编 1921—1923》,北京出版社 1981 年版,第 19 页。

② 《杨德甫自述》,陈素秀:《京汉铁路工人大罢工史料汇编》,河南人民出版社 1999 年版,第 821 页。

③ 邓中夏:《中国职工运动简史(1919—1926)》,人民出版社 1979 年版,第 32 页。

④ 张国焘:《我的回忆》(第 1 册),东方出版社 1980 年版,第 267 页。

⑤ 中国社会科学院马列所毛泽东思想研究室、近代史所现代史研究室:《马林与第一次国共合作》,光明日报出版社 1989 年版,第 124 页。

大罢工,它成为中国第一次工人运动高潮的起点。香港海员大罢工的领导权虽然掌握在国民党手中,但这次大罢工显然也受到了中国共产党领导下的劳动组合书记部的影响。罢工期间,中国共产党发动京汉铁路工会、粤汉铁路工会、汉口人力车夫工会等组织了香港海员罢工后援会,为香港海员提供物质、舆论上的支持,为赢得最终胜利发挥了重要作用。香港海员大罢工产生了巨大的社会反响,也给共产党人带来了巨大的思想启迪,一部分共产党人意识到"拥护民族主义的现代式的群众运动已经开始","而且香港海员大罢工证明,国民党与工人阶级组织之间有着真实的联系,同它发生联系是可取的。南方工人组织正在发展成为民族主义运动一个组成部分的形势,同上海和北方当时还只有少数工人的俱乐部,有着巨大的差别"[①]。当香港海员大罢工刚爆发时,中国共产党对于其意义还不太了解,当时的罢工领导人苏兆征多次找共产党合作,但均遭到拒绝,中国共产党认为罢工是国民党领导的,不愿意去理他。[②] 然而,香港海员大罢工胜利后,海员工会对国民党的态度发生了显著的变化。例如,在海员工会的欢迎席上,邀请的演讲嘉宾前 10 名都是国民党员,共产党人邓中夏被排在第 13 位,其他工会代表则未被邀请演讲。此外,海员工会在会场上悬挂的对联是"拥护三民主义,实行五权宪法",且满屋悬挂青天白日旗。[③] 这些事实使共产党人非常明显地感觉到通过领导这场大罢工,海员工会对国民党的信仰已经到了非常拥护的程度。这种认识对中国共产党的工运工作发挥了积极的推动作用,其后共产党在铁路上积极组建分工会、总工会,发动了"八月罢工",引发了北方铁路工人运动的热潮,乃至领导了轰轰烈烈的京汉铁路工人大罢工,无不受香港海员大罢工的影响。

　　1923 年初,中国共产党正忙于筹备成立京汉铁路总工会。此时,孙中山接受了共产国际和中国共产党的建议,正着手进行改组国民党的工作。对忙于内部改革和组织完善的国民党来说,当时的工作重心并不在工人运动工作上。对于当时蓬勃发展的北方铁路工人运动,国民党并未进行有组织的发动和领

---

　　① 中国革命博物馆党史研究室编:《党史研究资料》(第 1 集),四川人民出版社 1980 年版,第 187、189—190 页。

　　② 中央档案馆:《中共党史报告选编》,中共党史出版社 1982 年版,第 214 页。

　　③ 邓中夏:《中国职工运动简史(1919—1926)》,人民出版社 1979 年版,第 71 页。

导。但在京汉铁路工人大罢工发生前后,确有一部分国民党党员参与了一些工人运动工作。

国民党领导的香港海员罢工受到了共产国际的赏识。当时在广州的共产国际代表马林了解到国民党在香港海员罢工中所发挥的重要作用后,开始考虑促成国共合作、共同开展国民革命的新策略。在香港海员罢工过程中,中国共产党领导下的北方铁路工人给予了有力的支援,这次罢工加强了两党在工人运动方面的往来与合作。受中国共产党影响,国民党也开始开展铁路工人运动工作,先后秘密派出数十名工运干部赴粤汉、京汉、津浦等铁路联络工人,建立联络机构。1922 年 5 月,在孙中山的支持下,中国共产党以劳动组合书记部的名义,在广州组织召开了第一次全国劳动大会。会议期间,孙中山亲自会见了与会代表,表示支持劳工运动,号召工人为国家尽力。1923 年 1 月,在京汉铁路总工会成立大会筹备之际,正值国共两党合作酝酿期。孙中山任命共产党人谭平山负责中国国民党在工界的宣传工作,向工人群众宣传国民革命的主张。

尽管国民党已经开始关注工人运动工作,但国民党在北方主要铁路干线并未能够建立起系统的地方组织或基层组织。可见,当时的国民党在工人运动中的影响力和组织能力还是十分有限、薄弱的。显然,国民党的这种工作局面与中国共产党在北方铁路工人中的影响和成绩是无法相提并论的。中国共产党已经成功地发动和领导了多次铁路工人运动,在北方铁路工人中建立起了广泛的工会组织。换言之,中国共产党已经掌控了北方铁路工会的领导权,自然也包括对京汉铁路各工会组织的领导权。因此,中国共产党对京汉铁路工人大罢工中所发挥的领导作用是毋庸置疑的。

有关史料显示,在京汉铁路工人大罢工期间,一部分国民党党员特别是武汉地区的国民党党员确曾参与了这次大罢工,而且是重要的参与者。据张国焘回忆,当时"国共两党人士对于武汉工运的领导都很积极,彼此合作得很融洽"①。京汉铁路总工会成立大会邀请了各界代表参会,其中仅从武汉来参会的产业工会就有 30 多个,他们是在湖北全省工团联合会的领导下赴会的,总

---

① 张国焘:《我的回忆》(第 1 册),东方出版社 1980 年版,第 267 页。

干事陈天、委员刘章等国民党党员作为代表赴会。在总工会成立大会遭到武装干涉后,这些国民党党员的主张比到会的共产党员更激进。[①]

在大罢工过程中,湖北工团联合会积极组织各工团,以罢工、慰问、声援等方式援助京汉路工人,一些国民党人表现也相当活跃。湖北省工团联合会的机关报《真报》的主要工作人员就有一些是国民党党员,如《真报》总编辑郭寄生。《真报》对京汉铁路工人大罢工也给予了有力的支援。但是,也有一些共产党员参与了《真报》的编辑工作,如林育南、施洋、许白昊等人。在 2 月 6 日武汉各界举行的慰问江岸工人大会上,湖北工团联合会总干事陈天、《真报》总编辑郭寄生等国民党人也相继发表了慷慨激昂的演说,谴责军阀祸国殃民。[②]京汉铁路总工会委员长杨德甫曾是中国同盟会会员,二七惨案后,他加入了国民党,并出任汉口执行部干事。汉口的一些工会组织在京汉铁路工人大罢工中发挥了一定的作用,其中汉口一些工会会员就有一些国民党党员。

大罢工失败后,国民党的革命工作也受到一定程度的影响。与共产党一样,国民党也被宣布为非法组织,革命活动受到一定的限制。国民党出版的一些舆论报刊被查封,或被禁止发行。2 月 8 日,国民党影响下的《真报》被查封,罪名是"鼓动罢工,扰乱秩序",社内财产被抢掠殆尽,社长郭祖贲,编辑郭寄生、林相拂、张子余、周无为等人被悬赏通缉。此外,《国民周刊》《闲话报》等也被查封,还有其他四五份国民党的报纸被审查。

总体而言,确有一部分国民党人参与了京汉铁路工人大罢工,并发挥了辅助作用。然而,这种参与似乎更是一种个人行为,而非受国民党党组织的派遣或安排。大罢工失败后,社会各界纷纷发表通电谴责军阀滥用武力,国民党作为一个政党对此竟然没有作出任何公开回应。为此,共产国际方面非常不满,谴责道:"为什么国民党对罢工被镇压和工人学生惨遭迫害没有提出正式抗议?"[③]国民党何以对此袖手旁观呢? 正如马林所说:"孙中山直到临死,从来没

---

① 张国焘:《我的回忆》(第 1 册),东方出版社 1980 年版,第 267 页。

② 郑州市总工会工运史研究室:《二七精神永放光辉》,化工部地质勘探公司印刷厂 1993 年版,第 39 页。

③ 中国社会科学院马列所毛泽东思想研究室、近代史所现代史史研究室:《马林与第一次国共合作》,光明日报出版社 1989 年版,第 132 页。

有真正热衷于群众运动的思想。他接受它,但并不真心关注。到一九二三年,他就漠不关心了,他只关心军事问题。"①显然这不是国民党领导的罢工,只不过是一小部分国民党人的个人英雄主义罢了。

三、共产国际的"联孙联吴"

20 世纪 20 年代初,中国掀起了第一次工人运动高潮。京汉铁路工人大罢工是这次工人运动高潮的顶峰。这次罢工高潮的兴起,是中国共产党直接领导、发动与组织的结果。诸多史料已经证明,在这次工人运动大潮中,北方铁路工人运动高潮的形成与 20 世纪 20 年代初苏俄政府和共产国际对华政策的实施有着密切的关系。

五四运动后,马克思主义开始在中国传播。随后,上海、北京、武汉等地相继成立了马克思学说研究会和共产主义小组。当时,上海是中国社会主义者的活动中心,那里可以公开宣传马克思主义,也有许多社会主义性质的组织。出版的刊物有 300 多种,书籍、报纸和杂志等时常刊登有苏俄人士,特别是列宁和托罗茨基的照片,很多带有社会主义色彩。相对来说,南方更容易传播共产主义思想。在北方出版的报纸,也出现许多版面宣传社会主义。②

20 世纪 20 年代初,共产国际及苏俄政府为了打破帝国主义对苏俄的封锁和包围,迫切需要寻找新的力量的支持,特别是毗邻的中国的支持。"利用(中国国内)相互对抗的军事政治集团之间的这样或那样的联盟,在北京建立另一个对苏俄友好的政府"③,并与之建立外交关系成为苏俄对华的外交目标。因此,俄共与共产国际开始积极尝试在东方特别是中国,寻找可以合作的伙伴或政治盟友,组织与俄联合的反帝力量,成为这一时期苏俄和共产国际在华工作的重点。由于当时中国政局纷扰,军阀林立,政权更迭频繁,而苏俄和共产国际对中国情况又了解有限,所以在选择政治盟友时颇具难度。经过对中国国

① 中国社会科学院马列所毛泽东思想研究室、近代史所现代史史研究室:《马林与第一次国共合作》,光明日报出版社 1989 年版,第 192 页。
② 中共中央党史研究室第一研究部译:《联共、共产国际与中国国民革命运动 1920—1925》,北京图书馆出版社 1997 年版,第 45—46 页。
③ 中共中央党史研究室第一研究部译:《联共、共产国际与中国国民革命运动 1920—1925》,北京图书馆出版社 1997 年版,第 26 页。

内各派政治力量的了解、比较、接触,吴佩孚逐渐成为苏俄的目标。那么,在大大小小的军阀中,为什么吴佩孚能成为苏俄和共产国际拉拢的目标?

一是基于吴佩孚在五四运动中的表现。为达到反对段祺瑞为首的皖系军阀的政治目的,吴佩孚在五四运动中对爱国学生明确表达了同情和支持的态度,且力主政府释放被捕学生,要求收回青岛,反对签约,他指出"日人此次争执青岛,其本意不止在青岛,其将来希望,有大于青岛数万倍者","青岛得失,为吾国存亡关头",他还表示"军人卫国,责无旁贷",如国家有难,他"愿效前驱"。[①] 一时间,国内舆论对吴佩孚好评如潮,被人们誉为"开明军阀""爱国将军"。这些表象使共产国际认为吴佩孚是个"民主主义者",是"当前在中国唯一还在坚持捍卫民族解决思潮的人"[②]。当时,中国共产党的一些领导人也对吴佩孚有好感,认为吴佩孚是一个"进步军阀",说他"生平常以岳武穆自命,又带有爱国和反抗强邻的色彩"[③]。

二是吴佩孚是中国的实力派军阀。直系军阀吴佩孚因其势力庞大,成为共产国际欲联合的首个中国政治盟友。在当时的中国,现有的执政者如奉系、直系、安福系和南方系等几大派系中,从拥有的武装力量和统治的地盘、人口数量看,曹、吴直系是实力最为强大的。共产国际认为:"直隶派占有最有利的战略地位,它几乎统治了人口稠密、具有巨大经济意义的整个华中和长江流域。与各竞争派别相比较而言,直隶派是最强大的,而且吴佩孚元帅作为军事领导人所取得的成就,为他进一步影响和加强实力,创造了非常有利的局面。"[④]吴佩孚先后通过直皖战争和第一次直奉战争的胜利,控制了北京政府,他有能力影响中国的内政和外交。这更使苏俄政府和共产国际认为:"吴佩孚元帅作为军事领导人所取得的胜利,为他进一步扩大影响和加强实力,创造了

---

① 中国社会科学近代史研究所近代史资料编辑组:《五四爱国运动》,中国社会科学出版社 1979 年版,第 405—407 页。

② 中共中央党史研究室第一研究部译:《联共、共产国际与中国国民革命运动 1920—1925》,北京图书馆出版社 1997 年版,第 74 页。

③ 《蔡和森文集》,人民出版社 1980 年版,第 179 页。

④ 中共中央党史研究室第一研究部译:《联共、共产国际与中国国民革命运动(1920—1925)》,北京图书馆出版社 1997 年版,第 74 页。

非常有利的局面。"①

　　自 1920 年开始，苏俄和共产国际代表开始频繁地与吴佩孚接触。4 月，共产国际代表维经斯基第一次到中国来就决定联合吴佩孚，发动民主运动。吴佩孚为壮大自己的力量，寻求国际支持，在同英美等帝国主义国家密切合作的同时，也开始改变了之前北京政府对苏俄的敌对态度。在他的影响下，北京政府采取了一系列措施来改善与苏俄和共产国际的关系。吴佩孚的这种友好态度使苏俄政府与共产国际对中俄关系的前景感到十分乐观。这种情况，使得苏俄政府十分看好吴佩孚。他们认为："开展中国的民族主义运动而可以合作的人是吴佩孚，而不是孙中山，他们认为孙中山是个不切实际的梦想家。他们同意支持吴佩孚。"②

　　当时的国民党是中国比较有影响力的一个革命党，因而也成为共产国际打算结盟的政治伙伴。为了评估工人对国民党的态度，1921 年 4 月，共产国际执委会远东部书记索科洛夫·斯特拉霍夫特意去过上海的贫民窟考察。那里居住着工人和手工业者，常常能见到孙中山的画像。他认为工人们非常热爱和信任孙中山，国民党是近年来唯一一个在工人、手工业者和小商人中开展工作的、充满活力的政党，在中国没有比国民党更革命的、更具有鲜明阶级性和组织性的力量，认为国民党在劳动群众和小资产阶级中比其他政党赢得了更大的同情。据此他认为"广州政府可能被我们用作进行东方民族革命的工具"，并作出以下结论：一是与广州政府尽快建立联系，这是共产国际远东政策中的最迫切任务。二是建立这种联系的目的是在居民中和在广州政府中，物色一些能够在中国发动全民起义，来反对日、美资本对整个远东的奴役的人物。③

　　基于上述认识，努力促成中国南北的实力派代表人物吴佩孚和孙中山的联合，成为共产国际和苏俄政府在华外交追求的重要目标之一。这一政治目

　　① 中共中央党史研究室第一研究部译：《联共、共产国际与中国国民革命运动 1920—1925》，北京图书馆出版社 1997 年版，第 74 页。
　　② 本书编写组：《马林在中国的有关资料》，人民出版社 1980 年版，第 23 页。
　　③ 中共中央党史研究室第一研究部译：《联共、共产国际与中国国民革命运动（1920—1925）》，北京图书馆出版社 1997 年版，第 63—64 页。

标对中国革命,特别是对中国共产党的政治判断和决策产生了重要影响。苏俄和共产国际这种接近和拉拢吴佩孚的政策,对当时正值建党前后的中国共产党产生了一定的影响,甚至影响了中国共产党的一些决策。正是在共产国际的这一思想指导下,李大钊曾通过孙丹林、白坚武的介绍,到洛阳与吴佩孚磋商合作事宜。1921 年吴佩孚发表通电,主张劳动立法,"保护劳工",就是与李大钊会谈的结果。吴佩孚"保护劳工"的政策,为中国共产党得以在京汉、京绥、正太、京奉、津浦、陇海等北方铁路特派密查员,帮助各路建立工会组织,开展工人运动创造了十分有利的条件。可以说,中国共产党与吴佩孚的这种合作,是一种相互利用。当时的吴佩孚正忙于与张作霖作战,他虽有长江一带的兵工厂的支持,但他没有掌握铁路。吴佩孚需要用北方铁路运兵,于是他向年轻的中国共产党寻求支持。中国共产党利用在铁路系统密派的一些党代表(密查员),掌握了铁路,供战争期间吴佩孚的军队使用。因而,当工人向吴佩孚提出一些要求时,共产党也使工人的一部分要求得以实现。① 1922 年北方铁路工人运动此起彼伏,很大程度上也是得益于此。

苏俄与共产国际的"联孙联吴"对华政策完全偏离了对中国国情的正确认识。孙与吴是性质截然相反且互为仇敌的两种不同的政治力量。孙中山对共产国际和苏俄的"联吴"策略虽未明确反对,但也并无多大兴趣,他曾多次写信给列宁、加拉罕和越飞等人,认为苏俄与北京政府的谈判是毫无意义的。吴佩孚则对苏俄政府的频繁往来虚与委蛇,表面上装作亲近苏俄,声明"保护劳工",并容忍了北方一些工人的罢工斗争。但他在直系内部的派系斗争中无能为力的表现,以及他对北京政府有限的控制力还是暴露无遗。现实使越飞等意识到孙吴联盟的渺茫,不得不重新考量吴在中俄关系中的价值。②

对于共产国际和苏俄政府的这一政治策略,共产国际代表马林并不赞同。他认为吴佩孚是军阀,是孙中山的敌人,也是孙中山组织北伐的主要对象,促成二者的联合是不可能的,他认为共产国际和苏俄政府对待吴佩孚的方针是

---

① 中国社会科学院近代史研究所翻译室编译:《共产国际有关中国革命的文献资料(1919—1928)》(第 1 辑),中国社会科学出版社 1981 年版,第 63 页。

② 徐有礼:《苏俄政府在华策略与京汉铁路工人大罢工》,《许昌学院学报》2003 年第 4 期,第 103 页。

完全错误的。马林还了解到那时的中国共产党与工人阶级的联系很少,只有一个分散的小组,真正的组织工作做得非常有限。相反,他认为国民党领导的民族主义运动与工人阶级组织之间的联系已经建立起来,尤其是国民党领导的香港海员大罢工。据此,他认为势单力薄的中国共产党加入国民党是必要的。当时,刚被陈炯明逐出广州的孙中山急需获得苏俄的援助。与马林多次会谈后,孙中山逐渐接受了马林的群众运动观点,开始按照发展现代群众运动的路线来考虑问题。在此期间,马林在《共产国际》上发表了一篇论中国革命运动的论文。

实际上,共产国际对于年轻的中国共产党在群众运动方面的工作业绩是不满意的。1922 年 11 月,共产国际代表主要发言人拉狄克在共产国际第四次代表大会上发言说:"在广州和上海工作的同志很不懂得同工人群众相结合。我们同他们进行了整整一年的斗争,因为许多人认为,一个好的共产党员怎么能干预像罢工这样平凡的事情呢? 那里有许多我们的同志把自己关在书斋里,研究马克思和列宁,就像他们从前研究孔夫子一样。""无论是实现社会主义的问题,还是建立苏维埃共和国的问题,在中国都没有提上日程。遗憾的是,在中国甚至连全国统一和建立全国统一的共和国的问题,都还没有提上历史的日程",拉狄克呼吁年轻的共产党人"走出孔夫子式的共产主义学者书斋,到群众中去! 不仅到工人群众中去,不仅到苦力中去,而且也到已被这一切事件激动起来的农民群众中去"。①

基于上述认识,1923 年 1 月 12 日,共产国际执行委员会作出了关于中国共产党和国民党的关系问题的决议:"中国唯一重大的民族革命集团是国民党,它既依靠自由资产阶级民主派和小资产阶级,又依靠知识分子和工人。""由于国内独立的工人运动尚不强大,由于中国的中心任务是反对帝国主义者及其在中国的封建代理人的民族革命,而且由于这个民族革命问题的解决直接关系到工人阶级的利益,而工人阶级又尚未完全形成为独立的社会力量,所

---

① 中国社会科学院近代史研究所翻译室编译:《共产国际有关中国革命的文献资料(1919—1928)》(第 1 辑),中国社会科学出版社 1981 年版,第 64—65 页。

以共产国际执行委员会认为,国民党与年轻的中国共产党合作是必要的。"[①]这时,在马林的陪同下,苏俄政府特使越飞来华。越飞也赞成与国民党保持友好关系,认为"必须帮助工人阶级组织与国民党建立紧密的联系"[②]。1月26日,孙中山、越飞联名发表《孙文越飞宣言》,这宣告了苏俄政府在华与孙中山结盟外交的确立,也意味着苏俄放弃了联合吴佩孚的方针。

这一宣言的发表,对中国政局产生了重大影响。它一方面为国共第一次合作打下了基础,却又不幸成为日后国民党分共反共的依据;另一方面又使北京政府将其视为一个威胁,因为这是共产国际与它的反对派孙文签订的合作协议。不久,吴佩孚武力镇压了京汉铁路工人大罢工,祸根实与此有关。"这也暴露了苏俄对外双重政策的本性——主要是苏俄外交部与共产国际间的不尽一致。苏、国、共的三角关系虽有一个兴奋而愉快的开始,结果却终于翻脸下场。"[③]国共两党这一时期在工人运动方面的合作与冲突,北京政府对工人运动的防范与镇压均与共产国际的这种方针有着一定的关系。苏俄政府与共产国际的代表估计到吴佩孚会对《孙文越飞宣言》有一定的反应,但根本没有考虑到吴佩孚对苏俄态度的变化会对中国革命运动带来的不利影响。共产国际对于当时处在吴佩孚统治区域的正在不断高涨的北方工人运动,所面临的潜在危险毫无预见性。然而,遭遇外交冷遇后的吴佩孚正在寻机报复与苏俄政府、共产国际关系密切的中国共产党及国民党。苏俄和共产国际对中国时局的错误认识也直接影响到中国共产党对形势的误判和决策,以至于大罢工发生时,中国共产党仓促应对,没能妥善地调整策略,避免二七惨案的发生。

第四节　北洋政府的防控

五四运动后,社会主义在中国的迅速传播令北洋政府极为恐慌。随着工潮、学潮在中国的不断高涨及与"过激主义"的融合,北洋政府对此极为恐慌,

---

① 《共产国际执行委员会关于中国共产党与国民党的关系问题的决议》,《共产国际与中国革命资料选辑(1919—1924)》,人民出版社1985年版,第236页。

② 《马林在中国的有关资料》,人民出版社1980年版,第28—29页。

③ 张国焘:《我的回忆》(第1册),东方出版社1980年版,第257页。

采取了高压防范与严密监视的政治措施。

一、北京政府对"过激主义"的防范

早在 1919 年,"过激派"就已引起北京政府的注意。12 月,美国"过激派"来到上海,与中国工党、全国工界协进会的领导人及孙文等人取得了联系,筹议组织中国农工联合会,其宗旨即以实现共产主义为目的。此事被北京政府探知后,认为过激主义是对自身政权的极大威胁。1920 年 2 月 4 日,段祺瑞下令:"过激主义实为召乱之媒,亟应严密查禁,以消隐患。"①

为帮助中国建立共产主义组织及开展工人运动,20 世纪 20 年代初,苏联陆续向中国派遣了一批工作人员,北京政府对这些苏联来华人员进行了严密监视。1921 年 4 月,上海护军使何丰林在给北京国务总理的密电中说:苏联政府"特派党徒阿黑阔廷来沪运动中国各党会群向政府责难,并宣传共产主义。现已联络中国工会总会、工商友谊会,……等十数团体,拟组织公民大会,责备政府","密派党徒运动各工厂工人,拟于五月一日假庆祝万国劳动纪念节有所举动各等情"。英国巡捕房也在密报中称:"俄激党在沪者不下数十人,惟行动异常诡秘,不易侦查其内容。闻该党近日运送秘密文件来沪,专用妇女携带,由哈尔滨经津浦路南下,此辈妇女服饰极其阔绰,请转知注意检查等语。"②对此,何丰林命令军警严行查禁,设法预防"过激主义"。

令北洋政府更为惶恐不安的是,过激主义不仅与国内政党、职业组织有了密切联系,且与学界关系密切。1921 年 1 月,某军官向步军统领衙门呈文称北京私立民国大学的学生受北大影响,"气焰嚣张,颠顶武断,往往非法结社,藐视法律,陵蔑师长,师长亦不过问","迹其所为,颇似过激情形"。这名军官甚至准备"密禀大总统饬部核撤,以免酿成恶劣学风之处"。步军统领衙门则在批注中写道:"所呈极有理由,且举发北大内幕,则北大之传播过激主义实为铁

---

① 《段祺瑞严禁美国过激派来沪组织农工联合会等情训令》,中国第二历史档案馆:《中华民国史档案资料汇编民众运动》(第 3 辑),江苏古籍出版社 1991 年版,第 92 页。

② 《何丰林报告苏联派员援助中国工会应严行查禁及英捕房请检查等情密电》,中国第二历史档案馆:《中华民国史档案资料汇编民众运动》(第 3 辑),江苏古籍出版社 1991 年版,第 100 页。

证。"①1921年4月25日，内务部侦探到全国各界联合会、学生联合会与苏联人员在国民党某某机关内召开秘密会议，大为恐慌。内务部就查禁过激主义一事向各省督军、省长等致电道："此间全国各界联合会与学生联合会，连日各举代表毕某、毛某等，在环龙路孙文之机关某号洋房内'俄匪'斯特拉夫等秘密会议，欲乘此外蒙叛乱、中央财政窘迫之时，侵扰长江，危及京畿，大有势在必行之概。……青年学子以及工人多被煽惑等语。除分行外，特电请查照转饬设法严密查禁，切实防范。"②上海租界内的英、法、美等领事团也对"过激主义"书籍、印刷品等进行了严厉查禁，并派有暗探轮流检查各书店及邮电等机关。

自五四运动后，长辛店铁路工人就与北京学生之间建立了联系。北京政府为防范"过激主义者"鼓动工潮，对长辛店铁路工人及早期的北京共产主义者之间的活动进行了严密监视。据1921年4月27日北京军方的一份档案资料显示，长辛店工徒养成所的学员活动情况当时已成为北京政府监视的重点。更令北京政府惶惶不安的还有留法勤工俭学的学生即将回国，"倘再从中鼓惑，后患何堪设想。综计各厂工人约在三千之众，不可不预防之"③。甚至长辛店工人的集体活动也尽在北洋政府所派密探的监视之中，侦查内容包括开会时间、地点、会场布置、参会人员、议程及演说词等，均极为详尽。④ 由此可见，北京政府对长辛店工人及这些"过激主义者"的防范是相当严密的。对北洋政府来说，"过激主义"在中国的广泛传播无异于洪水猛兽。

20世纪20年代初，不仅工人运动迅速发展，学生运动和社会政治运动也蓬勃开展起来。因此，早期中共一直受到北京政府的打压和封杀。"北京政府所属军警机关经常搜捕书记部工作人员，置诸重典，投之监狱，并封闭其机关，

---

① 《刘立夫提出要密查和遏止民国大学新思潮传播呈》，中国第二历史档案馆：《中华民国史档案资料汇编民众运动》（第3辑），江苏古籍出版社1991年版，第568—569页。

② 《内务部等查禁学联进行革命活动及驻沪领事团检查进步刊物有关电文》，中国第二历史档案馆：《中华民国史档案资料汇编民众运动》（第3辑），江苏古籍出版社1991年版，第569—570页。

③ 《申振林关于长辛店工徒养学所情况致王怀庆呈》，中国第二历史档案馆：《中华民国史档案资料汇编民众运动》（第3辑），江苏古籍出版社1991年版，第41页。

④ 《富连瑞报告长辛店铁路职工成立讲演团呈》，中国第二历史档案馆：《中华民国史档案资料汇编民众运动》（第3辑），江苏古籍出版社1991年版，第42页。

制止其活动。"①1922年7月,中国劳动组合书记部被查封,"查出鼓吹过激主义之传单及无政府党之印刷品甚多"②,劳动组合书记部领导人李启汉被捕,书记部被迫迁往北京。1922年9月,京奉铁路职工补习学校教员孙德祥也因"帮同工人组织俱乐部,拟具章程,煽惑罢工,妨害交通,实已触犯刑章"等"煽惑罪",被京畿卫戍司令部执法处判处"三等有期徒刑三年又六个月。并依同律第二百二十八条之规定,褫夺同律第四十六条规定之公权全部六年"③。当时,中国共产党的境遇是十分艰难的,"中共一直是在遭受压迫和反抗压迫中成长起来的。高举反帝国主义的旗帜的中共中央,却寄存在上海租界里,租界当局自然不会坐视这枝嫩芽成长起来。它经常给予中共以严重的打击,其压力也随着中共工作的发展而加强起来"④。

随着工潮、学潮的不断高涨,北京政府加紧了对共产主义者的监视,并开始着手拟定取缔"过激主义"办法。1922年9月初,为从法律上维护工人权益,劳动组合书记部、社会主义青年团、京汉、陇海、正太等路的工人俱乐部及部分国会议员在北大召开了劳动立法大会。北洋政府对"过激主义"活动大为恐慌,认为"以文字宣传联络工人加入政党,鼓吹军队暗通土匪,更为要求立法机关以得行动自由行同盟罢工之事,以结劳动者之心,而其得寸进尺,殊足以致地方人心不宁也。北京首善之区,此风决不可长,须拟取缔之法也"⑤。就在北洋政府着手拟定取缔"过激主义"之际,更令其大为恐慌的是,"竟有青年学子开会,公然主张俄国式革命暨无产阶级革命。若再不加干涉,深恐祸在目前,拟请饬交院部核议办法,以遏乱萌"。经过讨论,北洋政府认为"过激主义"只能于无形中消弭,命令取缔怕会引起反抗暗潮,决定由内务、教育两部会商根本取缔办法。教育、内务两部会同商议后认为:"过激党派之肇兴,原根于社会

---

① 《罗章龙谈中国劳动组合书记部北方分部》,中国革命博物馆编:《北方地区工人运动资料选编(1921—1923)》,北京出版社1981年版,第19页。

② 《劳动组合书记部被封》,《民国日报》1922年7月18日,第11版。

③ 《执法处判决孙德祥在京奉铁路鼓动罢工罪判决书》,中国第二历史档案馆:《中华民国史档案资料汇编民众运动》(第3辑),江苏古籍出版社1991年版,第49—50页。

④ 张国焘:《我的回忆》(第1册),东方出版社1980年版,第260页。

⑤ 《载德关于中国劳动组合书记部等要求劳动立法等情报告》,中国第二历史档案馆:《中华民国史档案资料汇编民众运动》(第3辑),江苏古籍出版社1991年版,第48—49页。

阶级不平之心理,最上消弭之法,自以澄清国家政治,调剂人民生计为先,其次则关于国民集会、结社、出版、言论既有官厅依法查察,当可先事预防一切,因无再行商订取缔方法之必要,否则防遏过当,更启反动。恐于国计民生益多妨碍,睽孤已甚,革众斯成,清政末流,殷鉴不远,所有会商另订取缔过激党人各条一节应即暂无庸议。"[1]从上述教育、内务两部对于"过激主义"问题的认识来看,两部已意识到"过激主义"是社会问题的产物,根除之法不再是单纯的取缔问题,而是需要进行更深层次的、国家层面的政治、社会改革。

二、北京政府对工潮的恐慌与压制

进入 20 世纪 20 年代后,工人罢工潮流风起云涌。尤其是 1922 年初发生的香港海员罢工,成为中国第一次罢工高潮的起点,自此工人罢工事件此起彼伏,风靡全国。京汉铁路工人不仅支援了此次香港海员罢工,且受此影响,工人的团结意识也大大加强。最初,对于铁路工人的这种觉悟,一些人还持有怀疑态度。当时,"长辛店街面上一些穿长袍大褂的绅商、工厂里的总管和社会上一些头面人物,就半信半疑的放出些风言风语:'哼,这才是瞎胡闹哩! 这些条件没有一条可以达到,中国的工人懂得什么,哪里有那个'程度'呀? 哪还知道牺牲自己帮助别人呢? ……但是后来当他们看到这轰轰烈烈的阵势以后,真是大吃一惊,尤其是工厂里的总管们,更慌得厉害,觉得工人的确是变了,跟从前他们所知道的工人不同了"[2]。"援助香港海员"的旗帜在京汉间的火车上到处可见,"该段办事员和工厂总管稽查等,见工人有这样的觉悟,很怕将来于己不利,一时大起恐慌"[3]。实际上,恐慌的不仅是京汉铁路局,北方的其他国有铁路管理局对于本路铁路工人的觉悟也同样大为恐慌。当时,京汉、津浦、京奉、京绥为援助香港海员罢工,已有组织路工联合会之举动,对此,"铁路官员大为恐慌,深虑香港罢工如不早日解决,则北方路工将有重大之反动"[4]。

① 《国务院为青年学生宣传过激主义而制订取缔专条与内务部等来往函件》,中国第二历史档案馆:《中华民国史档案资料汇编民众运动》(第 3 辑),江苏古籍出版社 1991 年版,第 571—573 页。
② 长辛店机车车辆工厂:《北方的红星》,作家出版社 1960 年版,第 98 页。
③ 《铁路工援助香港海员之表示》,《晨报》1922 年 2 月 15 日,第 3 版。
④ 《关于港海员罢工之外讯》,《申报》1922 年 2 月 17 日,第 14 版。

香港海员罢工产生了巨大的社会效应,也引发了政府当局对工潮的防范和压制。由于各工团给予了香港海员罢工以极大的资助和声援,并有鼓动工潮之嫌疑,因而中外官厅对各工团的活动均极为紧张,采取了严密的防范措施。如在上海,全国工界协进会、工商友谊会、劳动组合书记部等各工团所发出的邮件均被扣留,其原因就是香港海员罢工时"各劳工团体,多有物伤其类,代抱不平之态度。言辞文字之间,或不免流于愤激,遂致中外官厅,非常注意",以至于"凡关于劳工团体发出之函件,一律扣留,送交总局,交由官厅检查"①。京汉铁路、陇海铁路等工人俱乐部也因参与援助香港海员罢工及罢工频发而遭到吴佩孚的仇视。1922 年 2 月 28 日,吴佩孚听闻"郑州铁路工人设有俱乐部,往往假借该部结党开会,有轨外行动,实属妨害治安",令部下"转知各该段局长,设法取缔,严行禁止,并俱乐部即行取消。倘工人不服,可由军警干涉",对开封段陇海铁路工人俱乐部则令该路警务分段长及地方军警协同办理,"以集会结社,有碍治安,自应严行取缔,以免轨外行动,日内即密令各处,遵照严密侦察。遇有该路警务段长会商之时,并即协同妥慎办理,以维路政而杜隐患"②。其后,陇海铁路工人俱乐部被取缔。铁路交通事业不仅事关当局的财政收入,更牵涉到国计民生,因此各路的联合令军政当局更为不安。早在长辛店"八月罢工"发生时,北京政府军事机关的密探首领刘汉超就报告"交通部直辖京汉等五大铁路又将有全体罢工之风潮","五路工人一体于本月三十一日罢工,事关政府收入,人民交通,影响甚巨"③。其说辞虽着眼于国家交通,但由此亦明显可见铁路工人罢工带给北京政府的恐慌。面对日益高涨的罢工潮流,武汉军政当局也极力防范。1922 年 9 月,武汉各工团拟开联合大会,被警方所制止,原因是"劳动团体之运动有益形激烈之征兆"④。1923 年 1 月,湖北督军萧耀南训令武汉各军警机构及工厂,严密防范工潮,"武汉各工厂及铁路工人尝有相率罢工、纠众滋扰情事,维思武汉华洋杂处、商务繁兴,似此任意

---

① 《工人团体邮件被扣留》,《民国日报》1922 年 3 月 8 日,第 10 版。
② 《吴佩孚对郑州工人示威》,《民国日报》1922 年 3 月 5 日,第 6 版。
③ 《刘汉超给王怀庆的密报》,陈素秀编:《京汉铁路工人大罢工史料汇编》,河南人民出版社 1999 年版,第 103 页。
④ 《武汉警察禁止劳工集会》,《民国日报》1922 年 9 月 12 日,第 2 版。

嚣张,小之则妨害治安,大之则酿成交涉。此风不戢,后患堪虞,事前应如何防范,临事应如何消弭,应由汉口杜镇守使召集武汉各厅署、各军警以及有关系各工厂主管人员,妥拟取缔之法,不偏不倚,悉得其平,期于以后不再发生此等情事"①。16 日,针对近期武汉地区同盟罢工日多,工人运动渐趋激烈之势,萧耀南又召开了军政官员会议,商议取缔工潮办法,议定次日将颁布商议结果。②

对于日益高涨的工潮,北京政府恐慌之余,往往试图借助高压政策予以消灭,而不筹谋根本解决之道。对于铁路工人频繁罢工的原因,北洋政府及外界舆论常将之归结为外界的煽惑和鼓动。如关于陇海工人俱乐部被吴佩孚取缔一事,1922 年 3 月 5 日的《民国日报》上的一篇文章就猜测:"吴之此举,因铁路界人多属交系分子,一旦有事,彼耸动工人罢工,断绝交通,实足以制直系之死命。且上次陇海罢工,即系叶恭绰主使,不得不下一示威命令,以为先发制人之计划。"③再如"八月罢工",如前所述其起因仅是生活费日高,工人要求增加工资,这次罢工是在长辛店工人俱乐部领导下进行的。然而,当时的多家媒体常将京汉、京绥铁路工人罢工混为一谈,且多认为是政治因素所致。1922 年 8 月 27 日的《晨报》就有这样的报道:"闻交长高恩洪以此次京汉、京绥两路相继罢工,实因郑洪年从中主使,昨已密呈政府,请明令通缉郑氏归案讯办云。"④9 月 14 日的《民国日报》亦有类似的报道:"黎昨发指令,据交部呈,京绥、京汉等路迭次罢工,皆郑洪年、赵庆华、何瑞章等煽动,着通缉讯办。"⑤《申报》也有同样的报道:"黎总统应交商之请,昨夜下令缉捕煽动京绥、京汉路罢工之郑洪年等三人。"⑥由于当时北京学界的八校教职员工对此次罢工也给予了声援,因之吴佩孚的心腹白坚武据此认为:"学界八校职教员不先不后于兹时鼓义气,京汉路工人又为奸党利用,真属不可思议。"⑦

---

① 《萧督军注重工潮》,《新闻报》1923 年 1 月 17 日,第 5 版。
② 《鄂省取缔罢工》,《晨报》1923 年 1 月 19 日,第 3 版。
③ 《吴佩孚对郑州工人示威》,《民国日报》1922 年 3 月 5 日,第 6 版。
④ 《京汉路罢工风潮已平息》,《晨报》1922 年 8 月 27 日,第 3 版。
⑤ 《民国日报》1922 年 9 月 14 日,第 2 版。
⑥ 《北方政局记》,《申报》1922 年 9 月 14 日,第 4 版。
⑦ 中国社会科学院近代史研究所编:《白坚武日记》(第 1 册),江苏古籍出版社 1992 年版,第 375 页。

对于外界所散布的"八月罢工"种种谣言,长辛店工人俱乐部曾多次发表声明澄清此事:"各报所载工人反对交部及总长个人,均系挑拨之词,显系奸人利用,工人绝不承认,恐滋误会特此声明。"①"我们的俱乐部完全是由长辛店工人组织而成的,绝对的不受任何党派的利用,亦不受任何党人的指使,只专为工人求幸福争自由谋得到工人应享的权利为止。"②随后,长辛店工人再次发出声明:"我们恐怕这个简单的纯粹的经济上的罢工,为最善假借的政客先生们,作为挑拨政潮的工具,所以不能不作此第二次宣言。现在要向诸君郑重的声明:我们此次罢工,只是'驱逐虎伥',一就是假公营私压制我们之郭福祥、黄绵铎、谈荫棠、王龙山、徐家楣等五人,'改善待遇','增加工钱'三个原因,完全是压制饥饿之所逼,绝无一丝一毫的政治作用。我们既不是反对交通总长,也不是反对铁路当局。我们的罢工和京绥路的职员罢工,不惟是没有关系,并且是绝对不同其性质,可以说风马牛不相及。外人不察,妄以'反对高恩洪'五字加之我们工人头上,我们不愿以清清白白的罢工,被人引入政潮的混水中,所以不能不把真相说出,以免除误会,特此宣言。"③对于工人罢工的真正原因,《民国日报》一评论性文章指出:"劳工背后站着的,赤裸裸只有衣、食、住三个问题。非但疑为由政治作用的,认错了劳工运动的本身,就是疑为某种主义所感动的,也没看清劳工运动的来源。即使劳动在中国,已取得了人类中平等的地位,享受得了人类中平等的生活,他们熙熙攘攘着,各安其生,便聚集了古今中外的圣贤,提出个某种主义来招致他们,他们也断然不理。假使劳工在中国,没取得人类中平等的地位,享受得人类中平等的生活,他们痛苦到了极点,自会寻出个方法自卫,便没人将某种主义引诱他们,他们也断然会起来奋斗。"④可见,就工人群体而言,他们参加"八月罢工"主要源于自身利益的诉求,无关政治。

关于"八月罢工"的肇因,事后北京某军事机关侦查处处长王某进行了秘密调查,结果迥然不同于上述种种传言。王某在给曹锟的报告中说:"长辛店

---

① 《京汉路罢工之尾声》,《晨报》1922 年 8 月 27 日,第 3 版。
② 《京汉路罢工风潮》,《申报》1922 年 8 月 27 日,第 10 版。
③ 《京汉路工潮已了结》,《申报》1922 年 8 月 29 日,第 10 版。
④ 《莫污纯洁的劳工运动》,《民国日报》1922 年 10 月 20 日,第 2 版。

工人被人鼓动一事,弟处前曾接到赵局长报告,当即饬派密探前往该工厂严密侦查,据复称详查此次长辛店发生风潮,纯系该厂总工头祚曼蔑视工人激动公愤,一再调查尚无暴烈行为。"① 然而,这样的调查结果,对北洋政府来说,仍是难以信服的。此外,还有多种资料显示此次京汉铁路工潮与"过激主义"不无关系。如1922年11月3日,天津警察厅厅长杨以德在致陆军部的呈文中说在京奉路工人俱乐部、开滦煤矿工人俱乐部及汉阳、京汉铁路等处的罢工传单中,均发现有"过激主义"符号(镰刀、铁锤),"此种符号即系俄国过激派向用之符号",杨以德认为此次开滦煤矿工人罢工"其主旨并非经济问题,不独于敞矿有关,实于全国实业,全国治安均有莫大之危险。用特专函奉达,应请迅速设法严禁,以遏乱萌","此次罢工风潮,并非纯系工人生计问题,内中因有由京来唐过激主义杂乎其间,遂致一时未易解决"②。

20世纪20年代,风靡全国的"过激主义"和工潮的风起云涌直接威胁到北京政府的统治,给北京政府带来了极大的恐慌和不安。基于维护自身政权的需要,北洋政府对"过激主义者"及工潮事件均极为关注,采取了严密的防范措施和高压政策。然而,这一时期工潮发生的肇因,则往往被各界引入到政争中去。扑朔迷离、众说纷纭的表象背后隐藏着的则是各种政治势力根据自身利益对工人运动作出的选择,或利用或打压。显而易见的是,"过激主义"与工潮的交汇融合已是不争事实,北洋政府对此亦十分明了,且已意识到这是一股事关自身生死存亡的可怕"逆流"。

小 结

革命原动力的形成往往是政治、经济、社会和意识形态等多种因素相互结合的产物。20世纪20年代,国内外罢工潮流、自然灾荒、政治力量的介入及北洋政府的恐慌与高压防范是革命发生的外在动因。

---

① 《侦察处王处长给曹锟的电报》,中华全国铁路总工会编:《中国铁路工运史资料选编》(第1辑),河南人民出版社1990年版,第263页。

② 《杨以德呈陆军部文》,中国革命博物馆编:《北方地区工人运动资料选编(1921—1923)》,北京出版社1981年版,第203—204页。

20世纪20年代初,中国第一次工人运动高潮营造出强烈的革命氛围,这种社会环境对中国工人产生了重大影响。工人阶级成为一支巨大的革命力量,阶级意识开始形成,团结意识逐渐增强,为工人阶级的反抗斗争从自在阶段向自为阶段的转变提供了社会条件。京汉铁路沿线的地理环境具有易发自然灾害的潜在威胁。1920年代初,京汉铁路沿线地带发生了严重的自然灾荒,加上政府无力应对,导致严重的物价上涨和社会恐慌,沿途铁路工人的生活因之受到明显的影响。这是造成京汉及北方铁路工人频繁罢工的经济因素之一。中国共产党介入京汉铁路以后,通过多种灵活的策略和方式,改造和利用了京汉铁路工人中固有的地域性帮口组织,培养了一批工人精英作为工会领导人,提高了工人的思想觉悟,在全路建立了统一的工会组织,为革命工作奠定了组织领导基础。五四运动后,国民党也开始秘密在铁路工人中开展工作,并与中国共产党有着一定程度的合作关系。与此同时,共产国际制定了"联孙联吴"的对华政策,这一政策对京汉铁路工人大罢工事件产生了重要影响。面对逐渐风靡全国的"激进主义"和风起云涌的工潮,北洋政府强烈地感觉到这股"逆流"将对自身政权造成严重的威胁。恐慌之余,北京政府甚至来不及细思根除问题的良方就先已采取了严密的防范措施和高压政策。压迫愈深,反抗亦愈烈,一出悲剧的种子就此埋下。

这一时期,工潮、政争及"过激主义"往往被各界混为一谈,众说纷纭。实际上,工潮背后隐藏的则是不同政治势力的较量。由此可以预见京汉铁路工人大罢工事件的复杂性,这一事件的爆发并不是由单一因素促发的,更不是任何政治势力振臂一呼就能群起响应的,而是社会、自然、经济及政治等多重因素共同诱发的结果。

第四章 即时反应:大罢工爆发前后的各方反应与博弈

在各种矛盾的积聚中,京汉铁路工人大罢工轰然爆发。这一事件立即在全国范围内激起了巨大的波澜。工界、学界、政界、商界、西方列国及北洋政府等各方力量,很快作出了不同的反应。同时,此次事件还引发了社会关系的变动。各方力量对待此次罢工事件的态度及应对措施与各自的利益或目标追求息息相关,他们或结盟或对抗。在这些纷繁复杂的社会关系中,各种势力之间的联合与博弈成为决定这场运动走向的重要因素。通过各方力量对此事件的反应,可以发现在中国社会内部,民众的民权意识已悄悄觉醒,一支巨大的社会力量正在形成。同时,透过西方列国、国会议员对此事件的态度与反应,也可以清晰窥见北洋政府武人专制政治的不得人心,不合时宜。尤其值得注意的是,北洋政府对此事件的应对措施充分暴露了自身政权所存在的问题,将自身置于与全国为敌的狼狈境地。作为新生革命力量的国共两党不仅积极参加了此次大罢工,而且还积极展开了对京汉铁路被难工人及其家属的救济工作。在救济工作中,国共两党或合作或纠葛,无不附加了诸多政治因素的考量。总之,通过各方力量的反应,折射出了20世纪20年代中国社会力量的成长及北洋政府所面临的统治危机。

第一节 大罢工

成立全国性的铁路总工会是中国共产党成立之初就已确定的工作目标。1921年11月,中共中央局在通告中指出:"关于劳动运动,议决以全力组织全国铁道工会,上海、北京、武汉、长沙、广州、济南、唐山、南京、天津、郑州、杭州、长辛店诸同志,都要尽力于此计划。"①目的是要把中国工人联合在中国共产党的旗帜之下,"联合在各种工人阶级组织之内,成功为中国共产党的主要力量"②。成立京汉铁路总工会是中国共产党实施这一目标的一项重要步骤。在中国共产党的组织和领导下,京汉铁路各地工会组织相继建立,铁路工人运动蓬勃发展,成立一个全路统一的工会组织——京汉铁路总工会成为当务之急。对于当时的情形,《京报》报道说:"年来铁路工会运动,以京汉情形为最佳,沿路二十二站均已分会林立,故三月以前,即有总工会筹备处之设。迩来全路进行,更称顺利。除极少数员司从中阻梗外,百分之九十九工人俱已加入工会。最近郑州员司所组织之传习所,亦宣告全体加入,其盛况可以想见。"③从 1922年 4 月到 1923 年 1 月,中国共产党掌控下的京汉铁路各工会先后召开了三次总工会筹备会议,商讨京汉铁路总工会的筹建问题,以便统一京汉铁路各工会组织,加强中国共产党对工会组织的领导,促进工人运动的进一步发展。

一、京汉铁路总工会的筹备

(一)第一次筹备会

1922 年 4 月 9 日,第一次京汉铁路总工会筹备会议在长辛店召开。这次筹备会是以长辛店铁路工人俱乐部成立大会的名义召开的,实际上这是在北方劳动组合书记部分部的领导下召开的第一次京汉铁路总工会筹备会议。这次会议也是京汉铁路召开的第一次工人代表会议。

长辛店工人俱乐部对这次会议十分重视,租借会场,扎制松柏彩门,场面隆重而热烈。会前,长辛店工人俱乐部向京汉铁路各站已经建立的或即将建立的工会组织发出请柬,邀请这些工会组织届时派出代表参加。为顺应不断高涨的工人运动形势及扩大这次会议的影响,长辛店工人俱乐部还邀请了陇海、京奉、京绥等北方铁路和武汉等地的一些工会组织参会。当天,到会人数

---

① 《中国共产党中央局通告》,中华全国总工会编:《中共中央关于工人运动文件选编》(上),档案出版社 1985 年版,第 4 页。
② 《中国共产党第二次全国代表大会关于"国际帝国主义与中国和中国共产党"的决议案》,中华全国总工会编:《中共中央关于工人运动文件选编》(上),档案出版社 1985 年版,第 7 页。
③ 《京汉路工人大罢工》,《晨报》1923 年 2 月 5 日,第 2 版。

有 1500 多人。北方劳动组合书记部派邓中夏、何梦雄、陈为人、朱务善、李震瀛、吴汝铭等从事工人运动的负责人参加了这次会议。京汉铁路到会的工会代表主要有郑州的凌楚藩、江岸的杨德甫、彰德的赵光前等，陇海铁路的林楚荣、伍子湘，京绥铁路的胡道生、张济海，京奉铁路的邱祥生、李如华。此外，彰德纱厂工会及武汉的一些产业工会也派出代表参加了这次会议。换言之，参加这次会议的代表不仅有中国共产党党员，还有京汉铁路的工会代表，及其他铁路、行业的工会代表。

这次会议的主要议题是宣传介绍、学习推广长辛店铁路工人俱乐部的经验，积极建立、健全京汉铁路各地工会组织，加强全路工人的团结；商讨京汉铁路总工会的筹建工作。同时，协调北方铁路工人运动的发展，为建立全国铁路总工会创造条件。

这次会议举行了隆重的仪式。开会伊始，参会全体成员向国旗行鞠躬礼，三呼"劳工万岁"。接着由俱乐部代表宣布开会宗旨，报告工人俱乐部筹建经过和发展壮大的情形，其言辞"淋漓周详，娓娓动人听闻"。再次由各地代表和来宾发表演说，他们虽然大半是工人，然而其思想觉悟程度及见解均迥异于其他工人。总体来说，他们对于开展铁路工人运动的见解主要有以下几点：（一）彼此联络感情，共谋幸福；（二）因世界潮流所趋，亦当联合团结；（三）当此内政日糟，外侮日迫之时，工人系工界一分子，更宜互相接洽，以尽工友们爱国之天职；（四）俱乐部成立后，必须和衷共济，以图发展，全国一致，绝不受任何方面的利用。演讲之时，全场"静无人语"，会议持续三个小时之久，代表们毫无倦容。演讲之后，掌声如雷，工友们高呼"劳工神圣"，"震动天地"，于此可以想见工人们对俱乐部的热忱和期望。① 最后，由北方劳动组合书记分部主任邓中夏和中国劳动组合书记部干事李震瀛等讲话，他们主要论述了在工人运动的高潮中铁路工人运动面临的形势和任务，表达了对于开展京汉铁路总工会的筹备工作的支持，并希望京汉铁路与其他铁路工会组织，都要学习借鉴长辛店工人俱乐部的经验，发展工会组织，领导工人进行斗争，促进工人的联合，为建立

---

① 《长辛店工人俱乐部成立》，陈素秀：《京汉铁路工人大罢工史料汇编》，河南人民出版社 1999 年版，第 63 页。

全国铁路总工会而共同努力。

根据工作需要,这次会议临时决定成立京汉铁路总工会筹备会,以整顿和统一全路工会组织。会议当场推举杨德甫为筹备会主任,史文彬和凌楚藩为副主任,负责京汉铁路总工会的筹建工作。

这次会议的召开,对推进京汉铁路工人运动的广泛深入发展,具有重要意义。首先,提高了与会代表的思想认识,增强了搞好京汉铁路工人运动的自觉性。铁路工人长期处于被压迫、被奴役的地位,反抗意识薄弱,经此宣传,工人们对于自身痛苦的根源有了更加深刻的认识,也认识到了工人团结的重要性,这有助于增加工人对俱乐部的信任和热忱。其次,这次会议成为一次经验交流会,使长辛店工人俱乐部成为各地开展工人运动的样板,促进了京汉铁路各地工人俱乐部的创立和完善。与会者不仅聆听了长辛店工人俱乐部的经验,还进行了实地考察和座谈讨论。会后,各地纷纷派代表到长辛店参观学习,仿效长辛店模式创办工人俱乐部。这在一定程度上推动了京汉铁路各地工人俱乐部的建立和完善,为京汉铁路总工会的筹建创造了条件。最后,明确了今后京汉铁路工人运动的目标,即成立京汉铁路总工会,整顿和统一全路的工会组织。京汉铁路帮口林立,各种员司组织及交通系盘踞,成为中国共产党在京汉铁路开展工人运动的重大障碍。因此,扫除这些障碍,成立一个统一的铁路工会组织就成为中国共产党在京汉铁路开展工人运动的必然选择。

这次筹备会召开不久,广州、上海及北方的 10 余个工会认为"感受世界潮流,都觉得有全国联络之必要",便写信给中国劳动组合书记部,要求召集全国劳动大会。5 月 1 日,书记部在广州召开了第一次全国劳动大会。北京、天津、唐山、长辛店、武汉、上海等各处工会派代表赴广州开会,有 160 余名代表参会,代表 30 余万工人,京汉、京奉、陇海、粤汉等各铁路工会均派代表参加了劳动大会。会议通过了《全国总工会组织原则决议案》《罢工援助案》等,决定"以产业组合为原则",首先组织各地方的产业工会,将来再成立全国总工会。在全国总工会未成立以前,由中国劳动组合书记部为全国通讯总机关。[①] 1922

---

① 《第一次全国劳动大会简况》,中华全国总工会中国职工运动史研究室编:《中国历次全国劳动大会文献》,工人出版社 1957 年版,第 5—6 页。

年7月,中共二大通过了关于"工会运动与共产党"议决案,提出"中国共产党在他的工会运动范围内,必须集中他的力量为产业工人的组合运动,如铁路、海员、五金、纺织工人等"①。

（二）第二次筹备会

在中共二大制定的目标指引下,1922年8月10日至12日,第二次京汉铁路总工会筹备会在郑州召开。出席此次会议的工人代表共有14人,代表当时全路14个工人俱乐部,主要是京汉铁路各工会负责人,如长辛店代表王俊、谢德清,江岸代表杨德甫,郑州代表凌楚藩、高斌、刘文松等人。为加强对这次会议的领导,进一步推进京汉铁路总工会的筹建工作,中国共产党、劳动组合书记部及武汉分部都派代表参加了此次会议,他们是张国焘、包惠僧、吴汝铭、林育南、项英、许白昊、李震瀛。会议在郑州玉庆里4号郑州铁路工人俱乐部举行,与会代表推举郑州工人俱乐部总干事高斌为会议主席。会议议程主要有四项:(一)各地代表报告各地工人俱乐部的整饬经过、工人运动的现状;(二)讨论京汉铁路总工会的组织设置和章程草案;(三)讨论成立京汉铁路总工会的筹备事项;(四)研究处理与会代表提交的各项提案。以上内容表明,京汉铁路总工会的各项筹备工作都在有序进行,成立总工会已是众望所归。

会议讨论决定将京汉铁路总工会设在全路中心——郑州,并分别在长辛店和江岸两地设立办事处。这次会议正式成立了总工会筹备委员会,推选杨德甫任委员长,史文彬、凌楚藩任副委员长,李震瀛任秘书长,项英任总干事,吴汝铭任副总干事,负责领导京汉铁路总工会的筹建工作。此外,根据"权力集中"和"经济集中"的原则,推举项英、李震瀛和凌楚藩等起草了总工会章程草案,经过热烈的讨论,统一了认识,决定在会后发动全路各地工会组织和广大会员讨论后,再作修改,最后提交总工会成立大会通过。实际上,自这次会议后,京汉铁路总工会筹备会已经成为实际上的京汉铁路总工会,它执行总工会的各项职能和任务,甚至以京汉铁路总工会的名义公开活动。如1922年12月,在援助正太铁路工人、水口山矿工等罢工中,京汉铁路总工会筹备会多次

---

① 《中国共产党第二次全国代表大会关于"工会运动与共产党"的议决案》,中华全国总工会编:《中共中央关于工人运动文件选编》(上),档案出版社1985年版,第11页。

以京汉铁路总工会的名义在各媒体公开发表声援通电。①

京汉铁路总工会章程草案的主要内容是：（一）宗旨。1.改良生活，增高地位，谋全体工人的利益，得到共同幸福；2.联络感情，实行互助，化除地域界限，排解工人之间的争端；3.增进知识，唤起工人的阶级自觉；4.联络全国铁路工人，组织全国铁路总工会，并与全国各业工人和全世界工人建立密切关系。（二）名称。会名定为京汉铁路总工会，各分会称为京汉铁路总工会某地分会。（三）会员。凡京汉铁路的工人，赞成总工会宗旨，遵守章程，缴纳会费，服从总工会命令者，皆为会员。凡京汉铁路的下级员司欲入会者，须两个工人会员介绍及所在地执委会通过。这一章还规定了会员的权利与义务。（四）组织大纲。采用三级委员制，规定由每站或数站联合有会员50人者推举代表1人，每增加50人会员加举代表1人，组织全路代表大会。每年由执行委员会召集开会1次。凡满百人的车站，须组织工会。（五）会费。会员每人每月交纳半日工资作为会费。全路会员每月所交会费，各分会每月用40％，总工会用15％，45％存作总工会基金。此外，章程草案还有职权、规约、附则等条款。

这次筹备会还着重讨论研究了各项提案和有关继续做好总工会筹建工作的事宜。代表们向会议提出了64项提案，主要包括要求工会领导工人参加劳动立法运动、开展罢工斗争、改善工人的政治和生活待遇，将各地工人俱乐部改组为分工会等。对上述提案，总工会筹备委员都作了立案，提出实施意见，要求会后分头贯彻执行。会议决定会后在郑州分工会挂出"京汉铁路总工会筹备处"的牌子，并开始办公。还决定在总工会未正式成立前，暂推定由郑州分工会代表凌楚藩代理总工会临时委员长的职务，总理总工会的各项工作。

这次会议的召开进一步推动了第一次全国工人运动的高涨。在中国共产党的倡导下，京汉铁路总工会筹备处积极领导和发动了全国各地的劳动立法运动；会后长辛店工人俱乐部领导工人罢工，在各路的支援下，取得了"八月罢工"的胜利。与此同时，京汉铁路还广泛支援其他铁路和行业的罢工斗争，如粤汉铁路、京奉路、正太路、安源路矿、开滦煤矿、湖南矿工、湖北铁矿等处的工

---

① 《京汉总工会援助正太工人》，《民国日报》1922年12月24日，第3版；《京汉路工人援助水口山矿工》，《晨报》1922年12月24日，第6版。

人罢工斗争。这些罢工斗争大多取得了胜利。这些风起云涌的罢工斗争成为第一次全国工人运动高潮的重要组成部分，有力地推动了全国工人运动向纵深方向发展，也为京汉铁路总工会的成立创造了条件。

在这一形势下，1922 年 11 月 20、21 日，中国劳动组合书记部根据京汉铁路总工会筹备委员会等 4 个铁路工会组织的倡议，在北京香山卧佛寺召开了全国铁路工人代表会议。到会的有京汉铁路总工会筹备会及京汉铁路总工会长辛店分会、京汉铁路总工会琉璃河分会、京汉铁路总工会高碑店分会、京汉铁路总工会顺德分会、京汉铁路总工会郑州分会、京奉铁路唐山职工会、京奉铁路山海关工人俱乐部、京奉铁路丰台工会、京绥铁路车务同人会、津浦铁路机务同人参考机件联合会、安源路矿工人俱乐部等各路工会代表 32 人。① 会议由邓中夏主持，讨论通过了 14 项提案，主要讨论了成立"全国铁路总工会筹备委员会"，决定于 1923 年成立全国铁路总工会。与会代表认为，京汉铁路的工会组织是各铁路工会中组织最统一、团结力最强，居于领导地位的工会，已经具备成立总工会的条件。于是在劳动组合书记部的支持下，京汉铁路的工会代表们决定进一步加快总工会的筹建工作，尽快在郑州举行总工会成立大会。在此基础上，劳动组合书记部认为要按照原计划，积极推进各路铁路总工会和各地区的工团联合会的组成工作，于 1923 年 3 月成立中华全国铁路总工会，5 月 1 日举行第二次全国劳动大会，成立中华全国总工会。可见，京汉铁路总工会的成立既是形势推动的结果，也是中国共产党实施工人运动的一项重要战略部署。

（三）第三次筹备会

"八月罢工"后，京汉铁路各站工会组织纷纷成立。到 1922 年底，京汉全路已经建立了 16 处工会组织，全路有 2 万多名铁路工人加入了工会组织。1922 年也是中国工人运动空前活跃的一年。在这一年时间里，全国共建立了 100 多个工会组织，先后发动罢工 100 多次，参加人数在 30 万人以上。尤其是以北方铁路工人为主体的铁路工人运动，声势浩大，成效显著。"八月罢工"后，铁路工人运动成为全国工人运动的一支巨大力量。在这种情况下，中国共

① 《全国路工的大结合》，《晨报》1922 年 11 月 26 日，第 7 版。

产党为了实现成立全国铁路总工会的计划,以带动和推进各行各业工会组织的成立,进而实现全国工人阶级的大联合,以集中力量便于开展反帝反封建的革命任务,因而召开了第三次京汉铁路总工会筹备会议。

1923年1月5日,京汉铁路总工会第三次筹备会再次在郑州举行,地点在郑州分会"京汉铁路总工会筹备处",参与者主要是总工会筹备委员会的负责人,他们是总工会筹备委员会委员长杨德甫、副委员长史文彬和凌楚藩,秘书长李震瀛,总干事项英、副总干事吴汝铭,郑州分工会委员长高斌、副委员长刘文松和秘书主任李焕章等人。

这次会议的主要议题是研究确定有关京汉铁路总工会成立大会的各项事宜。包括起草总工会章程草案、筹备工作报告、成立大会宣言、执委组成人员、大会议程安排、向官方备案及接待工作等。这次筹备会是在全国工人运动浪潮高涨的形势下,工人罢工由经济斗争向政治斗争转变的阶段,按照中国共产党的战略部署为尽快实现成立全国铁路总工会的既定计划而召开的。当时,在全国掀起的工人运动浪潮中,以北方铁路工人为主体的罢工斗争是其中发展最快、声势最大、成效最为显著的。北方铁路工人运动走在了第一次全国工人运动浪潮的前列,成为罢工斗争中十分显赫的一支力量。会议认为,成立京汉铁路总工会的条件已经成熟,决定于1923年2月1日在郑州正式举行京汉铁路总工会成立大会。为维护京汉铁路总工会的正当权益,会议决定聘请被誉为"劳工律师"的施洋担任总工会的法律顾问。

二、京汉铁路总工会的成立

(一)会前准备与交涉

经过三次筹备会,四个多月的切实准备,把这条纵贯中国南北的大干线联合到一个目标之下,铸造成一个强有力的产业组合——京汉铁路总工会的条件日益成熟。杨德甫、凌楚藩、李震瀛和项英等组成总工会成立大会办事小组,全面负责会前各项准备工作。京汉铁路总工会筹备委员会决定总工会成立大会完全采取合法的方式公开进行,由筹委会负责全面开展会前各项准备工作。为避免引起一些好事之徒的质疑和利用,筹备会还特意发出声明,宣称"我们的工会,完全为我工人纯洁的团体,并不带任何色彩","除了本路工人完全加入以外,决没有旁人参与其间"。^① 筹委会向当地政府和铁路当局分别办理了呈报工作。1月10日,筹委会委员长杨德甫前往郑州,抵郑后在郑州分会委员长凌楚藩、副委员长李焕章及郑州扶轮小学校长赵子健等3人的协助下,办理一切呈报各有关主管及地方政府的文件和手续。会前,总工会筹备处特意向劳动组合书记部及有关分部、工界、新闻界及学界等各社会团体发出请柬,邀请各团体派出代表参加总工会成立大会,还通过北京、天津、上海、武汉和广州等地的多家报纸向社会各界发出开会通告:"本会定于二月一日在郑州开成立大会,除各团体已发专函约请外,恐未周知,特此通告。通信处:郑州花地岗玉庆里第四号。"^②声明2月1日京汉铁路总工会将在郑州如期召开成立大会。这一声浪已在全国范围内广泛掀起。当时,中国共产党认为这不仅是京汉铁路的事,而且也是中国劳动阶级的一件大事,所以宣传力度很大。不仅工界知晓此事,知识分子界也很关注,甚至还惊动了一些国会议员。

随着会期的日益临近,各项会务准备工作都在紧张而有序地进行。京汉铁路各站工人无不欢欣鼓舞,认为这是关系到他们切身利益的大事,各分工会按照总工会章程,选出了参加总工会成立大会的工人代表。由于总工会成立大会在郑州召开,郑州分工会异常重视,准备工作做得隆重而周到。为办好大会,郑州分工会成立了会务组、宣传组、接待组和纠察队等,各组分别肩负起总工会成立大会的筹备和接待、安保等诸多重任。郑州分工会将郑州五洲大旅馆、大金台、万年春、福昌旅馆和第一宾馆租赁下来,作为与会代表和来宾的住宿地;预定了三个大饭庄,为参会者提供膳食;将郑州最大的戏院——普乐园租借下来作为会场,并在门前扎起松柏牌楼,内部装饰一新;在郑州车站也搭起了松柏彩门,以欢迎与会代表与来宾;组织工人及家属扎制灯笼,为成立大会当晚的提灯会做准备。整个郑州呈现出热烈而喜庆的节日气氛。

为方便与会代表及来宾来郑,总工会筹委会特意呈请路局将1月27日的休息日改在2月1日,向京汉铁路局申请发放100张往返免票,交给长辛店分工会,以便北段的代表与来宾使用。在汉口车站拨发了二、三等客车5辆,小

---

① 《京汉工会怕人冒牌》,《晨报》1923年1月28日,第7版。

② 《莫污纯洁的劳工运动》,《民国日报》1922年10月20日,第2版。

车头1个,专供南段代表及来宾往返使用。所有这些手续都由总工会筹委会一一申请,经路局批准办理。就在各项准备工作已经就绪,与会代表与来宾即将参会之际,令人意想不到的事情发生了。实际上,京汉铁路总工会成立大会早在筹备期间,就已引起了京汉铁路管理局的注意。1月25日,京汉铁路管理局局长赵继贤密电吴佩孚,请吴干涉此事。吴佩孚接电后即电令郑州第十四师师长靳云鄂,要求他对京汉铁路总工会成立大会"预为防范,设法制止",靳云鄂又令郑州警察局局长黄殿臣执行这一任务。① 28日,郑州警察局局长黄殿臣带领军警突然闯进总工会筹备处,声称郑州乃是军事区域,奉巡阅使吴佩孚的命令,禁止工人在郑州开京汉铁路总工会成立大会,否则以武力对待。总工会筹委会听闻此等消息,愤怒异常,据理力争,但黄殿臣表示只是按照吴佩孚的命令行事,丝毫不肯让步,双方不欢而散。

京汉铁路总工会成立大会被当局禁止召开的消息传出后,舆论界一片哗然,尤其是京汉铁路工人,极为愤慨、沮丧。对于当时的情形,《晨报》作了这样的报道:"近闻郑州地方警官,已奉到河南张福来命令,将以武力禁止开会,压迫工人,并有靳云鹗等所部军队,亦将施行压迫消息。果如所闻,则二月一日,郑州必有若干之冲突也。据调查所得,工人方面,团体异常坚固,且多以集会为人民应享之权利,若当局果加以压迫,则誓以最严厉之手段对待。今日距会期虽仅二日,然前途吉凶,固难逆料也。"②

虽然遭到吴佩孚的干涉,但总工会筹委会认为此次会议意义重大,总工会是依据约法赋予的自由和权利而成立的,公开举行总工会成立大会是光明正大的正当行为,军阀没有权利直接干涉,因此总工会筹委会决定继续进行各项工作,如期举行总工会成立大会。

京汉铁路将如期举行总工会成立大会的消息迅速传到吴佩孚那里。1月30日,吴佩孚向京汉铁路总工会筹备处发来电报,要求京汉铁路总工会筹委会派代表到洛阳谈判。看到这种情形,总工会筹委会立即召开全体代表紧急会议,商讨后决定委曲求全,推派代表杨德甫、凌楚藩、史文彬、李焕章、李震瀛到

---

① 《侦察处王处长给曹锟的电报》,中华全国铁路总工会编:《中国铁路工运史资料选编》(第1辑),河南人民出版社1990年版,第263页。
② 禾甘:《京汉路总工会今日成立》,《晨报》1923年2月1日,第7版。

洛阳与吴佩孚谈判,向吴进行详细的解释,并希望得到他的谅解和支持。代表们到达洛阳当天首先见到的是吴佩孚的下属白坚武,据白坚武说吴佩孚干涉此次大会主要是因为京汉铁路局局长赵继贤曾电报吴佩孚说工人未经许可擅自开会。31日上午9点,代表们与吴佩孚谈判,虽然代表们极力解释此次开会纯属联络感情,提高生产技术,并无政治目的,但吴佩孚禁止开会的态度依然坚决,丝毫没有商量余地。代表们感觉事态严重,立即乘车返回,于当天下午4点多抵达郑州。

与此同时,各地各界代表正应邀赶往郑州,参加京汉铁路总工会成立大会。31日,工界、学界、商界、报界及律师代表等几百人已陆续到达郑州,场面极为壮观热烈。尤其是汉口一带的代表,对此次大会非常重视,到会最为踊跃,并带有军乐队,于汉口集合上车赴会,江岸工人热烈欢送,"作乐燃鞭,拍掌欢送,沿途有各分会工友欢迎,盛况空前。各代表无不兴高采烈,欢腾鼓舞"①。当天,郑州会场也是热闹非凡,场面极为隆重盛大。在郑州,总工会"派人手执白旗,终日在新到之票车上,招待来宾","携带军乐,聚集工人及来宾不下三四千人,郑州市上顿形热闹"。然而,此举令军政当局极为不满,"即此一端,已足以惹起官厅之厌恶。况'劳工神圣'四字,本为官厅所不赞成,今遽发生此种情事,宁不刺目"②。在此情形下,军政当局的干涉已成定局。

当谈判代表归来,带来的却是禁止开会的消息。愤怒的参会代表及来宾立即召开会议,商讨对策。会上,杨德甫详细报告了与吴佩孚谈判的经过。各位代表及来宾听后群情激愤,现场反应激烈。面对突如其来的严峻形势,加之思想准备不足及一部分人仍对吴佩孚抱有幻想,对如何处理这一棘手问题,总工会筹委会领导人出现了三种不同的意见:筹委会委员长杨德甫认为总工会成立大会举行的方式可以变通一些,程序少一点,时间短一些,早开早散,本着委曲求全、息事宁人的方式举行总工会成立大会。凌楚藩认为,谈判尚无结果,不如改期开会,再派代表去请愿和交涉,争取和平解决。项英反应较为激烈,他认为工人组织工会,就是要武装自己,要求得解放是要付出代价的。他

---

① 《京汉路总工会成立之详情》,《商报》1923年2月9日。
② 《京汉路罢工前后之所闻》,《晨报》1923年2月13日,第3版。

认为吴佩孚是不可能允许他们开会的。因此只有团结起来,坚决斗争,如期开会。他甚至大声疾呼:"谁说一个'不'字,谁就是我们的敌人,我们就同他干"。① 项英的话瞬间点燃了压在大家心头的怒火,群情激愤中一致要求如期开会,一切按照原计划进行。

31 日夜晚,军政当局已开始调兵遣将,加强戒备,封锁普乐园戏院,一场暴风雨悄然来临,而与会代表和来宾却浑然不觉。

(二)成立大会

2 月 1 日晨,郑州全城紧急戒严,军警密布,商店闭门,行人断绝,势如大敌在前。然而,这种情形并未引起与会代表及来宾的警觉。当日,郑州京汉铁路工人及各代表、来宾反而讥笑军警小题大做,并坚持继续开会,不为武力所屈服,"一致主张照原议开会,虽牺牲亦所不惜"②。总工会决定先将各地所送牌匾、贺礼等送到总工会会所,继而再在普乐园举行京汉铁路总工会成立大会。

上午 10 点,全体与会代表、来宾及 1000 余名郑州铁路工人在车站五洲大旅馆门前整肃出发,"其秩序为音乐队在前,次为代表,次为匾额,次为本地工友,由郑州之第一宾馆迎至总工会,秩序井然,并无喧哗杂错行动"③。当参会队伍行进到福寿街交叉路口时,郑州军警举枪阻拦,但行进队伍置之不理,继续前进。当进入到德化街口时,队伍径直奔向百米外的普乐园会场,带领大批军警在那里戒备的郑州警察局局长黄殿臣立即召集军警阻止工人行进。行进队伍愤怒无比,项英、李震瀛、康景星等向黄殿臣提出严重抗议,双方相持 2 小时之久。其后,项英高呼:"不自由,毋宁死,咱们向前冲啊!"怒不可遏的人群在项英的带领下,奋勇向前猛冲。下午 1 点,工人代表及来宾追随乐队,背负着"工群励进""劳工神圣""健者先进""赤焰辉煌""大地赤化"等匾额,奔赴会场。沿途军警密布,阻不得前。冲突中,各团体所赠匾额均被士兵捣毁。愤怒的工人代表一气之下,不顾一切,冲出一条道路。工人们怒将封条扯下,潮水般涌入会场。在军警的包围监视中,参会者无视强权,依然郑重宣布京汉铁路

---

① 中国铁路史编辑研究中心、全国铁路总工会工运理论政策研究室:《二七革命斗争史》,当代中国出版社 1993 年版。

② 《京汉路工人大罢工》,《申报》1923 年 2 月 7 日,第 7 版。

③ 《莫污纯洁的劳工运动》,《民国日报》1922 年 10 月 20 日,第 2 版。

总工会正式成立。

　　京汉铁路总工会成立大会终于在奏乐声中匆忙召开。会议由总工会副委员长高斌主持。副委员长史文彬首先报告了京汉铁路成立总工会的宗旨,叙述了筹建总工会的艰难过程和困苦,引起了与会者的共鸣和悲伤,会场不时高呼"京汉铁路总工会万岁""劳动阶级胜利万岁"! 会上,各路工人代表纷纷上台发表演说,"语极沉痛,对于军警无理压迫,尤认为奇耻大辱"①。

　　黄殿臣带领军警制止了场外郑州铁路工人举行的游行活动,转而又带领大批军警将会场包围,并带领军警登台制止总工会成立大会的进行,限令工人5分钟内自行解散,否则以军法惩处。史文彬对此置之不理,继续讲话。黄殿臣上前干涉,台下参会者愤怒高呼:"打倒军阀!""人民有集会结社自由!"剑拔弩张之际,史文彬急中生智,突然右手一举,大声宣布"京汉铁路总工会成立了!"一时间,掌声雷动,军乐齐鸣,声震屋瓦。

　　即便身处重重包围之险境,总工会领导人及与会者仍毫不畏惧,反而镇定自若,坚持继续开会。杨德甫、施洋、林祥谦和高斌等人相继发表演说,表示坚决捍卫京汉铁路工人成立总工会的自由,一致谴责军阀践踏约法。特别是法律顾问施洋的演说,慷慨激昂,激愤悲壮,富有感染力,一时"打倒军阀"的呼声与会场外军警示威的枪声交织在一起,许多参会者黯然泪下。见此情景,军警再次上前阻止,威胁参会者立即散会,否则将有流血事件发生。

　　一时间群情激愤,众怒难平。此时,军警人数不断增多,双方气氛更加紧张。一直到下午4点,参会代表和来宾方才冲出军警包围,离开会场。这时的郑州已是军警森森,形势严峻。当参会者回到住处时,发现已处处是岗哨,预定的饭店也拒绝为他们提供服务,他们已处在严密的监视和包围之中。愤怒之余,总工会派代表与黄殿臣交涉,试图索回被军警掠去的财物和礼品。黄态度蛮横傲慢,扬言:"我在郑州一日,即一日不许工人开会,所有打破之匾额,也不许工人搬至工会之内。你们有能力即行全路罢工,使我黄殿辰(臣)屈服,我一步磕一头,将匾额亲自送至工会。现在呢,你们快些滚蛋。"②随后黄殿臣又

---

　　①　《京汉路工潮严重》,《申报》1923年2月9日,第7版。
　　②　《侦察处王处长给曹锟的电报》,中华全国铁路总工会编:《中国铁路工运史资料选编》(第1辑),河南人民出版社1990年版,第263页。

带领军警捣毁了京汉铁路总工会和郑州分工会的会所,摘掉工会匾额,将室内财物洗劫一空,封闭工会,并扬言要驱逐代表离开郑州。黄殿臣及军警的此番举动激起了与会者的极大愤慨。

总工会领导人分别召开代表会议,商讨对策。受此凌辱,与会者怒火难平,因此都主张誓死保卫总工会,奋力为自由而战,多数代表主张应立即罢工,力争组织工会的自由。各地代表中以来自武汉的代表人数最多,反应亦最为激烈。他们一致要求将京汉铁路总工会的总机构转移到武汉去,并立即举行罢工。他们自信地认为武汉工团组织是全国最有力量、人数最多的,若京汉铁路总工会举行罢工,武汉各工会定将以罢工响应,誓为京汉铁路总工会最有力的后盾。武汉代表的态度对京汉铁路总工会领导人最终作出罢工决策起了重要作用。

在军警的严密监视中,会议于4点草草而散。接下来怎么办? 这一问题摆在了中国共产党人和总工会领导人的面前。当天晚上,在郑州花地岗一个铁路工人家里,总工会执委会秘密召开了一次紧急会议,商讨应对措施,确定是否罢工。参加这次会议的除京汉铁路总工会委员长杨德甫、副委员长史文彬和凌楚藩外,还有共产党人李震瀛、项英、吴汝铭、张国焘、罗章龙、陈潭秋、林育南、包惠僧和施洋等。与会者认为这次事件不仅是工人阶级的耻辱,而且是全国民众的耻辱,因此不但要为工人阶级利益而斗争,而且要为全国民众集会结社的自由而斗争,从而一致作出举行京汉铁路总同盟罢工的决议。对于当时的形势,筹备会负责人和中国共产党还抱着相当乐观的估计,他们认为"吴佩孚如果公开压迫是愚蠢的",当时全国加入铁路工会的工人有五六万人之多,"都自信在任何斗争下都可以支持下来"①。

为确保这次总同盟大罢工的顺利进行,这次会议还就罢工领导、性质、方针政策及要求条件等问题进行了认真磋商,主要作出了以下决定:(一)罢工开始时间定为2月4日,其他各铁路和各地工会在京汉铁路罢工后,再进行罢工响应。(二)鉴于总工会在郑州已不能存在,自2月3日起总工会迁移到汉口

---

① 《访罗章龙》,中华全国总工会工运史研究室等:《二七大罢工资料选编》,工人出版社1983年版,第591页。

江岸车站,会同湖北全省工团联合会,组成此次罢工的总枢纽。(三)按照京汉铁路总工会和分工会组织系统,建立两级罢工委员会,负责全路和各地罢工的组织指挥工作。罢工期间,实行权力集中原则,罢工和复工等重大问题,一切服从总工会罢工委员会的命令。(三)这是一次全路工人的总同盟政治大罢工,必须尽快做好各项准备工作。向工人做好宣传动员工作,建立纠察团、调查团和宣传队,10人一组把工人组织起来。工人要遵守罢工规约,进行有组织、有纪律的罢工斗争。(四)罢工开始后,总工会及各地分工会要发表罢工宣言,张贴罢工宣言及传单;加强与各地工会的联络,最大程度地争取工人和群众的支持、援助。(五)提出五项要求:1.撤换京汉铁路局局长赵继贤和南段处处长冯云,撤革郑州警察局局长黄殿臣;2.赔偿总工会损失6000元;3.归还一切被军阀扣留的匾额礼物,郑州军警奏军乐送还至郑州会所并道歉;4.每星期休息,并照发工资;5.阴历年放假一周,并照发工资。因罢工有种种事项需要时间筹备,因此会议决定自2月3日晨起,如36小时内军政当局不答应以上条件,京汉全路将于4日正午12点举行全路工人总同盟大罢工。在与会代表与来宾离开郑州之前,总工会在郑州车站召开紧急会议,向代表和来宾传达了总工会执委会作出的上述决议,得到各地代表的一致拥护。为保证各参会者的人身安全,会议要求他们尽快离开郑州。当晚,武汉各工团代表搭车返回汉口,其他各路代表于次晨乘车北上。

三、大罢工的爆发

2日,各地代表返回后,立即着手进行罢工准备工作。京汉铁路总工会发出通电,呼吁各方援助,并派出代表四处联络寻求帮助。3日,总工会在江岸工会再次召集全路代表暨湖北各工团代表会议,筹备罢工事宜。总工会拟定了罢工宣言,规定了罢工纪律,在各分工会内部发了一个行动纲领;要求各地组织纠察队,负责保卫工会和维持罢工秩序;成立了调查队,负责打探敌情,监视敌人动向;成立了宣传队或讲演团及对外联络队,负责向商旅宣传罢工缘由,为旅客提供帮助和服务及处理对外联系事宜;准备罢工期间的粮食及工会罢工时期的活动;隐藏工会重要领导人,各分会将罢工委员会的领导人隐匿在工人住宅区。另外,由于长辛店工会的准备工作比较充分,中国共产党党员主要隐匿在江岸。总工会要求各分会按照这个行动纲领,布置罢工工作。3日晚,一切筹备完毕。

(一)大罢工第一日

4日上午9点起,郑州工人首先发起罢工,发表《郑州分工会罢工宣言》,向旅客解释了2月1日总工会成立大会上铁路工人遭受军警压迫的惨状。9点半,江岸机厂宣布实行罢工,禁止所有北上列车行驶。10点起,长辛店方面宣布罢工,发表致大总统、国务总理、交通总长等通电,声明本会罢工是"尊(遵)照总工会命令,届时一律停止工作。此次罢工完全为争工人自由,并不受任何方面指使及任何党派利用"①。中午12点,总工会下达总罢工命令,发表《京汉铁路总工会全体工人罢工宣言》,提出5条罢工要求,声明"我们现在为反抗我们仇人,为保障我们的人格,为争回我们的自由,我们要拿出我们的武器了,我们要发出全体动员令了,我们要向前进攻了。工友们! 同胞们! 我们郑重的宣言'从本月四日正午起,京汉路全体一律罢工,不达到下列的条件,决不上工!'"②。顿时,长达1000多公里的铁路干线,客货车全停,京汉铁路全线交通瘫痪。

大罢工当天,京汉铁路总工会向全路工人发布了《京汉铁路总工会紧要通告》,要求全路工人在罢工期间要遵守以下规约:(一)罢工期内,须遵从工会一切的命令,不得自由行动;(二)须遵守秩序,不得扰乱地方安宁;(三)罢工期内,须静居家中或工会,不得三五成群在外闲游;(四)罢工期内,一切事务均由委员会办理,私人不得接洽或交涉;(五)罢工期内,遇紧急事时,不得退缩或躲避。③ 这些规约对维持罢工期间的纪律,发挥了重要作用。总同盟罢工开始后,各站工人每天齐集在工会,严守罢工纪律,听候总工会命令来安排行动,罢工委员会、纠察队、调查队、交通队等各项工作都安排得井井有条,组织严密,工会会员每人都参加一种组织,担任一种工作。只要工会下达命令,工人立即全体动员起来,训练有素,好似战时军队作战一样。大罢工开始后,军政当局即电令各地军队包围工会,恐吓工人上工,尤其是江岸一地,被重兵包围,军方

---

① 《长辛店分工会之两通电》,《京报》1923年2月5日。

② 《京汉铁路总工会全体工人罢工宣言》,《新闻报》1923年2月9日。

③ 《京汉铁路总工会紧要通告》,《新闻报》1923年2月9日。

多次武力恐吓,强迫工人上工,工人毫不退缩。

为最大程度地争取本路员工对罢工的理解和支持,4日,京汉铁路总工会还发布了《敬告本路司员》,呼吁广大司员与工人联合起来,"我们要免除痛苦和压迫,只有起来奋斗,打倒共同的敌人,也只有大家联合一致,向敌人攻击"①。由于大罢工必然会给一部分商旅带来不便,为求得他们的谅解,赢得社会舆论对罢工的支持,大罢工开始当天,各站均张贴了《敬告旅客》,并有宣传队员向旅客解释罢工原因实为军阀残暴,"工人等横遭军阀官僚之摧残,忍痛实深,现已忍无可忍,不得已于本月四日上午十时全路一致罢工。年来铁路为军阀战争之利品,客商之生命财产,损失不知几何,路政管理之腐败,兵士在车中之骚扰,皆因军阀劫扣路款,官僚侵吞自饱。以此观之,不特工人等受其痛苦,即旅客亦何尝不蒙同等之危害"②。许多旅客看后、听后纷纷表示同情和理解。同时,中国劳动组合书记部也发表通电,谴责军阀之残暴,呼吁工界团结起来,共同援助京汉铁路工人,"军阀今日可施之于京汉者,他日即可施之于他处,如吾人今日饮泣吞声,不复与较,非为全国工会将悉受摧残,吾劳动界恐永无宁日;循至莽莽神州,尽变为军阀、官僚、游民出没之场,而神圣劳工永沉地狱不能自拔矣"③。

(二)大罢工第二日

大罢工发生之时,正值阴历腊月,岁末年关。路政当局担心若不设法解决罢工问题,不仅铁路收入受到影响,而且年末商旅甚多,万一风潮扩大,恐怕更加不可收拾,十分焦灼。大罢工第二天,京汉铁路沿线发生多处军警强迫工人上工事件,使局势更加紧张。为争取社会各界的理解和支持,京汉铁路总工会江岸办事处发表了致社会各团体的通电,抨击军阀毁路乱政之罪行,号召国人起而反抗:"年来军阀官僚,肆虐几罄竹难书。即以京汉一路而论,直成为军阀官僚之私产。京汉客货各车,原为便利商民发展交通而设。彼辈则用为借酿

① 《敬告本路司员》,中华全国总工会工运史研究室等:《二七大罢工资料选编》,工人出版社1983年版,第131页。

② 《敬告旅客》,中华全国总工会工运史研究室等:《二七大罢工资料选编》,工人出版社1983年版,第130页。

③ 《中国劳动组合书记部通电》,中华全国总工会工运史研究室等:《二七大罢工资料选编》,工人出版社1983年版,第134页。

内乱之武器,自饱私囊之财源。而路政之腐败,黄河桥之失修,兵士土匪之横行,又在在与商民以生命财产之危害。总之吾侪小民,处此万恶政治之下,所受痛苦,实深重已极。敝会此次之奋斗,即为向军阀争集会自由之行动,且不特为我工人争自由。实为我全国人民争自由。敝会甚希全国人民深解军阀官僚之横暴,不再忍受奋起图存。勠力同心,一致对付。"①

5日,当局调动军队数营开往长辛店。因京汉铁路工人罢工,军队无法乘车,无奈只好令员司开车,脚夫生火,仅从前门到长辛店,就走了足足4个小时。从琉璃河到长辛店的军车,则由军人挟持工人强令开车。当军队到达长辛店车站时,工人全部出站欢迎,并向军警散发《长辛店工人警告军警传单》,说道:"你们这次来此,我们十分欢迎你们,感谢你们! 但是外面的风传,实在是不好听。都说你们是来压迫我们的,我们不相信。因为我们同是苦同胞,应该互相联合互助,不应该残害。"②军队看到这些传单后,颇同情工人,有军人声称工人事件"吾辈决不干涉"。军队分别驻扎在长辛店车站及街市等处,秩序尚好,并未影响到工人及街市。

当天,郑州军方为尽快通车,多次强迫工人开车。先是抓捕工会职员王宗培等5人,令其开车。工人始终坚持"非得有总工会命令,不能开车",结果遭到军方的严刑拷打。威迫不成,军方又施以利诱,为被抓捕的5人大摆宴席,许以利禄,并释放2人,要其回去劝工人上工,2人回去即外逃。威逼利诱不成,当局又以"郑州军商政学路局"名义发表通电,声称要断绝工人的饮食和居住。晚8点,当局在普乐园召开国民大会,威胁工人上工。实际上,参加国民大会的代表仅有30多人,大半是军警,工人代表仅有少数。当局要求工人迅速上工,恢复交通,遭到会长高斌、姜海士的拒绝,军方竟将高斌等人捆绑至车站示众,声称3日内若不开车,"定将工人一律炮毙"。在军人的胁迫下,午间曾通车一次。晚间,郑州街面临时戒严,以防工人有其他举动。凌晨1点,军方又调来256名工兵,以备工人不开车时代用。

同时,江岸车站已是大兵压境。5日上午,湖北督军萧耀南派参谋长张厚

<hr>

① 《京汉铁路陡起罢工风潮》,《大公报》1923年2月9日,第3版。
② 《长辛店工人警告军警传单》,《京报》1923年2月6日。

生带领武装士兵 40 余人到江岸,军警分所所长也率领警士多人到江岸,要挟工会交出负责人杨德甫、朱兰田、张廉光、罗海臣、林祥谦 5 人,遭到工会拒绝。9 点,张厚生偕同警察所长率领军警百余名,又调来驻军一营人,一面将机厂占领,一面挨户搜索工人家,拘捕总司机 2 人,以军警胁迫,强行开车,通知车站售票。这一消息被调查队员获悉,立即报告给工会,工会调集纠察队员前往,立时聚集 2000 余人,冲破军警防线进入机厂,将被拘捕司机 2 人抢回,不料军方又捕去纠察队员 5 人。江岸工会推出代表朱兰田、张廉光、姜肇基、项英四人到军营与张厚生交涉,军方扣留代表,百般威吓,强令开车,但代表们毫不畏惧,声称"头可杀,上工命令不可下"。工人群众再次将军队重重包围,要求释放谈判代表,双方发生冲突,撕打成一片。目睹此景,军方觉得一时无法收拾,遂放回被扣工人代表。

(三)大罢工第三日

罢工进入第三天,军警以武力胁迫工人上工,不仅未能使工人屈服,反而激起了工人更为强烈的反抗。为争取罢工胜利,取得全国铁路工人的援助,京汉铁路总工会江岸办事处向全国铁路工人发出战斗的号召:"亲爱的全国铁路工友们呵! 你们要知道我们的生死存亡的关头到了,我们京汉路总工会已经率领三万多群众奔往决斗呀! 冲锋呀! 我们已经要用头颅塞满了前线,要用赤血染红了旗帜呵! 最后的时期来了,盼望你们整起旗鼓来,加入我们的前线呵! 来争到我们的最后胜利呀!"[1]

6 日,各工团各派代表数百人来到江岸车站慰问京汉铁路工人,举行慰问大会,参加者约有万人。京汉铁路总工会负责人杨德甫、李震瀛、各工团代表及《真报》记者等数十人,相继发表演说,无不慷慨激昂。会后,工人群众举行了大规模的游行示威,历时 2 小时,沿途加入者有 3000 多人,所过之地,商民高呼欢迎,巡捕岗警无敢阻拦,游行队伍高呼"京汉铁路总工会万岁! 湖北全省工团联合会万岁! 全世界的劳动者联合起来呵!"同时,京汉铁路的同盟罢工工人组织了决死队,破坏刘家庙附近的数十条轨道,与军队发生了武装冲

---

[1] 《京汉铁路总工会致全国各铁路工友书》,中华全国总工会工运史研究室等:《二七大罢工资料选编》,工人出版社 1983 年版,第 135 页。

突,各工会决定在7日举行同盟罢工作为京汉铁路工人之后援。因双方均不肯让步,故罢工仍未有任何解决希望。

6日下午,军政当局派代表赴长辛店工会劝谕工人上工,并运来大批武装军队。1点左右,京汉铁路局局长赵继贤、宛平县县长、警察厅督查长等人来到长辛店车站召开会议,商讨解决罢工办法,以长辛店商会会长与宛平县汤县长为代表,赴长辛店分工会劝说工人上工。其后,当局又调动大量宪兵包围长辛店车站,一时岗哨林立,形势十分紧张,似乎要采取非常行动。工人毫不畏惧,依然是一切听总工会的命令,总工会让开工方能开工的态度,双方僵持至下午6点,调停无果而散。同时,当局从天津派来工人30余名,预备明日代替工人开车。是日晚9点,京汉铁路局局长赵继贤偕同军警捕去长辛店分工会负责人及共产党员史文彬、吴汝铭等11人,押送至保定,并捣毁长辛店工会。工人家属纷纷到工会求助,希望工会设法救援被捕工人,工会决定7日一早到警局要人。

这一天,在郑州同样上演了军警强迫工人上工的事件。当时有记者在郑州车站目睹了这一情形:"六日午后五时半抵郑,见车站军队林立,戴金股帽之军官,约有百余人。电灯杆上缚有带刑具之工人数名,并见十四师之兵士押解工人,迫其上车服役,违者以枪托从事。但工人口吸烟卷,毫无惧色。"①被军警捆绑在车站示众的多是工会委员,当时正值严冬,军警将工人外衣剥去,只穿一套单衣,但被捆工人始终不肯屈服。

(四)大罢工第四日

1. 江岸

7日晨6点,工会调查队员发现江岸码头停有4只运兵大船,运来3团士兵,带有机关枪3挺。军队上岸后,分三路驻扎在机厂后面、扶轮学校和车站,并带有绳索,目标很明确,直指江岸工会。总工会负责人杨德甫得知这一消息后,预感到情况不妙,立即下令集合纠察队员,加紧防范,通知工人无事不要外出,在家守候。上午10点,武汉妇女界、学界、新闻界的代表到江岸工会慰问,总工会给予接待,并叮嘱他们赶快回去,今天可能会有危险。

---

① 《京汉路郑州罢工情形》,《新中州报》1923年2月7日。

下午两三点左右，一名警官和商会会长等人来到江岸工会传达萧耀南命令；要求总工会派出全权代表与他们谈判。如总工会同意，当局立即派张厚生来，并拟穿便衣，以示诚意，但前提是总工会方面应先提供全权代表名单。为息事宁人起见，工会派朱兰田、张廉光、姜肇基、项英四人在分会与当局代表谈判。这名警官代表突改当局往日行事风格，态度格外温和，加上张厚生之前曾多次索要工会领导人名单，总工会代表便提高了警惕，没有告知对方真实姓名，提供了一份假名单给对方。然而，经过多次谈判，双方并未达成一致。随后，这名警官代表又改变策略，约总工会全权代表于当天下午5点半在工会等候张厚生，说完匆忙离去。这是下午4点左右双方谈判破裂的情况。

此时，江岸形势异常严峻，当局早已做好谈判不成武力解决的准备。工会方面也早已料到当日必有大事变发生，于是便将全部纠察队员和敢死队员400余名集合在工会前的空场内，全院工人也集合于此，随时准备应对突发事变。就在工人刚集合时，张厚生就带领40多名士兵，将江岸分工会前后包围，只准人进，不准人出。同时，大批军队也陆续向江岸工会涌入。4点20分左右，张厚生走出车站，在福建街口朝天放了两枪作为信号。顿时，四周枪声大作，一时弹如雨下，鲜血满地，横尸遍地。随后，又兵分三路搜捕工人：一从车站攻福建街；二从扶轮学校攻三道街；三从机厂转车楼包搜江岸。当天，有30多人牺牲，受伤数十人，当场被缚绑至月台上的工人有百余人。江岸工会委员长林祥谦亦在被绑缚之列，张厚生强迫他下上工命令，被林祥谦严词拒绝。林祥谦竟被军方连砍三刀，悬头示众，工会也被封闭。军阀竟残暴至此，令人哀叹。当日7点，总工会法律顾问施洋在家中被捕，并被押解至武昌陆军监狱。

2. 长辛店

7日晨6点半，长辛店工会罢工委员会召开会议，决定带领群众去火神庙要回被捕工人。工会立即集合工人及家属到火神庙，向警局出发要人。早8点，3000多名工人包围了火神庙警察局，要求释放被捕工人，高呼"还我工友""还我自由"，声势甚为浩大。工会方面派出2名代表与当局进行交涉，其中一名代表被当场扣留，当局限工人于12小时内完全上工，否则将以武力对待。工会方面仍然坚持"若欲上工，在此交涉实有未能，须即向汉口江岸总工会接洽，但得总工会之承诺，该处自可照办。若舍总工会而专与该处商洽，则不但十二小时,即四十八小时,亦不能上工"①。交涉过程中,工人与军警发生了激烈的冲突。当局看到工人态度强硬,不肯让步,决定按照计划进行武力镇压。步军统领衙门闻讯,又加派步兵一营、工兵一营,到长辛店助防。

上午10点,曹锟派去的第十四旅旅长时某带领部队涌入火神庙附近捉拿工人,并将长辛店工会包围,入内逮捕工人,强迫其入厂开工。工人们则齐集在长辛店工会门前,拒绝让军人入内。相持不久,军队即向空中放枪示威,工人仍大呼不退。于是,军队随即向工人开枪。工人均赤手空拳,与军队发生激战,出入枪林弹雨之中,仍毫无退志。结果,工人当场牺牲数人,受伤数十人,被捕多人,情形惨不忍睹。为暂避杀身之祸,其余工人皆逃匿而去。

经此一场惨杀之后,长辛店全镇更加凄惨,军警包围全镇,厉行戒严,行人断绝,商店一律闭门。偶有行人来往,不敢交谈,然其悲愤之情显而易见。即便是在工人逃匿之时,军队仍在后面追捕,当场捕去数十人,强迫工人入厂上工。对此惨案,中国劳动组合书记部通电全国,号召全国各界奋起与军阀斗争,"军阀肆虐,至此已极!我工界诸友如不及早奋起,以与此残民之军阀作最后之奋斗,恐死亡无日矣!"②

3. 郑州及其他各站

7日这一天,郑州车站虽然未像江岸、长辛店一样发生屠杀血案,但是工会领导人和工人一样遭到军警的毒打和追捕。上午,军警将郑州工会领导人高斌、刘文松、钱仁贵押送到已被他们占领的郑州工会。起初,军方以高级点心款待3人,让他们下令劝工人上工。高斌等3人不为所动,严词拒绝。利诱无效后,军方便将他们押往郑州警备司令部施以严刑毒打,但他们始终没有屈服。同时,军警也开始对工人进行疯狂的围捕,以武力强迫工人上工,许多工人因拒绝上工被捕或遭到毒打。

抓捕工会主要领导人,武力强迫工人上工的惨剧,在其他车站同样屡见不鲜,正定、顺德、彰德、郾城、驻马店、信阳等车站也上演了一幕幕军阀武力胁迫工人上工的丑剧。然而,在流血牺牲、被捕失业等重重惨剧面前,京汉铁路工

---

① 《京汉路罢工中之惨剧》,《申报》1923年2月10日,第7版。

② 《京汉路罢工中之惨剧》,《晨报》1923年2月8日,第3版。

人依然没有屈服投降，依然坚持"没有总工会的命令，绝不上工"的信条，表现出高度的自觉性和纪律性。

为保存实力，避免更严重的牺牲，京汉铁路总工会和湖北全省工团联合会根据中共武汉区执委和中共北方区执委的指示，决定复工，下达《复工令》，劝工人忍痛复工，以图再战，这次罢工斗争以失败而告终。

据考证，二七惨案的遇难工人有 100 余人，受伤工人为 300 余人，被捕工人为 300 多人，失业流亡工人有 4000 多人。①

第二节　北洋政府的应对

关于此次京汉铁路工人大罢工的原因，北洋政府的认识主要着眼于国家政权安全性的考量，这种认识也是导致北洋政府采取武力镇压的主要依据。面对社会各界的强烈谴责和波涛汹涌的反抗暗潮，北洋政府决定恩威并施：一面继续贯彻高压政策，"以遏乱萌"；一面采取了一些惠工措施及国家政策层面的改革，以缓和社会矛盾，稳定统治秩序。

一、军政当局武力镇压此次事件的原因

认识是行动的先导。那么，军政当局当时是如何看待京汉铁路总工会的成立及罢工事件的？弄清这一问题有助于理解北洋政府对这一事件所采取的一系列应对措施。

（一）路局的报告

提出干涉及查办此次工人集会的始作俑者是京汉铁路管理局局长赵继贤。在京汉铁路总工会成立大会召开之前，京汉铁路局局长赵继贤就已向北京各军事机构报告长辛店工人中有人煽惑组织工人团体，鼓动工人同盟罢工等情况，并请求北京各军事机构派员密查此事。热察绥巡阅使驻京办军官张德恂接到赵继贤的报告后，派人详细调查了长辛店工人俱乐部的活动情况，发

---

① 参见刘莉《有关二七惨案的若干问题考辨》，《信阳师范学院学报》2016 年第 4 期，第 137－140 页。

现长辛店工会已拥有很大权力,"工人去留已均由工会主政,一有驳辩,该会即要挟罢工,以致官厅丝毫不能主张"。报告称,即便如此,长辛店工会仍不满足,"并闻其确有联络农商劳动各界之主张,其用意实不堪设想"①。赵继贤向吴佩孚发电报告道:"据报二月一日,本路全体工人将在郑州开成立大会,各路与会者甚多。以未经地方官厅许可集会,竟敢明目张胆,聚众招摇,不特影响所及,隐患堪虞。即此目空一切,荒谬绝伦,将来群起效尤,愈演愈烈。蚩蚩愚民,必将误蹈法纲而不自知。瞻顾前途,杞忧无极,务祈麾下,迅饬预为防范,切实监视。本路幸甚,地方幸甚等语。即希预为防范,设法制止为盼。"②1月29日,吴佩孚给直军驻郑第十四师师长靳云鹗发电报,要求郑州军警干涉此次总工会成立大会。2月1日,郑州军警武力干涉总工会成立大会之事随之发生。大罢工发生后,赵继贤曾致电京畿卫戍总司令王怀庆,要求武力制止工人罢工,声称"本月四日长辛店工人纠察团强行罢工,且有北大学生赴该处,闻令援助京汉罢工工人,宣言裁兵以攻击军阀为名"③。同时,交通总长吴毓麟也致电王怀庆,"据报本月四日长辛店工人纠察团,强迫罢工,且有北大学生赴该处开会援助,京汉罢工工人宣言裁兵,以攻击军阀为名。并据赵局长电告,工人擅由石家庄开专车沿路欢迎此等会员,实系受人主使,扰乱治安,行同内乱。若不及早遏止,恐影响所及,愈难收拾"④。显然,吴毓麟的信息也是直接来自赵继贤。可见,反对工人召开京汉铁路总工会成立大会及要求禁止工人罢工主张最为强烈的是京汉铁路管理局局长赵继贤,他不仅主动为军政当局提供了有关京汉铁路工人集会及罢工的情报与消息,而且有煽风点火之嫌。

接到赵继贤的报告后,京畿卫戍侦查处处长王光宇曾派人到长辛店工人俱乐部进行调查。1月30日,王光宇在调查结果中称,长辛店工人俱乐部在上次罢工("八月罢工")后,"工人之权势甚大,然亦未闻有无理取闹逾越范围之

---

① 《张德恂呈文》,陈素秀编:《京汉铁路工人大罢工史料汇编》,河南人民出版社1999年版,第102页。

② 《吴佩孚致靳云鹗电》,《新闻报》1923年2月9日。

③ 《赵继贤致王怀庆电》,陈素秀编:《京汉铁路工人大罢工史料汇编》,河南人民出版社1999年版,第145页。

④ 《京畿卫戍总司令王怀庆呈文》,陈素秀编:《京汉铁路工人大罢工史料汇编》,河南人民出版社1999年版,第142页。

举动",至于赵继贤为何请求军方查办工人俱乐部,他认为是"该路局长等因其团体甚固,日久恐被推倒,且人多势众,亦无法限翻,此其函请查办之原因也"①。2月1日,王光宇在给京畿卫戍总司令王怀庆的报告中再次提到:"查京汉铁路局工人俱乐部,……不惟抵制局长,且巩固个人之位置,甚至开补工人,厂长等均不能干涉,是以该会团体结合甚固,……据工人自言,势力甚大,即政府与军队方面,亦才能加以禁阻等语。"②可见,"八月罢工"后,京汉铁路各地工人俱乐部的权力大大增加,俱乐部在工人中的威望很高,工人不再听命于京汉铁路管理局。显然,这种情形是京汉铁路管理局不愿意看到的。对管理者自身来说,这是一种极大的威胁和挑战,他们随时可能成为工人们斗争的对象。然而,对京汉铁路管理局来说,面对日益增加的工会势力,他们根本无力压制。那么,借助军阀来打压工会势力,才是保全自身最好的选择。在大罢工平息之后,京汉铁路管理局局长赵继贤在谈及此次事件时说:"现在工人待遇并不过劣,最低工资亦在十元以上。此次工潮,其原动非为工人本身,背后实有人挑拨,其所提出改进工人待遇之要求,皆为路工已享之权利。可见此项要求并非个人之自动,实系不知京汉路实情之煽动者所代拟也。此次铁路当局之用高压手段处置工潮,实因工人越出规范,无法制止,为维持地方秩序起见不得已而出此。"③虽然赵继贤仍认为此次京汉铁路罢工是有人煽惑而起,但也承认了"工人越出规范,无法制止"及此次罢工是铁路当局主张用高压手段处置的事实。可见,此次罢工是京汉铁路管理局借助军阀势力而镇压下去的。

(二)"铁总"之谣传

随着各路工会势力的渐趋发展,铁路工人罢工已经出现了联合趋势,这种趋势使铁路管理局和北京政府十分不安。

早在京汉铁路总工会成立大会召开之前,当时的社会舆论就已将此次大会风传为"全国工人大会""全国铁总大会",甚至号称为"联合全球劳工会"。

① 《王光宇请查办长辛店工人俱乐都致王怀庆呈》,中国第二历史档案馆:《中华民国史档案资料汇编民众运动》(第3辑),江苏古籍出版社1991年版,第55页。

② 《北洋京畿卫戍司令部侦察处长给王怀庆的报告》,陈素秀编:《京汉铁路工人大罢工史料汇编》,河南人民出版社1999年版,第128页。

③ 《赵继贤之京汉工潮谈》,《大公报》1923年3月9日。

对于在郑州召开的这次大会,当时的《时事新报》报道说:"郑州工人俱乐部实为我国工界之总机关。刻因工资与生活问题,及工人地位问题、作工时间问题,诸待切实讨论。全国工界互相联络,拟组织一大规模之工人团体,对于上列各问题,切实讨论,向政府及国会请愿,定名为全国工人大会,约定二月一日为会期。"①《新闻报》亦对此进行了报道,"最近经京汉、津浦、京绥、京奉、陇海等五路之工人发起,在郑州开一全国工人大会,两月前均有通知书,到处传播,会期为十二年二月一日","欲联络航工及其他一切劳动界,全行加入,在郑州立一总机关,其余各大埠设分机关,以便互相帮助,为共同之动作"②;"该路工工团以举行劳工纪念,定期三日在郑州开集会议,目的则在联合全球劳工会,取一致之行动"③。显而易见的是,上述报道明显存在着夸张成分。然而,这种谣传绝不是无中生有,北洋政府也早已调查到各路工人有联合的迹象。2月1日,王光宇向王怀庆报告了长辛店工头王俊到处联络工人,"如津浦、京奉、京绥、京汉、正太以及沪宁各路工人,均联合一气,互相援助","如彼路工人因罢工,其余各路工人出资协助,以冀达到目的。现在王俊已运动成熟"的情况。④除此之外,中国共产党确实有成立全国"铁总",进而成立全国总工会之计划。据张国焘回忆,中国共产党对京汉铁路总工会成立大会是很重视的,"我们计划着在京汉铁路总工会成立以后,其他各铁路总工会和全国铁路总工会均须次第成立"。且参加京汉铁路总工会成立大会的代表及议程范围确实并不仅限于京汉铁路,"由于到会代表人数之多和代表单位广泛,使这次大会在性质上无异是北方各地工会共同举行的小型劳动大会。其议程的范围也不仅限于讨论京汉铁路工会的事项"⑤。基于这样的事实,外界盛传此次大会是"铁总"大会或者"全国工人大会"并非无中生有。实际上,外界的谣传主要是混淆了京汉"铁总"与全国"铁总""全路工人大会"与"全国工人大会"的概念。当时,中国共产党虽有成立全国铁路总工会的设想,但筹备工作尚未真正开始。然

---

① 《郑州工潮之酝酿》,《时事新报》1923年2月5日,第1版。
② 《郑州之全国工人大会》,《新闻报》1923年2月5日,第2版。
③ 《工潮又起(三)》,《新闻报》1923年2月6日,第6版。
④ 《北洋京畿卫戍司令部侦察处长给王怀庆的报告》,陈素秀编:《京汉铁路工人大罢工史料汇编》,河南人民出版社1999年版,第128页。
⑤ 张国焘:《我的回忆》(第1册),东方出版社1980年版,第265页。

而,有关全国"铁总"和"全国工人大会"的谣言却已传播开来。这一消息引起了北洋政府的恐慌和仇视,也是促成北洋政府武力镇压的重要因素之一。"因有全国'铁总'的风传,益触军阀的疑忌,遂使平汉路'铁总'于呱呱坠地之顷夭折,而造成惊人的'二七'惨案。""共产党所宣传之'铁总',殊使当局惊骇。"事后,吴佩孚的解释也印证了这一说法:"此次如平汉路总工会成立,有全国铁路即有联合大罢工情事,各方是项电报,如雪片飞来,故不得不予禁止。"①

（三）政治因素

"过激主义"与工潮、学潮的结合早已令北洋政府惶惶不安,长辛店工人俱乐部也因之一直处于北京军方的监视之中。除京汉铁路管理局方面的报告外,还有多方调查结果及报告显示此次事件有多方政治势力参与之嫌疑,加之社会舆论的渲染,使北京政府认定这是一起有预谋的政治事件。这正是北京政府极为忌讳的,也是北京政府最终决定采取武力镇压的主要因素。

自京汉铁路总工会成立大会即将召开的消息传开后,在媒体及官方文书对此事件的报道或报告中,到处充斥着"激进主义"及"共产"等字眼,此次大会在军政当局眼中俨然成为带有共产色彩和政党色彩的大会。京汉铁路总工会成立大会召开之前,北京军方就调查发现长辛店工会领导人王俊奔走于津、沪间,并游历俄、日,"意欲联络各国及本国各铁路以及劳动各界,希图扩张势力,以助后援"②。王俊出游苏俄的行为,成为路局及北洋政府怀疑京汉铁路工人罢工与苏俄有密切关系的重要证据。《中国劳工运动史》一书也这样认为:"王俊的出国行动,原极秘密,但纸总包不住火;这消息终于泄露,于是更贻赵继贤的攻击口实,而成为明春'二七'惨案的因子之一。"③2月5日,河南督军署李炳之也向曹锟的参谋长陆锦报告说京汉铁路工人开会带有"共产"色彩,报告称:"窃查此次京汉工人开会一节,固暗中有人主使,希图扰乱破坏,而各处与会来宾赠送匾额文词尤堪注意,其中有'劳工神圣''总一无敌''健者先进''前

---

① 《中国劳工运动史》,陈素秀编:《京汉铁路工人大罢工史料汇编》,河南人民出版社1999年版,第1005—1007页。

② 《张德恂呈文》,陈素秀编:《京汉铁路工人大罢工史料汇编》,河南人民出版社1999年版,第102页。

③ 《中国劳工运动史》,陈素秀编:《京汉铁路工人大罢工史料汇编》,河南人民出版社1999年,第1004页。

途胜利'等句。其最荒谬者如湛家矶扬子厂工会送'赤焰辉煌',武昌高等师范学生赵瑞麟、徐孝祥、张作范送'大地赤化'各匾额,实具有赤党共产之恶意思潮。如不严加制止,设法惩除,则邪说潜润鼓惑工人群焉,骚动渐及军警各界人士,则国秩序曷堪设想。"①

在此次事件中,令北京政府惴惴不安的除"过激主义"外,还有工界与学界的联合。据《益世报》报道,当吴佩孚看到京汉铁路总工会成立大会邀请各团体参加时,心中"颇为不乐",而开会当日,"京汉各学校果有参与者,吴以学潮未已,深恐因此滋事,即派兵往郑监视"②。大罢工开始后,北京政府即责成有关人员秘密调查此次京汉铁路事件与北京政界、学界是否有联合关系。因北京政府认为蔡元培之前曾提倡"劳工神圣",工界极为崇拜蔡,并将蔡视为工界良友。当时北京学潮正在激荡澎湃,而京汉铁路大罢工又突然爆发,北京学界活动更加猛烈,令北京政府极为忧虑,"实恐工学互相团结,以为对付中央之举",因而竭力预防工界、学界结合。③ 为此,交通部也召开紧急会议,认为此次京汉铁路罢工事件"工人身后是学生,学生身后是社会党,社会党身后是俄党,内幕甚为复杂","风闻月前俄国过激派曾汇款三十万元到京,由某校李某、陈某接收,以为宣传之具(用)。乃为时未久,京汉路之罢工风潮因之以起,据此则煽惑路工,混乱秩序,此中不无蛛丝马迹可寻","如长此混合,恐罢工风潮,与学潮将搅成一团"。④ 因此,这一时期北京学界的活动受到北京政府的严密监视。2月9日,曹锟在致王怀庆的密电中说:"顷据密报,北大管理图书员李大钊在该校内设有秘密机关,传布过激谬论,并有俄人密汇巨金,供给费用情事。应请我弟密饬干探,切实侦查,如有前项不法行为,望即密达政府,依法惩办,以遏乱源,是为至盼。"⑤从上述史料可以看出,北京政府认为此次京汉铁路罢工事件及北京学潮皆与苏俄"过激主义"有关,并严防两者结合。

---

① 《河南督军署李炳之向曹锟参谋长陆锦报告京汉路工人开会及河南情况》,中华全国总工会工运史研究室等编:《二七大罢工资料选编》,工人出版社 1983 年版,第 730 页。

② 《京汉路以误会罢工》,《益世报》1923 年 2 月 5 日,第 2 版。

③ 《中央预防工潮学潮之团结》,《大公报》1923 年 2 月 8 日。

④ 《京汉工潮愈演愈烈》,《群强报》1923 年 2 月 8 日。

⑤ 《曹锟令侦查李大钊活动以便依法惩办致王怀庆密电》,中国第二历史档案馆:《中华民国史档案资料汇编民众运动》(第 3 辑),江苏古籍出版社 1991 年版,第 578 页。

　　旧交通系在京汉铁路拥有的庞大势力，也是令直系军阀不安的政治因素之一。早在京汉铁路总工会未召开之前，多家媒体就已盛传此次京汉铁路事件与交通系有关。2月5日，《新闻报》报道："此举有政治上臭味，为旧交通系所利用。"①8日，《大公报》报道："京汉路工潮发生以来，某方面认定某某两系，从中挑拨，一则欲恢复在交通界旧有之势力；一则欲借工潮扩大学潮。"②9日的上海《商报》亦报道说武汉方面"搜得某系煽动工潮传单，知工人背后复实有阴谋家操纵，亦决从严对待，工潮将扩大"③。

　　诸多官方资料显示，军政当局镇压此次京汉铁路工人大罢工主要是基于政治因素的考量。如郑州地方军警在干涉工人开会时说"奉有汴洛密令，谓该工人开会，带有政治臭味，恐滋乱阶，当设法制止或解散之"④。在此次工潮逐渐平息之后，曹锟在密令各地行政及军事长官的通电中说道："查此次武汉工潮不独梁、叶夙有所主持，而孙党又与俄劳农赤党结合图谋甚确，意在酿成全国罢工，滋扰大局，扰乱金融，使各埠中外商民陷于恐慌，则外人为保卫洋民及商务起见，必联合中国商教联合会，起而为有力之干涉，监督财政及废督裁兵等事。"⑤湖北督军署亦认为此次"工潮震荡，其主动者并非工人，乃系过激党人利用机会，肆其如簧之口，被其邪说，蛊惑愚弄，操纵其间，以逐其扰乱为素愿。汉镇工厂林立，尤为该派所注意。工团联合会即关其执行重要职务者，都非出身工界，亦非供职工厂，均系过激派党人，假借名义，投身其间，以致工潮迭起，社会几无宁日"⑥。综上可见，军政当局武力镇压此次大罢工主要是基于政治因素。

　　（四）经济因素

　　京汉铁路的运营收入不仅是北京政府的主要财政来源之一，也是直系军阀吴佩孚的主要军饷来源，大罢工的发生给北洋政府和直系军阀所带来的直

---

① 《郑州之全国工人大会》，《新闻报》1923年2月5日，第2版。
② 《中央预防工潮学潮之团结》，《大公报》1923年2月8日。
③ 《肖耀南斩决路工会长》，《商报》1923年2月9日。
④ 《京汉路罢工之起因》，《晨报》1923年2月11日，第2版。
⑤ 《曹锟请防范各铁路继续罢工密电》，中国第二历史档案馆：《中华民国史档案资料汇编民众运动》（第3辑），江苏古籍出版社1991年版，第71—72页。
⑥ 《工潮平息后之通缉令》，《新闻报》1923年3月23日。

接后果就是巨大的经济损失，这种损失也是促使军政当局实行武力镇压的原因之一。

早期罢工中常有工人破坏机器之事发生。在此次大罢工中，为阻止列车行驶以保证罢工顺利进行或发泄内心的愤懑，京汉铁路工人往往通过破坏铁路设施或机器的方式来达到目的。对此，京汉铁路局在罢工伊始就采取了相应的预防措施，如长辛店站派有一营军队驻在机器大厂内，"专任保护机器之责"①。尽管如此，京汉铁路局的机器和铁路设施在罢工期间仍然受损严重。2月5日，在江岸，京汉铁路工人临时组成敢死队员400名，以刀棍斧头为武器，将谌家矶至造纸厂之间的铁轨拆毁。京汉铁路之同盟罢工工人组织决死队毁坏了刘家庙附近的数十条轨道。在彰德，电匠张宝和与工匠石金川将地线割断，"且将各电池中之铅棍均行取去"，以致交通断绝。② 另外，彰德车站电报房的机件被带走，电线被割断，以致电报不通。郑州机厂的水锅机件，也被工人卸去，以致车头不能使用。③ 据2月10日的《新闻报》报道，郑州路局派工兵代替工人开车，工人将车头上的要件卸掉，以阻碍工兵开车。④ 2月9日，为响应此次京汉罢工，在浦镇有数千津浦铁路工人卧轨，"并手执木棍砖石之类，向机关车击撞，车头外部，当被毁坏"⑤。信阳铁路工人秘密组织部分工人破坏铁轨，导致信阳以南、保定以北的轨道不断被破坏，翻车、停车或误点现象不断出现。此次罢工事件导致京汉铁路沿线的多处设施和机器被破坏，受损程度较为严重。据铁路当局报告："破损机器之修理费，约六十万元。"⑥对此，一名国会议员说："南段机关车，颇有损坏。若尔则不特目前之损失无算，将来恢复亦颇不易。"⑦大量机器和铁路设备毁坏，给路局方面带来了巨大的经济损失，同

---

① 《京汉路工潮严重》，《申报》1923年2月9日，第7版。
② 《京汉铁路局关于张宝和在罢工中制造停电经过情形函》，中国第二历史档案馆：《中华民国史档案资料汇编民众运动》（第3辑），江苏古籍出版社1991年版，第75页。
③ 《两个反对工人电》，《民国日报》1923年2月10日，第6版。
④ 《京汉路罢工风潮之豫闻》，《新闻报》1923年2月10日，第1版。
⑤ 《各路工潮未息中之各方面》，《晨报》1923年2月12日，第2版。
⑥ 《二七罢工使路局损失一百二十万》，中华全国总工会工运史研究室等编：《二七大罢工资料汇编》，工人出版社1983年版，第196页。
⑦ 《对于京汉路工潮意见书》，中国第二历史档案馆：《中华民国史档案资料汇编民众运动》（第3辑），江苏古籍出版社1991年版，第68页。

时,机器和设施的修复也很困难,更可怕的是这种破坏会给铁路运营带来严重的安全隐患。

此次大罢工持续时间虽仅 5 天,但给北洋政府所带来的经济损失却数额巨大。据铁路当局估算:"京汉路一日之收入有十五万元,罢工四日,合计已损失六十万元。此外又加入破损机器之修理费,约六十万。"①即罢工四日就损失 120 多万元。2 月 6 日晚,也就是大罢工进行的第三天,京汉铁路局南段局长冯沄向萧耀南报告说,此次大罢工给京汉铁路局造成的经济损失已达 100 多万元。② 国会方面亦报告:"停止交通数日,上下损失以数十百万计。"③由上述几种官方说法看来,仅仅罢工这几日所带来的直接经济损失就达 100 万元以上。如果再加上后续的生命、财产损失及其他铁路、行业的同盟罢工给北洋政府所造成的经济损失,数额将更加巨大。

大罢工发生之际,正值政府财政异常困难之时,"而政府方面则以年关在即,财政窘绝,人心浮动,亟望速即了结"④。因而,一场惨杀随之发生。

二、北洋政府的应对措施

由于铁路事关国计民生,一旦发生工人罢工,往往于国家、社会影响甚大。因此,路局处理铁路工人罢工事件往往较为谨慎,一般均会尽量调解,和平解决,这也是铁路工人罢工容易取得胜利的原因之一。正因为铁路在国家政治、经济及军事上具有重要意义,路局在处理铁路工人罢工事件时常以政治、军事势力为后盾,对工人形成威慑,必要时则往往实行武力镇压。

(一)对京汉铁路工人大罢工的应对

大罢工发生后,京汉铁路局就要求北洋政府以武力来镇压此次罢工。5 日,赵继贤就致电京畿卫戍总司令王怀庆,要求武力制止工人罢工:"此等会员

---

① 《二七罢工使路局损失一百二十万》,中华全国总工会工运史研究室等编:《二七大罢工资料汇编》,工人出版社 1983 年版,第 196 页。

② 铁道部郑州铁路局:《二七罢工斗争史话》,河南人民出版社 1978 年版,第 185 页。

③ 《对于京汉路工潮意见书》,中国第二历史档案馆:《中华民国史档案资料汇编民众运动》(第 3 辑),江苏古籍出版社 1991 年版,第 68 页。

④ 《尚无转圜方法之罢工潮》,《大公报》1923 年 2 月 14 日,第 3 版。

无论学生、工人,如有暴乱行为,即请律以内乱严重惩办。"①交通总长吴毓麟也致电王怀庆:"请派队前往严拿首要,分投阻止解散。无论学生、工人如有暴乱行为,即请律以内乱,严重惩办,国家幸甚。"②同日,吴佩孚电令汉口警察厅:"日来各路工人,受人煽惑,动以罢工要挟,此等嚣风,若不严加取缔,势将贻(遗)患无穷。除电沿线各军外,务希查明严禁。如果不服劝导,立即武力制止,以遏乱萌。"③总之,大罢工发生后,路局及直系军阀吴佩孚就已定下了以武力为后盾的解决办法。

对如何化解这一罢工事件,军政当局也进行了研究。经过开会讨论,吴佩孚制定的解决办法是:先设法通车,使工人失去罢工的资本。先行派去 200 名工兵司机,以备代替工人开车。对原有工人加以开导,愿意上工者由军警加以保护,对捣乱分子一律开除,偷窃机器者令其交还,否则以军法处置。④ 曹锟对此问题也极为重视,"曹之左右,拟以绝于高压手段对付,惟曹意不愿十分激烈。拟采宽猛相济之办法,先以和平手段对待,倘不听劝解则强迫上工,万一再不服从,然后解散工人,另募新工接充。一方面业由京奉、津浦、胶济各路,调到工人二百余人,俾维持交通原状,不至发生影响"⑤。京汉铁路罢工开始后,学界、工界群起响应,事态发展更为严重。北京政府方面为此召开专门会议,讨论解决办法。经议决,决定采取恩威并用的手段,一面派得力干练人员分赴京汉铁路各站宣慰,一面决定严厉处置首要分子。对于未罢工的各路工人,一并派人到各路进行劝诫。同时,政府方面也讨论决定如工人再不复工,"即用以兵代工之方法,将全体工人辞退,而以兵代之"⑥。总之,军政当局决定采用力促工人上工、以兵代工、宣慰及武力震慑等恩威并用的方式来处理此次罢工事件。

---

① 《赵继贤致王怀庆电》,陈素秀编:《京汉铁路工人大罢工史料汇编》,河南人民出版社 1999 年版,第 145 页。

② 《京畿卫戍总司令王怀庆呈文》,陈素秀编:《京汉铁路工人大罢工史料汇编》,河南人民出版社 1999 年版,第 142 页。

③ 《汉口警察厅之通传》,《新闻报》1923 年 2 月 9 日。

④ 中国革命博物馆:《北方地区工人运动资料选编(1921—1923)》,北京出版社 1981 年版,第 348 页。

⑤ 《保定最近对中央之态度》,《舆论报》1923 年 2 月 10 日,第 2 版。

⑥ 《京汉路工潮之形势》,《申报》1923 年 2 月 11 日,第 10 版。

1. 武力震慑

军政当局在解决京汉铁路工人大罢工事件的过程中,始终以武力震慑为后盾,甚至直接诉诸武力。这种方式激起了工人们的极大愤慨,导致事态不断恶化。

2月1日,京汉铁路总工会成立大会召开之时,郑州警察局长黄殿臣即奉吴佩孚命令率军警武力干涉工人开会,禁止工人出入,"捣毁工人牌匾等物,占据工会房屋,命令饭铺不得卖与工人等食物,命令旅铺不得容留工人等住宿,勒令工人及来宾等忍饿出境"①。此举激起了工人们的极大愤慨,成为大罢工发生的导火索。

大罢工发生后,北京政府就立派军队前往长辛店、郑州、江岸等地震慑。在长辛店,除北京巡阅使派去步兵、骑兵各一营前往外,曹锟还密电涿州时旅长,"迅派步兵一营,就近前往妥为弹压"②。此外,北京政府还电令湖北督军萧耀南派兵北上,会同豫军,监视郑州工人的举动。在调停期间,军政当局仍然坚持使用高压手段。如在江岸,当局一面与工人谈判,一面派军警包围工会,并胁迫司机强令开车。在郑州,军警将工头高斌、姜海士等5名工头捆绑在电线杆上,迫令他们开车,并令军人到处搜查工人,强迫工人上工。军政当局的这种做法不但于事无补,而且激发了工人的愤怒情绪,最终导致双方之间的谈判破裂。2月7日,二七惨案发生。在此次惨案中,军政当局直接对罢工工人进行了武力镇压,工人群体伤亡、被捕及失业流亡现象十分严重。

即便是在工人复工之后,军政当局仍然是凭借武力恢复通车。在京汉铁路南段,"五兵士挟一司机工人,大智门车站有临时调来弹压之巡缉营兵一排,露天鹄立,表示镇慑。站门及副站长室,即车道两旁等处,均有武装路警,维持秩序"③。在长辛店车站,"政府防范工人之手段,拟定每一车头派兵数名,荷枪实弹,监督工人之后,促其工作。又闻某工会亦于前日被军队解散,当军队下令解散工会之际,工人态度仍甚倔强,不肯听命。军队乃将为首之人捕获二

---

① 《铁路工人向国会请愿》,《时报》1923年2月21日。

② 《曹锟派兵镇压罢工并令照常开车密电》,中国第二历史档案馆:《中华民国史档案资料汇编民众运动》(第3辑),江苏古籍出版社1991年版,第60页。

③ 《续志刘家庙工人之流血惨剧》,《新中州报》1923年2月12日。

人,捆至站台,向众宣言,如不散去即行枪决。工人迫于威力,遂行散去"①。同时,"上刺实弹之步军,及乘马背枪之骑士,遍布长辛店。往来逡巡,如临大敌。彼等并向工人加以极严重之训示,而限其于十二小时内完全上工"②。对于不上工工人,长辛店军政当局决定"联合商家停止售给罢工工人日用饮食物品,且既与路局脱离关系,即系无业游民,凡其家属住房,限令腾出,不准逗留",并强令工人签订悔过书。③为迫使工人上工,郑州当局召开了国民大会,制定了6条严厉措施,包括"工人如梗顽不化即实行绝其供给,并不觅给房屋,违者重罚";"限二十四小时上工,否则将工人家属一律驱逐出境,如有窝藏工人家属者,以通乱党论";"反省上工者即到站签名,发给执照,予以保护";"驱逐办法,由大会实行,军警予以援助";"逾限不上工者,该工人之生命财产,发生危险,军警不负保护之责"。④"郑州车站之戴金线军帽者项背相望,昼夜戒严,盘查甚苛,为从来所未有,此郑州开车之情形也。"⑤其他各地的通车情况亦大抵如此。在武力震慑下,京汉铁路才勉强得以恢复通车。"近日火车之得以开行,全系军队强迫之力。每次列车,皆有兵士弹压,机关车内,并派有工兵四五人,从旁监视,故由汉到京,确已通行无阻。"⑥武力之下,虽有部分工人不得不暂时屈服,然而,工人复工也并不顺利。某记者曾亲往长辛店见证了当时的情形,"辛店全市,如在重围之下,兵马往来不绝,沿户搜索工人,令其入厂作工,但结果仅有数十人被拘在厂"⑦。

经过一番周折,北京政府终以武力逐渐平息了这次罢工风波。曹锟在致王怀庆的密电中指出:"此次京汉罢工风潮甚为激烈。经我弟派队开赴长辛店妥为弹压。并派员设法利投势导,现已正当平息,恢复原状。"⑧可见,北洋政府

---

① 《京汉路工潮之形势》,《申报》1923 年 2 月 11 日,第 10 版。
② 《京汉路罢工中之惨剧》,《申报》1923 年 2 月 10 日,第 7 版。
③ 《直鲁豫巡阅使参谋处关于解散长辛店工会应迅速办理函件》,中国第二历史档案馆:《中华民国史档案资料汇编民众运动》(第 3 辑),江苏古籍出版社 1991 年版,第 66 页。
④ 《京汉路工潮有渐平之趋势》,《晨报》1923 年 2 月 15 日,第 2 版。
⑤ 《京汉路工潮有渐平之趋势》,《晨报》1923 年 2 月 15 日,第 2 版。
⑥ 《京汉路工潮恐难便尔平息》,《大公报》1923 年 2 月 22 日,第 2 版。
⑦ 《京汉工潮未平》,《民国日报》1923 年 2 月 11 日,第 4 版。
⑧ 《曹锟关于京汉罢工虽已平息仍应防范致王怀庆密电》,中国第二历史档案馆:《中华民国史档案资料汇编民众运动》(第 3 辑),江苏古籍出版社 1991 年版,第 67 页。

的武力镇压确实在平息此次罢工事件中发挥了重要作用。

2.调解与宣慰

由于铁路工人罢工影响交通甚大，因此谈判与宣慰常是路政当局应对工人罢工的重要手段。京汉铁路大罢工发生后，军政当局为平息此次罢工事件也采取了谈判与宣慰相结合的应对措施。

大罢工事件发生后，交通部部长吴毓麟、次长孙多钰及京汉铁路管理局局长赵继贤开会议决应对办法数条，决定先派员奔赴各地安慰工人，促其恢复工作。如工人不服从命令，再令人代替工人上工。京汉铁路局局长赵继贤、警厅督察长杨绍寅、卫戍司令军务处处长张国庆及宛平县县知事杨铭鼎等人乘专车前往长辛店参与调解工作。除由各地军警政商代表组成的调停团外，交通部还派遣了专门的宣慰员，劝导工人。如交通部派沈琪、康浩、蔡孝肃三人为宣慰专员，到长辛店与工人代表协商，表示"对于工人提出之条件除对人的问题外，政府为尊重工人利益计，当然可以从长计议，俾便早日通车"①。当局曾计划此种劝慰"如能收效，再由辛店至保定，由保定至郑州劝导全路工人"②。在调停、劝慰的同时，京汉铁路管理局局长赵继贤还向铁路沿线工人散发了《京汉铁路管理局布告》。该布告表明路局对工人已很优待，工人所应享的权利路局已完全给予，工人应该忠于路事。该布告威吓工人道："若你们只就一方面的肆意要求，不替路局想想，到了那真正为难的时候，路局亦不能一味敷衍你们了。现为路局计，与工人们约限于十二小时内，立即照旧上工，恢复交通。……过了十二小时不肯回来，是你们自己跟本路脱离关系，则本路局只有另筹维持交通办法，另行找人做事了。你们工人可不要后悔呵！"③

二七惨案后，当局对京汉工人的武力镇压遭到了各界的强烈谴责。为安抚工人，平息众怒，遏制此次工潮的继续发展，北京政府一面继续派得力干练人员分赴京汉铁路各站宣慰，一面严惩工会骨干分子。2月10日，交通部对全体职工发表通告，告诫职工"毋受人煽惑，毋被人利用，安心作事，以尽职工之天职。须知欧美各国，虽有罢工情事，此乃劳动家与资本家之对抗。中国各铁

①　《京汉路罢工风潮将不可收拾》，《晨报》1923年2月7日，第3版。
②　《北京电》，《大公报》1923年2月7日。
③　《京汉铁路管理局布告》，《益世报》1923年2月7日。

路,均是国家资本,与其他之资本不同。本总长与各工人等,均是国民之一分子,职务虽各不同,爱护国家之念,则为人人之所同有。若假借题目,或误煽惑,偶有不稳举动,予铁路以不利,受损害者实为我们公同之国家,而非其他之资本家可比"①。此外,交通部还派员到京汉铁路各站劝慰工人,一名宣慰员在演讲中极力劝导工人要做顺民:"从今以后,你们总要安心做工,听厂首工头的管束,外边的事,一概不管,勤勤恳恳,做极良善的工人。""你们第一要紧的事,就是要守规矩,什么叫做规矩? 就是'遵守路章,听从首领'八个字。"②随后,交通部还专门贴出了劝诫铁路工人的布告,该布告称"查本月四号,京汉铁路有一部分工人闹出罢工的事情,种种不法举动,实属骇人听闻","罢工一事是触犯刑律的,本部不愿意你们工人以身试法,特把刑律抄下几条来给大家看看","本部现在苦口相劝,务望你们工人既早回头知过必改,如其不然,本部虽肯宽容,国法岂可尝试"。③

为安工人之心,以免罢工事件死灰复燃,京汉铁路局也积极进行宣慰工作。惨案后,京汉铁路管理局发表了《紧要启事》,该启事对此次工人罢工进行了公开批评:"惟是工人罢工,必有一定理由,从未具有如我京汉工人之罢工者也。今且一演再演,不惜玩视职守,破坏交通,苟且爱国之心,岂忍出此!""今之工人,则对于权私无满足之时,对于义务无必尽之要。国家岁糜巨款所为何?""路局对于工人待遇如彼,宽容如此,各工人果有天良,试为路局设身处地思之。"④此外,京汉铁路局还特派该路警察处处长钱秉钰、工程司陈肇煊及车务、工务、警察、材料等各处随员,到各站及铁路工厂进行宣慰演讲,并对该路员司发出责勉通告:"在停工期内,路上各员司等维持路务,颇具苦心,眷念辛劳,深堪嘉许。""该管员司及厂首工头等,务各振作精神,实心任事。一日在职,即须负一日之责,任一事进行,即须收一事之效果。管理工人,即当尊重路章,维持纲纪。"⑤

---

① 《交通部布告》,《京汉公报》1923 年 2 月 10 日。
② 《交通部派员演说》,《大公报》1923 年 2 月 22 日。
③ 《交部劝诫路工之布告》,《新闻报》1923 年 2 月 28 日。
④ 《京汉铁路管理局紧要启事》,《晨报》1923 年 2 月 9 日,第 6 版。
⑤ 《京汉路局宣慰专员赴路》,《盛京日报》1923 年 2 月 24 日,第 7 版。

群体性事件爆发之后,政府当局及时地进行调解和宣慰是必要的。然而,北京政府及京汉铁路管理局方面在此次罢工事件中的调解和宣慰工作却一味地采取威吓和指责的态度,而鲜少顾及工人的利益诉求和自身的管理问题,因而这种手段所发挥的作用自然是十分有限的。

3.另募新工

大罢工发生后,军政当局开会拟定了解决办法:"先谋开车,使工人失所倚仗,即不难根本解决。"[①]为尽快恢复通车,当局一面对工人进行劝慰,力促上工;一面想方设法另招工人以备代替京汉铁路工人。当局决定如工人不上工,"则令各部长及职员代替工人职务,借维现状,徐图解决"[②]。吴佩孚表示"京汉工人愿意回工固佳,否则洛方现有五百人可任开车之职,恢复原状,并非难事"[③]。5日,京汉铁路管理局即贴出布告,声称工人若12小时内不上工,路局将"另行找人做事了"[④]。由于铁路工作需要具备一定的专业知识和技能,若原有工人不愿上工,想要恢复通车并非易事。为此,当局主要采用了以下方式来代替原有工人上工:

第一,以兵代工。6日,吴佩孚派参谋刘森凯带领工兵司机200多名到达郑州,"预备工人坚不开车时,自行开驶"[⑤]。这些工兵到达郑州后,即准备从郑州开始通车。然而,事情并非如此简单。由于火车行驶过程中需要换水,而各站的水井及换水设备均被工人封锁,无法换水,郑州工兵开驶的火车只能南行至许昌,北驶至顺德而停驶。"吴使此举,非真谓工兵可以开车,不过借此表示开车之事,除现充铁路之工人外,尚有人能任此役,使工人无所恃以为挟制之具,促其早日开工。"[⑥]与此同时,当局还"另挑精壮兵丁数百名随同练习,以为替代开车之用"[⑦]。罢工结束后,当局在保定特意留了一营士兵进行专门的铁

①　《吴佩孚庚电》,中国革命博物馆编:《北方地区工人运动资料选编(1921—1923)》,北京出版社1981年版,第348页。

②　《京汉路工潮严重》,《申报》1923年2月9日,第7版。

③　《京汉路罢工风潮将不可收拾》,《晨报》1923年2月7日,第3版。

④　《京汉铁路管理局布告》,《益世报》1923年2月7日。

⑤　《京师宪兵司令部所属关于郑州长辛店铁路工人罢工情形报告》,中华全国总工会工运史研究室等编:《二七大罢工资料选编》,工人出版社1983年版,第731页。

⑥　《京汉路开车消息》,《新闻报》1923年2月11日,第2版。

⑦　《京汉路罢工中之惨剧》,《晨报》1923年2月8日,第3版。

路相关工作训练,以备罢工事件再次发生时调用。显然,吴佩孚的"以兵代工"办法并不能从根本上解决问题。

第二,抽调其他工人。为恢复交通秩序,当局还从京奉、津浦、胶济各路抽调了200多名铁路工人代替京汉工人上工,分配到各处使用。此外,当局还从唐山运来100多名工人,由军队保护运至长辛店,再分别送到保定、郑州等站以供开车使用。当局计划先开通京保段,再逐段通车,并有军警分段保护。另据《益世报》报道,当局还从大沽造船厂调来100多名工人,分拨各站使用。①随着这些借调工人的到来,京汉铁路部分路段勉强通车。如北京至保定段,6日起,每天来往通车一次,行车工人是京汉铁路局从津浦铁路调来的司机和机匠。当局从别处调来的这些工人遭到了京汉铁路工人的强烈抵制,如铁路当局从唐山招来的工人,因遭到京汉工人的抵制而离去。由于铁路运营是一个庞大的系统工程,加之京汉铁路线路较长,所需工人较多,所调工人毕竟太少,不够分配使用,因而这一办法对实现完全通车仍是杯水车薪。此举还适得其反,激起了京汉铁路工人的极大愤怒。工人们不但没有畏惧,反而"决以死力抵抗",并要求陇海、粤汉等路工人响应罢工。②

第三,启用本路旧人。5日,京汉铁路管理局以重金找回数十名被工会开除的工人,使其充当司机之责。③由于这些工人大多是以前被工人俱乐部开除的,对工会心存怨恨,因而愿意配合当局开车。另外,以前的退休工人也被路局招来使用。④

4.制造谣言

谣言是最古老的大众传播媒介。谣言传递信息,既可树立或毁坏名声,也可促发暴动或战争。在此种意义上,谣言成为一种有力的武器,谣言的流传往往能产生巨大的舆论威力。因而,谣言往往被人所利用或者本身就是人为制造物,谣言背后的推动者成为舆论引导者。在此次大罢工中,出于自身利益的考量,军政当局有意制造或放任了一些谣言的产生和传播。

---

① 《表面已渐和缓之京汉路工潮》,《益世报》1923年2月9日,第2版。
② 《肖耀南斩决路工会长》,《商报》1923年2月9日。
③ 郑州大学政治历史系:《"二七"大罢工斗争史》,河南人民出版社1960年版,第37页。
④ 《京汉路罢工中之惨剧》,《晨报》1923年2月8日,第3版。

　　为促使工人早日复工，当局故意制造传播了一些工人复工的假象和谣言。例如，6 日晚，当局以郑州车站工会领导人高斌、刘文松、王宗培等 5 人的名义发表一则通电，劝说工人复工："罢工之先宜先提出条件，限期答复，无效再行罢工，方属正当办法。今因罢工激起各界反感，在郑各界结群游行，登门质问，自觉理屈，实难应付，务恳我总分会鉴兹苦衷，从速工作，一致开车，幸勿自杀。"实际上，高斌等 5 人已被当局逮捕，失去人身自由。对于此项通电，《申报》也颇表怀疑道："是否出自本人，实不可知。"①另据 2 月 14 日的《京报》报道，郑州工人王宗培来京后，即致函各报馆，"否认前此之通电，指为捏造"②。

　　二七惨案发生后，在军警的武力压迫下，只有少数工人被迫复工。为在工人中造成已复工的事实，诱使未上工工人复工，当局以"长辛店政绅商学路局"的名义发表声明称："该工人等见招众怒，遂出具悔过书，脱离捣乱之工会，请求上工，恕其既往，剩下该工人等业经一律悔悟，上工服务矣。自本月七日晚八时起，交通恢复，照常开车，恐有传闻失实，特电声明。"③不仅如此，一些媒体也在传播种种谣言。如 2 月 8 日的《益世报》报道："卢沟桥站工人自经劝慰后，全体上工，照旧服务。"④10 日的《时事新报》报道："在长辛店拘获与军队冲突之罢工工人首领 11 名，解保定审讯，由长辛店商会请求，今已具保开释，罢工状况因以和缓。"⑤然而，实际情况并不如当局及媒体说得如此乐观。不仅工人复工的过程并不顺利，而且长辛店被捕的 11 名工人也并未被释放。据 2 月 11 日的《民国日报》报道，8 日，在长辛店，仅有二三百名工人被军队强制上工（原有 3000 多人），并签立字据。报道发出当天，该报记者曾再次到长辛店察看工人复工情况，"见辛店全市，如在重围之下，兵马往来不绝，沿户搜索工人，令其入厂作工，但结果仅有数十人被拘在厂"⑥。可见，所谓的工人"请求上工""一律悔悟"不过是当局的自导自演而已。无独有偶，郑州也出现了"政军警绅商学各界全体同人"署名的类似通电。对当局的这一伎俩，《民国日报》上《匿

---

①　《京汉路工潮已息》，《申报》1923 年 2 月 19 日，第 12 版。

②　《铁路工人向国会请愿七事》，《京报》1923 年 2 月 14 日，第 2 版。

③　《两个反对工人电》，《民国日报》1923 年 2 月 10 日，第 6 版。

④　《昨日京汉路开车一次》，《益世报》1923 年 2 月 8 日，第 2 版。

⑤　《长辛店被拘工人已保释》，《时事新报》1923 年 2 月 10 日，第 2 版。

⑥　《京汉工潮未平》，《民国日报》1923 年 2 月 11 日，第 4 版。

225

名恫吓的郑州电》一文讥讽道:"好大的结合,除工人以外,是在郑州住的,都包括在这个'郑州政军警绅商学各界全体同人'里了。可是'无所不包'的背后,就是'实无一包'。试问'郑州政军警绅商学各界全体同人'是谁呀?要说人人都有份,事实上断难办到,要说人人都无份,里面却总有一两个人起稿付局。所以书面上尽这般热闹,性质是无地址、无姓名的一封匿名信罢了。"①

为诱骗工人复工,京汉铁路局甚至还上演了一出假复工的闹剧。在郑州车站,一些工头以高价收买了一批地痞流氓,"到厂内用小锤乱搞乱打、烧烟、拉汽笛,以假复工来破坏罢工",虚张声势,企图造成工人已复工的假象来诱使工人上工,结果被工人揭穿,群起而攻之。②

二七惨案后,为推脱罪责,军政当局故意制造和传播谣言,将二七惨案的起因归结于工人首先开枪,将当局的武力镇压行为美化为"正当防卫"。2月8日,萧耀南向北京政府及社会各界发表通电,通告了此次江岸惨案的经过:"当地匪徒,裹胁工人约共数千名麇集车站附近,势将拆毁轨道,阻止行车,军警长官向前劝说,讵匪徒暗藏手枪,突于人丛中直向劝说官长狙击,并扑夺军队枪支,一时秩序大乱。军警为正当防卫维持地面起见,不得已开枪格斗,格毙匪徒多人,夺得手枪十余支,余匪惊散。"③其后,萧耀南又在《申报》等媒体上发出布告,再次详述了江岸惨案。该布告称,当时军官正在劝告工人上工,有部分工人表示愿意上工,但遭到个别工人的阻止,因而"军官等斥其不应如此横蛮,讵突有匪徒多人暗怀手枪,从人丛中直向开道之军警长官射击,并扑向自兵抢夺枪械,一时秩序大乱,不得已正当防卫,开枪向其格斗。当场互有伤亡,夺获手枪多支,余匪奔散",并谴责工人"该匪徒好乱成性,胆敢暗藏军械,首先开枪,触法殒身,实属罪有应得"。④ 从上述萧耀南发布的两则通告内容来看,虽有细节上的出入,但大体意思均指此次江岸惨案的起因是工人先开枪,军警的镇压行为是"自卫"性质。

---

① 《匿名恫吓的郑州电》,《民国日报》1923年2月8日,第3版。
② 《罢工前后》,陈素秀编:《京汉铁路工人大罢工史料汇编》,河南人民出版社1999年版,第930页。
③ 《萧耀南关于汉口铁路工人罢工情形通电》,陈素秀编:《京汉铁路工人大罢工史料汇编》,河南人民出版社1999年版,第180—181页。
④ 《京汉路罢工中之惨剧》,《申报》1923年2月19日,第12版。

关于江岸惨案的起因,也有一些媒体报道说是江岸分会会长林祥谦先以手枪威吓交涉员,进而引发军队攻击工会,江岸二七惨案由此发生。这种说法与上述萧耀南的通告存在着很大的差异。《民国日报》《晨报》《申报》《国民新闻》《新中州报》等均有此类的报道。如《民国日报》报道:"七日,罢工中之京汉线工会,虽与交涉员历次交涉,然因工会要求撤退警戒之军队,且于最后交涉,会长林祥谦以手枪威吓交涉员,遂由督军命武昌军队攻击工会,致死三十一名,伤十二名云。"①然而,据一名亲历了此次惨案的江岸工人说:"我等工人约于下午四点钟在刘家庙聚集会议时,忽来有军士一队将全体工人包围,迫令恢复工作。我等不肯奉命,该军队即开枪向我等轰击。"②从这名工人的讲述中可以发现,工人并没有先行开枪之举动。

不仅江岸一地有工人先开枪之谣言,关于长辛店发生的二七惨案也有类似谣传。署名为"长辛店政绅商学路局并各团体"的一则通电,详述了长辛店惨案发生的场景:"数百工人,一齐包围,奔前捕拿时旅长,以为交换之质。当此秩序紊乱间,工人层中,突发手枪,将护从马弁王致福击伤右臂,其余随护弁兵四人,睹此情形,不能不还击自卫。"③

为还原事实,中国共产党及京汉铁路总工会方面对当时流传的各种谣言进行了一定的澄清。2月10日,针对上述当局及媒体散播的谣言,京汉铁路总工会发出了紧急通告,指出:"吴佩孚一面打电报向我们说好话,并派代表诡言和我们议和,一面却用大队兵士包围江岸总会办事处,开枪袭击,意欲杀尽总会代表,不幸江岸分会委员长林祥谦等被捕,未加审问,毫无罪名,竟将林祥谦等四工友枭首示众。即以江岸一处而论,杀人竟至三十七人之多,重伤者数十人,断手断脚残废者数十人。事后肖(萧)耀南自知此种万恶行为,必为全国人民所深恶痛绝,尤复诬蔑我工人为匪徒,捏造我江岸工友先枪击军官,冀掩尽天下人耳目。"④2月26日,湖北全省工团联合会、京汉铁路总工会驻沪办事处

---

① 《京汉路罢工中大惨剧》,《民国日报》1923年2月9日,第3版。
② 《京汉路罢工中之惨剧》,《申报》1923年2月19日,第12版。
③ 《长辛店政绅商学路局及各团体电》,《时报》1923年2月10日。
④ 《京汉铁路总工会紧急通告》,陈素秀编:《京汉铁路工人大罢工史料汇编》,河南人民出版社1999年版,第221页。

在《北京学生联合会日刊》上发表了四则声明,指出:"肖(萧)耀南关于'二七事件'的通电及本地布告中均有工人持手枪示威等语,各报纸亦有同样的记载。此地我们很坦白地声明,我们工人绝没有什么武器,当时连一根木棍亦没有拿着,何来手枪? 即以一端言之,工人果有手枪,何以军队方面无一人受伤?""又报载长辛店、郑州等处绅商学各界均有非难工人之通电。其实此电乃出自豫省军阀及其他一二走狗之手"等。① 对于当局的这种欺骗行径,罗章龙在《二七大屠杀的经过》一文中也予以揭露:"军阀及其雇用(佣)的政府利用他们的报纸、电报及文告,捏造种种诬蔑及诱惑的事实,不断地来欺骗国民,以冀破坏我罢工工友团结及阻断国人对于罢工的同情援助。"② 包惠僧也在《二七惨案略史》一文中对当局的这种欺骗行为指责道:"其收买工贼,造作诽语,种种阴谋,不一而足。"③

5.惠工政策

早在"八月罢工"后,随着铁路工人运动的不断高涨,交通部已意识到"此风万不可长而对于工人方面亦宜加意爱护,以安其心"④。为消弭工人罢工之风,防患于未然,1922 年 9 月初,交通部拟于 30 日在北京召开制定优待铁路职工条例,请各铁路派代表参会。交通部召开此次会议主要是为了筹订铁路职工保障法规,商讨制定奖励、升转以及工人教育、养老等办法,但由于交通部仅令各路派高级职员参与,激起了工人们的强烈反对。京汉铁路南段工人俱乐部发表通电道:"这次交通会议,屏(摒)除我们参加,不独是侮辱我们工人,显然不怀好意,我们已电交通部管理局,要有我们工会派代表参加会议,否则无论此次会议的结果如何,我们誓不承认。"⑤ 可见,迫于形势,北洋政府有关部门已意识到保护劳工问题的重要性,并试图做些改善。但其出发点并非真正为工人谋取利益,而是为了抑制工人罢工,所以其改革措施及效果自然不能令工

---

① 《声明四则》,《北京学生联合会日刊》1923 年 2 月 26 日。

② 《二七大屠杀的经过》,《向导周报》第 20 期(1923 年 2 月 27 日),第 160 页。

③ 僧:《"二七"惨案略史》,陈素秀编:《京汉铁路工人大罢工史料汇编》,河南人民出版社 1999 年版,第 950 页。

④ 曾鲲化:《中国铁路史》,沈云龙主编:《近代中国史料丛刊》(第 98 辑),文海出版社 1978 年版,第 225 页。

⑤ 《工人要求参加保护劳工会议》,《晨报》1922 年 9 月 14 日。

人满意。结果,此次会议无果而终,"事情重大,条理纷繁,各路员平时并无准备,临事未免仓皇,遂不得要领而散"①。

二七惨案后,当局的武力镇压激起了社会各界的强烈谴责。为缓和社会矛盾,安抚全体工人,平息此次罢工风潮,政府当局再次意识到劳工保护问题的重要性和必要性。于是,政府当局采取了一些恤民、惠工措施,主要包括设立劳工保护机构、制定劳工保护条例及调整有关政策等。

第一,设立劳工保护机构。二七惨案后,众议院议员张树森等人向国会提出了设立劳动部建议案,以预防工人罢工。张树森指出:"惟有注重劳动问题,提高劳动地位,除去劳动苦痛,再使主持劳动政策之机关有发展之余地,有发言之机会,庶几可以抵制万一。"②2月10日,交通部宣布在部中设立职工保育研究会。该会将"参考各国良法,按合我国情形,专司研究改进方法,以为职工求前途之幸福","养老方法、教育方法、薪资方法、请假方法、救济方法,以及各项待遇方法,该会现正积极进行,妥拟完善改进办法,次第由本部核定通令施行"③。随后,农商部又提议设立劳工司,经内阁议决,由外务部、内务部、农商部及交通部会同核议办理。最终,北京政府决定对劳工问题采取保育政策,将现有的侨务局改为保工局,专门办理保护劳工事项。4月,交通部又在部总务厅设立了惠工科,专门负责四政工人事宜,以示体恤工人之意。

第二,改善管理方式。铁路管理系统对工人的管理往往较为粗暴落后,这种情况在国有铁路中普遍存在,也是造成工人罢工的常见因素。大罢工逐渐平息之后,交通部门也意识到要改善管理方式,才能避免重蹈覆辙。京汉铁路管理局方面提出,"对于工人地位,极力设法增进"④。交通部饬令各路局,在管理工作中要爱护体恤工人,并以部令形式通告各路局:"嗣后负管理工人之责者,务望以和相处,以诚相孚,虽不当姑息苟安,致启嚣张之渐,亦慎勿以梗顽难化,动矜挞伐之威,庶几亲若家人,猜嫌悉泯,以杜外来之煽惑,即以弭隐患

---

①　曾鲲化:《中国铁路史》,沈云龙主编:《近代中国史料丛刊》(第98辑),文海出版社1978年版,第225页。

②　《设立劳动部建议案》,《国民新闻》1923年2月10日,第1版。

③　《交通部布告》,《京汉公报》1923年2月10日。

④　《赵继贤之京汉工潮谈》,《大公报》1923年3月9日。

于无形,路政故途,实嘉赖焉。"①

第三,制定惠工政策。2月10日,为安抚工人,避免罢工风潮蔓延,萧耀南令实业厅迅速制定了调剂工人工资暂行条例。②当天,经交通部批准,京汉铁路南局将年关奖金一律提前发给汉口至郾城段的沿路员工,"凡工人月薪十元者给奖金二十五元,其余以此类推,而员司所得金额,尚不及工人之多"③。4月26日,鉴于近来"风潮扩张日甚一日重,以过激邪说近在比邻,风乡所传浸淫甚易,若不急谋解决之方,则不特我中华一国之隐忧,实全世界之大患"的考虑,内务部民治司向内务部部长提出了三项补救措施:一是使劳动者生计无忧,以安其心。内容包括组织购买公社及消费公社,强制工人加入疾病保险、储蓄,订立劳动养老金与死亡抚恤金及仿照平民银行制度,经营信用贷款等。二是改善劳动环境,以纾其困。主要包括对劳动者年龄、劳动时间、工作种类及工作环境等作出合理的规定与限制。三是对工人开展教育,以去其惑。主要从创设学校、文字宣导及派员演讲等方面进行。内务部民治司认为以上三项"使能办理安善,自足以增进工人之知识,弭息工潮于无形"④。

当局所提上述补救措施是否能够贯彻执行及效果如何不得而知,但可看出北洋政府已意识到劳工保护问题的重要性,并已开始着手制定相关政策。

(二)对全国工潮、学潮的压制与防范

京汉铁路大罢工发生后,工界、学界纷纷响应,并有大联合趋势。为避免酿成更大的风波,北洋政府实行了多项措施,严厉打击工潮、学潮。

1. 加强警戒

大罢工发生后,各路工人群起响应,同盟罢工不时发生。北京政府担心罢工风潮日益严重,会影响到京畿地区,为此在国务院召集了内阁特别紧急会议,地方军警长官亦被邀列席了此次会议,讨论应付办法。结果,会议决定发布明令,告诫工人,禁止罢工。为此,这一时期政府各方面对治安问题尤为

---

① 《罢工风潮归罪下级员司》,《时事新报》1923年4月9日。
② 《汉口电》,《申报》1923年2月11日,第6版。
③ 北京市总工会工人运动史研究组编:《北京工运史料》(第3期),工人出版社1982年版,第203页。
④ 中国第二历史档案馆编:《北洋政府档案(132)》,中国档案出版社2010年版,第384-397页。

注意。

由于二七惨案导致工人伤亡惨重，为防止工人发起更大规模的反抗行动，军政当局加紧戒备，严防工人。在北京，京畿卫戍司令部特派士兵每天在西便门附近监视工人，并禁止工人进入北京城。① 在武汉，军警亦加强警备，实行戒严。汉口镇守使署派去三连士兵，一连驻在黄陂街，一连驻在榷运局附近，一连驻在后城马路，三连士兵分途巡逻。警察厅亦命令警署于每晚8点加派巡逻警察，并派巡警每天调查各个旅馆，凡无职业的旅客一律遣回，禁止住宿。武汉稽查处也增派10多名稽查，每天在各个码头及停车场严查往来行旅客商，以维持社会治安。② 萧耀南发布了《特别戒严令》，以致武汉三镇一带"军队全荷武装，执大令，轮流梭巡"；"妨碍治安之传单文字图画，得随时收禁"；"拍发邮电，凡有关治安者，得随时扣留"；"晚十二点，无点灯者，不准通行"；"各旅馆不准收居无妥保者"；"武汉夜渡，以十一点钟为限"；并特别限制"各工厂之工人，不准集合会议"等。③ 二七惨案后，一些工会领导人和京汉铁路工人纷纷逃往上海，并秘密酝酿联合上海各界一致行动，因此上海护军使署方面对此也防备极严，"特派暗探多人，分赴各车站轮埠等严密侦查，至各工会及重要职员则暗中皆已在监视之中"④。

在全国工界积极酝酿同盟大罢工之际，3月8日，曹锟紧急致电北京、洛阳、南京、武昌、济南等地军政长官，要求各地加强防范，电文如下："据探报罢工风潮酝酿甚盛，现闻有九路罢工之说，消息甚为风涌等语。近日时局未靖，险象环生，野心者流到处鼓惑工人，希图掀起政潮，偿彼大欲，阴谋叵测，殊堪痛恨。此项罢工消息。无论是否确实，务宜特别注意，弭患未萌。特此电达，希即密饬沿途驻军随时侦察情形，严加防范，以重交通而免他虞，是为至盼。"⑤

---

① 《禁止工人进城派王云卿监视》，陈素秀编：《京汉铁路工人大罢工史料汇编》，河南人民出版社1999年版，第210页。

② 《京汉路工潮结束后之讯》，《汉口日报》1923年2月10日。

③ 武汉市总工会工运史研究室：《武汉工人运动史（1863—1949）》，武汉出版社2012年版，第67页。

④ 《谣诼中之各方所闻》，《申报》1923年2月24日，第13版。

⑤ 《曹锟令防范罢工扩大致王怀庆等密电》，中国第二历史档案馆：《中华民国史档案资料汇编民众运动》（第3辑），江苏古籍出版社1991年版，第76页。

由于京汉铁路地理位置极为重要,因此也成为政府当局的重点关注对象。3月25日,为防止工人破坏京汉铁路的交通设施,曹锟特致电河南督军张福来,请其抽派得力部队,守护黄河桥及其重要部位,以免再次影响京汉铁路的运行。

工潮逐渐平息之后,军政当局仍以高压态势预防工人罢工,各路纷纷购枪加警,"借口保护路政安宁,实则为预防工人闹风潮",对待工人俨然如敌。以津浦铁路为例,由于津浦铁路工人曾响应京汉铁路而举行了罢工,当局随将津浦铁路沿线的路警,按照原有数额增加了1/3,各站分配数额是大站60名,中站40名,小站20名。① 不仅如此,津浦铁路沿途所经苏皖鲁直四省,随地在各站加派军队。由于此次风潮肇始于京汉铁路,京汉铁路更为重视加强警备力量。据某方面消息说,初期京汉铁路局方面曾有组建护路军的计划,但随后取消了此项计划。为扩充警备力量,经军政当局同意,京汉铁路购买了不少枪支弹药,"步枪二千五百枝,每枪供弹四十粒,共计十万粒",随各站防务之轻重进行分配,以作防务之用。② 3月,京汉铁路管理局指令长辛店护厂警察所"添设三等巡长一名、三等巡警十二名,伙夫一名,以资保卫"。4月9日,京汉铁路管理局警务处决定在京汉铁路上增加警员500余名,并决定编练保安警察队600余名。③

尽管当时工人反抗运动暗潮涌动,但军政当局的防范确实极为严密。对于当时的情形,《晨报》预测道:"据汉口消息,则南段形势,似仍未十分稳妥,而汉口各工团似已尚有酝酿。但据吾人推测,该省军事当局防范既严,布置且周,即使此讯果确,工人方面之计划,想亦未必能实现。"④

2. 封闭工会,钳制舆论

大罢工失败后,直系军阀吴佩孚对中国铁路工会运动进行了长达一年的镇压,使得各条铁路的工会组织基本濒于灭亡。在京汉铁路,沿线各地工会相

---

① 《铁路工人屈服于已压迫之下》,《时事新报》1923年2月19日,第1版。
② 《工潮因高压势力而愈烈》,《北京学生联合会日刊》1923年2月28日。
③ 北京市总工会工人运动史研究组编:《北京工运史料》(第3期),工人出版社1982年版,第226,227页。
④ 《京汉路工潮平息后之武汉》,《晨报》1923年2月14日,第2版。

继被封闭,工会财物被劫掠一空,工会领导人及积极分子或被杀、被捕,或逃亡,或失业,工会组织被摧毁殆尽;在武汉,数十个工会组织陆续被封;在山西,督军阎锡山为防范工潮发生,派军警将正太工会解散,"所有牌匾、徽章一律收缴,嗣后不许集众开会"①。京汉铁路事件逐渐平息之后,吴佩孚致电交通总长吴毓麟,要求封闭全国各铁路工会组织,电文大意如下:"京汉全路工人俱乐部及分部,现已一律取消,其余各路之工人俱乐部,依然存在者,深恐尚贻后患,拟请贵部乘此时机,通令各路工会一律取消外,并希转请内外两部,将上海所有之各工团,一律设法禁闭。"②在吴佩孚的影响下,北方和长江流域各省军阀都下令取消工会,镇压罢工斗争,致使湖北工团联合会及武汉其他各工会组织、北方其他各铁路工会均遭封闭,工人夜校和工人子弟学校一律被勒令停办,中国劳动组合书记部被查抄,多名工会积极分子被逮捕。全国各地的工会组织受到严重摧残,除广东、湖南两地的工会组织尚可公开活动外,其他几乎全部被迫停止或转入地下进行秘密活动。

军政当局在封闭工会的同时,对报纸、杂志等宣传机构也进行了严格检查。2月8日,湖北工团联合会机关报《真报》因支持此次大罢工,被湖北当局冠以"鼓动罢工,扰乱秩序"罪名而惨遭查封,馆内重要财产被抢掠一空,经理职员被通缉。③此举引起了汉口新闻界的极大不满。据2月21日的《民国日报》报道,《汉口日报》公会举行了新闻记者联欢会,一致致函萧耀南,质问《真报》被封一事:"敝会等以言论自由,载在约法,所有出版法等,近方明令废止,乃忽发现前项勒令报纸停刊情事,因此群相疑诧,先后开会讨论,佥谓无论真报言论,是否犯有鼓动嫌疑,钧座如果尊重法律,自宜付之公诉,谳以刑章。似此辄令停刊,显逾常轨。……兹特函请钧座,迅将真报案件,移付法庭。一面收回前令,静候公判,并乞将钧座对于约法赋予人们之言论自由,有无保障诚意,一并明白赐复,俾释群疑。"④汉口《大公报》亦因有鼓吹工潮嫌疑,被当局警

---

① 《路工潮之余波》,《新闻报》1923年2月25日,第3版。
② 《洛吴仇视工团》,《民国日报》1923年3月2日,第6版。
③ 《汉口真报封闭后之宣言》,《晨报》1923年2月24日,第7版。
④ 《萧耀南摧残舆论反响》,《民国日报》1923年2月21日,第6版。

告:"该报经理编辑自后所编稿件,应由警务处查阅后乃得发刊。"① 该报愤而停刊。北京警署则严厉禁止罢工和"过激主义"书籍,对各书店及印刷场所进行严查。受此影响,劳动组合书记部创办的《工人周刊》被查封,"《新青年》应出二期,只出一期;《前锋》应出五期只出一期;《向导》应出到四十九期,只出到四十六期,小册子无"②。同时,北京政府亦因各界对京汉铁路工人大罢工有援助表示,由军警当局制定了暂行办法:散布传单须经警厅盖章许可,否则没收;禁止发行工人出版物;各印刷所不准代学生印刷传单;发现散布鼓动风潮传单或悬挂旗帜者,立即没收并实行逮捕。③ "一时造成北方空前恐怖状况,真是缇骑密布,陷阱纵横,大有寸步难行之势。"④"连市民对于孙中山的欢迎会都禁止了,连国民党出版的《国民周刊》都不许发行。"⑤

3.打压工潮

大罢工发生后,各路及各个工矿企业纷纷响应,尤其是近代工厂较为集中的武汉地区,反应最为激烈。对工界不断涌现并愈演愈烈的反抗之风,军政当局采取了严厉的镇压措施。

军政当局对同情罢工的工人进行了武力弹压。例如,8日,汉冶萍举行同盟罢工,军队前往弹压,工兵双方发生冲突,多人受伤。⑥ 同日,汉阳铁厂及扬子机器厂工人也举行了同情罢工,当局决定依照处置京汉铁路江岸工人的办法办理,派兵进行了武力弹压。⑦ 随着形势的发展,武汉工界要举行同盟总罢工的呼声日高,特别是电灯、电话及自来水等市政工人要罢工的消息传出后,武汉当局十分惊慌。为防万一,当局特派兵警加强戒备,这些工厂均被重兵看守,因而各厂工人未能如约践行总罢工。其他各处工厂的情况也大抵如此。2月20日,湖北督军署令警务处通知武汉大小各工厂,应特别注意,"对于工人

---

① 《京汉路工潮结束后余闻》,《申报》1923年2月27日,第10版。

② 《中共三届一中会议中央局报告》,中华全国总工会编:《中共中央关于工人运动文件选编》,档案出版社1985年版,第26页。

③ 陈达:《中国劳工问题》,商务印书馆1930年版,第234—235页。

④ 《罗章龙教授谈"二七"大罢工》,中国革命博物馆编:《北方地区工人运动资料选编(1921—1923)》,北京出版社1981年版,第429页。

⑤ 独秀:《怎么打倒军阀》,《向导周报》1923年第21期,第152页。

⑥ 《尚无转圜方法之罢工潮》,《京报》1923年2月9日,第2版。

⑦ 《汉口电》,《申报》1923年2月10日,第4版。

约束宜严、待遇宜宽,俾免借口而酿事端"①。

军政当局还通过扣留电报及提前放年假等方式阻止工人举行同情罢工。如唐山总工会当时就未能及时以实际罢工来援助京汉路,"实因电局把全国铁路总工会的命令扣留了,并且把我们提前放了年假,后我们开会议决要预备罢工,又忽得全国总工会来电,说时机已过不宜罢工了"②。

风起云涌的罢工风潮势必会影响到中外资本家的利益,因此各路及工厂的管理者与资本家对工人罢工也极为反对,他们配合当局阻挠工人罢工。例如,陇海铁路工人在京汉铁路大罢工发生后,也发表宣言,声言要以实际罢工来援助京汉铁路。然而,该路的管理者是外国人,他们发表演说告诫该路工人,"如关于本路有合理的要求,自当采纳。若附会外路,牵动全局,无理取闹,当与中国政府严重交涉",因而陇海铁路工人并未举行实际意义上的同情罢工。③ 8日中午,汉口丹水池、美国美孚洋行及英国亚细亚洋行油厂的全体工人举行同情罢工。工人们允诺"京汉几时恢复,彼等几时上工"。然而,美孚及亚细亚厂方告诫工人道:"非关本行公事而罢工,本行难负损失。若真要罢工,年关十二个月之红利,则不发给。"④无奈之下,当天下午工人即行复工。同样,水电公司、汉阳兵工厂及武昌电灯公司等工厂原本也有举行同盟罢工之约,但因"岁关生活,不容动摇"而未能履约。⑤

最终,因军政当局的严厉镇压及中外资本家的威逼利诱,加之商界的不合作,工界酝酿的同盟总罢工未能实现。

4. 严防学潮

大罢工发生后,学界不仅正在进行轰轰烈烈的"驱彭"运动,而且还趁此时机积极联络工界、商界,酝酿大规模的国民运动。为避免工潮、学潮相互结合,稳定统治秩序,北京政府及地方当局对学界采取了严密的防范措施。

2月9日,黎元洪发布了整顿学风令:"近来士习嚣张,风化凌替。少数教

---

①　《路潮解决后之袅袅余音》,《江声日刊》1923年2月21日,第1版。

②　中华全国总工会中国职工运动史研究室编:《中国工运史料》(第4期),工人出版社1958年版,第37页。

③　《京汉路罢工风潮之豫闻》,《新闻报》1923年2月10日,第1版。

④　《工潮又起(廿二)》,《新闻报》1923年2月10日,第6版。

⑤　鄂甲:《工潮又起(十三)》,《新闻报》1923年2月9日,第5版。

职员及在学生徒等,聚众干政。倡言脱离政府,解散国会。甚至飞腾异论,不审国情,借口研究学说,组织秘密团体,希图扰乱公安。种种越轨行为,危及教育前途及社会秩序至深且巨。"①责令内务部、教育部及京内外地方长官对学潮要严加取缔。此令一出,北京军警立即查抄了由北京学界及各团体成立的北方铁路工人后援会,并宣布四项办法严防学潮:(一)预防工人与学生联合;(二)禁止散布未备案之印刷品;(三)各区戒严;(四)严查行李。北京政府还对学界提出四项整顿办法:"(一)敦劝学生保重求学光除(阴),不可有无意识之行动。(二)禁止学生干政。(三)严订校规,中学以下学校,注意一切训练。(四)调查各校职员有无唆使学生及利用学生之行动。"②这些命令公布后,立即引发了社会舆论的沸腾,"咸谓措词过于严重"。甚至有人就此事质问某政要,这名要人解释说:"近日学生行动,时轶常轨。当局爱护青年学子,始终举张和平。从未加以干涉,惟近来日行蔓延,似不仅为寻常问题,尤不似出于学生自动,不得已始出于取缔,冀其觉悟。惟当此国家多故,时势玷危,多事不如少事。苟少数学生遵循正道,迅安学业,当局决不苛求,党锢兴狱诸说,尤属绝无其事。至对于教育界全体仍以和平处置为主,经费一节,闻正竭力筹措,俾教职员生计有资,不至废业。"③然而,实际处置办法并非如此平和。

自北京学界对京汉铁路事件表示同情之后,北京政府即派兵警加紧了对学界的侦查和监视。9日,北京政府就派警去拘捕由北京学界及社会各界组成的北京铁路工人后援会的通讯员,幸该员得以提前逃脱,后又对该会反复侦查。自北京学生为京汉铁路事件举行游行示威后,军警方面对北大学生格外注意,并在北大周围严密监守。9日晚,有多名军警前往北大学生会干事部,盘查学生。此外,军警还在北大询问了某教职员两个问题,一是"工潮是否与学界有所干连";二是学界"对于北京平民是否有煽动行为"。该教员对此一一辩驳道:"学生既要援助工人,当然是工潮自起而后始得援助。若谓煽动,则一班赤手空拳之辈,煽动亦复何为,但为尊重人道起见,不能不有所表示耳。"军警遂无话可说。自10日起,军警方面加紧了对北大的监视,在北大第一院门外

---

① 陈达:《中国劳工问题》,商务印书馆1930年版,第234页。
② 《政府整顿学潮之办法》,《舆论报》1923年2月10日,第2版。
③ 《学潮昨讯》,《舆论报》1923年2月11日,第2版。

有便衣警察和侦探 10 余人，"于汉花园一带街上，或行或立，时聚时散，并有警察一人，梭巡门前，与若辈各通声气"①。一时，北京学界空气颇为紧张。由于北京政府认为此次京汉铁路工潮有"赤化"嫌疑，因此军警对北大的日夜监视和巡逻并非仅是为了注意学生的举动，而且还有监视和逮捕中国共产党领导人陈独秀等人的意图，幸好陈独秀外出赴沪，得以幸免。对于北京政府的高压政策，《江声日刊》发表评论说："有两事最堪注目者，一为北京治下之学潮。政府不惜一再下令取缔，甚至对于教职员、学生有检查文书、监视行动之举，学界不为少妥，相继奋起，已成不可收拾之局。一为京汉道上之工潮。……然而官厅竟至蔑弃人道蹂躏民权至此，亦岂其始料所能及哉。""工学风潮之有无政治关系，试一检阅报章所载工人要求之条件与学生一致仅限于驱彭之请愿，即可证明。疑云偶生，即可任意荼毒。所谓约法者，虽已早如废文，人民为谋生命居处之安全，迫不能不起而要求相当之保障。"②

为平息工潮、学潮，北京政府继续贯彻高压政策。压迫越深，反抗也愈烈。随后，经过某议员的竭力陈说及越来越严峻的形势，北京政府遂决定不再采取高压政策。在对待学潮方面，北京政府决定"北大不更易校长，师大速发表范源濂命令。其余四校长亦仍一律慰留非至万不得已时，决不更动。此种办法，业经次第实行"③。

各地对学潮也采取了严密的防范措施。早在 2 月 5 日，即大罢工第二天，河南督军署为避免北京学潮波及本省，与京汉铁路工潮融合，经河南省教育厅批准，开封境内的学生就已"早日放假，各归乡里"，当局此举意在"使阴谋家无法号召，豫省地方渐就安谧"④。在武汉，北京学生代表由于也参与了京汉铁路罢工事件，并在某报发表攻击吴佩孚、萧耀南屠杀工人的言论，被萧耀南下密令逮捕。在上海，为防范学界联合工界、商界发动总罢工，护军使何丰林宣布戒严，各种集会结社活动一概禁止。工人、学生的示威运动亦严加取缔，并命

---

① 《北大被监视》，《京报》1923 年 2 月 11 日，第 2 版。

② 寒：《谈高压下之工学风潮》，《江声日刊》1923 年 2 月 21 日，第 4 版。

③ 《北政府对学工潮近态》，《大公报》1923 年 2 月 28 日，第 2 版。

④ 《河南督军署李炳之向曹锟参谋长陆锦报告京汉路工人开会及河南情况》，中华全国总工会工运史研究室等编：《二七大罢工资料选编》，工人出版社 1983 年版，第 730 页。

令军队加强防范。

在北京政府及各地军政当局的严密防范下,学界酝酿发起的这场国民运动因不具备实现的条件,加之工、学、商界并未达成一致行动,最终亦化为泡影。

综上所述,京汉铁路管理局的报告、"铁总"之谣传及政治、经济等方面的考量是北京政府对京汉铁路工人大罢工事件采取武力镇压的重要因素。基于上述认识,北京政府及地方当局通过武力震慑、调解与宣慰、另募新工、散播谣言及制定惠工政策等方式来应对京汉铁路工人大罢工事件。面对全国风起云涌的反抗暗潮,北京政府通过加强警戒、封闭工会、钳制舆论、打压工潮及防范学潮等方式,最终化解了这场危机。从上述北京政府及地方当局的应对措施来看,大多是暂时性的、"灭火"式的被动应对,而缺乏长远的、"防火"式的应对机制。群众运动是现代国家常见的一种政治现象。透过京汉铁路工人大罢工事件,可以明显看出,北京政权在处理这场民变危机时缺乏一个现代国家应该具备的治国理念和策略。

第三节　社会各界对大罢工的反应

二七惨案造成京汉铁路工人伤亡惨重,各地工会被封,工人运动陷入消沉。表面看来,武力镇压似乎平息了这次罢工风暴,实则反抗暗潮仍然波涛汹涌,北洋政府面临着严重的统治危机。对于这次事件,学界已有较多的讨论,但对大罢工引起的社会反应及其与"打倒军阀"之间的关联性研究仍嫌不够。为此,笔者从工界、学界、商界、政界、西方列强及国共两党、共产国际等各方力量对此事件的反应做一比较系统的考察。

一、工界的响应和支援

京汉铁路大罢工发生后,立即得到了全国各地工团的热烈响应,尤其是武汉各工团,纷纷以慰问、游行示威、声援、同盟罢工等方式给予了京汉铁路工人极大的同情和支持。

2月1日晚,参加京汉铁路总工会成立大会的武汉各工团,如汉冶萍工会、轮驳工会、粤汉路工会等20余个工团代表们返回武汉后,当即在江岸分工会开会议决,万分愤慨,一致表示要对此次京汉铁路大罢工进行实力援助,并当即发电报至郑州工会,促其努力斗争,武汉各工团誓为后援。4日上午,武汉工团联合会再次召开紧急会议,讨论援助京汉铁路罢工事宜,发出援助宣言,表示将实力援助京汉铁路,联络全国劳动界举行总罢工,不达目的绝不妥协。5日,武汉工团联合会组织5000余人的慰问队,前往刘家庙举行示威游行。游行队伍"以白布画人头一颗,头旁画大刀一把之旗帜,表示决心一起送死之意。其他警惕字句旗帜,不下千种。秩序甚为严肃,沿途商民燃放鞭爆(炮)欢迎"①。工人当场发表演说,表示要"与军阀奋斗,坚持到底,请愿同死"②,"演说之激昂愤慨,使闻者无不切齿痛恨军阀之横暴残酷,而誓死与之决斗!"③武汉工团联合会的介入,使罢工形势更趋紧张。《申报》担忧道:"当局若不速急设法收拾此工潮,其未来变化,恐有不忍言也。"④

除武汉外,北京、上海、湖南、安徽等地及海外各工团也纷纷发表通电,声援京汉铁路工人,呼吁社会援助,谴责北京政府。各工团的援电彰显出工人阶级强烈的民权意识,津浦、京奉、正太、京汉、道清、粤汉六路驻京代表联合会在援电中指出:"集会自由,载在约法。国无纪纲,此区区自由,遂亦被强梁劫持。工人等见举国梦梦,莫知所届,故不惜赤手空拳以与此残民以逞之军阀作战。"⑤上海中国劳工同盟会发表援电:"此等惨无人道之军阀,如不严厉与其奋斗,任其因焰扩张,后患何堪设想!"⑥全国铁路总工会筹备委员会痛斥军阀:"国政俶扰,军阀横行,政治出于私门,小民变为鱼肉,哀我工界,创痛尤深,即受国际帝国主义之侵凌,复蒙国内军阀阶级之荼毒。"⑦各工团的声援不仅扩大了京汉铁路大罢工的社会影响,而且使北京政府的黩武镇压行为尽人皆知,政

---

① 《汉口江岸格杀工人惨剧记详》,《京报》1923年2月11日,第2版。

② 《各路工潮未息中之各方面》,《晨报》1923年2月12日,第2版。

③ 《慰问和游行示威》,中华全国总工会中国工人运动史研究室编:《中国工运史料》1980年第2期,工人出版社1980年版,第168页。

④ 《京汉路工潮严重》,《申报》1923年2月9日,第7版。

⑤ 《六路驻京代表联合会议宣言》,《社会日报》1923年2月14日。

⑥ 《上海中国劳工同盟会援电》,《时报》1923年2月11日。

⑦ 《铁路总工会宣言》,《民国日报》1923年2月11日,第4版。

治声誉更加恶化。

除舆论援助外,工界还发动了同盟罢工来支援京汉铁路工人。大罢工爆发后,京绥、陇海、津浦、正太四路当即决定将与京汉铁路采取一致行动。武汉工团联合会下发紧急动员令,要求武汉各工团做好总同盟罢工的准备。武汉的洗衣、水车及电话等行业的工人率先举行了同情罢工。随后,道清路、粤汉路、陇海路、正太路、津浦路、汉阳铁厂、扬子机器厂、美国亚细亚洋行油厂等也相继举行了同情罢工。上海、青岛、广州、北京各地产业工人,也预备作同情罢工。此间,还有全国13条铁路及长江航工即将加入罢工行列的传闻,"虽未必能见诸事实,而此种风说,仍颇骇人听闻"①。可以说,全国工界已是蠢蠢欲动。对此形势,《晨报》曾极为担忧,奉劝当局妥善及早解决此事:"际此年关在迩,旅客如织,深盼当局妥筹善法,早决纠纷,否则日渐滋蔓,殊非社会之福也。"②但这些同盟罢工,在当局及中外资本家的联合夹攻下,基本惨遭失败。

在各地工人举行的同情罢工中,以铁路工人的支援最为猛烈。京汉铁路大罢工开始后,最先响应罢工的是河南段的道清铁路工人。6日早,道清铁路工人举行同情罢工,并向路局提出9项条件,包括:加薪、工会荐人权、八小时制、医疗、抚恤及免票等问题,道清铁路的同情罢工坚持达9日之久。8日,津浦铁路工人也举行了同情罢工,工人反应较为激烈。罢工开始后,津浦铁路工人提出8项要求,并与军警发生了冲突,导致多名工人受伤,路局亦损失甚大。同日,粤汉铁路也举行了同情罢工。该路本有一群天津帮工人,另行组织研究所,没有加入粤汉铁路总工会。在之前该路工人举行的罢工中,这些天津帮工人从未参加。但在此次同情罢工中,他们竟全体加入。粤汉铁路在同情罢工过程中,也提出了数条有关本路工人的利益诉求。道清、津浦及粤汉等铁路工人的同情罢工不仅是对京汉铁路大罢工的支援和响应,也是本路工人表达自身不满和利益诉求的一种宣泄方式。

二七惨案后,各地工会被摧残,工人运动遭到严厉镇压。表面看来,各地工潮似乎是在逐渐平息,实则暗潮涌动,事态仍在不断地发酵中。当局凭借武

---

① 《京汉路全体工人大罢工》,《时事新报》1923年2月9日。
② 《京汉路工人大罢工》,《晨报》1923年2月5日,第2版。

力解决工潮的方式,激起了工界的极大愤慨,各地工团秘密联络,图谋再起。武汉各工团酝酿在旧历新年之际发起更为猛烈的运动,①外间盛传"京汉路工人有联合九路同盟罢工之说"②。京汉铁路江岸工会及湖北工团联合会的多名领导人,如杨德甫、陈天等人逃到上海,暗中活动,积极酝酿总罢工,"其意在所有实业工厂皆停止,断绝铁路交通,使公共事业如自来水、电灯等,发生障碍,据工人自称,所有中国工人,皆应加入此项运动"③。各劳动团体也在暗中联络、酝酿,拟定于阴历正月十五,即3月2日,所有长江流域的各界华人一律罢工,以示抗议。④ 京汉铁路工会也派人四处请求帮助。某工会提议:"当此军阀罪恶昭著之时,非将工人阶级全体团结起来,不足以制政府之死命,应在上海或香港召集全国工人代表会议一次,以便解决关于政治上、经济上一切重要问题。而于实行方面,亦可组织一总机关,作为与军阀作战之总司令部。""如果此项组织可以成功,则所谓工潮平静之说,恐将由表面沉寂一发不可遏抑;军阀政治之末路必肇于此会议矣!而政府高压手段,可谓大著特效矣。"⑤一时间,众说纷纭,人心惶惶,北洋政府严密戒备。《申报》报道说:"自全国大罢工之声浪喧传各地后,人心颇形恐慌,连日各方形势似趋严重。据闻工界方面确在积极进行之中,九路联合罢工亦有协商成熟说。海员工会昨亦开会议决,如九路罢工成为事实,则海员工人亦当响应,继起罢工。此重大事故,苟不幸爆发,其影响必甚巨。"⑥

二七惨案后,北京政府的武力镇压不仅未能使工界屈服、工潮平息,反而激起了更大的反抗暗潮。正如时人所说:"其实工人近年来之觉悟与其组织能力,一日千里,大有进步,同时政府方面之倒行逆施,亦日甚一日,两方面即无最近之冲突,亦势难安,况此次风潮之结果,死伤如此之多,损失如此之大,全国人士表同情知此之热,安能从此罢手。且压力愈大,反动亦愈大之定理施于

---

① 《京汉路工潮平息后之武汉》,《晨报》1923年2月14日,第2版。
② 《武力解决工潮之反响》,《晨报》1923年2月20日,第3版。
③ 《京汉路潮后形势严重之西讯》,《申报》1923年2月23日,第13版。
④ 《大罢工恐难实现》,《时事新报》1923年2月23日,第1版。
⑤ 《将有全国工人会议出现》,《北京学生联合会日刊》1923年2月15日。
⑥ 《谣诼中之各方所闻》,《申报》1923年2月24日,第13版。

民众革命,无一不验。"①

以往铁路工人罢工的矛头基本都是对准路局或工头等管理者,这次工人斗争的矛头则是直指政府,直指军阀。工人罢工不是单纯的对路局的不满,而是对政府失去了信心。普通的工人阶级虽与京汉铁路工人同气连枝,但却无法为之提供更多的支援和保护,最多也仅是同情而已。

二、学界的声援与国民运动之酝酿

自五四运动后,学界、工界一直保持着密切的联盟关系,从事工人运动的早期共产主义者也大多来自学界,京汉铁路就是他们的一个重要工作据点。在早期共产主义者的影响下,全国的工人运动和学生运动蓬勃开展起来,工学两界常常互相支援,彼此帮扶。

在京汉铁路工人大罢工爆发前后,北京学界正在如火如荼地进行"驱彭挽蔡"运动。② 为增强实力,北京学生团体暗中与各社会团体接洽,请各团体作为学界的后援,有70多个团体答应时机成熟时愿与学界一致行动。当时,北京学界派出两路学生代表:一路从津浦铁路南下,经天津、济南、南京等地与各社会团体接洽;另一路从京汉铁路南下,除接洽沿线团体外,还预备以汉口为中心,联络附近各省,"学潮所及的区域,已经随着学生代表的足迹,将从北京而扩大到全国了"③。就在这时,京汉铁路工人大罢工爆发。于是,学潮、工潮交织,工、学两界成为更为亲密的同盟军。

2月6日,北京学生联合会代表邀请武汉三镇20多个团体代表召开会议,声援京汉铁路工人。北京学生联合会的代表向与会代表讲述了目前北京学潮的情况,请各团体"对于国家教育,与以相当之维持",他们还与在武汉的共产党员陈潭秋、李汉俊等人接洽,做了一系列的工作,如招待新闻记者,接见武汉学生代表,慰问江岸遇难工人等。④ 随后,武汉学界组织慰问队去慰问京汉铁

---

① 《将有全国工人会议出现》,《北京学生联合会日刊》1923年2月15日。
② 1923年1月,北京大学校长蔡元培因反对政客彭允彝任教育总长而提出辞职,北京各高校学生由此发起了"驱彭挽蔡"运动。
③ 朔一:《学潮酝酿后的第一声爆裂》,《东方杂志》第20卷第3期(1923年2月10日),第12页。
④ 朱务善:《中共成立前后在北京工作的回忆》,中共北京市委党史研究室:《北京革命史回忆录》(第1辑),北京出版社1991年版,第90页。

路工人,各学校准备发动同盟罢课以声援京汉铁路工人。武汉各团体也响应北京学界号召,发表电文,攻击彭允彝及军阀,准备发起民权运动,以反对湖北当局蹂躏人权。2月25日,武汉学生联合会召开大会,声援北京学界的驱彭运动,并一致通过援助京汉铁路大罢工案。武汉学联还向当局提出5条要求,要求政府明令保障全国工人集会结社自由及惩办肇事军警官员等,呼吁社会"予工人以精神及物质之援助,而向军阀进攻"①。

　　京汉铁路工人大罢工发生后,正在开展人权运动的北京学界对此次大罢工极为重视。2月6日上午,北京学界及各社会团体召开会议,议决成立"铁路工人后援会",决定援助京汉铁路工人。随后数日,北京学界及各团体又多次召集会议,商讨援助京汉铁路工人办法,认为"此事为国民争自由运动之发端,非仅京汉工人之自身问题,当议决向全国各方面为积极的大规模的活动,以援助赤手奋斗的京汉工人"②。7日下午,北京国立八校教职员代表亦召开联席会议,讨论援助京汉铁路工人罢工一事。北京学界及各团体纷纷发表宣言、通电,声援京汉铁路工人,谴责军阀暴政,表达了打倒军阀的决心。北大学生向京汉铁路工人发出数十份援电,"人民集会结社自由,载在约法,军阀毁法残民,讵非罪大恶极,望诸君为自由奋斗到底"③。北京学生联合会呼吁全国人民:"务请本打倒军阀之热忱,共张挞伐,予工界同胞以实际上之援助,以维自由。"④铁路工人后援会先后3次发表宣言,号召国人起而打倒军阀:"凡我国人,其各奋起,即速加入战线,以与彼军阀决最后之雌雄。"⑤为引起市民对京汉铁路罢工工人的同情,北京学界还举行了游行示威。9日下午,北京学生联合会在北大集会,议决向政府提出6项条件,有多名工人代表上台演说,场面热烈而感人。当日,北京学界有1000多人参加了此次游行示威。

　　2月中旬,北京学联派出多名代表到上海联络各界,酝酿发起更大规模的国民运动。北京学联的工作重点是以上海为舆论中心,重振全国学生总会,邀

---

① 《武汉学生联合会通电》,《北京学生联合会日刊》1923年3月7日。
② 《京汉路罢工中之惨剧》,《晨报》1923年2月8日,第3版。
③ 《北大对于郑州工潮之态度》,《北京学生联合会日刊》1923年2月7日。
④ 《北京学生联合会援助工人之通电》,《北京学生联合会日刊》1923年2月8日。
⑤ 《铁路工人罢工后援会第一次通电》,《北京学生联合会日刊》1923年2月8日。

集各地学生代表赴沪,拟定于 3 月 1 日召开学界会议。[①] 上海学生联合会也发出通电,表达了对北京学界及京汉铁路工人的同情和支持,表示愿与之从长计议,携手共进,共图最后胜利,并决定在 3 月 1 日召集评议会特别会。[②] 北京学联积极联络上海工界,支持长江一带的工人在 3 月 2 日举行总罢工。据《时事新报》报道,为计划此次总罢工,汉口、北京的工界、学界均派有代表去沪洽商,多次开会商讨此事,计划是"铁路、航业及各种公共利用品之雇员,先行罢工,其他书记、仆役、工人等继之,借以激动公愤,使军阀屈服。今只须华商诚意赞助,即可望成功"[③]。此外,北京学联还积极联络上海商界,发起以废督裁兵为目标的国民大运动。

北京学界也准备响应上海工学各界的国民运动,两地共同进行,遥相呼应。北京学界知晓 3 月 2 日上海工界、学界将有大规模游行示威运动,工界已下总罢工决心后,表示"吾侪际此时机,当然须有一种重大表示,借以促起全国人士之注意",当即议决紧急办法数条,有全体游行、演讲及向京外派驻代表等。此时,北京学生运动已发生转向,活动范围不再局限于北京一地,运动主体也不再仅限于学生,诉求也早已突破"驱彭挽蔡"。

在学界的积极联络下,工潮、学潮暗流涌动,大规模的国民运动已如箭在弦上,局势颇为紧张。对于这一紧急形势,《晨报》评论说:"学潮迁延不决,形势日益扩大,以大促起国人之注意。继以罢工风潮,工人又遭屠杀,全国各界更为愤慨。现学生及工人团体积极向各方面活动,举行大规模之国民运动。各界对于此举,亦颇表同情,即就京沪两处言之,此项运动已有一泻千里之势。箭在弦上,窃恐其不得不发矣。"[④]

三、商界的反对与废督裁兵运动

在这次事件中,商界对工人的感情是较为复杂的。他们既对工人的处境感同身受,又对这次罢工给商业带来的损失有不满情绪。同为工商业者,京汉

---

① 《上海学生会招待新闻界纪》,《申报》1923 年 2 月 21 日,第 14 版。
② 《京沪学生将有重大表示》,《大公报》1923 年 3 月 3 日,第 2、3 版。
③ 《大罢工恐难实现》,《时事新报》1923 年 2 月 23 日,第 1 版。
④ 《箭在弦上之国民大运动》,《晨报》1923 年 2 月 25 日,第 2 版。

铁路沿线如北京、郑州、武汉等地的商人对工人罢工持反对态度,因其利益受罢工影响较大,而以上海为代表的南方商人因其利益未受到直接影响,对工人则多持同情态度。

商界因与京汉铁路有业务往来关系,也被卷入到大罢工事件中来。在大罢工发生之前,京汉铁路沿途商业团体与工人俱乐部之间有着一定的往来关系,这些商业团体有时还出席当地工人俱乐部的活动。然而,在京汉铁路总工会成立大会遭到地方军警武装干涉后,商界对工界的态度便发生了逆转。2月1日,因畏惧当地军警的势力,郑州商界均拒绝为参加总工会成立大会的代表们提供服务,戏院、照相馆、饭店及旅馆等商家一律拒绝接纳工人。在这一事件中,郑州商家虽不是罪魁祸首,但无疑充当了军政当局的帮凶。大罢工发生后,商旅群体的利益受到损害,因此商界对此次大罢工持有强烈的反对态度。大罢工发起日是当年农历腊月十九,正值中国人极为重视的传统节日——春节即将来临之际。这一时段是一年中商旅往来最为频繁之时,罢工给商旅带来的不便可想而知。

此次大罢工使客运、货运所受影响甚巨,尤其是在年关这一特殊时段。京汉铁路沿途物产丰富,人烟稠密,北连政治中心北京,南接商业巨埠武汉。当时南粮北调、北煤南运,都要依靠京汉铁路。因此,京汉铁路不可替代的交通地位决定了这次大罢工给商业带来的巨大影响。一名记者对大罢工期间京汉铁路沿线的货运情况进行了调查,发现"豫省各客商,以年关紧迫,在汉采办货运回销售者甚形踊跃。本月三日,已开去货车两次,运载杂货甚夥,驶至信阳,因罢工风潮不能前进。而河南方面南下之棉花、木油、猪只等车亦被阻至郑州以上,不能行驶"[1];"往来客货列车抛弃中途,断绝交通,商民旅客饱尝惊恐,大受损失"[2]。《舆论报》对此担忧道:"铁路停工,商民财产损失将不可计算,而关系较巨之铺户,非至破产不已。"[3]因此,许多商旅人士对此次大罢工深感不满,尤其是"内有紧急事件急须回籍者,受此打击,莫不怨声载道"[4]。

---

[1] 《工潮又起(四)》,《新闻报》1923年2月6日,第6版。

[2] 《两个反对工人电》,《民国日报》1923年2月10日,第6版。

[3] 《当局对于工潮之近讯》,《舆论报》1923年2月11日,第2版。

[4] 《工潮又起(四)》,《新闻报》1923年2月6日,第6版。

　　沿途各地商业团体对罢工多持反对态度,尤其是武汉商界。为此,武汉总商会特召开协议会,通电曹锟、吴佩孚、张福来、萧耀南、赵恒锡等,请军政当局满足京汉工人所提条件,并致电各省商会,请其出面调停,早日解决罢工问题。① 大罢工导致郑州粮煤停运,该地商界对此次大罢工所带来的痛苦感同身受,反应也较为激烈,甚至有商人"手执白旗向各工人家滋扰,并约集各商家,不准供其米面、油水、柴煤等物以事抵制"②。长辛店商界也发表通电说,工人若再不上工,"惟有联合商家,停售罢工之人日用饮食,所有住房,立即搬出本境,免生事端"③。北京商会对京汉路沿途三省及联运各省的商业颇为担忧:"三省商业陡升障碍,而关于联运各省,亦皆受影响,为害岂有涯矣。"④全国商会联合会对此次大罢工谴责道:"交通断绝,失贾客之生机。货物停顿,制商家之死命。年关伊尔,其何以堪。商人何辜,受兹苦痛。"他们呼吁各界和平调停争端,"莫持极端态度,毋施越轨行为"⑤。此外,这次大罢工也使外商受到较大影响,各公使团纷纷照会外交部,"质问有无消弭及取缔方法"⑥。

　　因资料有限,笔者无法用具体的数据来估量京汉铁路工人大罢工给商旅群体所造成的不便和经济损失。但从上述文字资料所记载的情形来看,此次罢工确实给中外各商业团体带来了较大的影响和损失。因利益受损,商界对大罢工的反对和抵制也是显而易见的。大罢工期间,商界不仅与军政当局联合起来停售米面食粮给工人及其家属,以抵制和破坏工人罢工,而且在此次大罢工的调停过程中,商界代表多次与军警联合发表反对工人罢工、促其复工的通电。对于商界的背叛行为,工界极为愤恨,"工人以饥饿之躯,即蒙兵队之摧残,复受奸商之封锁"⑦。

　　当然,并非所有的商团都反对此次罢工,一些与大罢工并无利益关系的商

---

①　《京汉路大罢工(二)》,《民国日报》1923 年 2 月 8 日,第 3 版。

②　《中国工会运动史料全书河南卷》(上),中州古籍出版社 1999 年版,第 110 页。

③　《长辛店政绅商学路局及各团体电》,《时报》1923 年 2 月 10 日。

④　《北京商会调停电》,《民国日报》1923 年 2 月 10 日,第 6 版。

⑤　中华全国总工会工运史研究室等编:《二七大罢工资料选编》,工人出版社 1983 年版,第 756 页。

⑥　《各路工潮未息中之各方面》,《晨报》1923 年 2 月 12 日,第 2 版。

⑦　《六路驻京代表联合会议宣言》,《社会日报》1923 年 2 月 14 日。

团对工人反而极为同情。如上海工商友谊会对军警屠杀罢工工人极为愤慨，该会致电萧耀南道："连日报载京汉路工因在郑州召集各路工界大会，被军警杀戮三十余人，伤害百数十人等情，消息传来，凡我工商，无不愤恨。夫自由集会结社，载在约法，公亦国民，竟令军警杀戮无辜工友，是何居心？"①京汉铁路法律顾问施洋被湖北当局杀害之后，上海商界联合会亦为施洋奔走鸣冤，致函上海律师公会，请其"依法力争，作人格之保障，勿畏强御，勿侮矜寡，勿令万恶军阀再嚣凶焰，安鸣冤者之心，即以慰屈死者之魂"②；上海金隆街工商友谊会亦致函上海律师公会，为施洋抱不平。③

京汉铁路工人大罢工爆发之际，上海各商业团体正在酝酿发起大规模的废督裁兵运动。上海总商会本已拟定于 3 月 18 日举行旨在反对军阀的裁兵大示威运动，当日将有游行、演说，各商店一律罢市等计划，以促醒民众认识到废除督军运动的必要性。对于商界的这一举动，《民国日报》认为"全国商界，正预备着大规模的裁兵运动，适逢其会，又得了这和军阀不两立的教训，更该奋起精神来一干了"④。在此期间，工界、学界曾积极联络商界，力争共同行动，"只须华商诚意赞助，即可望成功"。令各界失望的是，商界自听说工界拟发起 3 月 2 日总罢工后，不仅没有谋求与工界联合行动，反而放弃了裁兵大示威之计划，原因是"本埠商界，不欲以裁兵运动日为导火线，致引起重大之骚乱也"⑤。商界不仅没有加入工界、学界的联合战线，其酝酿已久的废督裁兵运动亦化为泡影。由于得不到商界的支持，加之北洋政府及租界戒备森严，工界发动总罢工的计划很快流产。

对上海的工商业者而言，保护商业环境的稳定，是他们最为关心的事情。酝酿罢工罢市，将会破坏上海的商业秩序，所以尽管商界也对政府不满，但他们并不愿扩大事态，而是选择了明哲保身。总之，商界最看重的还是自身利益。因此，不管是同情工人也好，还是抵制罢工也罢，都不过是商人在乱世中

---

① 《各工团援助京汉路工之表示》，《大公报》1923 年 2 月 25 日，第 3 版。
② 《商界亦为施洋呼冤》，《民国日报》1923 年 3 月 2 日，第 10 版。
③ 北京市总工会工人运动史研究组编：《北京工运史料》（第 3 期），工人出版社 1982 年版，第 221 页。
④ 《告发起裁兵运动的》，《民国日报》1923 年 2 月 10 日，第 3 版。
⑤ 《大罢工恐难实现》，《时事新报》1923 年 2 月 23 日，第 1 版。

求生存的无奈之举。自然,商界是不会成为工人阶级的盟友的,这也很大程度上决定了这场反抗暗潮最终无法在上海喷涌而出。

四、西方列强的关注与不满

大罢工的爆发也给沿线各国商团造成了一定的影响,尤其是汉口一带租界林立,因之此次罢工事件也激起了各国驻华公使及各国商团的关注。

二七惨案发生当日,汉口租界即宣布临时戒严,并调兵遣将,以备不测。6点,租界义勇队当即武装出发,并在扬子街安置大炮,各街口均有义勇队放步哨,加强戒备。① 英国团练队也奉命出防,以备不虞。② 9点,湖北当局即致电汉口各租界工部局,担心京汉路罢工工人在租界附近闹事及结队闯入租界,请各国预先防范。工部局接到通知后,当即拉响警报,召集各国商团,分派到各个租界路口,持枪守护。停泊在长江中的各国军舰上的海军,也接到命令,准备随时登岸,以防万一。③ 随后,日本军舰"嵯峨"号也来到汉口,以观其变。④

大罢工事件逐渐平息之后,各国驻华公使曾就此问题召开特别会议。主要有两种意见:一是同情罢工工人,持这种态度者,以美、意两国为代表。美、意两国主张冷静对待此事,认为"该罢工系因军阀加以压迫,致起反动,宜将冷静态度,不取干涉或警告民国政府,以军阀即加劳动者以压迫,恐惹起重大政变,宜注意预防"⑤。二是同情北京政府,持这种态度的以英国为首。英国驻华公使白义耳认为此次罢工是"过激派"煽动的结果,"因过激派之某为协进会重要分子及工会发起人。现在均充会长或干事。故此次之罢工风潮,其中难保非过激派煽惑所致。况今据路局供职之外国工程师报告,均谓系受国际派之运动",并警告中国政府"注意过激派之煽惑工人,并将主动之过激分子分别严办,以免过激主义流行于中国"⑥。英国之所以极力反对中国的"过激派"和工

---

① 《七号戒严之情形》,《新闻报》1923 年 2 月 9 日,第 6 版。
② 《京汉路工潮已发生流血惨剧》,《时事新报》1923 年 2 月 9 日,第 2 版。
③ 《京汉路罢工中之惨剧》,《申报》1923 年 2 月 19 日,第 12 版。
④ 《京汉工潮未平》,《民国日报》1923 年 2 月 11 日,第 4 版。
⑤ 《关于工潮之各国态度》,陈素秀编:《京汉铁路工人大罢工史料汇编》,河南人民出版社 1999 年版,第 297 页。
⑥ 《各国公使两种态度》,《社会日报》1923 年 2 月 14 日。

人罢工,主要是基于自身在华利益的考量。英国是最先在汉口设立租界的国家,长江流域是英国的势力范围,加之京汉铁路沿线英属厂矿较多,而"过激主义"的盛行和中国工人运动的兴起无疑会直接威胁到英国在华利益,因之对此次大罢工,英国的反应较之其他西方国家更为强烈。

对于北洋政府武力惨杀京汉工人一事,诸多在华外国资本家也认为中国政府的做法过于野蛮。汉口一带雇佣中国工人的外国资本家曾就此事两度召开会议,认为中国政府处置此次工潮过于野蛮,恐怕会引起极端反抗,波及外资工厂。若外国在华工厂因此受到损失,他们将向中国政府索赔。随后,英、美商会请两国领事团一面致电本国驻京公使,一面向汉口的交涉员陈介提出意见,请陈转交湖北督军萧耀南。① 同时,这些外国资本家也意识到要善待中国工人,消除工潮隐患,"中国现在生活程度,日高一日,工潮或所时有。故吾人对于工人,须善遇之,且宜早筹消弭之法,苟至暴裂,则不可收拾矣"②。

实际上,对于中国的武人政治及其弊病,各国驻华公使及商团也甚为不满。大罢工发生后,某外国使团就认为这是"武人政治反响","军队不裁,乃统一之障碍","中国人民本来是统一的,所不统一者,军阀地盘、政客饭碗二者与中国人民心理相反"③。可见,外国使团也认为中国若要结束军阀割据、政治混乱的局面,必先裁兵,才有统一之希望。混乱不堪的政治秩序不仅使国人深受其害,外国商人也感同身受。1923 年 4 月,据汉口英国商会会长马氏报告:"上年为商务最艰难之一年,华人犹可就本国物品以求利,而外人因受地方纷乱之影响,出进口生意,似均落其后","今年中国,民穷财尽,官吏对于各国商人,百方剥削,频增苛税。吾人不可不时加注意,或是提出抗议。"④马氏分析说:"中国时局之纷扰,不减昔时,虽全世界不靖,然其影响于商务,究不若中国内乱之甚。中国现在俨为无政府状态,地方秩序异常坏乱,致使商务衰败,年甚一年。"为反对军阀,废督裁兵,中华全国商务联合会甚至曾向英国商会求助,请

---

①　《鄂萧惨戮工人之隐患》,《晨报》1923 年 2 月 23 日,第 6 版。

②　《汉口英商会年会详记》,武汉市档案馆编:《武汉老新闻》,武汉出版社 2002 年版,第 219 页。

③　《国内专电》,《申报》1923 年 2 月 11 日,第 6 版。

④　《汉口英商会年会详记》,武汉市档案馆编:《武汉老新闻》,武汉出版社 2002 年版,第 219 页。

各国政府禁止军械输入中国。① 可见,军阀政治危害商业,中外皆痛恨至极。

五、政界(议员)的质疑与调和

北洋政府以武力镇压这次罢工事件在国会议员中也产生了很大反响,诸多众议院议员对工人的遭遇深表同情。议员们对此次罢工事件极为关注,对于北京政府的处置不当,他们曾多次向政府提出质问案,要求查办此事,并召集议员会议,商讨应对办法,多方奔走,力争妥善解决此事。

2月1日,总工会成立大会遭到军警的武装干涉后,众议院议员胡鄂公、廖宗北、罗家衡等126人联名向北京政府提出质问:"今京汉路总工会本全体之意志,为和平之团结,并无若何非法举动。该路赵局长及冯某、黄某等,竟敢捏造危词,煽惑军警,大肆摧残,致逼成京汉路全体罢工风潮,势将漫延全国,牵动大局。究竟政府对于劳工集会,愿否予以保证,该局长等如此横蛮,应否严行惩办,本席为保护劳工尊重约法维持国家安定起见,特依法提出质问,务请即行咨交政府,限三日内切实答复。"②二七惨案发生后,胡鄂公、罗家衡2人就京汉工人被惨杀一事向北京政府再次提出质问:"夫政府为保民而设,军队受政府之命,今军队无端蹂躏人民,蔑视约法,政府毫不过问,谓非故意嗾使,其谁信之!"③众议员刘景沂也认为政府对此次京汉铁路罢工事件处置违法,提出四项质问案。此外,众议院议员王恒、吴昆、蔡达生、田桐等人也联名谴责北京政府对此次工潮事件处置失当,蹂躏约法,践踏人权,要求政府妥善处理此事。这些国会议员向北京政府提出的质问案措辞均极为严厉,反映出众议院议员们对此次政府滥用武力的愤怒之情及维护约法、保障人权的强烈呼声。然而,上述众议院议员所提质问案并未得到北京政府的回应。

大罢工发生后,其他铁路和行业也相继响应罢工,形势异常严峻。为速筹解决办法,2月11日,国会议员吴景濂、汤漪、罗家衡、胡鄂公、彭养光等数十人协商,向政府提出三条调停办法:(一)撤退军警,恢复各路工作;(二)释放被捕

---

① 《汉口英商会年会详记》,武汉市档案馆编:《武汉老新闻》,武汉出版社2002年版,第218、219页。

② 《众议员胡鄂公等向政府提出质问案》,《大公报》1923年2月7日。

③ 《胡鄂公再质问京汉工潮》,《大公报》1923年2月9日。

工人;(三)所有已经成立各工会,政府允许其暂时存在,待劳工法公布后,再依法改组。① 然而,这三条办法并未受到北京政府的重视。随后,各议员又在众议院开会讨论,决定四项调和办法:(一)政府应根据约法承认工会;(二)释放被捕工人;(三)抚恤伤亡者;(四)撤退军警,恢复各路工作。议员们当场推定代表6人,面见总理张绍曾,却无果而返。于是,议员们紧急商定,决定次日二度召开紧急会议,再与政府进行郑重交涉。② 12日,众议院议员40余人召开紧急会议,对于解决京汉铁路工人大罢工问题,提出10条办法,并接见了前来请愿的京汉铁路工人代表赵保善、王宗培、史文彬等人。③

对于众议院议员们的上述质问案及调和办法,北京政府置之不理。因此,众议院议员决定对吴佩孚、萧耀南及张绍曾等责任人提出弹劾案。在胡鄂公、彭养光、张树森等人提出的查办吴佩孚、萧耀南一案中,罗列了四条查办吴、萧的理由,并强烈谴责了军阀破坏约法、摧残人民的行为。④ 其后,议员刘盥训也提出查办吴佩孚黩武干政、祸国殃民的提案。针对吴佩孚与京汉铁路事件,刘指出:"京汉铁路本系国有,闻吴佩孚数年以来,屡截留路款,并位置私人,以为久假不归之计。近更激动工潮,残杀工人,中外骇然。"⑤此外,针对政府高压对待工潮、学潮的做法,议员还对总理张绍曾提出弹劾案,"讵该总理自秉政以来,凡百措施,大相刺谬。即如学潮迭起,该总理不谋平息,而以军警妄肆伤残。路工被虐,该总理不行查宪,而任武人更恣凶焰,目报纸为毒炮,而任意诋谋。视记者如仇雠而违法逮捕"。⑥

北洋政府不顾民主、人权、法治已经深入人心的社会现实,遇到民变事件不能从根本上疏通化解,依然凭借简单粗暴的武力镇压方式,结果治标不治本。不仅未能稳固其统治,反而导致危机四伏。

---

① 《各路工潮未息中之各方面》,《晨报》1923年2月12日,第2版。

② 《京汉路工潮之各方援助声》,《大公报》1923年2月24日,第3版。

③ 《侦察处长王光宇关于北洋国会讨论弹压京汉铁路工人运动之情报》,中华全国总工会工运史研究室等编:《二七大罢工资料选编》,工人出版社1983年版,第738页。

④ 《众议院提出查办吴萧案》,《申报》1923年3月13日,第6版。

⑤ 《刘盥训提议查办吴佩孚》,《申报》1923年3月21日,第6版。

⑥ 《中华民国史事纪要》(初稿),出版信息不详,第388页。

六、中国共产党、国民党及共产国际的反应

20 世纪 20 年代的中国,正经历着一场剧烈的社会历史大变革。时人在衣食住行、思想、价值观念等方面都在发生着巨大变化,而"革命"成为这一时期的时代主题之一。二七惨案后,一场社会革命正在悄无声息地发生,激起了时人对"打倒军阀"的大讨论。

群情激愤中,中国共产党适时地发出了"打倒军阀"的号召。惨案当天,中国共产党以劳动组合书记部的名义向工人阶级发出"打倒军阀"的号召:"我们工人受军阀政治的压迫,比商界、学界更甚,应该赶快化除地方的意见,化除行业的意见,把工人阶级组成一个极大、极强的团体,再联合农民、商界、学界,同心努力,打倒大家的公共敌人军阀,建设真正的民主共和政治来代替军阀政治。"①同时,中国共产党在各地秘密组织工、学、商等社会各界群众发起反抗北洋军阀的浪潮,"打倒军阀"的舆论一时蔚然成风。② 虽然,这股反抗浪潮在北洋政府的高压政策下并未化成强有力的行动,却产生了巨大的政治影响,"北洋军阀从此陷于与全国人民为敌的困境。反对封建军阀的伟大统一行动,由此酝酿臻于成熟"③。在中国共产党的倡导下,"打倒军阀"逐渐成为国人的共识,塑造了大时代下的"革命"形象。从此,社会各阶层对北洋政府逐渐丧失了信心,革命浪潮日益高涨,加速了北洋政府的覆灭。

大罢工失败后,社会各界纷纷发表通电谴责军阀滥用武力,国民党作为一个革命政党对此竟然没有作出任何公开回应。为此,共产国际方面非常不满,谴责道:"为什么国民党对罢工被镇压和工人学生惨遭迫害没有提出正式抗议?"④国民党何以如此袖手旁观呢? 正如马林所说:"孙中山直到临死,从来没有真正热衷于群众运动的思想。他接受它,但并不真心关注。到一九二三年,

---

① 《中国劳动组合书记部为"二七"惨案告全国工人书》,中华全国总工会中国职工运动史研究室编:《中国工会历史文献(1921.7—1927.7)》,工人出版社 1958 年版,第 38 页。

② 参见刘莉:《京汉铁路工人大罢工再研究》,苏州大学博士学位论文 2017 年,第 162—182 页。

③ 罗章龙:《椿园载记》,生活·读书·新知三联书店 1984 年版,第 275 页。

④ 中国社会科学院马列所毛泽东思想研究室、近代史所现代史史研究室:《马林与第一次国共合作》,光明日报出版社 1989 年版,第 132 页。

他就漠不关心了,他只关心军事问题。"①显然这不是国民党领导的罢工,只不过是一小部分国民党人的个人英雄主义罢了。

大罢工失败后,国共两党的工运工作都受到重创。令人惋惜的是,一些国民党人在困难面前,没有选择与共产党风雨同舟,反而乘机争夺对工会的领导权。当时的一些国民党人,如湖南劳工会头子王光辉及马超俊、郭聘帛、袁正道、郭寄生、张子余等人勾结京汉铁路工头张德惠、卢士英等人,妄图与中国共产党争夺工人运动的领导权。"他们标榜工会应为工人的经济利益而斗争,不应与政党发生关系,尤其不应受中共的利用。"②

由于大罢工失败导致工人死伤惨重,大量工人失业,生活异常艰难。国民党人乘机挑拨离间一部分京汉铁路失业工人与共产党的关系,利用报纸恶意攻击共产党,公然诋毁"共产党鼓动京汉铁路工人罢工,是牺牲工人,报效俄国"③。在国民党的这种宣传下,一些工人特别是工会领导人信以为真,杨德甫、罗海澄、张德惠等人思想上发生了动摇,对共产党产生了怀疑,影响了工人与共产党之间的关系,甚至一些工会领导人转而投靠了国民党,成为背叛工人的工贼,如张德惠、洪永福、熊锡九组织了黄色工会——沪案后援会,打着"革命""二七"的幌子争取群众,使得中国共产党的工运工作倍加艰难。

吴佩孚以血腥的方式野蛮地镇压了京汉铁路工人大罢工,制造了二七惨案。这一事件令苏俄政府和共产国际的一部分人感到很难堪,"因为他们曾在不同程度上一直支持吴佩孚直系军阀集团,也曾鼓励中国共产党北京支部与这个'自由民主主义者'保持来往",马林曾一再警告中国共产党要反对北洋军阀集团,应把力量集中在南方。显然,马林的话并没有引起足够的重视,以至于事后马林挖苦说他们的"自由民主主义者"军阀吴佩孚"毫不迟疑地把使用枪炮作为教育中国工人的最好方法"④。

二七惨案后,马林指定张国焘到莫斯科去报告这次大屠杀的经过,使共产

---

① 中国社会科学院马列所毛泽东思想研究室、近代史所现代史史研究室:《马林与第一次国共合作》,光明日报出版社1989年版,第192页。
② 张国焘:《我的回忆》(第1册),东方出版社1980年版,第284页。
③ 包惠僧:《包惠僧回忆录》,人民出版社1983年版,第123页。
④ 《马林在中国的有关资料》,人民出版社1980年版,第30页。

国际了解中国当前的形势,争取援助。此外,他建议中国共产党应把中央委员会地址移往上海,重新秘密布置工作,并转入地下。这次大罢工虽然失败了,但马林等人对中国共产党在这次大罢工中的表现基本是满意的。他们认为:"中共已迅速长成起来了,它能将大量的工人组织在工会里,能发动争取自由的罢工,又能作适当的退却,避免了更大的损失。凡此都证明中共的领导日趋成熟,中国工人运动有很大的前途。"①张国焘到莫斯科后,向共产国际东方部长沙发洛夫、远东部主任维经斯基和赤色职工国际主席罗卓夫斯基等人报告了京汉铁路工人大罢工的实况。这次失败的罢工并未引起共产国际的兴趣和重视,但共产国际答应为"二七"被难工人和被开除的失业工人募集救济金。

二七惨案的发生,使共产国际和苏俄政府联吴的幻想彻底破灭。大罢工失败之时,也正是国共联合战线开始之时。虽然孙中山被公认为是中国革命必不可少的人,但实际上,马林、鲍罗廷等及中国共产党对当时的孙中山颇有微词。

综上可见,京汉铁路工人大罢工虽被武力镇压,但却引起了巨大的社会反抗暗潮。工界在酝酿着同盟罢工,学界四处联络发起了国民大运动,商界策划着废督裁兵,国会议员的质问及外国势力的责难等接踵而来。这些反抗暗潮虽在北洋政府的高压政策下暂时并未化成强有力的行动,但却形成了一股强大的反对军阀的舆论飓风。在中国共产党的倡导下,"打倒军阀"成为社会各界的共识。北洋政府的统治已是四面楚歌,危机重重。

第四节　二七惨案后的救济工作

大罢工发生之时,正值国共第一次合作酝酿期。部分国民党员不仅参与了京汉铁路工人大罢工,也参与了二七惨案后的善后救济工作。本节以国共第一次合作为背景,对二七惨案后的善后救济工作作一全面探讨,以冀进一步考察国共两党在此次善后救济工作中所发挥的历史作用及其相互关系。

① 张国焘:《我的回忆》(第 1 册),东方出版社 1980 年版,第 179 页。

一、救济工作面临的困境

二七惨案发生后，国共两党开展了救济工作，但困难重重。

首先，救济任务异常繁重。遇难工人要安葬，家属要抚恤，伤者要医治。对于被捕工人，不但要救济他们的生活，还要设法营救出狱。上千名失业逃亡的工人牵连着几千名工人家属，失去了生活来源，生活异常困苦。这些繁重的救济任务是摆在国共两党面前的严峻现实。

其次，工会组织被破坏。二七惨案后，京汉铁路沿线的工会组织相继被封闭，工会财物被劫掠一空，工会领导人或被杀、被捕，或逃亡，或动摇、叛变。因支持此次大罢工，全国各地的工会组织基本被摧毁殆尽。工会组织被破坏，使得救济工作无场所亦无法公开进行，一时也无人敢出面组织救济工作。因此，二七惨案后初期，被难工人及家属遭受了极大的痛苦。惨案发生后数日，尚有数具工人尸首不能安葬，"暴骨挂江岸，每日该处之妻啼子号，必有数起，令人惨不忍闻"[1]。

此外，人力、财力不足是国共两党在救济工作中面临的又一困境。大罢工发生时，中国共产党成立尚不足两年，在人力、财力方面均十分薄弱。直到1923年6月，中国共产党三大召开时，仅有党员420人，其中在国外的有44人，工人党员仅有164人。当时，中国共产党的经费几乎完全依靠共产国际的支援，党员缴纳的党费很少。[2] 因此，中国共产党很难仅凭一己之力完成二七惨案后的救济任务。部分中国国民党党员虽然也参与了此次大罢工，但这种参与似乎更像一种个人行为。当时的救济工作能否得到广州国民党政府的支持仍是未知。

救济工作事关人心向背及革命力量的整合。中国共产党认识到"这种救济事业，有极重大的意义，不但直接安慰被难者，实亦间接安慰全体工人"[3]。作为此次大罢工的领导者，中国共产党有责任承担起二七惨案后的善后救济

---

① 《鄂萧惨戮工人之隐患》，《晨报》1923年2月23日，第6版。

② 陈独秀：《在中国共产党第三次全国代表大会上的报告》，中共中央文献研究室、中央档案馆编：《建党以来重要文献选编（1921—1949）》（第1册），中央文献出版社2011年版，第243页。

③ 邓中夏：《中国职工运动简史（1919—1926）》，人民出版社1979年版，第108页。

工作。然而,对年轻而势单力薄的中国共产党来说,如何完成这项十分沉重的救济任务,则是对自身的一次严峻考验。此次大罢工的重要参与者——中国国民党,也深知救济工作对争取工人群众的重要性。那么,国共两党是如何克服诸多困难,开展二七惨案后的善后救济工作呢?

二、国共两党的救济活动

尽管困难重重,国共两党仍然克服障碍,采取多种救济措施,广泛动员,尽力开展二七惨案后的善后救济工作。

(一)救助活动

第一,进行舆论动员。大罢工发生后,中国劳动组合书记部、全国铁路总工会筹备委员会向全国发出通电,吁请各报馆、各工团支援京汉铁路工人。通电发出后,工界、学界、商界、司法界等社会团体纷纷响应,以同盟罢工、示威游行、募捐、声援、慰问等各种方式支援京汉铁路工人。《晨报》《民国日报》《申报》《大公报》《新闻报》《时事新报》《益世报》《真报》等各家媒体连续登载了大量有关此次大罢工及二七惨案的报道,表达了对京汉铁路工人的同情,并对北洋政府武力镇压工人罢工的野蛮行为进行了强烈谴责。2月8日,由国民党人主办的《真报》因支持此次大罢工、鼓吹工潮而被湖北军阀封闭。一向不太关注工潮的《东方杂志》也刊文表示对北洋政府的不满:"我们对于政府这次处置这件事实在不能满意,我们总觉得以武力来压止风潮不是一种办法,不但如此,反足以扩大风潮的范围。"①《时事新报》强烈谴责了北洋军阀的黩武行为:"如必欲以威屈以力压,则万一激动人心,群起而与武夫作斗,商罢市、工罢工、人民不纳税以养兵,试问军人能独持枪以自存乎?……则直与强盗无异矣。"②此外,国共两党还利用各种集会活动及节日向社会各界发出号召,呼吁为"二七"遇难工人家属募捐。在1924年的"二七"周年纪念中,中国共产党的机关报《向导》发表《为"二七"纪念告国人》一文,呼吁社会各界救济"二七"遇难工人家属及被捕工人。③ 1927年2月,国民党在"二七"纪念活动中发表宣言:

---

① 朴之:《京汉工潮》,《东方杂志》1923年第20卷第2期,第13页。
② 效文:《萧耀南击毙工人》,《时事新报》1923年2月10日,第1版。
③ 为人:《为"二七"纪念告国人》,《向导周报》第53、54期(1924年2月20日),第405页。

"我们对于'二七'死难诸烈士的家属,就应以相当的抚恤。"①社会舆论的传播和国共两党的呼吁为"二七"救济工作做了广泛的社会动员。

第二,成立救济机构。二七惨案后,各地工会组织遭到严重破坏。针对这种状况,中共北方党部决定尽快修整队伍,加强工会组织,成立"二七"善后委员会,采取各种有效措施办理抚恤伤亡、慰问在狱工人、登记失业、安置烈士墓葬及家属生活等事务。1923年2月底至3月初,中共北方区委派人分途到京汉铁路各站抚慰工人及被难家属,在北京、长辛店、丰台、天津等处设立了失业工人及流亡家属住宿站,从事救济抚恤工作。京汉铁路各工会负责人推选代表组织了救济抚恤委员会。② 在汉口,中国共产党在华清街、胜利街及六合路等处先后设立了联络站,派项英、许白昊、刘子通、周天元等人负责办理京汉铁路死伤及失业工人的善后救济工作。③ 大罢工失败后,一部分工运骨干和失业工人逃亡到上海。郭聘帛、郭寄生等一些国民党人在上海设立了济难会,上海的中共党组织和他们一起开展救济工作。④

二七惨案后,在国共两党的宣传组织下,工、学各社会团体也成立了救济组织。早在2月6日,即二七惨案前夕,中国劳动组合书记部、民权运动大同盟、北京学生联合会、北大学生会、全国铁路总工会筹备委员会、社会主义青年团等十余个团体成立了"铁路工人后援会",积极筹款,作为京汉铁路工人的后援。⑤ 在中国国民党的组织下,上海各工团通电全国,声明誓为京汉铁路工人后盾,提议全国工界组织"全国工团工人自救会",宣布成立"全国工团工人自救会上海部",积极筹备"二七"救济工作。⑥ 此外,湖南省工团联合会组织了"援助京汉委员会",并在长沙召开二七惨案死难工人追悼会,为死难工人家属

① 《"二七"纪念之重要宣言》,《民国日报》1927年2月7日,第2版。
② 中共中央党校党史教研部:《中国共产党重大历史问题评价》(第1册),内蒙古人民出版社2001年版,第256页。
③ 李伯刚:《武汉建党初期的回忆》,政协湖北省武汉市委员会文史资料研究委员会编:《武汉文史资料(选辑)》(第3辑),1981年版,第5、6页。
④ 李玉贞主编:《马林与第一次国共合作》,光明日报出版社1989年版,第208页。
⑤ 《载德关于北大等校支援京汉铁路工人罢工报告》,中国第二历史档案馆:《中华民国史档案资料汇编民众运动》(第3辑),江苏古籍出版社1991年版,第60—61页;《京汉路罢工风潮将不可收拾》,《晨报》1923年2月7日,第3版。
⑥ 《各工团援助京汉路工办法》,《民国日报》1923年2月19日,第10版。

进行募捐活动。

第三,争取国会议员的支持。惨案后,有数十名工人被捕押在保定监狱,军政当局有处死这些被捕工人的意向。为营救他们,国共两党对国会议员进行了积极的政治宣传活动。中国共产党联络了众议院中的几位湖北籍议员,如胡鄂公、彭养光、吴昆等人,在国会对二七惨案的罪魁祸首吴佩孚、萧耀南、赵继贤等提出弹劾;此外,中国共产党派项英等人代表京汉铁路工人向国会请愿,并在众议院作了"二七"事件的报告;王宗培、姚左棠等48人联名向国会递交了请愿书,详述了事件经过并提出工人的七项要求,包括"请政府从速抚恤死伤工人及其家属"等。① 当时,中国共产党党内有两名参议员李锡九和江浩,他们也在参议院发起支援京汉工人的活动,并发动二十多名参议员到保定请愿。② 在中国共产党的积极宣传联络下,胡鄂公等参众议员100余人就此次工潮事件开会进行了讨论,拟定调和办法四条,包括"释放此次工潮之被捕者","抚恤此次工潮之伤亡者",并派代表向国务总理张绍曾请愿等。③ 1923年8月,数名国会议员致电曹锟,请其释放京汉铁路被捕工人,遂有7名工人被释放。④ 1923年10月,议员张国浚等26人再次联名电请曹锟释放被捕工人。⑤

国民党方面也为营救被捕工人积极奔走。惨案后,工潮、学潮激荡,纷纷支援京汉铁路工人。北洋政府国务总理张绍曾拟对工潮、学潮采取更加严厉的高压政策,某国民党议员听到后,"奔走见张,竭力陈说,张似稍稍觉悟,遂决定不再高压"⑥。

虽然国共两党在国会进行的这些政治宣传活动并没有取得明显的救济效果,但在客观上给北洋政府施加了压力,使北洋政府不得不顾忌社会舆论,不敢滥杀工人。据罗章龙回忆:"像史文彬、吴雨铭很危险的人几乎要杀掉,敌人

① 《京汉路工潮平息后之武汉》,《晨报》1923年2月14日,第2版。
② 《吴雨铭口述记录》,中华全国总工会工运史研究室等编:《二七大罢工资料选编》,工人出版社1983年版,第674页。
③ 《京汉路工潮之各方援助声》,《大公报》1923年2月24日,第3版。
④ 《京汉被捕工人已释》,《民国日报》1923年8月18日,第6版。
⑤ 《议员张国浚等请释放被捕工人电》,中国第二历史档案馆:《中华民国史档案资料汇编民众运动》(第3辑),江苏古籍出版社1991年版,第77页。
⑥ 《政府对于学工潮之近态》,《益世报》1923年2月24日,第2版。

要杀掉他们,至少是大部分杀掉,他们想借这个机会把我们党的人除掉,以后不在(再)闹事。我们在北京赶快作工作,在社会上争求舆论,说他们杀工人是一种罪恶,效果还不小。有的议员也出来给曹锟说:不能随便镇压工人,工人就是犯了罪也应该经过审判,不应该像打强盗似的打工人。舆论支持我们,曹锟他们就不敢轻易的杀人了。"[1]由此可见,国共两党对国会议员进行的这些政治宣传活动间接地营救了被捕工人的生命。

第四,利用"北京政变"营救被捕工人出狱,恢复失业工人工作。1924 年10 月,冯玉祥发动"北京政变",吴佩孚下野,成立了以段祺瑞为"临时总执政"的北京政府。正处于合作期的国共两党积极利用"北京政变"这一有利时机,多方联络,共同营救二七惨案中的被捕工人。"北京政变"后,冯玉祥开始倾向革命,并将所部改称"国民军",占领了河南、河北等省。中国共产党利用这一有利条件,积极联络冯玉祥,把二七惨案以来被直系军阀逮捕的工会领导人营救出来。[2] 1924 年 11 月 8 日,被关在保定监狱的史文彬、陈励懋、康景星等 14人,被释放出狱。[3]

国民党在营救被捕工人出狱、恢复工人工作等方面也起了重要作用。1924 年 11 月,孙中山应冯玉祥、段祺瑞、张作霖的邀请,北上共商国是。趁此有利时机,为让被释放的工人恢复工作,以后能继续开展铁路工人运动,"李大钊主张让史文彬、陈励懋去见孙中山。张昆弟找到史文彬和他说了以后,史文彬就到天津见了孙中山。孙中山允许他恢复工作,恢复工会。全国是拥护孙中山的。所以他们回来后,很快在长辛店就恢复了工作"[4]。此外,国民党通过交通系叶恭绰、郑洪年的疏通,使关押了近两年的其他京汉铁路工人也陆续被释放并恢复工作;被通缉的在逃工人亦被撤销了通缉令并恢复工作;津浦铁路北段工人因举行同情罢工而被捕入狱者,此际也同获释放复工。仅有京汉铁

①　《访罗章龙》,中华全国总工会工运史研究室等编:《二七大罢工资料选编》,工人出版社 1983 年版,第 594 页。

②　河南省总工会编:《河南工运大事记》,河南人民出版社 1995 年版,第 25 页。

③　中华全国铁路总工会:《中国铁路工人运动史大事记(1881—1949)》,沈阳铁路局锦州分局印刷总厂 1988 年版,第 105 页。

④　《吴雨铭口述记录》,中华全国总工会工运史研究室等编:《二七大罢工资料选编》,工人出版社1983 年版,第 675 页。

路南段被捕工人,因处在湖北督军萧耀南管制之下,暂没能复工。[①] 1924 年 12 月,国民党汉口市党部电请段祺瑞政府释放被捕工人杨德甫、许白昊、罗海臣、周天元、黄子章及律师刘芬等 6 人;[②]1925 年 1 月,又经孙中山、胡景翼等人的疏通,杨德甫等 6 人被释放出狱。[③]

至 1925 年上半年,经过国共两党的共同努力,各地被直系军阀关押的"二七"被捕工人大多被陆续营救出狱,被开除及通缉逃亡的工人也大多恢复了工作。

(二)各界捐款

在国共两党的动员组织下,国内外各社会团体、各政治势力为"二七"遇难者家属及失业、被捕工人提供了大量的物质援助。

国内社会团体对"二七"被难工人的捐款主要来自工界,但大多记载不详。有资料可查的捐款主要有:全国工团工人自救会上海部募捐 1000 余元;[④]萍乡矿工支援 540 墨西哥元,北京各团体支援 600—700 元;[⑤]安源路矿工人为京汉路死伤工人捐款抚恤费 680 元;[⑥]京奉路工会发动工人捐款 200 元,抚恤"二七"被难烈士家属;[⑦]陇海铁路徐州铁路工会发动全体路工,连续八个月每人每月捐献"一毛钱",援助遇难的"二七"烈士家属;[⑧]京绥铁路工会也发动全路工人每人捐出一天工钱,救济京汉铁路遇难失业的工人及家属等。[⑨] 在李大钊的

---

① 中国劳工运动史续编纂委员会:《中国劳工运动史》(第 3 编),竹利印刷事业有限公司 1966 年版,第 329、330 页。

② 《汉口电》,《申报》1924 年 12 月 25 日,第 4 版。

③ 《京汉工潮首领已释放》,《申报》1925 年 1 月 30 日,第 6 版。

④ 《全国工团工人自救会开会》,《申报》1923 年 2 月 24 日,第 14 版。

⑤ 李玉贞主编:《马林与第一次国共合作》,光明日报出版社 1989 年版,第 209 页。

⑥ 《安源路矿工人之经济援助》,中华全国总工会工运史研究室等编:《二七大罢工资料选编》,工人出版社 1983 年版,第 430 页。

⑦ 中国铁路史编辑研究中心、全国铁路总工会工运理论政策研究室:《二七革命斗争史》,当代中国出版社 1993 年版,第 124 页。

⑧ 中国铁路工会徐州分局委员会:《徐州铁路工人运动史大事记(1898—1987)》,1989 年版,第 16 页。

⑨ 呼和浩特铁路局工会工运史研究室:《京包铁路工人运动史话》,内蒙古人民出版社 1993 年版,第 154 页。

组织下,北京学界也为"二七"遇难烈士家属募捐了一笔较多的救援费。①

中国国民党给"二七"遇难工人家属也提供了较多的物资救济。惨案后不久,湖北工运领导人杨德甫、陈天、郭聘帛、郭寄生等人因受通缉逃往上海,他们受到孙中山的召见,向孙面陈了二七惨案的情况,并从孙中山那里得到一部分活动经费,具体数目不详。② 其中有 1000 元用来救济遇难工人,一次分给工人每家 10～15 元③。1924 年,孙中山又通过张国焘捐给铁路总工会 2000元。④ 1925 年,国民党组织的"二七"纪念大会通过了两条长期抚恤烈士遗族办法:(一)对遗族父母,每月随工人开支,每人月给九元,至身故为止;(二)遗族子女每人月给十二元,子至成年,……女至出嫁为止。⑤ 但因条件所限,当时未能得以实施。南京国民政府成立后,国民党又多次对"二七"烈士家属进行了抚恤。

二七惨案后,早期中共领导人李汉俊建议派京汉铁路工人代表到东北联络奉系军阀进攻吴佩孚,⑥杨德甫、周无为、陈天、郭聘帛、郭寄生等人曾到东北与张作霖取得联系。⑦ 东北之行虽未达成联奉打吴的政治目标,但奉系军阀为京汉铁路遇难工人及家属提供了 10000 元的救济款。其中 6000 元用于湖北工人的救济,3000 元用于上海方面,另外 1000 用于在上海印小册子和代表赴奉川资。⑧

在社会舆论的压力下,京汉铁路局亦给长辛店部分遇难工人家属发放每人 200 元,伤者每人 100 元的抚恤金。⑨

---

① 乐天宇:《我所知道的中共北京地委早期的革命活动》,中共北京市委党史研究室:《第一次国共合作在北京》,北京出版社 1989 年版,第 480 页。

② 郭寄生:《平汉路"二七"工潮之回忆》,《武汉日报副刊》第 222 期(1930 年 2 月 7 日)。

③ 李玉贞主编:《马林与第一次国共合作》,光明日报出版社 1989 年版,第 208 页。

④ 张国焘:《我的回忆》(第 1 册),东方出版社 1980 年版,第 320 页。

⑤ 中国劳工运动史续编编纂委员会:《中国劳工运动史》(第 3 编),竹利印刷事业有限公司 1966年版,第 340 页。

⑥ 李伯刚:《回忆李汉俊》,中国革命博物馆党史研究室:《党史研究资料》(第 4 集),四川人民出版社 1980 年版,第 285 页。

⑦ 罗章龙:《椿园载记》,生活·读书·新知三联书店 1984 年版,第 266 页;蔡和森:《"二七"与中共第三次大会》,张静如:《中国共产党全国代表大会史丛书(从一大到十七大)》(第 1 册),万卷出版公司 2012 年版,第 280 页。

⑧ 李玉贞主编:《马林与第一次国共合作》,光明日报出版社 1989 年版,第 209、210 页。

⑨ 李玉贞主编:《马林与第一次国共合作》,光明日报出版社 1989 年版,第 207 页。

在国内积极组织捐款的同时,中国共产党派张国焘等人去苏联报告京汉铁路工人大罢工的情况,并为"二七"遇难烈士争取国际援助。苏联铁路工会委员会在国内募捐了3万卢布,用于救济二七惨案中遇难的工人家属。① 侨居在苏联远东地区的朝鲜和中国工人也每人捐出一天的工资用以抚恤"二七"烈士家属和救济失业工人。② 此外,各国共产党和赤色工会组织也陆续不断地寄来"二七"救济款,但数目不详。

由上述资料可见,国内社会团体对"二七"被难工人的捐款主要来自工界,捐款数额也较为有限。国内外各政治势力,如共产国际、中国国民党及奉系军阀等则给予了较多的物质支持,尤其是苏联和第三国际国家的赤色工会组织。对此情形,包惠僧做了详细的说明:"募捐方面国内的办法很少,因为此时全国各地劳动组织尚在萌芽时期,工人的阶级觉悟还不高,工会的经济力量还不够,非工人阶级团体或个人如慈善会、救济会、青年会及一般富商大贾不仅隔岸观火,并把工人罢工认为是过激行为,还指'罢工运动'为'白老鼠过街,人人喊打'。我们的同志多半是教员、学生、新闻记者、工人,大家节食省衣捐凑一点为数有限。主要的捐款是在第三国际号召之下由各国共产党和各国的赤色工会募集来的,为数倒不在少。"③

三、救济工作中的国共冲突

二七惨案后,国共两党本应齐心协力,共渡难关。然而,一些国民党人把大罢工失败的原因归罪为共产党对吴佩孚政策的失当,并乘机争夺中国共产党在工人运动中的领导权。他们以上海为中心,展开了反共活动,"组成一个反中共职工运动的联合战线"④。国共两党对工人运动领导权的争夺,在二七惨案后的救济工作中也有所反映。围绕救济工作的领导权、救济款等问题,国共两党纷争不已,发生了激烈的冲突。

---

① 《全俄铁路工会委员会给中国汉口铁路总工会电》,中华全国总工会工运史研究室等编:《二七大罢工资料选编》,工人出版社1983年版,第313页。
② 陈志凌:《中共党史人物传精选本》(第6卷),人民日报出版社2001年版,第391、392页。
③ 包惠僧:《包惠僧回忆录》,人民出版社1983年版,第399页。
④ 张国焘:《我的回忆》(第1册),东方出版社1980年版,第284页。

首先,对于救济工作的领导权,国共两党产生了分歧。大罢工失败后,一部分国民党人在上海另立组织,以京汉铁路总工会的名义,组织募捐,与中国共产党进行对抗。他们向工人宣传"劳动组合书记部没有把从上海捐的款子,完全救济二七的家属们","我们要办自己的工会了,不要大学生,劳动组(合)书记部是受赤色国际的指使。我们的工会不要有党派,二七是受利用了"①;"二七罢工失败是中共领导的错误""工人们应向中共要求赔偿损失"②等谣言,给中国共产党与京汉工人的关系造成了不良影响。对国民党人的这种行为,中国共产党表示强烈不满。1925年,中国共产党在《向导周报》上发表宣言,指出"杨潜到上海,假借捐款名义,向各界骗款"③。罗章龙认为,"他们又纠集马超俊、冯自由等私自捐了一部分款,并没有交给二七家属,他们自己吞了"④。包惠僧也指出:"湖南劳工会的头子王光辉等勾结一些流氓政客郭聘帛、袁正道、郭寄生等,工贼张矗、卢士英、张德惠等妄想同共产党争夺工人运动的领导权,他们千方百计地挑拨京汉铁路失业工人动摇分子杨德甫、罗海澄、周天元、黄子坚等同共产党的感情,离间京汉铁路工人同共产党的关系。"⑤这些国民党人是否侵吞了"二七"救济款,因无确切史料证实,笔者不敢妄言。但从上述中国共产党的不满情绪里可以看出,中国共产党作为此次大罢工的领导者,自然认为自身才是京汉铁路总工会的正统继承者,以京汉铁路总工会名义开展的募捐活动应该在中国共产党的领导之下。因此,中国共产党认为国民党方面的捐款行为属于"假借名义""私自捐款""骗款"等。实际上,国共两党对救济工作领导权的争夺及彼此之间的对抗,意在争取工人群众,争夺工人运动的领导权。

其次,在救济款的账目问题上,国共两党亦纷争不已。二七惨案后,国内外各社会团体及政治势力确实为"二七"遇难工人家属捐助了不少救济款。但

---

①　《访罗章龙》,中华全国总工会工运史研究室等编:《二七大罢工资料选编》,工人出版社1983年版,第597、598页。

②　张国焘:《我的回忆》(第1册),东方出版社1980年版,第284页。

③　《京汉铁路总工会信阳分会为工贼破坏工会宣言》,《向导周报》1925年第112期,第1042页。

④　《访罗章龙》,中华全国总工会工运史研究室等编:《二七大罢工资料选编》,工人出版社1983年版,第598页。

⑤　包惠僧:《包惠僧回忆录》,人民出版社1983年版,第123、124页。

因当时中国共产党是秘密活动,共产国际及各国工会的捐款账目不能公布,这引起了国民党方面的不满和猜忌。马超俊、王光辉、郭寄生、郭聘帛等国民党人到处散播"共产党骗俄国人的钱","共产党被俄国人收买","共产党陷害工人,煽动罢工"等谣言,并登报要求中国共产党公布账目,"他们总以为还有多少钱掌握在共产党手里不给他们用",工人们也信以为真。如杨德甫、罗海澄等京汉铁路失业工人到上海找陈独秀,要求算账。[①]有工人质问张国焘:"听说你去莫斯科为我们募集了大量救济我们的卢布,为何不发给我们?"[②]1924年12月26、27、28日,郭寄生、王光辉两人在《申报》连续3天向陈独秀发出声明,公开宣布:近年来,我们彼此间尝因事故发生了不少的冲突。

对于国民党人散布的上述谣言,中国共产党一面尽力坚持对工人进行救助,一面借助媒体来澄清事实。如陈独秀在《向导》发表《我们对于造谣中伤者之答辩》一文,对"共产党勾结吴佩孚陷害工人"等谣言进行了反驳。[③] 1925年2月,全国铁路总工会第二次代表大会召开,大会通过了《救济死伤及失业问题决议》《审查"二七"救济委员会抚恤款项问题决议》和《关于工贼问题的决议》。大会决定审查抚恤款问题,由每路从到会的代表中推选一人,组成审查委员会,严密考核各项收支细数。本次大会还特别指明了张连光、张德惠等工贼卷款潜逃、造谣中伤中国共产党的行为,议决新执行委员会编辑账目尽早向全国公布。此外,大会还宣布了张德惠、王光辉、郭寄生、马超俊、谌小岑等人背叛工会的罪状。[④] 但中国共产党的这些做法并没能澄清事实及改善国共两党的关系。1927年5月,在写给郭聘帛的祭文中,国民党方面仍然认为中国共产党假借"二七"事件向苏俄骗款,"及款到手,又分文不转交京汉路工烈士等",并借此认为"莫斯科第三国际命令共产党掺入国民党,预备作鸠占鹊巢的企图"[⑤]。国民党的这些错误言论表明他们对共产国际及中国共产党存在强烈的

---

① 包惠僧:《包惠僧回忆录》,人民出版社1983年版,第400页。
② 张国焘:《我的回忆》(第1册),东方出版社1980年版,第284页。
③ 独秀:《我们对于造谣中伤者之答辩》,《向导周报》第98期(1925年1月7日),第820—821页。
④ 《救济死伤及失业问题决议》,中华全国总工会、中国职工运动史研究室编:《中国工运史料》(1958年第4期),工人出版社1958年版,第55—58页。
⑤ 《述郭聘帛烈士死难颠末》,《申报》1927年5月23日,第6版。

防范和排挤心理。

国共两党在救济工作中的冲突与纠葛,一方面反映了两党对工人运动领导权的争夺;另一方面也反映出以"联俄、联共,扶助农工"三大政策为政治基础的国共合作所蕴含的分裂危机。

总体来说,在国共合作背景下,经过两党的共同努力和积极救援,二七惨案后的救济工作取得了较为显著的成效。尽管当时国共两党人力、财力有限,救济工作只能在夹缝中艰难运作,但两党通过广泛的社会动员,有效调动了各方力量为惨案中的遇难者、被捕者及失业者提供物质资助和政治援助。最终使死者得以安葬,伤者得以救治,被捕者被陆续释放并恢复工作,失业者或被介绍到别处工作或恢复原工作,遇难工人家属也得到了一定程度的照顾和抚恤,"工人群众对此项工作一般表示满意"①。可以说,国共两党的救济工作最大限度地减缓了"二七"被难、被捕、失业工人及其家属的痛苦。

因当时条件所限,国共两党的救济工作也存在一些问题和不足,这些缺陷一定程度上影响了救济工作的效果。首先,在救济款的管理、发放上出现了一些问题。由于中国共产党缺乏救济工作经验,对救济款的管理、发放缺乏制度约束和有效监督,以至于出现了救济款"发放不公平、不恰当,浪费、贪污",甚至负责人卷款而逃的严重问题,"张连光卷了五六千元现款逃回他的故乡福建,匿迹销声","张德惠也拐了三千多元久不见面",给救济工作造成了一时的困难和混乱。② 如京汉铁路总工会法律顾问施洋被杀后,其夫人奔走京沪间,为施洋鸣冤,穷困潦倒、贫病交加,却因张连光卷款而逃,而不能及时领到救济款。③ 其次,因国共两党救济能力有限,加上遇难工人人数众多,社会环境复杂,致使一些工人及家属在二七惨案后身陷困境却无法得到及时的救助。如京汉铁路黄河桥段敢死队队长张士汉在入狱之后,其家人失去经济来源,生无居所,母亲讨饭度日,孩子夭折;江岸工人梅材咏遇难后,其妻因无法维持生活而削发为尼;江岸工会委员长林祥谦和弟弟林元成在这次惨案中遇难后,其妻

---

① 《罗章龙教授谈"二七"大罢工》,中国革命博物馆编:《北方地区工人运动资料选编(1921—1923)》,北京出版社 1981 年版,第 428 页。

② 包惠僧:《包惠僧回忆录》,人民出版社 1983 年版,第 399 页。

③ 《施洋夫人二次来沪》,《民国日报》1923 年 9 月 27 日,第 10 版。

无力安葬兄弟 2 人,在工人的救济下林氏兄弟才得以安葬等。[①] 再次,在京汉铁路工人大罢工中,其他铁路与行业的工人因举行同盟罢工,也有不少工人被捕、失业,但这些工人大多没有得到及时的救助。如正太铁路工人,因同情京汉罢工被开除的 40 多名工人中有 32 人经过长达 10 年的斗争,才得以复工;[②]武汉各工团因举行同盟罢工被开除的 2000 多名工人,大多数没有得到救助。当然,在当时条件下,这些问题也是难以避免的。另外,国共两党在救济工作中的冲突和纷争一定程度上也影响了救济工作。中国共产党在繁忙的救济工作之余,还要抽出一部分精力来处理国民党、"工贼"的破坏活动及工人的质疑,增加了救济工作的难度,影响了工运工作的开展。二七惨案后,中国共产党几乎把全部精力都用于善后救济工作上,以至于"一年之内,除救济死伤失业被捕者外,简直没有余力去精密的筹备全国铁路总工会"[③]。

革命,是近代中国的主旋律,也是国共两党的共同诉求。因此,国共能够在革命严峻时刻达成合作。然而,国共两党在政治目标及各自所代表的阶级利益等方面存在着巨大的差异,所以斗争亦不可避免。纵观上文,可以发现,除人道主义的救助以外,国共两党在二七惨案后的救济工作中皆附加了诸多政治因素的考量。在国共第一次合作的背景下,两党在二七惨案后的救济工作中既有合作也有冲突。两党之间的合作是较为有限的,龃龉及冲突则贯穿始终。国共在救济工作中的冲突与纠葛,一方面反映了国共两党对革命领导权的争夺;另一方面则凸现了国共第一次合作的曲折性、复杂性。

小　结

大罢工爆发后,基于多方因素的考量,北京政府与路局对京汉铁路罢工事件制定了恩威并施的处置原则,主要采取了武力镇压、调解与宣慰、另募新工、制造谣言及制定惠工政策等方式和手段逐渐平息了这场大罢工事件。面对因

---

① 郑州大学政治历史系:《"二七"大罢工斗争史》,河南人民出版社 1960 年版,第 71 页。
② 中华全国铁路总工会编:《中国铁路工人运动史大事记(1881—1949)》,沈阳铁路局锦州分局印刷总厂 1988 年版,第 221 页。
③ 《大会宣言》,《民国日报》1924 年 2 月 27 日,第 6 版。

京汉铁路事件而引发的全国范围内的反抗暗潮,北京政府及地方当局通过加强警戒、封闭工会、钳制舆论、打击工潮及严防学潮等措施,逐渐化解了这场严重的统治危机。然而,从北京政府的应对措施来看,主要采用的是"灭火"式的被动应对。从现代国家角度来说,北京政府的执政理念和执政手段仍是十分滞后的。

京汉铁路工人大罢工事件的发生,引起了社会各界的强烈反应。各方力量对待此次罢工事件的态度及应对措施与各自的利益息息相关。大罢工发生前,工界、学界与商界存在着相互合作与支持的同盟关系。然而,大罢工开始后,工界、学界与商界之间的联盟关系瓦解。商界因受此次大罢工影响,损失较大,转而与军政当局结成同盟共同抵制和破坏此次大罢工。工界与学界则相互支援,并积极联络商界加入,酝酿更大规模的反抗暗潮。但是,由于商界拒绝与工界、学界合作,加之北京政府的严密防范,最终工界、学界筹划的总罢工及国民大运动未能实现。尽管如此,经此一役,北京政府的残暴本质已暴露无遗,激起了社会各界的强烈谴责,包括中外商界甚至部分国会议员也纷纷责难北京政府对此次事件的野蛮处置。在中国共产党的倡导下,"打倒军阀"已成社会共识,北京政府的统治已是岌岌可危。由此可见,这一时期,民权意识的觉醒已成为一股不可阻挡的历史潮流。

二七惨案后,国共两党及国内外社会各界对被难的京汉铁路工人及其家属展开了积极的救济工作,取得了较好的效果,最大限度地减缓了工人的痛苦。革命是国共两党的共同诉求,因而两党在此次事件中能够达成合作。然而,由于两党在政治目标、所代表的阶级利益等方面有诸多差异,冲突与纠葛亦不可避免。这种情况,凸显了国共第一次合作的曲折性、复杂性及国共合作内部蕴含的分裂危机。

第五章　罢工效应:革命史视野下的
后续效应与百年符号流播

京汉铁路工人大罢工事件在全国范围内迅速传播开来,引起了国内外及社会各界的广泛关注和热烈讨论。在那个军阀专政而民主思想又蔓延的时代,政治秩序极不稳定,社会矛盾异常尖锐,民众运动正值勃兴期。大罢工事件如一"巨石"投向社会,激起千浪,产生了一系列因果反应或连锁效应。其中,既有积极的,也有消极的。虽然这次大罢工事件仅持续了短暂的几天,但它留给历史的余响是十分久远的。时至今日,我们不仅能够以更加客观的态度来总结其得失,而且仍能强烈地感受到它在近现代中国所留下的历史痕迹,"二七"符号的形成和流播就是最好的印证。

第一节　大罢工的社会效应

此次大罢工的失败带来了双重社会效应,一方面给工人群体及中国共产党的工运工作带来了严重的消极影响;另一方面也对中国的立法运动及革命事业发挥了重要的推动作用。

一、消极效应

(一)工人群体的创痛

二七惨案后,京汉铁路工人死者、伤者、被捕者及被开除失业者人数众多,给京汉铁路工人群体及其家属造成了巨大的伤害。

大罢工发生后,军政当局在京汉铁路沿线各站实行全城戒严,长辛店、江岸、郑州等地被重兵包围,军警对工人住宅区进行了大肆的搜查和劫掠。在江岸,军警乘机劫掠工人及居民家庭财产,强奸工人妻女,"计福建街一夜连洗三次,工人家所有细小都被一扫精光"[1]。军政当局联合商人拒售米面食粮给工人,致使工人"出入不能自由,死者不得葬,伤者不得医,生者不得购食"[2]。惨案发生后数日,尚有数具工人尸首不能安葬,致使"暴骨挂江岸,每日该处之妻啼子号,必有数起,令人惨不忍闻"[3]。

工资是工人家庭的主要经济来源。惨案发生后,工人中伤亡、被捕及失业者众多,加之家庭财产又被军警劫掠一空,导致众多工人家庭流离失所,生活难以为继。工人的此种窘困,军政当局亦十分清楚,湖北督军萧耀南在惨案后发布的通告中说:"(工人)停工多日,损失甚多,父母妻孥,生计几绝。"[4]交通部在对工人的安抚演说中也提到工人全家老小依靠工人工资生活的事实。经此惨案之后,确实有不少受害工人及其家属生活陷入绝境。

惨案导致上千名工人失业,也就意味着上千户工人家庭失去了经济来源,几千人失去了生存的依靠。加上当局对工会积极分子的通缉和搜捕,导致大批工人不得不拖家带口,另走他乡。在当时时局不靖、劳动力大量过剩的社会环境下,工人及其家属谋生之艰辛可想而知。

入狱工人及其家属的生活状况更加困苦。据出狱后的工人说在监狱"曾受鞭背等非法惨酷之刑","二年以来所带之手铐、脚镣、脖索,均重至二十斤"[5];饮食恶劣,"一天两顿,多是黑泥似的米,饭里面有三分谷,二分糠秕,二分砂砾,臭味浓厚,入口作呕"[6]。在保定监狱关押的 27 名工人中有一位长辛店工人名武把,因在惨案中受伤严重,在狱中得不到医治而病故,"其家远在长辛店,遗有妻并女孩三口,境遇极贫,不能收殓。每日望空痛苦,闻者皆为之掩泣。""其余尚有数人病势亦甚危殆"[7],共有 4 名京汉铁路被捕工人死于保定

①　罗章龙:《二七大屠杀的经过》,《向导周报》第 20 期(1923 年 2 月 27 日),第 163 页。

②　《京汉路工人请愿国会》,《申报》1923 年 2 月 23 日,第 10 版。

③　《鄂萧惨戮工人之隐患》,《晨报》1923 年 2 月 23 日,第 6 版。

④　《京汉路罢工中之惨剧》,《申报》1923 年 2 月 19 日,第 12 版。

⑤　《京汉"二七"罢工被捕工友均已出狱》,《晨报》1924 年 11 月 21 日,第 6 版。

⑥　《"二七"工友被囚记》,中国革命博物馆编:《北方地区工人运动资料选编(1921—1923)》,北京出版社 1981 年版,第 368 页。

⑦　《京汉工病毙保定狱中》,《民国日报》1923 年 6 月 19 日,第 10 版。

狱中。其余工人经中国共产党直接或间接营救陆续出狱。1924年11月,陈励懋、史文彬、康景星等14名工人出狱时,"容颜枯瘦,疮痍满身",沿路欢迎的京汉铁路工人"于欢庆祝贺之中,有不觉泪下者,有叹息痛恨者"。① 被捕工人被监禁期间,其家属的生活也陷入极其凄惨之境地,《民国日报》对被捕工人家属的生活状况进行了报道:"工人之家属老少,均食其力以赡生活,忽遭此意外之祸,初尚能借贷以糊口,继则赖典当以求活。终乃家徒四壁,谋生绝路。啼饥哀号之声,达于户外。"②1924年8月,部分生活陷入绝境的工人家属从亲朋处筹借路费到北京、保定求见当局,请求释放被捕工人,却无果而终。③ 京汉铁路黄河桥段敢死队队长张士汉在入狱之后,其家人失去经济来源,生无居所,母亲讨饭度日,孩子夭折。④

　　在这次惨案中遇难的工人,其家属的生活状况更为悲惨。京汉铁路总工会法律顾问施洋生前家境较为优越,"出入有专用人力车,家里雇了抄抄写写的书记,还雇有女佣人"⑤。2月15日,施洋因此次罢工事件被湖北军方杀害后,其妻郭继烈被湖北当局驱逐出境,只得携带孩子奔走于京沪间为施洋鸣冤,但府院均置之不理。施洋夫人"身怀三月遗腹,病贫交迫,形势极惨"⑥。家境较好的施洋家属生活尚且如此穷困潦倒,其他遇难工人家庭的境遇可想而知。江岸工人梅材咏遇难后,其妻年仅二十岁,因无法维持生活而削发为尼。江岸工会委员长林祥谦和弟弟林元成在这次惨案中遇难后,其妻无力安葬兄弟二人,在工人的救济下林祥谦兄二人才得以安葬。因林祥谦领导工人罢工被工头记恨,第二年,林父亦被工头打死。⑦ 时隔四年,林祥谦的夫人陈桂贞说及林祥谦遇难的惨况及其家人遭遇时,仍然"吞声饮泪恻恻动人"⑧。二七惨

① 《京汉"二七"罢工被捕工友均已出狱》,《晨报》1924年11月21日,第6版。
② 《京汉路工家属之呼吁》,《民国日报》1923年8月14日,第7版。
③ 《京汉路工家属之呼吁》,《民国日报》1923年8月14日,第7版。
④ 郑州大学政治历史系:《"二七"大罢工斗争史》,河南人民出版社1960年版,第71页。
⑤ 《中国工人运动的先驱》(第1集),工人出版社1983年版,第175页。
⑥ 《施洋之身后》,中华全国铁路总工会工运史研究室等编:《二七大罢工资料选编》,工人出版社1983年版,第438页。
⑦ 郑州大学政治历史系:《"二七"大罢工斗争史》,河南人民出版社1960年版,第71页。
⑧ 周梦莲:《"二七"四周年武汉七十万民众之纪念盛会》,陈素秀编:《京汉铁路工人大罢工史料汇编》,河南人民出版社1999年版,第626页。

案带给工人及其家属的不仅是物质生活上的困苦和窘迫，更是无法抚平的心理创伤。

对一般工人来说，经此一役，他们的境遇不但没有得到改善，反而变得更加恶劣。二七惨案后，各地军阀封闭工会组织，并加强了对工人的监督和约束，工人的处境更加恶劣。以武汉为例，"凡我工人在法律上应有之一切自由，均已剥夺净尽。不准偶语，不准阅报，不准请假，不准陈述意见，工资不准随生活程度而增加，工作时间反随意延长，尤奇者大小便亦限于次数与时间不得稍逾。……工人稍有逾越，立即重罚，除百般不堪之侮辱而外，或罚数日之工资，或立即开除，或解往督军之军法处，科以虐刑。凡此种种无理之压迫与惨酷之待遇，实为'二七'之后，武汉各工厂所常见"①。再者如正太铁路，因该路工人曾举行同情罢工，此举引起了该路局管理人员的不满。大罢工失败后，该路局对工人进行了报复，"对于工人异常苛待，提防手段，应有尽有。每星期日，例应休工，法国工程师以工人前曾罢工，计算休工之日期，勒令补足"②。对于这一时期工人阶级的遭遇，《全国铁路总工会第二次代表大会宣言》中报告道："这一期内，我们工人的一切自由，罢工流血争得的种种胜利，被帝国主义工具的军阀摧残净尽，我们一年来的生活只有饥饿、被监视、辱骂、拘留、入狱罢了。"③

（二）工运工作的消沉

二七惨案的发生和大罢工的失败也给中国共产党的工运工作带来了毁灭性的打击。对此情形，张国焘在《我的回忆》中说："当时职工运动是中共的主要本钱。在我们研讨二七罢工失败后职工运动的实况时，我们觉得这股本钱已经是十去其九。"④受此次大罢工的影响，全国的工运工作也由此陷入低沉状态。

其一，组织工作十分困难。工会被封使工运工作失去了活动场所，舆论自

① 《汉阳铁厂无故开除八百人》，《晨报》1923年4月1日，第3版。
② 《正太路工会首领被捕》，《晨报》1923年4月7日，第6版。
③ 中华全国总工会中国职工运动史研究室编：《中国工运史料》（1958年第4期），工人出版社1958年版，第58页。
④ 张国焘：《我的回忆》（第1册），东方出版社1980年版，第278页。

由被限制,致使中国共产党无法开展宣传组织活动,加之当局防范严密,工运工作困难重重。不仅京汉铁路的组织工作无法开展,其他铁路同样如此。陈独秀在三大报告中也提及这一情况:"在北方的铁路员工中,我们在京汉线上有比较好的组织,可是在罢工期间被破坏了。津浦路的组织只是一个空架子,实际上并不存在。京奉路的组织是秘密的。京(津)浦路上的工人极力把自己分成各种同乡会。在京奉路上,至今还很难把不同部门的工人联合起来。"①对此情况,马林说:"组织得不到发展,其原因之一就是月刊长期停办。"②对此困境,邓中夏也深有感触:"我们的工会工作,确实困难万分,……此时给予我们最苦恼的问题,就是在困苦艰难中如何组织的问题。"③

其二,工人对工会产生了惧怕心理。二七惨案所造成的巨大伤痛及大罢工的失败使工人群体对工会产生了惧怕和失望心理,"大部分工人害怕"④,"工人阶级内部的精神,亦因此而涣散,胆怯,有的还堕落了"⑤。工人群体是工人运动的主体力量,他们的这种惧怕心理严重削弱了工人运动的实力,也给工会的恢复工作带来了极大的困难,各地工会组织经过很长的畏惧、消极时期才慢慢恢复起来。如在惨案发生后,长辛店工会组织状况一直较差,中国共产党就经常找工人谈话,"屡次教他们把小组组织起来,但他们都很怕,前两三星期他们虽已组织十余人,但现在又无形消灭了"⑥,道清铁路工会的情形也比较差,"工友更(格)外的胆小"⑦。彰德铁路工会也经历了很长的恢复时期,在工会开始恢复工作时,"工友对工会很害怕,简直没有人来工会,会费也收不上来,每

① 《陈独秀在中国共产党第三次全国代表大会的报告》,中共二大史料编纂委员会编:《中国共产党第二次全国代表大会》,中共党史出版社2006年版,第102页。
② 中国社会科学院马列所毛泽东思想研究室、近代史所现代史研究室:《马林与第一次国共合作》,光明日报出版社1989年版,第191页。
③ 邓中夏:《中国职工运动简史(1919—1926)》,人民出版社1979年版,第121页。
④ 中国社会科学院马列所毛泽东思想研究室、近代史所现代史研究室:《马林与第一次国共合作》,光明日报出版社1989年版,第124页。
⑤ 《中共三届一中会议劳动运动进行方针议决案》,中华全国总工会编:《中共中央关于工人运动文件选编》(上),档案出版社1985年版,第30页。
⑥ 中共北京市委党史研究室编:《第一次国共合作在北京》,北京出版社1989年版,第57页。
⑦ 《中共三届一中会议中央局报告》,中华全国总工会编:《中共中央关于工人运动文件选编》(上册),档案出版社1985年版,第27页。

月亏欠房钱不能支持"①。这种低迷的状况一直持续到 1925 年 3 月,此后各地工会组织才陆续恢复建立起来。

其三,中国共产党对工运工作产生了悲观消极情绪,工运领导力量出现了分裂。从 1922 年 1 月到 1923 年 2 月间,全国罢工总数达 100 多次,参加的人数在 30 万人以上,出现了全国第一次工人运动高潮。京汉铁路工人大罢工的失败马上引起了工人阶级特别是京汉铁路的工人的失望之情,中国共产党党内的思想状况进而也发生了变化,对工人运动产生了悲观、怀疑情绪。对于这一变化,邓中夏说:"不仅是同情者对于我们的力量加以意外的轻视,就是笃信共产主义的社会革命家亦抱过分的怀疑。"②尤其是以陈独秀为首的一部分中国共产党领导人对工人运动产生了消极悲观的情绪。陈独秀由此得出结论:"工人阶级不但在数量上是很幼稚,而且在质量上也很幼稚……所以不能成功一个独立的革命势力。"③因此,在大罢工失败后的一年时间里,共产党的工运工作基本处于停滞状态,"陈独秀的中央,实际上对于职工运动不闻不问,或者怠工"④。对京汉铁路工人大罢工失败后的困境,陈独秀本人也感慨道:"各处的工人运动便随着一落千丈,去年一年中,简直没有工人运动可言。"⑤

同时,工人运动的领导力量发生了分裂:一是部分中国共产党党内同志由渐不信党到叛党;二是"工贼"和"流氓工会"的兴起。全国铁路总工会第二次代表大会对这种分裂现象进行了谴责:"自'二七'以来,这些工贼的行动更是猖獗起来。这些人,为着目前一身一家些微的利益,不惜背叛阶级,为敌人作走狗。"⑥邓中夏也认识到这一分裂现象:"消沉期中,还有一特殊现象,就是流氓工会的兴起,'二七'失败后,有几个曾与武汉工会发生过关系的知识分子的共产党员,潜逃上海,闲居无聊,由动摇以至于叛变,于是遂与湖南劳工会残余

---

① 《京汉铁路总会恢复状况》,中华全国铁路总工会工运史研究室等编:《二七大罢工资料选编》,工人出版社 1983 年版,第 481 页。

② 邓中夏:《我们的力量》,《邓中夏文集》,人民出版社 1983 年版,第 98 页。

③ 独秀:《中国国民革命与社会各阶级》,《前锋》第 1 卷第 2 期(1923 年 12 月 1 日),第 6 页。

④ 邓中夏:《中国职工运动简史(1919—1926)》,人民出版社 1979 年版,第 113 页。

⑤ 独秀:《中国工人运动之转机》,《向导周报》第 58 期(1924 年 3 月 26 日),第 461 页。

⑥ 《关于工贼问题的决议》,中华全国总工会、中国职工运动史研究室编:《中国工运史料》(1958 年第 4 期),工人出版社 1958 年版,第 57 页。

分子及上海招牌工会分子,联合起来,形成流氓工会的大联合。"①工人运动领导力量的分化使得中国共产党在消沉期中的工运工作更加困难,外受军阀和北洋政府的严厉镇压,内部又要处理党内动摇分子的背叛和"工贼"及"招牌工会"的分裂和破坏。

工会组织被破坏、工运主体力量的削弱加上中国共产党的消极悲观情绪及工运领导力量的分裂,导致在大罢工失败后的近两年时间里,中国工人运动一直处于消沉期。在此消沉的状态中,中国共产党所领导的工人运动举步维艰,其结果"只成立了一个铁路总工会,而实际上没有获真正群众的基础"②。

二、积极效应

二七惨案引起了社会各界对北京政府的口诛笔伐,导致北京政府的政治声誉严重恶化,使"打倒军阀"成为全国人民的共识。为缓和社会矛盾,稳定统治秩序,北京政府开始进行劳动立法活动。同时,大罢工的失败也促进了中国革命力量的重组和革命策略的调整。

(一)"打倒军阀""打倒帝国主义"的兴起

二七惨案后,军政当局对罢工工人的残酷镇压激起了工界、学界、商界等国内外社会团体对罢工工人的同情及对北洋政府的声讨。当时,多家新闻媒体纷纷指责当局的武力镇压。《时事新报》对当局的做法发表评论说:"武力迷梦不醒,遇事横加干涉,不独所志难遂,而且为天下人所窃笑矣。"③《京报》亦对当局的黩武政策嗤之以鼻:"以如此之时机,遇如此之风潮,若谓漫无政策,一味用武力可以凑效,虽愚者亦知其不然。此事发生以后,应付方法之大错特错,官厅更不能辞其咎也。"④经此事件,军阀已成国人的公敌。《民国日报》指出:"从京汉路潮汹涌后,愈见得,人民不倒军阀,军阀将杀人民,势不两存的了。"⑤"在革命者的眼光看起来,什么举动,都是为革命下种子。工人们的一时

---

① 邓中夏:《中国职工运动简史(1919—1926)》,人民出版社1979年版,第119—120页。
② 《中国共产党第四次全国代表大会对于职工运动之决议案》,湖北省总工会工运史研究室、武汉市总工会工运史研究室编:《工运史研究资料》(第4辑),1983年,第14页。
③ 效文:《铁路罢工与洛吴》,《时事新报》1923年2月8日,第1版。
④ 《津浦路罢工风潮之非常激烈》,《京报》1923年2月10日,第2版。
⑤ 《告发起裁兵运动的》,《民国日报》1923年2月10日,第3版。

的静寂,和吴萧的一时的权威,何尝都不是革命的种子呢?"①《文汇报》亦认为反对军阀已成为国人的共同心理:"军阀对于京汉路潮之处置大使华人愤激不平,汉沪各团体纷纷开会讨论时局,吾人试一察舆论趋向,足见反对军阀之心理今已普及于各级社会。"②

在此种情形下,中国共产党共发出了"打倒军阀"的号召,全国掀起了"打倒军阀"的热浪。早在二七惨案当天,中国共产党就以劳动组合书记部的名义向全国工人发出号召:"我们工人受军阀政治的压迫,比商界学界更甚,应该赶快化除地方的意见,化除行业的意见,把工人阶级组成一个极大极强的团体,再联合农民商界学界,同心努力,打倒大家的公共敌人军阀,建设真正的民主共和政治来代替军阀政治。……全国工友们联合起来呵!想保全我们的工会,想改良我们的生活,都非大家联合起来干预政治、打倒军阀不可呵!"③2月27日,中国共产党在《向导周报》发表了《中国共产党为吴佩孚惨杀京汉路工告工人阶级与国民》一文,再次呼吁全国人民"起来打倒惨杀工人的军阀吴佩孚、曹锟呀!打倒一切压迫工人的军阀呀!"④二七惨案后,"工人中充满了反对吴佩孚的情绪"⑤。在中国共产党的倡导下,"打倒军阀"逐渐成为全国人民的共识。可见,二七惨案对国人产生"打倒军阀"的意识发生了重要影响。中共三大亦认为:"'二七'事发于北洋军阀统治强盛时期,犹如万马齐喑之会,风雷乍起,给予北洋军阀一大闪击。事虽未成,但在政治上确有极大影响,足使曹吴气夺,令天下振奋。事后证明,'二七'的政治影响确实很大,北洋军阀从此陷于与全国人民为敌的困境。反对封建军阀的伟大统一行动,由此酝酿臻于成熟。"⑥

与此同时,中国共产党还喊出了"打倒帝国主义"的口号。对于这一情况,

---

① 《工潮静寂以后》,《民国日报》1923年2月20日,第7版。

② 《京汉路潮后形势严重之西讯》,《申报》1923年2月23日,第13版。

③ 《中国劳动组合书记部为"二七"惨案告全国工人书》,中华全国总工会中国职工运动史研究室编:《中国工会历史文献(1921.7—1927.7)》,工人出版社1958年版,第38页。

④ 《中国共产党为吴佩孚惨杀京汉路工告工人阶级与国民》,《向导周报》第20期(1923年2月27日),第158页。

⑤ 中国社会科学院马列所毛泽东思想研究室、近代史所现代史研究室:《马林与第一次国共合作》,光明日报出版社1989年版,第206页。

⑥ 罗章龙:《椿园载记》,生活·读书·新知三联书店1984年版,第275页。

陈独秀在中共三大报告中说:"从罢工时起,我们就猛烈地反对了吴佩孚","我们是在'打倒帝国主义和军阀'的口号下工作的。打倒军阀的口号已得到中国社会上大多数人的响应,而打倒帝国主义的口号还没有产生很大的影响。"①实际上,这时中国人民的反帝怒潮也正处于不断上涨的趋势中。5月10日,中国社会主义青年团在其机关报《先驱》为二七惨案发表宣言,指出:"我们受军阀和帝国主义两重压迫已经很够了,打倒军阀和帝国主义的需要已经迫在眉睫了!"②可见,二七惨案后,"打倒军阀""打倒帝国主义"的口号在中国日益响亮。对此,共产国际代表马林说道:"在事实上,当职工运动遭受二七罢工的失败后,中国反帝运动的怒潮正在激荡上涨之中。"③

由于当时中国的交通运输业大多掌握在军阀及帝国主义手中,交通工人的罢工常与军阀及帝国主义发生直接的冲突。因此,中国交通行业的工人运动容易与民族主义运动发生联系。京汉铁路工人大罢工事件后,中国工人运动与民族解放运动开始结合起来。《中国共产党第四次全国代表大会对于职工运动之决议案》指出:"在'二七'严重的打击之后,工人阶级力求反守为攻的趋势。一方面,军阀、帝国主义者中间的矛盾冲突,别方面,民族解放运动乘机发展,工人阶级也就趁着这种趋势而求进攻。因此,工人阶级与民族运动到了这个时候,已经开始实际上的结合。"④

(二)革命策略的调整和革命力量的重组

大罢工的失败,引起了中国共产党的深刻反思和社会各界的猛醒。从此种意义上来说,此次失败反而从更深层面促进了中国革命的发展。

二七惨案后,中共领导人陈独秀认识到:"要打倒军阀,散漫的各个争斗是不济事的,必须是各阶级各部分争自由争民权的各种势力,在一个统一的目标之下集中起来,成功一个有组织的广大的国民运动,才有充分反抗军阀的力

① 《陈独秀在中国共产党第三次全国代表大会上的报告》,中央档案馆编:《中共中央文件选集》(第1册),中共中央党校出版社1991年版,第169页。
② 《中国社会主义青年团为二七大惨杀宣言》,《先驱》第17期(1923年5月10日)。
③ 张国焘:《关于马林的回忆》,《马林在中国的有关资料》,人民出版社1980年版,第133页。
④ 湖北省总工会工运史研究室、武汉市总工会工运史研究室等编:《工运史研究资料》(第4辑),1983年版,第3页。

量。"①1923 年 6 月，中共三大对京汉铁路工人大罢工的失败进行了反思和总结。中国共产党指出："这次失败给了我们很大的教训，教训就是孤军奋斗。"②通过二七惨案这一惨痛教训，广大工人也意识到要反抗帝国主义和军阀，必须有强大坚固的组织和力量这一重要经验。从此，中国工人阶级便很注重组织及联合斗争。

基于上述认识，中国共产党开始调整自身的革命策略。李立三在后来的报告中指出："'二七'运动的失败，给党一个大的转变。"③这一转变就是中国共产党通过西湖会议，决定在"打倒军阀""打倒帝国主义"这两个口号下，做民权运动。

二七惨案引发了革命力量的重新组合。吴佩孚对京汉铁路工人大罢工的武力镇压，使苏俄与共产国际"联吴"的计划破产，对吴佩孚的幻想也完全破灭。自此之后，中国共产党、共产国际、苏俄与吴佩孚的关系由合作急剧转变为尖锐对立状态。中国革命运动的重点，也转移到了国民党影响下的南方地区。由于二七惨案后，各地军阀严禁"过激党"的活动，因此中国共产党唯一能够开展工作的地方也只有广州地区了，因之国共合作日益提上日程。

此次大罢工事件促进了国共合作。二七惨案发生时，正值国共联合战线酝酿之时。当时的孙中山并不看重工农群众的力量。据包惠僧回忆，共产国际代表马林当时也这样评价孙中山："孙中山仍然是中国革命不可少的人，但孙中山的革命方法始终是专靠军事投机，搞上层人物的活动，不依靠劳苦大众，不依靠工农是其所短。"当时的中国共产党对孙中山也颇有看法："总认为他说得多、做得少，他过分地重视军事投机，不信任工农群众的力量。"④但京汉铁路工人大罢工的发生，使孙中山看到了新生的中国共产党组织群众运动的能力。据罗章龙回忆："有一次，孙中山的代表张溥泉在上海曾当面告诉我说：'一九二四年共产国际代表马林见孙中山，向他提出国共合作问题。孙开始对

---

① 《陈独秀文集》（第 2 卷），人民出版社 2013 年版，第 335 页。

② 《"二七"与第三次会议》，中央档案馆编：《中共党史报告选编》，中共党史出版社 1982 年版，第 49 页。

③ 中央档案馆编：《中共党史报告选编》，中共党史出版社 1982 年版，第 217 页。

④ 包惠僧：《回忆马林》，《马林在中国的有关资料》，人民出版社 1980 年版，第 105—106 页。

同共产党合作理解不足。马林曾把《京汉工人流血记》《向导》等刊物送给孙中山阅看，孙看后向左右亲信说："我想和共产党合作，你们却不赞成，你们自高自大，自以为有军队，有广州地盘，瞧不起共产党，而实际上共产党力量比我们强的地方很多。我当年开始搞革命时，策动群众，少则百八十人，多不过几千几百人，你们看共产党发动群众斗争，动不动就是几千、几万，甚至几十万人。'二七'罢工就是例子。从这一点看，我们还不及共产党。'"①可见，"二七"事件改变了孙中山对中国共产党的态度。对于这一事实，早期中共党员许德良也回忆道："这次大罢工更重要的是对孙中山产生了影响。我从党内听说：当时，我们党正在进行工作，争取实现国共合作。京汉路的同盟大罢工使孙中山看到了工人与青年的力量，推动了他改组国民党的决心，促进了国共合作的统一战线的建立。"②关于京汉铁路工人大罢工对中国革命所发挥的重要作用，宓汝成在《帝国主义与中国铁路（1847—1949）》一书中评论道："二七大罢工的意义是伟大的。中国无产阶级通过铁路工人的行动扩大了自己的影响，引起了其他革命阶级、阶层的注目。孙中山正是在'二七'之后，积极表示支持工人运动，愿意接受中国共产党的民主革命的纲领，并与中国共产党结成革命联盟。这既说明了中国无产阶级是中国革命的最基本的动力，同时也说明了二七大罢工起了积极推进中国革命发展的作用。"③

（三）对劳动立法的推进

1.二七惨案与劳动立法之复议

二七惨案激起了社会各界对北京政府毁法残民行径的谴责，工人为争自由而罢工的举动赢得了社会各界的赞誉。1923年2月14日的《京报》评论道："今次罢工之原因，为争约法所赋予之集会自由。简言之，即争法律上之自由，比诸薪资、时间等问题实有尤为重要之价值，乃郑州等处地方绅士仰军阀之鼻息，每有以此为不成理由者，足证彼辈心目中不知法律上自由为何物，其知识

① 罗章龙：《椿园载记》，生活·读书·新知三联书店1984年版，第265页。
② 许德良：《上海支援京汉路工人大罢工的点滴情况》，《党史资料丛刊(1981)》(第2辑)，上海人民出版社1981年版，第34页。
③ 宓汝成：《帝国主义与中国铁路(1847—1949)》，上海人民出版社1980年版，第576页。

远在工人下矣。"①

二七惨案也引发了人们对法律问题及人权问题的思考和担忧。首先，北京政府在处理此次大罢工中使用的执法手段受到人们的指责。一家媒体公允地评论道："当局对于此次工潮，若用和缓方法，解决此次工潮，对于情节轻微者，本可以行政上手段处理之。即认为情节重大，触犯法律，亦应有司法机关，依法逮捕，审讯科刑。纵因人多势重（众），非赖军警协助，不能办理，然亦不可超过程度。保护人权，尊重法律，是中央政府、地方官吏应负的责任。除了依法制裁，并无可以任意处分的余地。"②其次，京汉铁路总工会法律顾问施洋因此次大罢工被湖北军方杀害，引起了国人对施洋被杀是否合法的质问。湖北、北京、上海、泉州等地的律师工会一致抗议，决定依法提出诉讼，以维人权。如武汉律师工会为施洋被杀一事发出通电："律师施洋此次是否犯罪，应否处刑，本不应归陆军审判处审判，管辖错误，姑不具论。即就鄂陆军审判处布告内认定施洋有迭次煽惑罢工情形，已不能援刑律第二百二十一条第一项处断，即援此项律文处断，其罪亦不至于死"，"乃竟予以枪毙，鄂陆军审判处之误解法律，草菅人命，实属不可思议。"③北京律师工会与上海律师工会决定采取一致行动，"依法提起诉讼，以为人权之保障，誓必达惩创军阀之目的"④。《江声日报》也提出疑问："施洋之死，吾人认为社会一大问题，非个人问题，实属不容忽视，今请诘问今日当局两点：施洋枪决是否已犯处以极刑之罪；陆军审判处是否有行使国家司法之权。"该报愤而指出："当局之枪决施洋，非但蹂躏人权，手续乖谬，且其所采之政策，亦属毫无常识。吾为此言，非为施洋辩护，须知施洋宣告死刑之时，即吾人保障——法律失其效力之日，亦即举国人生命限（陷）入恐慌之始期。"⑤

在社会各界的口诛笔伐中，要求劳动立法的呼声再起。经此血案后，社会各界纷纷出谋划策，提出要保护工人权益。早在2月6日，《国民新闻》就发表

① 素昧：《为法律上之自由》，《京报》1923年2月14日，第2版。
② 《中华民国史事纪要》（初稿），出版信息不详，第184页。
③ 《武汉律师工会为施洋抱不平》，《晨报》1923年3月29日，第7版。
④ 《北京律师公会将为施洋起诉》，《申报》1923年3月14日，第7版。
⑤ 《枪决施洋后之生命恐惧》，《江声日刊》1923年2月24日，第4版。

了《如何使京汉工潮不扩大》一文,提出"京汉路工人所要求者,当局不必问其有无夹杂其他性质,但就事论事,宜以相当之集会,予以自由。凡工人提出条件,可容纳者容纳之,妥协之,使当地认识负调查之责任,不假手于军警机关,一以诚意相孚。而工作时间与待遇薪金,尤为解决风潮之前提也"①。8日,《江声日报》认为京汉铁路工人在罢工中所提的第四、第五条要求,并非立即可以解决的问题,国家当局尤应该制定劳动法规。② 另据《东方杂志》报道,国会议员江亢虎曾向北京政府提出三条解决工潮问题之策,分别是:上策,实行资产公有,劳动报酬,教养普及;中策,实行"分红制";下策,满足工人的要求,严惩军警的干涉及杜绝政客的利用。③ 为维护自身利益,工界也为劳动立法而积极奔走呼号。对此情形,陈达在《中国劳工问题》一书中指出:"民国一二年京汉铁路大罢工,表面上虽然失败,实际上于国内劳工运动的影响颇大。因为从此以后,工界仍继续的要求集会结社权,他们以为这种权利,已由我国宪法规定,不可当作纸上空文看。"④除工界外,学界及中国共产党也积极声援和支持劳动立法。如北京学生联合会发出通电,提出"明令保障全国工人集会结社自由","由政府明令废止治安警察条例及罢工刑律"等主张。⑤ 中国劳动组合书记部进一步指出:"现在世界上稍有文化的国家,对于人民在宪法上集会、结社的自由权利,是没有违法禁止的了,工人组织工会和商人组织商会、学界组织学会都有同等的权利了","不必说欧美各国,就在中国,请看孙中山的广东政府,对于工人集会结社罢工,从来不曾干涉过,而对于压迫人民集会、结社自由的治安警察条例和压迫工人的罢工刑律,都曾下令取消了。独有北洋派统治的北京政府及北洋军队驻防的地方,对于人民言论、出版、集会、结社的自由始终用武力压制,他们的心中眼中,简直不许有法律和民权存在,北洋军阀直(真)是人民的公敌呵!"⑥经过中国共产党的积极联络,国会议员胡鄂公等100

---

① 于于:《如何使京汉工潮不扩大》,《国民新闻》1923年2月6日,第2版。

② 盾:《京汉工潮评议》,《江声日刊》1923年2月8日,第3版。

③ 朴之:《京汉工潮》,《东方杂志》1923年第20卷第2期,第11—13页。

④ 陈达:《中国劳工问题》,商务印书馆1930年版,第544页。

⑤ 《京汉路工潮之各方援助声》,《大公报》1923年2月24日,第3版。

⑥ 《中国劳动组合书记部为京汉流血事宣言》,中华全国总工会工运史研究室等编:《二七大罢工资料选编》,工人出版社1983年版,第322页。

多人向国会提交了议案，要求北京政府公布工会法，指出：依据"临时约法第六条第四项，人民本有集会、结社之自由。现在所有工会，政府自应依法允许存在"①。

面对社会各界的强烈谴责及要求劳动立法的迫切愿望，北洋政府不得不将劳动立法问题提上政府工作日程。

2.北洋政府的劳动立法活动

二七惨案后，为缓和社会矛盾，稳定社会秩序，北洋政府开始着手拟定保护劳工办法及工会法案，开启了中国政府劳动立法的先河。

1923年2月22日，黎元洪发布《大总统令》，"迩者京汉铁路工人，偶因集会细故，卒而罢工，又不服长官劝告，竟与军警冲突，致有死伤，殊深痛惜。查集会自由，为约法所特许，而罢工滋扰，亦为刑律所不容"，命令内务、交通两部查明此次罢工事由，"并着主管部妥拟工会法案，咨送国会议决"。② 可以看出，北京政府对京汉铁路工人大罢工的反对态度是显而易见的，但已准许拟制工会法。

1923年3月29日，北京政府农商部以部令形式公布了《暂行工厂通则》28条，对工人工作时间、工资福利、女工保护及童工限制等问题在形式上作了一些规定。但是，该《通则》缺乏实施的保证，北京政府也没有准备真正去实行它，实施效果可想而知。据英国外交部发表的各驻华领事关于此项通则的报告中说："各地官厅劳资各方，大都不知通则为何物，更无论于条文之遵守"，"人们对待这个《暂行工厂通则》的态度，更多的是违反而不是遵守"，"一九二三年公布的《暂行工厂通则》好像完全没有受到人们的注意，我想可以有把握地这样说，对于那些《通则》所适用的广大人们来说，他们从来没有听说过这个《通则》。"③可见，该《通则》并未得到实际执行，只是一纸空文而已。尽管如此，其进步意义仍是不容忽视的。《中国劳工运动史》一书对该《通则》评论道："虽所定条文，未必尽妥，其效力所及，亦属甚微；然在军阀控制下，有此保护劳工

---

① 《京汉路工潮之各方援助声》，《大公报》1923年2月24日，第3版。

② 《大总统令》，《交通公报》1923年2月24日，第143号。

③ 刘明逵编：《中国工人阶级历史状况（1840—1949）》（第1卷第1册），中共中央党校出版社1985年版，第689、783、810页。

之表现,则属难得。"①陈达在《中国劳工问题》一书中也认为,"虽然该《通则》未经国会通过,仅以部令发表,此实为我国第一暂行工厂条例。"②从劳动立法进程上来说,它是我国历史上第一部由政府颁布的调整劳资关系的法律规范。

1923 年 4 月 14 日,北京政府农商部又颁布了《工人协会法草案》。此时,北京政府发生了内讧,总统黎元洪被迫出走,该草案亦无果而终。《工人协会法草案》内容共有 15 条,包括允许各业组织工会,并对组织工会作了种种限制和制约。如第十三条规定:"工人协会之议决或本于议决之行动,有左列事情之一者,该管官署得命其解散。(一)混乱政体者;(二)妨害公安者;(三)危及公众之生活者;(四)妨碍交通害及国家社会者。"③该草案公布后,立即引起了工界的反对。如全国工团工人自救会上海部发出通电,强烈反对该法案,指责北京政府"借保护劳工之名,而产压迫劳工之工具,其计诚巧,其心诚可诛矣。京政府违法殃民,久已为国民所不齿",声明:"工会法案,虽为我劳动界所渴望,但草拟之内容如此,则我辈所绝对否认。并闻该法案已咨送国会,则能成立与否,尚不可知。但敝会以为法案关系于我劳动界前途至重且大,非经我全国各工团大会讨论,敝会亦不敢提出修正,惟有函请我全国各工团,对于此法案,一致否认。"④《晨报》也对该草案批评道:"对于政府方面权利之保持,则应有尽有,对于劳动者方面利益之规定,则毫不注意。而第十三条所载,显以法律干涉约法中人民有集会结社之自由规定尤为不合。"⑤该草案虽然对工会组织限制较严,引起了社会各界的强烈反对,但相较以往而言,毕竟肯定了工会组织的合法性,准许工会组织公开存在。而且,从法律意义上来说,此次立法活动开启了我国制定工会法的先河。

综上可见,京汉铁路工人大罢工事件产生了双重社会效应。一方面,这一事件确实给当时的工人群体带来了一定的困苦和磨难,也使当时的工会运动遭到了严重的挫败;但另一方面,这一事件也产生了一定的积极效应。首先,

① 《中国劳工运动史续编》编纂委员会编纂:《中国劳工运动史》(第3编),竹利印刷事业有限公司1966年版,第322页。

② 陈达:《中国劳工问题》,商务印书馆1930年版,第544页。

③ 《工人协会法草案咨达众院》,《晨报》1923年4月16日,第3版。

④ 《工人协会法案之反对声工人自救会之代电》,《申报》1923年4月25日,第14版。

⑤ 《工人协会法草案咨达众院》,《晨报》1923年4月16日,第3版。

对中国的革命事业带来了巨大的影响，不仅使北京政府的政治声誉严重恶化，"打倒军阀"及"打倒帝国主义"成为国人的共识，而且进一步促进了中国革命力量的重组和革命策略的调整。其次，这一事件的发生也开启了北洋政府进行劳动立法的先河。

第二节　"二七"符号的建构和传播

符号是人类认知世界的工具。人们通过符号对自然界和人类社会进行分类和抽象，借助符号对客体事物进行演绎推理，并利用符号完成人际交流和传播信息。"人类生活在自己创造的符号世界之中，并在符号世界中谋生存、求发展，把符号看成生存和发展的有力工具和武器。人类在创造符号的同时又在有选择地使用符号；在使用符号的同时又在不断地创造着符号，人类是符号世界的创造者与主宰者。"①因此，符号是人类的一种"自由创造"，能够被人们赋予意义，并经过社会认同和约定俗成，进入信息传播系统。创造与运用政治象征符号是各种政治力量经常运用的政治权力技术，它能帮助政治符号运用者更有效地进行社会动员，从而获得民意与合法性。二七惨案后，国共两党及社会各界根据当时的社会需要，对"二七"事件进行了全面塑造，逐步将其建构、塑造为政治象征符号，"二七"符号对近代中国革命产生了深远的影响。

一、"二七"符号的初步建构

任何一个符号的形成都离不开符形、对象及意义三个要素。一个行之有效的符号体系基本都是经过多年的实践，以特定的方式积累、修改和定型的。"二七"符号的形成同样经历了这样的过程。

（一）符形建构

在古今中外历史上，重大事件常以事件的发生地或发生时间来命名。在中国历史上，也有以事件发生时间来命名重大历史事件的传统。但中国古代采用的是天干地支纪年法，在 1912 年 1 月 1 日之前，中国历史上发生的重大

---

① 黄华新、陈宗明：《符号学导论》，河南人民出版社 2004 年版，第 32—33 页。

事件,都是以年份的干支来命名。如"辛酉政变""戊戌变法""辛丑条约""辛亥革命"等。1912 年元旦,中华民国成立,中国开始采用公元纪年法。从此,一些重大历史事件,特别是"政变""惨案""运动""起义"之类的大事件常以发生时间来命名,如"五四运动""九一八事变""一二·九运动""七一五政变""七七事变"等。

1923 年 2 月 7 日,北洋军阀武力镇压了京汉铁路工人大罢工。惨案发生后,京汉铁路总工会、湖北全省工团联合会驻沪办事处在 2 月 9 日的《商报》上发表宣言,宣言中率先使用"二七事件"来代指二七惨案。因当时"二七"这一说法尚属首创,所以该宣言中还特意注明"即吴萧屠杀京汉工人事件"。① 2 月 26 日,湖北全省工团联合会、京汉铁路总工会驻沪办事处在《北京学生联合会》特别增刊中发表了四则声明,再次使用了"二七事件"这一称谓。② 2 月 27 日,中国劳动组合书记部在中国共产党的机关报《向导周报》上发表《二七大屠杀的经过》一文。③ 此后,国共两党还组织编写了《二七工仇》《二七惨剧》等读物,使"二七"这一名称得以广泛传播。1923 年 3 月 22 日,北京各团体与学生联合会举行了"二七"烈士追悼会,来自社会各界的 1000 余人参加了此次追悼会,发放了 3000 份"二七"纪念册,并将追悼会现场的祭文、挽联、诗词等编成《"二七"悲愤录》。④ 在国共两党的组织动员下,上海、广州等地也举行了"二七"追悼会,使"二七"事件及"二七"这一词汇再次广泛传播。自此,各大媒体及社会各界人士皆用"二七"来指称京汉铁路工人大罢工及被北洋军阀武力镇压一事。如"慨自二七之役,军阀惨杀我工人,封闭我工会"⑤,"'二七'是我们中国工人第一次奋斗的牺牲第一次的流血"⑥。通过各种渠道的不断传播,"二七"逐渐成为京汉铁路工人大罢工及二七惨案的代称,"二七"遂成为这一历史事件的符号形体。

① 《京汉路潮中之一片呼吁声》,《商报》1923 年 2 月 9 日。
② 《声明四则》,《北京学生联合会》1923 年 2 月 26 日。
③ 《二七大屠杀的经过》,《向导周报》第 20 期(1923 年 2 月 27 日),第 160－164 页。
④ 《施林暨二七烈士追悼会预志》,《京报》1923 年 3 月 21 日;中共中央党校党史教研部编:《中国共产党重大历史问题评价》(第 1 册),内蒙古人民出版社 2001 年版,第 257 页。
⑤ 《汉阳铁厂无故开除八百人》,《晨报》1923 年 4 月 1 日,第 3 版。
⑥ 《京汉路工劳动节宣言》,《民国日报》1923 年 5 月 3 日,第 3 版。

（二）象征意义的初步建构

意义问题是政治符号的核心问题,"给予某种事物以某种意义,从某种事物中领会出某种意义"①,从而产生出某种政治符号。"二七"之所以成为中国近现代史上人人皆知的政治符号,一方面是因为京汉铁路工人在"二七"大罢工中确实具有不怕牺牲、英勇反抗的革命精神,另一方面则是由于国共两党及社会各界对"二七"大罢工的意义有选择地进行了塑造。京汉铁路工人大罢工为争取集会结社权,在罢工过程中表现出高度的团结性和革命性。尽管这是一次失败的罢工,其间也有诸多问题和缺陷。但与工界其他工人罢工相比,"二七"事件更为惨烈,影响更为深远,其革命特质和自由民主精神也更为突出。这些特性为塑造"二七"政治符号提供了丰富的资源和条件。

实际上,在大罢工期间,工界就已开始塑造自身的革命形象。2月6日,京汉铁路总工会向全国各铁路工人发出通电,声称:"我们这回总斗争,可以说是为争自由作战,为我们全国无产阶级作战。我们宁愿全体死于锋刃之下,不愿退让的血钟响了,战鼓鸣了","我们已经要用头颅塞满了前线,要用赤血染红了旗帜呵!"②唐山工人对京汉铁路工人的这种革命精神也加以推崇:"诸君有奋起救国运动,工界同人极为欣感,同京汉路工友,以力争集社结会之自由,首撄其锋,工界同人,自当一致援助。盖以此次力争自由,非独京汉路工人之义务,乃工界全体之义务,而且是全国人民之义务。"③当年的五一劳动节,京汉铁路总工会发表宣言,"'二七'是我们中国工人第一次奋斗的牺牲第一次的流血","只有大家联合起来,不断的牺牲,不断的流血打倒万恶的军阀,打倒帝国资本主义,实行全世界无产阶级大联合"。④ 工界对自身革命精神的推崇既是出于动员社会各界起来援助京汉工人的需要,也有鼓舞人心、促进内部团结共同斗争的考量。

大罢工失败后不久,中国共产党就开始了对"二七"精神的塑造。通过赋

---

① [日]池上嘉彦:《符号学入门》(张晓云译),国际文化出版公司1985年版,第3页。

② 《京汉铁路总工会致全国工友书》,中华全国总工会中国工人运动史研究室编:《中国工运史料》(1980年第2期),工人出版社1980年版,第167、168页。

③ 《唐山工人声援电二则》,《晨报》1923年2月7日,第3版。

④ 《京汉路工劳动节宣言》,《民国日报》1923年5月3日,第3版。

予这次事件以意义,形成符合自身需要的革命话语体系,为中国共产党革命事业的合法性创造历史依据。如 1923 年 2 月 27 日,中国劳动组合书记部赋予了此次惨杀事件所蕴含的政治意义:"自由是全国被压迫的人民都需要的,所以此次工人罢工的目的,不是为了工人单独的利益,是为了全国人民共同的需要。""军阀是全国被压迫者的共同仇人,他们此次屠杀工人,其意义不仅是屠杀罢工的工人,实是屠杀我争自由的人民,屠杀为全国人民争自由的先锋军。"①同日,中国共产党再次重申了此次事件的意义:"这次汉口的大惨杀,不仅是军阀惨杀工人的意义,乃是军阀惨杀争自由人民的先锋军的意义;这个惨杀凶手吴佩孚不仅是工人阶级的敌人,乃是全国争自由的人民的敌人。"②可见,中国共产党从全国革命的角度赋予了"二七"事件重大的意义。

社会各界对京汉铁路工人大罢工的意义也高度推崇。各家媒体纷纷发表评论,高度赞扬了此次大罢工:"政治性质的罢工在道德上要高出于经济性质的罢工好几倍。""觉得他们的精神实在是高尚纯洁到万分,他们情愿受饿、情愿死,但他们必定要与军阀官僚同死,这是何等壮烈啊!"③"今次罢工之原因,为争约法所赋予之集会自由。简言之,即争法律上之自由,比诸薪资、时间等问题实有尤为重要之价值。"④此外,各家媒体对北洋军阀武力镇压工人的行为也给予了强烈谴责:"武力迷梦不醒,遇事横加干涉,不独所志难遂,而且为天下人所窃笑矣。"⑤《京报》认为此次事件,政府应付方法大错特错,"一味用武力可以凑(奏)效,虽愚者亦知其不然"⑥。对于如何反抗北洋军阀的武力镇压,有媒体指出"只有'奋斗',是取自由的唯一的途径。换句话说,就是'自由是热血换来的'","这次罢工,并不是仅仅一部分京汉路工人的自由问题,是中国劳动运动的先驱"。⑦ 也有人认为,工人以罢工来反抗军阀,这种手段只能"施之于

---

① 《二七大屠杀的经过》,《向导周报》第 20 期(1923 年 2 月 27 日),第 164 页。
② 《中国共产党为吴佩孚惨杀京汉路工告工人阶级与国民》,《向导周报》第 20 期(1923 年 2 月 27 日),第 158 页。
③ 《政治性质的罢工》,《时事新报》1923 年 2 月 21 日,第 2 版。
④ 素昧:《为法律上之自由》,《京报》1923 年 2 月 14 日,第 2 版。
⑤ 效文:《铁路罢工与洛吴》,《时事新报》1923 年 2 月 8 日,第 1 版。
⑥ 《津浦路罢工风潮之非常激烈》,《京报》1923 年 2 月 10 日,第 2 版。
⑦ 叔侯:《京汉铁路工人罢工事件》,《责任》1923 年第 13 期,第 1 版。

尚有廉耻之半小人，而不能施之于一般贪而无厌、麻木不仁、暴戾恣睢之军阀，故余对于此次发罢工之酝酿，仅赞成其目的，而不赞成其手段。若就手段而论，必当再进一步而求所以致命之道也"①。可见，社会各界对"二七"意义的肯定和赋予更加注重"争自由""反军阀"的内涵。

共产国际赋予了此次大罢工以国际意义。它在对中国铁路工人发表的宣言中说："共产国际执委了解到你们反对英、日、美帝国主义的走狗中国军阀的英勇斗争，谨向你们致敬。""铁路工人同志们，你们在最近一次罢工中的奋斗和牺牲，已经把你们和全世界无产阶级反对世界各国剥削者的斗争汇合在一起了。""年轻的中国共产党在斗争中坚定地和你们站在一起，她不屈不挠地同这些杀害京汉铁路罢工工人的刽子手进行斗争。从现在起，你们同中国共产党更加亲密了。"②共产国际从世界无产阶级革命的角度对"二七"意义进行了阐释，并宣扬中国共产党在此次罢工中的领导作用。

由上述可见，在二七惨案后的短时间内，京汉铁路工人大罢工的意义从争取铁路工人的集会结社权，到成为全国工人争自由的先锋队，再到成为世界无产阶级革命的一部分。"二七"事件被赋予的政治蕴意在传播中不断得到升华，成为"争取自由""不怕牺牲""打倒军阀"及"打倒帝国主义"的精神象征，初步形成了"二七"意义的基本内涵。

（三）仪式与"二七"符号的初步建构

仪式，通常是象征性的、表演性的，由文化传统所规定的一套行为方式。仪式与象征既可以表达权威，又可以创造和再造权威，它们与权力之间相互依存、互为因果。权力必须通过象征形式而得以体现，仪式是传播政治神话的主要方式。

"二七"符号的象征意义最初主要是通过追悼会、五一劳动节等仪式操演得以展示的。二七惨案发生后，工人死伤惨重，引起了社会各界的广泛同情。为将"二七"事件建构为全国民众普遍认同的政治象征符号，发挥其社会动员作用，中共北方区委不顾北京军警的大肆搜捕，在北京、上海召开了"二七"死

---

① 效文：《仅罢工能推倒军阀乎》，《时事新报》1923 年 2 月 24 日，第 1 版。
② 《共产国际执委告中国铁路工人宣言》，中华全国总工会工运史研究室等编：《二七大罢工资料选编》，工人出版社 1983 年版，第 309 页。

难烈士追悼大会。随后,在国共两党及各社会团体的积极组织下,广州也举行了"二七"烈士追悼大会。

由于大罢工失败后,北方军警大肆搜捕京汉铁路工会领导人,中国共产党不能公开活动。因此,这次"二七"烈士追悼会,中共及社会各界是以北京各团体联合会与学生联合会的名义合办的。对于这次追悼会,中国共产党及北京各团体进行了精心设计,事前筹备会发出追悼会启事:"'二七'屠杀,施林被难。嗟我平民,能无寒心!然'死或轻于鸿毛',亦'或重于泰山'。烈士殉名,国亦有光。吾人悼亡,所以寄思。有同感者,曷兴乎来!"①筹备会对追悼会的仪节也作出了规定:(一)报告施、林及"二七"诸烈士被杀情形。(二)施洋夫人报告施洋被害详情。(三)读祭文。(四)群向烈士影片行鞠躬礼。(五)唱革命歌。(六)分散纪念册。(七)来宾演说。(八)散会。②

追悼会的空间布置、仪节及宣传等皆极具现代色彩。追悼会的空间布置简单、朴素而又庄重肃穆:大门设松坊一座,会场悬挂国旗及"松"字,施、林及诸烈士被害时的放大照片。国旗是国家最重要的象征符号,"松"的象征意义是永垂不朽。因此,追悼会的空间布置营造出"二七"烈士为国捐躯、革命精神永垂不朽的寓意。这种安排具有极其重要的象征意义,塑造了"二七"烈士的神圣地位及与中国革命的关系。

在追悼会仪式过程中,社会各团体积极参与,齐集在北京高师风雨操场,"到者约千人,挽联花圈甚多,后来者几无隙地"③。为增强追悼会参与者的集体悲愤情绪,大会邀请了施洋烈士的夫人及其三岁女儿亲临现场,讲述施洋烈士的事迹,施洋夫人"进场时即哭不成声,满座亦多为之掩泣"④,"斯时全场惨淡,似均有重忧者,哭声大作矣! 而施洋夫人尤泣不成声,故由袁君代为报告"⑤。此外,大会还邀请了京汉铁路长辛店工会曾参加过大罢工的工人刘监堂来会场作报告。施洋烈士家属及京汉工人的到来增强了追悼会仪式的凄惨

---

① 《施林暨"二七"诸烈士追悼大会筹备会启事》,《北京学生联合会日刊》1923年3月22日。
② 《施林暨二七烈士追悼会预志》,《京报》1923年3月21日。
③ 《昨日施林及二七遇难工人追悼会》,《晨报》1923年3月23日,第3版。
④ 《昨日施林及二七遇难工人追悼会》,《晨报》1923年3月23日,第3版。
⑤ 《昨日施林暨"二七"诸烈士追悼大会纪实》,《北京学生联合会日刊》1923年3月23日。

悲壮的情绪，能够更加有效地获得社会认同，调动参与者的政治热情。

此次追悼会仪式的核心部分是演讲。演讲者一般是各界要人，通过演讲传达讯息和观念。演讲者追溯了"二七"烈士的丰功伟绩，阐释了"二七"斗争的意义，宣扬了继承"二七"烈士精神，打倒军阀、打倒帝国主义的政治主张等，从而凸显了追悼会仪式的权威和主题。如共产党员何孟雄在此次追悼会演讲中提出："我们以后的革命工作，非和平所可成功，要继续施林诸烈士之志方可。"代表黄鹏基指出："诸烈士指（给）我们的教训，非牺牲得不了幸福"，"我们现在唯一的办法，只是杀国贼、除内奸、灭强盗，才足以报死者。"①大会先后有来自全国各地的学校、机关、工会代表等 30 余人登台演讲，"悲歌慷慨，震动幽燕"②。对于当时的场景，一名"二七"追悼会的参与者写道："他们都充着沸滚的热血，沉痛而慷慨的演说了。他们的脸如白纸，他们的声如泣诉"，"台下的人，悲愤得不能忍耐了，他们那完成林施诸烈士工作的坚志，一阵一阵由他们灰色脸上表现出来了"，"他们由哀悲而兴愤（奋），表示出非与恶魔决战不可的态度来，""无数的林施诸烈士都摩拳擦掌的准备登台呢！"③通过演说和反复的意识形态灌输，不仅使民众接受了一次深刻的精神洗礼，而且形成了对"二七"符号的社会认同和难以忘怀的集体记忆。

分发宣传纪念品也是强化仪式功能的一种方式。除追悼会筹备会印刷的 3000 份烈士照片及 3000 本《"二七"纪念册》外，此次"二七"追悼会还把来自国内外的花圈、挽联、诗文、悼词等 500 余件，临时编印成《"二七"悲愤录》。宣传纪念品能使更多的民众在仪式结束以后仍然能够阅读、思考和认同"二七"符号，更长久地强化民众的记忆，从而拓展了"二七"符号的表达和传播空间。

此次追悼会在议程之外，又增加了示威游行环节。追悼会仪式的参与者队伍直达北洋政府的总统府，呼喊"惩办祸首""为死难烈士复仇""实现民主自由"等口号，并提出七条要求：立即撤退长辛店驻军、释放被捕工人、抚恤被难家族、惩办凶手、启封工会等。游行中，民众群情激奋，誓为争取集会、结社、罢

---

① 《昨日施林暨"二七"诸烈士追悼大会纪实》，《北京学生联合会日刊》1923 年 3 月 23 日。

② 中共中央党校党史教研部：《中国共产党重大历史问题评价》（第 1 册），内蒙古人民出版社 2001 年版，第 257 页。

③ 山水：《追悼会——林施及"二七"诸烈士的》，《学汇》1923 年第 160 期，第 4—5 页。

工自由的后盾。① 游行示威和呼喊口号都是较为有力的社会动员方式,对参与者和围观者都具有强烈的感染力,从而将追悼会的政治诉求推向高潮,扩大了"二七"符号的传播范围,深化了民众对"二七"符号的集体记忆。曾参加过"二七"追悼会的李子洲对此有着难以忘怀的记忆,他曾赋诗一首:"阶级战争开始了,我们平民阶级的先锋已被敌人戕害了! 我们站在后线的人啊! 鼓舞起奋斗的精神,拿定了牺牲的决心。手枪,炸弹,前赴,后继,争我们最后的胜利!那才对得起为我们牺牲的诸烈士。"②可见,追悼会仪式对参与民众产生了强烈的政治宣传效果,彰显了"二七"符号的政治意蕴。

除追悼会仪式外,1923 年的五一劳动节仪式也成为建构和传播"二七"符号的重要媒介。1923 年的五一劳动节,北京社会各界召开了纪念大会,散发传单,要求集会、结社及罢工权,提出释放京汉铁路被捕工人,实行八小时工作制、恢复被封工会、严惩二七惨案祸首等要求。京汉铁路总工会也发表了劳动节宣言,提出"五一劳动节,是世界的工人,不断的牺牲不断的流血,造成的一个全世界工友胜利的纪念日。'二七'是我们中国工人第一次奋斗的牺牲第一次的流血",号召民众"欲免去两层的压迫,恢复人性、争回自由,只有大家联合起来,不断的牺牲、不断的流血,打倒万恶的军阀,打倒帝国资本主义,实行全世界无产阶级大联合"。③ 京汉铁路总工会的"五一"宣言重塑了"二七"意义,发挥了社会动员的作用。在国民党人的组织下,上海各工团在五一节当天也召开了纪念大会。原京汉铁路总工会主席杨德甫报告了二七惨案的情形,由中国工会义务学校学生唱纪念歌,参会代表对"二七"事件发表了演讲:"感于吴萧之任意惨杀劳工,而觉吾人生命之危险。故惟有相互团结,以为之抗。"④社会各界在五一节对"二七"的纪念,反映了"二七"与五一节之间具有的某些共性及民众对"二七"意义的社会认同。

由上述可见,在二七惨案后的短短几个月时间里,国共两党及社会各界运

---

① 中共中央党校党史教研部:《中国共产党重大历史问题评价》(第 1 册),内蒙古人民出版社2001 年版,第 257 页。

② 李子洲:《施、林及"二七"被害诸烈士追悼会有感》,《共进》第 34 期(1923 年 3 月 25 日),第 4版。

③ 《京汉路工劳动节宣言》,《民国日报》1923 年 5 月 3 日,第 3 版。

④ 《各工团纪念五一节纪》,《申报》1923 年 5 月 2 日,第 13 版。

用政治技术,通过社会动员,从符形、象征意义及仪式等多个维度对"二七"事件进行了塑造,初步创造出"二七"这一政治符号。

二、"二七"符号的强化和传播

政治符号是特定历史时刻的产物,它和其他任何事物一样,有一个诞生、发展和消亡的过程,具有明显的时间性特征。京汉铁路工人大罢工失败后,经过国共两党及社会各界的共同运作,"二七"纪念日成为建构和传播"二七"符号最为重要的载体和方式。国共两党正是通过"二七"纪念日仪式继续建构和强化"二七"符号,进一步向民众传输意识形态,强化民众对各自政权的认同。

(一)"二七"纪念日制度时间的形成

"二七"纪念日制度时间的形成,有着明显的阶段性特征。从自发的周年纪念到形成固定的纪念日或纪念周制度时间,国共两党是主要推动力量。

1."二七"纪念日的自发形成

"二七"纪念日的形成过程带有明显的时段性特征,国共两党是纪念日得以形成的重要推手。自1924年以后,"二七"纪念活动逐步演变为国共两党、工界及其他社会团体共同实行的制度时间,成为每年固定的纪念节日。1924年2月7日是"二七"一周年纪念日,国共两党及社会各界举行了多种形式的纪念活动。由于是首次举行,所以各地纪念活动带有较多的自发性质,举行时间、形式不一,有些地方甚至与"黄庞纪念"及"列宁纪念"等活动一并进行。

纪念日既是一种制度时间,也是一种政治仪式。纪念日的运作能调动政府机关、工界、学界及各社会团体参与其中,对民众产生教化和动员作用。因此,"二七"纪念日一开始就成为国共两党争夺的政治资源。1924年1月19日,在国民党的组织下,上海各工团联合发起"二七"一周年纪念会,并设立了筹备处,发出"二七"纪念会筹备处启事,"最希望社会各界,对于此次纪念,广赐诗文,无论文言白话,概所欢迎,借慰英魂而褫贼胆"①。1月20日,中共上海地委兼区执行委员会也开会讨论了纪念"二七"一周年问题。当得知国民党人张子余、周无为等人已在上海成立了京汉铁路"二七"筹备会后,中国共产党

---

① 《京汉路"二七"纪念会筹备处启事》,《民国日报·觉悟副刊》1924年1月19日。

认为不能出现两个"二七"纪念会对立的局面,遂决定与国民党人合作,加入他们的筹备会,并力争取得掌控权,"务在其中取得势力,不要让他们宣传'二七'纪念是他们几个人在做","派王荷波以劳动组合书记部的名义去加入,施存统以马克思学说研究会的名义、周启邦以社会主义青年团的名义去参加;王荷波和施存统分别代表各自的组织去演说;并以书记部名义向'二七'纪念会赠送《京汉工人流血记》200 本"①。据《民国日报》报道,2 月 7 日,在国民党人的组织下,上海各社会团体,如广东自治会、安徽驻沪劳工会、机器工会、全国工界救亡大会、上海大学等社会团体举行了"二七"一周年纪念大会。纪念会的议程大致为:报告开会宗旨、与会代表向"二七"诸烈士行三鞠躬礼,报告"二七"事件的经过、各代表演讲、发放纪念册等。② 中国共产党也参与了此次纪念大会,但国民党控制下的《民国日报》对中国共产党的参与则只字未提。国民党人在上海举行"二七"纪念大会,是有意控制和垄断"二七"纪念日,与中国共产党争夺"二七"这一政治符号。中国共产党在"二七"周年纪念仪式中派人参加演讲及赠送宣传品等,目的是要取得中国共产党在仪式中的政治话语权,传播有利于中国共产党的政治宣传。可见,两党在"二七"纪念活动中的合作,实则是一场政治角逐。

1924 年,各地的"二七"一周年纪念也常与其他纪念活动一并举行。如在广州,各界正在筹备"二七"纪念会之际,传来了列宁逝世的消息,国共两党遂通函广州各界发起悼念列宁活动,与"二七"纪念一并进行。廖仲恺、李大钊、沈玄庐、李能致等人均参与了在广州高师大礼堂举行的纪念大会并发表了演讲,鼓励工人,"我们追悼列宁及纪念'二七',须继续列宁及'二七'死难工友未完之革命工作,努力奋斗,达到打倒军阀、打倒国际帝国主义的国家,方能争得集会结社等自由权与民族独立"③。这次悼念列宁及"二七"烈士的纪念活动,有 1200 多人参加,大部分是工人,其次是学生。当晚,广州剧社还表演了新剧《可怜》,该剧描写的是宗法社会与资本主义制度下的工人和女子所受的苦楚,

① 任武雄:《中国共产党创建史研究文集》,百家出版社 1991 年版,第 575 页。
② 《"二七"纪念大会》,《民国日报》1924 年 2 月 8 日,第 10 版。
③ 《团粤区委报告(第十二号)——关于工人游艺会和"二七"纪念会、追悼列宁等情形》,中央档案馆、广东省档案馆编:《广东革命历史文件汇集(1922—1924)》(甲),1982 年版,第 330 页。

"颇足引起工人的阶级觉悟"①。同时,各地"二七"一周年纪念活动也常与"黄庞"纪念②一起进行。直到 1925 年第二次全国劳动大会以后,"黄庞"纪念活动逐渐减少,"二七"周年纪念遂成为独立的纪念日。

除上海、广州外,湖北社会各界及京汉铁路也举行了纪念活动。1924 年 2 月 7 日,京汉铁路总工会办事处出版了《京汉铁路"二七"惨剧一周年纪念特刊号》,总结"二七"经验,论述"二七"意义,宣扬"二七"精神,并号召民众继承"二七"精神。同年,湖北炭山湾工人和武汉工人在"二七""五一"时,也举行了纪念施洋烈士的活动。③

政治符号蕴含着巨大的政治能量,运用政治符号能发挥社会动员和社会认同的作用。1924 年的"二七"一周年纪念日是国共两党及社会各界建构"二七"纪念日制度时间的初期实践。通过周年纪念日活动,扩大了"二七"符号的政治影响,使之得以广泛传播。国共两党对"二七"纪念活动的积极组织,也反映了两党对"二七"这一政治符号的争夺和主动建构。

2."二七"纪念日制度时间的生成

自二七惨案后,全国各地的工人运动转入低潮,直到 1925 年上半年,各地工会组织才逐渐恢复,工人运动重新兴起。1925 年,京汉铁路及北京、上海、广州、武汉等地纷纷举行了"二七"二周年纪念大会。在中国共产党的积极组织下,2 月 7 日,全国铁路总工会成立大会暨京汉铁路"二七"二周年纪念大会在郑州火车站召开,到会各路代表有 46 人,此外,尚有郑州市民不下 2 万人。④ 1 月 28 日,上海工团联合会召开联席会议,推派代表王光辉参加长辛店"二七"二周年纪念大会,并提出议案,规定"二七"为中华劳动纪念节;⑤2 月 7 日,上海各工团召开了"二七"二周年纪念会,大会主席在致词中再次提出:"京汉路

---

① 《给团中央的三个报告》,《阮啸仙文集》编辑组:《阮啸仙文集》,广东人民出版社 1984 年版,第 115 页。

② "黄庞"是指湖南劳工会领导人黄爱、庞人铨,二人因领导工人罢工,于 1922 年 1 月 17 日在长沙被湖南军警杀害。

③ 曾宪林、曾成贵、徐凯希:《中国大革命史论》,中共党史出版社 1991 年版,第 204 页。

④ 王清彬、王树勋、林颂河:《第一次中国劳动年鉴·劳动运动》(第 2 编),北平社会调查部·1928 年版,第 377 页。

⑤ 《上海工团联合会派代表赴长辛店》,《申报》1925 年 1 月 31 日,第 15 版。

二七惨剧为中国劳动运动奋斗最烈、牺牲最大之事实,劳动界人应奉为永远之纪念。"①同时,在孙中山北上之际,国民党人马超俊参加了长辛店"二七"二周年纪念大会,并发表演说,此次大会议决规定"二七"为平汉铁路永久纪念日及例假日。② 至此,京汉铁路工人大罢工失败后,经过两年的时间,在国共两党及社会各界的推动下,"二七"这一政治符号已广为传播,可谓家喻户晓。一名华工在"二七"二周年发表感言说:"'二七'这个名词出世不久(两年),可是他的大名早传遍了全地球,凡是有工人阶级的地方,差不多是很耳熟的。"③以后的几年时间里,国共两党通过"二七"纪念日这一时间,不断地将其意识形态植入民众的社会生活,增强了民众对"二七"符号的社会认同和集体记忆,并为各自的政治合法性提供历史依据。

七一五反革命政变后,国共合作破裂,国共两党对"二七"政治符号展开了激烈的争夺。从此,中国共产党开始独立组织"二七"纪念日或纪念周活动。1928 年 1 月,中共中央发出通告,将 2 月 1 日至 7 日定为"中国职工运动死难烈士追悼周",并规定:"在这一周中,对于为职工运动死难诸先烈,无论党外党内的,通通要追悼,作一广大的宣传。"④在以后的每年"二七"前后,中国共产党方面从上到下皆举行盛大纪念活动。1 月 31 日,国民党组织的"二七"五周年纪念大会上海筹备会召开大会,议决推派代表陈钟柔、朱润斌、施乃波 3 人赴南京,向国民党中央党部总司令部请愿,请国民政府把"二七"规定为中国劳工纪念节,并请政府通令全国各级党部、各级工会共同哀悼。⑤ 2 月 6 日,上海筹备会赴南京请愿代表呈请国民党中央党部总司令,"请于二月七日各地开京汉路'二七'惨案纪念会,通令着就地军警保护,并请议提议以京汉路'二七'纪念为劳动纪念节,以志不忘"⑥。2 月 7 日,各界在上海特别市党部召开"二七"五

---

① 《京汉路二七纪念开会记》,《申报》1925 年 2 月 8 日,第 14 版。

② 《中国劳工运动史续编》编纂委员会:《中国劳工运动史》(第 3 编),竹利印刷事业有限公司 1966 年版,第 341 页。

③ 子贞:《"二七"纪念感言》,《二七二周纪念册》1925 年 2 月。

④ 《中央通告第三十号——关于"二七"纪念》,中华全国总工会编:《中共中央关于工人运动文件选编》(上),档案出版社 1985 年版,第 228—233 页。

⑤ 《京汉路二七惨案筹备会》,《民国日报》1928 年 2 月 1 日,第 1 版。

⑥ 《二七惨案赴京代表请愿之沪闻》,《中央日报》1928 年 2 月 7 日,第 4 版。

周年纪念大会，并通过五项提案，其中包括将"二月七日明令颁布为劳动纪念节"①。可见，在国民党内部，要求将"二七"制定为国家法定劳动纪念节的呼声日高。

北伐结束后，各地军阀被打倒，国民政府在形式上统一了全国。以"反对军阀""反对帝国主义"为象征意义的"二七"符号自然受到国民政府的重视。1929 年 1 月 30 日，上海特别市国民党党委指导委员会召开会议，讨论"二七"纪念宣传办法，认为"现在军阀业已打倒，我们更应举行盛大的纪念"，对于外界的"二七"纪念筹备会，国民党人除积极参加外，"并应严防一般反动分子之活动"②。由此可见，国民党对中国共产党的"二七"纪念活动开始进行严密防范。1929 年 2 月 7 日，上海各界代表在"二七"六周年纪念大会上再次提出议案，"呈请市指委会转呈中央规定'二七'为中国劳动节，并通令全国工厂商号于是日停止办公，下旗致哀"③。在上海各界的奔走呼吁下，1929 年 2 月中旬，国民政府中央训练部将每年的二月七日正式规定为"京汉铁路工人罢工纪念日"，与总理逝世纪念、黄花岗烈士殉国纪念等共同规定为各省党务训练所革命纪念节日，并规定纪念日当天"各省党务训练所，亟应举行庄严之仪式，于锻炼青年革命意志与激发青年革命情绪"④。尽管"二七"纪念日仍然没有成为全民纪念日，但首次被国民政府明文规定为全国法定革命纪念节日。3 月，上海各界代表再次提出议案，要求国民政府把"二七"纪念定为中国劳动节，全国各地工人一律休业一天，以资纪念。⑤ 可以说，这时"二七"纪念日已被固定化、程序化为制度时间，"二七"符号成为国民政府的法定政治资源。由上述可见，南京国民政府对"二七"纪念日的设立，完全是出于政治目的，把"二七"符号作为社会动员的工具及为其政权的存在提供合法性依据的政治资源。

1930 年以后，国共两党关系进入"围剿"与"反围剿"的胶着状态。为防止中国共产党利用"二七"纪念日进行反对国民党的宣传，除京汉铁路外，国民政

---

① 《上海京汉路二七纪念大会纪》，《申报》1928 年 2 月 8 日，第 13 版。
② 《市宣传部紧急宣传委员会》，《申报》1929 年 1 月 31 日，第 13 版。
③ 《二七惨案六周纪念大会》，《民国日报》1929 年 2 月 8 日，第 1 版。
④ 《中央训练部规定纪念节日》，《申报》1929 年 2 月 18 日，第 9 版。
⑤ 《地方通信》，《申报》1929 年 3 月 9 日，第 11 版。

府不再通令各地机关及社会团体举行"二七"纪念日仪式。国民政府对"二七"纪念日的这一态度转变,使得一些不明就里的组织机构无所适从。如 1930 年 1 月 16 日,上海市总工会筹委会召开会议,总务科提出"二七"纪念日未经中央规定,"应否举行,请公决案议决呈市党部"①。2 月 20 日,上海市总工会筹委会提出"呈请中央恢复二七纪念为中国劳动节案"②。由此可见,1930 年,国民政府没有明令各地举行"二七"纪念活动,或者取消了"二七"纪念日为中国劳动节这一规定,但对各地的"二七"纪念活动并未加以禁止。因此,北平、汉口等地的京汉铁路员工及社会各界仍然举行了"二七"纪念大会,且有国民党地方党政机关的积极参与。③1931 年以后,除平汉铁路(京汉铁路)每年仍然进行"二七"纪念活动外,国民政府开始严格限制各地举行"二七"纪念活动。据《申报》报道,1931 年 1 月 26 日,上海军政警各机关,严密防范"二七"及列宁纪念活动;④2 月 7 日,在哈尔滨市,国民党"发现共党纪念二七传单,特警处令各署严查"⑤。在国民党的严厉查禁下,国统区的"二七"纪念活动骤然沉寂。

与南京国民政府截然不同的是,中国共产党的"二七"纪念活动则从未停息,甚至重视有加。1930 年,中国共产党领导下的中华全国总工会明确宣布,"决定从本年二月一日至二月七日为全国工人'争自由运动周'"⑥。从此,每年的"二七"前后,中国共产党方面从上到下皆举行隆重的"二七"纪念仪式,并逐渐掌控了"二七"纪念这一政治资源。

由上述可见,国共两党是"二七"纪念日制度时间形成的主要推手。"二七"纪念这一制度时间的确立,强化了民众对"二七"符号的认同。"二七"符号的掌控权由国民党逐渐向共产党方面转移,一方面反映了国共两党对政治资源的争夺;另一方面也反映了中国共产党在政治方面的逐渐成熟。国共两党对"二七"纪念制度时间的规定,强化了"二七"符号的政治意蕴,也促进了"二七"符号在全国范围内的广泛传播。

---

① 《市总工会解释总工会成立问题》,《申报》1930 年 1 月 17 日,第 16 版。

② 《市总工会常会记》,《申报》1930 年 2 月 21 日,第 14 版。

③ 《各地热烈纪念"二七"惨案》,《中央周报》1930 年第 89 期,第 3 页。

④ 《本埠防范二七纪念》,《申报》1931 年 1 月 27 日,第 13 版。

⑤ 《哈特警处严防共党》,《申报》1931 年 2 月 9 日,第 4 版。

⑥ 《二七纪念:全国工人争自由运动》,《劳动》1930 年第 22 期,第 1 版。

（二）"二七"纪念日制度时间的运作

"二七"纪念日制度时间是"二七"纪念所有时间符号中最为重要的一种。能否成功运作这一制度时间，不仅是对"二七"符号的社会动员功能及政治认同功能的一种检验，同时也是"二七"符号生命力的一种体现。"二七"纪念制度时间的运作有效与否主要依赖于国共两党、各级党政机关、工界、学界及各社会团体等组织机构的具体执行情况。"二七"纪念制度的运行过程，也是"二七"符号向全国传播及国共两党向民众灌输意识形态，形成社会记忆的过程。

1. 社会动员

"二七"纪念日制度时间成为国共两党及社会团体运作权力、树立权威、发布重要决策、灌输意识形态、进行政治动员及传播"二七"符号的最为重要的时间场域和权力场域。因此，各组织机构都极为重视"二七"纪念日制度时间的运作。在执行过程中，形成了一套自上而下的运作流程。为充分发挥"二七"纪念日制度时间的政治功效及促进"二七"符号的广泛传播，国共两党及其领导下的各社会团体在组织开展"二七"周年纪念的过程中，都进行了细致的筹备和宣传发动工作。从成立筹备会、广征纪念诗文、发出开会通告、到邀请各团体参与等环节，皆精心安排。

"二七"纪念日活动大多是在社会各界的推动及国共两党的组织发动下进行的。以1926年的"二七"纪念日为例，1926年1月31日，广州学生联合会各团体致函国民党中央党部，认为"二七"在民族运动史上意义重大，"兹值第三周年纪念日将届，敝会等为鼓励全民族为自由而战，促进全国革命运动起见，拟于是日举行盛大之纪念会，素念贵党领导国民革命，为民族解放前驱，敢请领衔与敝会等共同发起，号召本市各团体筹备纪念"①。广州国民党政府接函后，对此极为重视，2月5日，"中国国民党中央党部，特发出第二五四号通告，令市内党员一律参加'二七'纪念大会。通告云：为通告事，兹准广东各界纪念'二七'筹备会函开"②。在国民党中央党部的召集下，2月2日，广州各界24个团体的代表召开了"二七"纪念筹备会议，对纪念会作了具体部署：推中央党

---

① 《筹备二七纪念会》，《民国日报》1926年2月1日，第6版。
② 《中央党部通告党员参加"二七"纪念大会》，《民国日报》1926年2月5日，第11版。

部代表为主席,全国总工会代表为书记,并组织成立了"二七"纪念筹备委员会,分为总务、宣传、交际、布置、纠察、游艺、募捐等七部;会务经费,由到会各团体认捐 1140 元;并在纪念会之前分派宣传员到各工会演讲"二七"历史及其意义;函请中央党部省教育厅分别饬令所属党员及学生一律参加"二七"纪念会等。① 在国民党中央党部的组织发动下,广东各界民众积极参与"二七"纪念会。当天,"省港罢工各工会、广州各工会、各学校农会、商会、各社团先后整队而来,人数不下十万,团体五百余"②,声势极为浩大。在国民党人的积极组织下,上海各社会团体从 1 月 24 日到 2 月 7 日期间,也多次召开"二七"纪念筹备会,安排纪念会事宜。如 1 月 24 日,上海总工会函请各团体积极加入"二七"纪念会,发出启事:"切望上海所有爱国团体一致加入,共策进行。"③25 日,上海各团体再次召开筹备会,由国民党中央执行委员会代表任主席,并对纪念会筹备工作做了大致安排和分工部署。④ 其后,上海各团体又多次召开筹备会议,从各团体推派代表、具体分工,到纪念会场地、捐款、出版纪念刊物,再到纪念会仪式程序等具体事宜,无不精心筹备。经过国民党人的积极组织,上海各社会团体的广泛发动,2 月 7 日,上海各界 194 个社会团体参加了"二七"三周年纪念大会,会议取得了良好的政治效果,出席代表 2800 多人,"多作激烈的演说,其势甚盛"⑤。国民党对"二七"周年纪念仪式的宣传组织,旨在利用周年纪念仪式,树立国民党的政治权威及国民党政权的合法性,并利用"二七"符号进行社会政治动员。

中国共产党方面也极为重视"二七"纪念日的筹备和宣传发动工作。如1930 年 1 月,为做好"二七"纪念工作,中共闽西特委制定了"二七"纪念工作大纲,从组织、宣传及斗争方式等方面做了详细规定。⑥ 再如,1933 年 1 月 13

① 《筹备"二七"纪念会之进行》,《民国日报》1926 年 2 月 3 日,第 6 版。
② 《粤各界举行二七纪念》,《民国日报》1926 年 2 月 18 日,第 2 版。
③ 《总工会发起筹备二七纪念》,《申报》1926 年 1 月 25 日,第 15 版。
④ 《京汉路二七纪念筹备会》,《申报》1926 年 1 月 26 日,第 13 版。
⑤ 《沪工人二七纪念会》,《晨报》1926 年 2 月 9 日,第 2 版。
⑥ 《中共闽西特委通告二十八号——关于"二七"纪念工作大纲》,中共龙岩地委党史资料征集领导小组、龙岩地区行政公署文物管理委员会编:《闽西革命史文献资料》(第 3 辑),1982 年版,第 42—44页。

日,中共中央局就这一年的"二七"纪念特发出《中央局通知(第二号)》,要求各级党部接到通知后,根据中央局下发的"二七"纪念工作大纲,立即准备与布置"二七"纪念的工作,内容包括"以区为单位成立'二七'纪念筹备会,以乡为单位组织宣传小队来充分准备与进行'二七'纪念的工作,并于'二七'那一天以区为单位举行群众纪念'二七'大会","此次纪念'二七'工作应以庆祝红军胜利加紧战争动员为中心问题","在群众中作广泛的深入的宣传鼓动"等内容。① 纪念日蕴含着强烈的政治象征功能,同时也是重要的权威和权力场域。因此,国共两党都很重视"二七"纪念日的筹备和宣传发动工作。

为扩大"二七"符号的社会影响,国共两党也积极利用"二七"纪念日这一制度时间,通过大众传媒向民众宣扬各自的政治主张及灌输党化意识形态。除每年纪念日发行的纪念册及传单以外,国共两党还在大众传媒上发表纪念性文章、诗歌、社论、"二七"纪念宣传大纲、通告等。国民党主要通过《民国日报》《申报》《中央日报》《工人之路》《群力旬刊》等大众媒体,中国共产党则主要通过《向导》《晨报》《中国青年》《劳动》《新中华报》《解放》《红色中华》《群众》等刊物。有些刊物甚至在"二七"纪念日前后,设立纪念专刊,专门登载"二七"纪念文章。如 1924 年,国民党影响下的《民国日报》副刊《觉悟》出了"施洋纪念号",刊登了恽代英等撰写的纪念施洋的文章。1927 年,中共湖北区委宣传部主办的《群众周刊》(第 9 期)出了"二七死难烈士施洋"的纪念特刊。② 同年,《青年之路》第 2 期出版了《二七纪念特刊》等。③ 中国共产党在"二七"纪念日先后发表了《追悼列宁并纪念二七》《为"二七"纪念告国人》《二七之意义》《纪念"二七"要争取抗战胜利》等一系列关于纪念"二七"的文章,向民众阐释"二七"纪念日的意义,发表政治主张,动员民众。此外,国民党也积极利用媒体宣扬"二七"精神,发布政治宣言。如《中央工人运动宣传委员会为二七纪念告全国工人》《二七纪念与我们的认识》《"二七"纪念之重要宣言》等,时任黄埔军校

---

① 《中央局通知(第二号)》,中共江西省委党史研究室、中共赣州市委党史工作办公室等编:《中央革命根据地历史资料文库党的系统》(4),江西人民出版社 2011 年版,第 2512 页。

② 陈志凌:《中共党史人物传》(第 6 卷),人民日报出版社 2001 年版,第 392 页。

③ 政协全国委员会、文史资料委员会编:《文史资料选辑》(第 23 卷第 66 辑),中国文史出版社(出版时间不详),第 11 页。

校长的蒋介石也写诗纪念"二七"烈士："阶级奋斗,谁为先锋,京汉工友,'二七'惩戒,力战军阀,不畏奸凶,为自由死,撞赤血钟! 勇哉工友,义烈堪铭,开新纪元,为阶级争。二七流血,今逢二周,曹吴虽倒,血仇尚多。勖哉工友,努力前进,继承前烈,未竟事功,责任重大,前途珍重!"①"二七"纪念日前后,国共两党通过大众传媒向民众反复传播有关"二七"纪念的内容,扩大了"二七"纪念的社会影响,传播范围更加广泛,使"二七"成为众所皆知的政治符号。

2. 仪式维度中的"二七"纪念日

仪式与象征,是最能体现人类本质特征的行为表述与符号表述。两者同作为社会认同与社会动员的方式,既有整合、强化功能,又有瓦解、分化的作用。在现代政治体制中,仪式操演、象征符号与政治和权力之间的关系常密不可分。在国家层面,一般通过仪式与象征符号的运作,动员、教化民众,把国家权力与政治力量深刻而透彻地渗透到普通民众的日常生活之中,从而达到国家认同的目的。"二七"符号及相关的纪念仪式,正是国共两党为获得民众认同而创造出来的。

(1)仪式布置

仪式布置是营造仪式氛围、体现仪式主题的重要方式,并决定着仪式的基本格调。"二七"纪念日源于纪念二七惨案中的遇难工人,因此仪式布置以简洁、庄重、肃穆为基调,仪式主题表达更加突出"继承先烈遗志""争取自由""打倒军阀""打倒帝国主义"等"二七"精神背后的政治动员和认同功能。

自1924年起,各地各界举行的"二七"周年纪念日活动中,其仪式布置格局大致为:台中央置"二七"烈士遗像,遗像两边悬挂标语,再饰以鲜花、挽联等,带有强烈的现代色彩并遗留有传统祭礼的习俗。如1925年,在全国铁路总工会举行的"二七"纪念日仪式会场,"广场中央置高台一座,上供诸烈士题名,鲜花一巨束,设备甚为简朴"②。随着政治形式的变化,"二七"纪念日的场景布置和挽联内容也不断地附加新的内容和形式。孙中山逝世后,被国民党塑造为"国父",成为国家精神领袖的象征。因此,1926年以后的"二七"纪念日

---

① 介石:《"二七"二周纪念祝词》,《二七二周纪念册》1925年2月,第50—51页。
② 《全国铁路总工会举行二七纪念大会》,中华全国总工会工运史研究室等编:《二七大罢工资料选编》,工人出版社1983年版,第567页。

又增加了"中山符号"。在国共合作期间,孙中山、马克思、列宁的遗像同时出现在主席台上,反映了以"联俄、联共、扶助农工"三大政策为政治基础的国共合作背景,凸显了仪式主题。如1926年广东汕头总工会举行的"二七"三周年纪念日大会会场,主席台中央悬挂的是孙中山、马克思、列宁3人的遗像,横幅是"全世界被压迫阶级联合起来"①;同时,中国共产党领导下的全国铁路总工会在天津也举行了"二七"纪念活动,仪式布置为"正中挂着列宁、孙中山等革命领袖的画像,四周挂着'二七'烈士的遗像和'二七'写真书、讽刺书等"②。1927年,全国铁路总工会组织的"二七"四周年纪念大会的会场布置,也把总理遗像置于主席台中央,把列宁、马克思及"二七"死难烈士遗像分置两旁。③ 国旗、党旗是最为典型的国家象征符号,有些地方的仪式布置还附加了悬挂国旗、党旗等。如1926年,在广东各界举行的"二七"纪念日仪式布置中,"会场布置极其悲壮,中间建搭军政台一座,西边搭建学商台一座,东边建搭农工台一座,三台相对成品形,台上悬着'二七'死难烈士遗像,伴以国旗党旗"④。湖北汉川、岳口等地的"二七"四周年纪念日也悬挂有国旗、党旗。⑤ 1928年,上海各界举行的"二七"纪念日仪式布置中,除"原有之总理遗像、遗嘱、党旗、国旗外,加挂京汉路出事地点图、惨剧情况图"⑥。这种仪式场景布置对于营造仪式氛围,凸显仪式主题具有重要的作用。

在中国传统社会里,挽联是集体或个人在治丧和祭祀时哀悼逝者的专用对联,一般分上下联,它既是对死者的哀悼,也表示对活人的慰勉。挽联有其社会性,也有其时代的代表性。在治丧祭祀仪式布置中,挽联和标语也是一项重要内容。它能直接彰显仪式主题,使仪式参与者对仪式表达的内容一目了然。在各地的"二七"纪念日仪式布置中,普遍沿袭了这一传统,且挽联数量可观,成为仪式场景中较为引人注目的一幕。如1926年,在国民党领导下的长

---

① 《汕头之"二七"三周纪念大会》,《国民日报》1926年2月17日,第7版。

② 《中华全国铁路总工会第三次代表大会》,中共天津市和平区党史资料征集委员会编:《民主革命时期和平区地方党史资料汇编(1919—1936)》(上册),1993年版,第36页。

③ 《全国铁路工代表大会开幕记盛》,《民国日报》1927年2月17日,第1版。

④ 《粤各界举行二七纪念》,《民国日报》1926年2月18日,第2版。

⑤ 《汉川县与岳口纪念"二七"情形》,《民国日报》1927年2月16日,第2版。

⑥ 《上海纪念京汉路"二七"惨案大会》,《中央日报》1928年2月8日,第3版。

辛店工会举行的"二七"纪念日仪式布置中,挽联和标语"贴满壁间,触目皆是",诸如"全中国的工人团结起来""革命先驱""因正义以牺牲允称国士,为和平作保障是曰干城""打倒一切反动的军阀官僚""反对日俄侵略东三省打倒日俄走狗"等字样满目皆是。① 再如1927年,在武汉各界举行的"二七"纪念日仪式布置中,各界挽联甚多。时任国民革命军总司令的蒋介石所送挽联内容是"为解放民族而奋斗,是无产阶级之先锋",其余如"烈士血花,是革命的种子,是主义的结晶","二七运动,为奋斗的先锋,为光明的道路快追寻遗迹,准备着继续牺牲"等挽联数量极多。② 另外还有"京汉铁路总工会万岁""打倒帝国主义""继续先烈精神""实行国民革命""先烈之血""革命之花""随着车头向前冲去"等挽联和标语。这些挽联和标语的内容大多是表达继承"二七"烈士遗志,争取国家独立、民族解放的革命精神,具有强烈的政治色彩。对于仪式参与者具有强烈的感染力,"全场满贴革命标语,令人见之气振百倍"③。

除仪式现场的布置外,有些地方的"二七"纪念日仪式布置还很注意场外或沿途的场景布置,以烘托仪式气氛,吸引仪式参与者和围观者。如1926年,在长辛店工会举行的"二七"纪念日仪式布置中,提前由工会备专车到车站迎接各界来宾,"并备有军乐,及欢迎旗帜无数"④,增添了隆重的气氛。在太原各界举行的"二七"纪念日仪式布置中,"搭彩楼一座,对日斜映,异常辉煌。沿街墙壁,遍贴标语传单,气象之盛,直与客岁举行之出师大会无稍差异"⑤,营造出隆重的气氛。1927年,在武汉各界举行的"二七"纪念日仪式布置中,"且有飞机翱翔空际,散发传单,气象极为静肃"⑥。飞机在当时较为罕见,这种仪式布置吸引了民众的广泛关注,使民众大开眼界,形成了深刻的社会记忆。

这些仪式布置营造出庄严、肃穆、神圣的氛围,有些地方还营造出喜庆、热

---

① 《昨日长辛店之二七纪念会》,《晨报》1926年2月8日,第6版。
② 周梦莲:《"二七"四周年武汉七十万民众之纪念盛会》,国民革命军总司令部政治部:《二七斗争》,1927年版。
③ 《汕头之"二七"三周纪念大会》,《国民日报》1926年2月17日,第7版。
④ 《昨日长辛店之二七纪念会》,《晨报》1926年2月8日,第6版。
⑤ 《最近太原之两纪念会》,《申报》1928年2月21日,第7版。
⑥ 周梦莲:《"二七"四周年武汉七十万民众之纪念盛会》,国民革命军总司令部政治部:《二七斗争》,1927年版。

闹的节日情境。这种氛围对仪式参与者具有强烈的感染力，充分凸显了"二七"纪念日所蕴含的政治意味。同时，也凸显了孙中山的"国父"地位及国民党在仪式操演中的权威性与合法性。

（2）仪节

仪节是仪式的核心组成部分，是仪式主题得以呈现的重要载体。民国时期的"二七"纪念日仪式，带有明显的政治色彩。早期仪节大致如下：报告开会宗旨、向烈士遗像行鞠躬礼、报告"二七"略史、来宾演说、摄影、散会等。

1924年、1925年，各界各地的"二七"纪念日仪式大体遵循了上述程序，如上海各团体举行的"二七"纪念日仪式。孙中山逝世以后，国民党为塑造孙中山的国父形象，加强党化教育，将孙中山崇拜融入到各种仪式中去。在"二七"纪念日仪节中主要体现为增加了向孙中山遗像行三鞠躬礼，恭诵总理遗嘱，悬挂国旗、党旗等仪节，以彰显国民党的统治权威。1926年以后，在各地各界的"二七"纪念日仪节中，"中山"色彩尤其浓厚，特别是国民党组织发动下的"二七"纪念日仪式，这种规范性、统一性特征非常突出。如湖北汉川县、岳口县各界举行的"二七"四周年纪念日，仪节中就包括"向总理遗像、'二七'死难烈士位行三鞠躬礼"，"恭读总理遗嘱，完场循声训诵"。[①] 此外，有些"二七"纪念日仪节还附加了静默3分钟、奏哀乐、唱革命歌、通过提案、誓师及游行、呼口号等内容，有些地方甚至规定静默时间为5分钟。如全国铁路总工会举办的"二七"四周年纪念日仪式，仪节多达16项，包括：（一）报告开会宗旨；（二）奏乐；（三）唱国民革命歌、国际歌；（四）向国旗及革命领袖行三鞠躬礼；（五）静默五分钟；（六）奏哀乐；（七）唱"二七"歌；（八）主席致开会词；……（一三）奏乐；（十四）唱国际歌；（十五）呼口号；（十六）摄影。[②] 在中国共产党独立举行的"二七"纪念日仪式中，出现了新的形式。如1933年，中国共产党领导下的苏区各地在"二七"纪念日纷纷举行检阅地方武装的阅兵及誓师大会，"赤卫军、少先队、模范营等积极参加检阅，实行革命竞赛"[③]。

有些地方的"二七"纪念日仪节中还保留有中国传统丧仪习俗，如向死者

① 《汉川县与岳口纪念"二七"情形》，《民国日报》1927年2月16日，第2版。
② 《全国铁路工代表大会开幕记盛》，《民国日报》1927年2月17日，第1版。
③ 《"二七"纪念盛况》，《红色中华》第51期（1933年2月10日），第3版。

遗像献花、读祭文、放鞭炮等传统习俗。1926年长辛店工会举行的"二七"纪念日仪式中,"由廖文英、谭慕愚二女士向先烈遗像献花致敬,工人吴春溪读祭文";①湖北岳口各界的纪念会还增加了"升鞭震炮"环节;②有些地方的仪式则奏乐、鸣炮同时进行,如1927年江岸举行的"二七"纪念活动就是如此。③ 此外,在中国共产党举行的"二七"纪念日仪式中,也有鸣炮开会的习俗。民国时期是中国传统社会向近代社会的过渡期,因此"二七"纪念日仪式中这些传统习俗的遗留和保存是不可避免的一种社会现象。这些传统丧礼习俗是广大民众较为熟知的礼节,更容易被一部分守旧民众所接受。

民国时期的"二七"纪念日仪节融入了更多的政治元素和革命色彩,更加烘托了仪式的隆重性和强烈的感染力,把民众对"二七"符号的理解和认同内化到心灵深处,形成难以磨灭的集体记忆。

(3)社会反响

仪式具有表演性与感染性。仪式组织者往往根据现实需要来进行仪式布置和仪节设计,通过仪式操演表达主题,感染仪式参与者。在"二七"纪念日仪式中,国共两党在仪式操演中皆融入了诸多政治因素的考量,在演讲、唱歌、阅兵、游行、呼喊口号及宣传纪念册等仪节方面融入了意识形态教育。通过操演纪念日仪式,国共两党组织动员了大量民众参与,不仅扩大了"二七"符号的社会影响,而且也树立了各自在民众中的权威,产生了强烈的社会反响。

演说是各种仪式中普遍使用的一种较为有效的宣传方式。通过演讲者的讲述能够给仪式参与者带来视觉和听觉上的双重刺激,使民众感同身受,与讲演者形成情感上的共鸣。有时,仪式组织者为增加仪式的感染力、增强仪式参与者的集体情绪,往往把"二七"事件中的亲历者或"二七"烈士家属请到现场作报告。1925年,在京汉铁路组织的"二七"纪念日仪式上,委员长刘文松演讲完毕时,"掌声如雷,震动屋瓦,会场中顿成一种庄严气象",当某被捕出狱工人"报告所受之种种非刑及狱中生活,返家时老母哭述妻死子亡时至凄凉景象,

---

① 《昨日长辛店之二七纪念会》,《晨报》1926年2月8日,第6版。
② 《汉川县与岳口纪念"二七"情形》,《民国日报》1927年2月16日,第2版。
③ 周梦莲:《"二七"四周年武汉七十万民众之纪念盛会》,国民革命军总司令部政治部:《二七斗争》,1927年版。

言时声泪俱下，令人酸鼻，场中竟有大哭者，无不咬牙"①；"有某代表述及亲见流血之惨状放声大哭，工人无不洒泪，参观者亦为之动容"②。当演说者宣述"二七"血史时，"说至林祥谦、施洋等被斩时之惨状，各工人均为之泣下，同时全场呼打倒帝国主义、打倒军阀之声不绝，一时极为悲壮"③。如武汉各界举行的"二七"四周年纪念日，邀请了死难烈士家属先后演说，"语极沉痛，情极真挚，到会群众莫不为之动容，而现悲戚之色。最后林祥谦烈士夫人演说，详述林烈士被难之惨况及其家境之萧条，吞声饮泪恻恻动人，全场群众皆为堕泪"④。为提高演讲在仪式中的烘托效果，有些地方还组织了专门的演讲队。如南京曾组织有30人的演讲队，分队到各区演讲；⑤郑州总工会也曾组织了宣传队，讲述二七惨案，"以表工人参加革命精神"；⑥太原市青年团也组织了演讲队，并分组到各街演讲，"听众途为之塞，革命空气极为紧张"。⑦通过演讲者的宣讲，极大地调动了仪式参与者的集体情绪，有效地进行了广泛的社会政治动员。广大民众受"二七"精神感染均沉浸在了"继承先烈遗志""打倒军阀""打倒帝国主义""拥护国民党"或"拥护共产党"等为国奋斗的民族主义情绪之中，强化了仪式效应。

唱歌也是"二七"纪念日仪式中常见的一种仪节，是烘托仪式氛围的一种重要元素。各地仪式中演唱的歌曲主要有《革命歌》《"二七"纪念歌》《追悼"二七"死难同志歌》《国际歌》《奋斗歌》《国民革命歌》等。这些革命歌曲，有些格调低沉悠扬，令人悲痛；有些则激昂高亢，富于鼓动性、战斗性，催人奋进。如全国铁路总工会举行"二七"纪念日仪式，全体静立唱《追悼"二七"死难同志歌》，词曰：

你们为着阶级而牺牲了，开中国阶级斗争第一声！

---

① 《京汉铁路总工会已恢复》，《民国日报》1925年2月9日，第6版。

② 《郑州"二七"纪念会之盛况》，《民国日报》1925年2月14日，第6版。

③ 《汕头之"二七"三周纪念大会》，《国民日报》1926年2月17日，第7版。

④ 周梦莲：《"二七"四周年武汉七十万民众之纪念盛会》，国民革命军总司令部政治部：《二七斗争》，1927年版。

⑤ 《首都纪闻》，《申报》1928年2月9日，第4版。

⑥ 《豫陕噪声》，《申报》1929年2月13日，第10版。

⑦ 《最近太原之两纪念会》，《申报》1928年2月21日，第7版。

你们将一切交与国民了，生命，幸福和自由！

你们长埋在地狱的墓中了，万恶的军阀和帝国主义！

我们踏着你们的碧血而前进，继你们的事业以慰你们！

我们踏着你们的碧血而前进，继你们的事业以慰你们！

"歌声悲壮，听者为之动容"①。仪式参与者在悲壮的歌声中接受了一次思想洗礼，激发了革命斗志。这些歌曲对于宣传革命主张，动员群众，鼓舞民众或战士们的革命斗志发挥了重要的作用。

游行可以突破仪式会场容纳人数有限的局限性，拓展仪式的影响空间和受众人群。仪式中的游行环节对升华仪式主题和传播"二七"符号也起了重要的作用，游行往往和呼喊口号、发放传单相结合，以扩大社会影响，增强民众记忆。因此，许多地方在"二七"纪念日仪式最后，往往附加游行和呼喊口号等环节。如1926年，长辛店工会举行的"二七"纪念日仪式。会后，"遂全体出场游行，队伍整齐，精神严肃"，游行队伍沿途大呼"二七死难诸烈士万岁""打倒吴佩孚""打倒张作霖"等口号，"声震天地"，并分散传单，如《工人自白》《劳工日刊》及国民党工人部所刊行的《二七三周纪念刊》等万余份，使得长辛店全镇，几乎布满传单。游行取得了很好的宣传效果，在各界来宾乘专车返京时，"工人沿途欢呼致送，历久始散"②。同年，广东各界民众500余团体、10多万人也举行了"二七"纪念大游行，"由总领队徐成章及唐树指挥各团体，次第鱼贯出门，先学界、次工界，又次为军政界，一路拥挤非常，各团体均派人沿途散发传单，并高呼口号"③。一些县级城镇也在"二七"当天举行了规模较大的游行仪式。在县级城镇举行游行，是较为罕见的集会，能吸引众多民众观看。1927年，湖北通城各界5000余人举行了游行，产生了强烈的社会反响，"沿街商号放鞭致敬，炮声聒耳、炮烟蔽目"，"工友莅会非常踊跃，各团体均一致参加，足见国民热心革命之一斑矣"④。湖北广济县各界民众在游行中高呼口号"农工

---

① 《开会纪事》，中华全国总工会中国职工运动史研究室编：《中国工运史料》(1958年第4期)，工人出版社1958年版，第15页。

② 《昨日长辛店之二七纪念会》，《晨报》1926年2月8日，第6版。

③ 《粤各界举行二七纪念》，《民国日报》1926年2月18日，第2版。

④ 《通城纪念"二七"》，《民国日报》1927年2月13日，第2版。

商学兵联合起来""为二七死难烈士复仇""继续二七烈士精神而奋斗""打倒张作霖孙传芳""打倒英帝国主义""中国国民党万岁""国民革命成功万岁"等。① 游行途中唱歌、呼口号、发传单、贴标语,"大队过处,居民燃放鞭炮欢迎,异常热烈,至下午五时始行散会"②,场面之热烈可想而知。汉川、岳口等地的游行也异常盛大,吸引了大批群众围观,汉川游行队伍"沿途并高呼口号和唱国民革命歌,声震云霄,诚汉川从来未有之盛会也","各团体散发'二七'纪念传单十数种,群众唱歌、呼口号,精神奋发百倍,秩序井然,两旁观者人山人海,莫不惊为空前没有之大游行"③。从上述资料可见,游行不仅使仪式参与者在游行过程中深受教育,大批围观的民众也被这种氛围深深感染和感动,产生了强烈的社会反响,使基层民众了解和认同"二七"纪念日的政治意义,经受了一次深刻的思想教化,对"二七"符号形成了难以磨灭的社会记忆。

为吸引民众的广泛参与,增强仪式的感染力,"二七"纪念日仪式活动中常附加有文艺演出。如1925年,在北京大学举行的"二七"二周年纪念日大会仪式上,除演讲外,还备有音乐新剧。④ 1926年,中国国民党中央党部组织的"二七"纪念大会,当晚在广州大学及太平戏院二处进行演剧,"以唤起民众的革命精神,继续"二七"诸烈士而奋斗,以求获得中华民族之解放"⑤。除新剧外,有些地方的"二七"纪念日仪式上还增加了形式多样、格调活泼的传统民间文艺表演。如1927年,武昌国民党党务干部学校在武昌首义公园表演了丰富多彩的文艺节目,除新剧《二七血史》以外,还有国乐、双簧小调与麻雀跳舞、单弦拉戏、相声、莲花闹等游艺节目;⑥武昌劳动童子团也举行了多种游艺节目,如舞蹈、革命新剧及农家子、双簧等。⑦ 丰富多彩、通俗活泼的民间文艺表演增加了"二七"纪念日仪式的趣味性和节日氛围,营造出轻松、愉快的氛围,将"二七"符号所代表的政治意涵形象生动地传达给观众,使民众在愉悦的场景中接受

---

① 《两县二七纪念》,《民国日报》1927年2月15日,第2版。

② 《两县二七纪念续昨》,《民国日报》1927年2月16日,第2版。

③ 《汉川县与岳口纪念"二七"情形》,《民国日报》1927年2月16日,第2版。

④ 《二七二周纪念大会》,《晨报》1925年2月7日,第6版。

⑤ 《中央党部通告党员参加"二七"纪念大会》,《民国日报》1926年2月5日,第11版。

⑥ 《党务干部学校表演二七血史》,《民国日报》1927年2月10日,第1版。

⑦ 《武昌劳动童子团游艺大会》,《民国日报》1927年2月11日,第1版。

"二七"符号所传达的政治教化,取得了很好的宣传教育和社会动员效果。

为充分发挥"二七"符号的政治动员效果,中国共产党领导下的苏区在"二七"纪念日仪式中还附加了"誓师""阅兵"等仪节,以增强感染力。如1933年,中国共产党领导下的苏区各地在"二七"纪念日纷纷举行检阅地方武装的阅兵誓师大会。"赤卫军、少先队、模范营等积极参加检阅,实行革命竞赛",这种活动吸引了大量群众,"各区群众大会,到者万人,一时人头攒动,大有人山人海之势"①。这种方式具有极大的感染力,群众"在大会上表现出非常热烈的革命精神,尤其是誓师时会场的革命空气更加紧张,表现出个个有杀敌的决心"②。可见,"二七"纪念日仪式中的阅兵及誓师仪节增强了仪式主题,取得了很好的社会动员效果,凸显了"二七"符号的政治意涵。

"二七"纪念日仪式是国共两党建构和强化"二七"符号最为重要的实践活动。即使是在各界举行的"二七"纪念日仪式中,也常有国共两党的参与和组织。因此,"二七"纪念日仪式不仅呈现出民众广泛参与的特征,而且带有强烈的政治色彩。国共两党通过掌控和操演纪念日仪式,向民众灌输意识形态教育,起到宣传和社会动员的作用,从而为各自的政治目标服务。正是在国共两党的刻意塑造下,"二七"符号才得以不断地强化和传播。

(三)空间维度中的"二七"符号

民国时期,为永久纪念"二七"烈士及其精神,国共两党及社会各界积极酝酿建立烈士墓、纪念碑及"二七"公园等神圣纪念空间。二七惨案的主要发生地长辛店、郑州及江岸等地及烈士埋葬地成为各界建议营造神圣空间的主要地点。

1926年,中国共产党领导下的全国铁路总工会第三次代表大会决定为纪念"二七"死难烈士制作一座石碑,正面镌刻烈士英名,背面刻写《碑阴记》,会议建议纪念碑树立在京汉铁路总工会所在地——长辛店的火神庙前。③ 1927年2月7日,武汉几十万民众在江岸举行了"二七"四周年纪念大会暨"二七烈

① 《"二七"纪念盛况》,《红色中华》第51期(1933年2月10日),第3版。
② 《各地"二七"纪念盛况》,《红色中华》第53期(1933年2月16日),第3版。
③ 《中华全国铁路总工会第三次代表大会》,中共天津市和平区党史资料征集委员会编:《民主革命时期和平区地方党史资料汇编(1919—1936)》(上册),1993年版,第37、38页。

士纪念碑"奠基仪式。国共两党和各界人士代表邓演达、蔡以忱、章伯钧等以及林祥谦烈士的妻子参加了此次大会,为施洋、林祥谦烈士扫墓,中国共产党重要领导人李立三担任此次奠基仪式的总指挥。[①] 当天,湖北各界在《民国日报》发出启事,声明要建筑"二七"纪念碑、烈士公墓及"二七"公园,征集烈士遗像、遗物及遗著,并呼吁社会捐款等。[②] 2月9日,湖北各界召开特别会议,讨论"二七"纪念碑、"二七"公园及"二七"烈士公墓及经费等事宜。[③] 2月16日,湖北各界"二七"纪念大会筹备处召开第八次职员会议,决议"二七"烈士纪念碑、公园、公墓及收捐等事。[④] 总之,湖北各界为此事多次召开会议,但具体结果不详。1929年2月7日,上海各界在"二七"纪念大会上也当场决议建立烈士纪念碑,并请艺术家万籁鸣设计"二七"纪念碑图案。3月3日,《申报》报道:"是项工程,不日将登报招商承造。"[⑤]1930年,长辛店"二七"纪念大会通过议案,要求路局担任"二七"纪念碑费用及烈士移葬费用。[⑥] 从路局的批复来看,并未同意承担纪念碑费用,对于烈士移葬费用一事,路局认为"以购地迁葬,不如购地建立公坟,更可以资观感,不但费用可省,且为昭垂久远之计,亦比分别迁葬为妥善"[⑦]。1947年11月25日,石家庄铁路工会召开"二七"罢工座谈会,石家庄市市长柯庆施参加了座谈会,并宣布"在石家庄市立碑纪念'二七'牺牲工友"[⑧]。从上述资料来看,民国时期虽然各界要求营造"二七"纪念碑、烈士墓及"二七"公园等神圣空间的呼声一直不断,但因经费、政治等因素的影响,上述提案大多并未得到实施。但为新中国成立以后各地"二七"纪念碑、纪念堂、烈士公园等纪念空间的建造打下了舆论基础。

民国时期,在教育空间里出现了以"二七"命名的学校与学术活动。1927年,随着北伐的不断胜利,国民革命军控制了京汉铁路,并对原北洋政府交通

---

① 叶鹏飞:《中国工运历史人物传略林祥谦》,中国工人出版社2012年版,第146页。

② 《湖北各界"二七"惨案纪念大会筹备会启事》,《民国日报》1927年2月8日,第4版。

③ 《"二七"惨案纪念大会昨开第七次职员会议》,《民国日报》1927年2月10日,第1版。

④ 《湖北各界"二七"纪念善后委员会启事》,《民国日报》1927年2月17日,第3版。

⑤ 《建筑二七烈士纪念碑之进行》,《申报》1929年3月3日,第16版。

⑥ 《二七》,《大公报》1930年2月8日,第4版。

⑦ 关庚麟:《呈铁道部》,《平汉铁路公报》第21期(1930年2月15日)。

⑧ 中华全国铁路总工会编:《中国铁路工人运动史大事记(1881—1949)》,沈阳铁路局锦州分局印刷总厂1988年版,第308页。

系设立的扶轮学校进行了改组,江岸扶轮学校改名为"二七学校"。① 这种改组和改名意在表明国民党对"二七"符号的拥有权和诠释权,宣示国民革命的胜利及国民党政权的合法性。此外,还出现了以"二七"来命名的其他事物。如1937年,武昌中华大学商学院学生为增进学术研究兴趣及讨论政治、经济及国际时事等问题,组织了座谈会,并命名为"二七座谈会"。②

在艺术、娱乐空间里,"二七"符号也广为传播。民国时期,随着大众文化的迅速发展,休闲娱乐成为人们的重要生活空间。歌曲、新剧表演、影视作品等新型娱乐方式进入人们的娱乐休闲生活中。

在重大时刻或各种仪式中演唱革命歌曲成为一种普遍现象。当时,根据"二七"事件创作出的《二七纪念歌》和《奋斗歌》广为传唱。《二七纪念歌》歌词曰:"二月七日,正是那年今日,怆神时,芦沟桥畔血,丹水池边雪,保定狱中链,辛店站前旗,万众同仇感,四海知!'二七'烈士永垂革命史册。③这首歌在铁路工人中,在各地的"二七"纪念日仪式中,在大革命时期的北伐宣传列车上等都被广大群众传唱。《奋斗歌》则表现了工人阶级不屈不挠的斗争意志,曲风铿锵有力,音调富有号召性,催人奋进,词曰:"军阀手中铁,工人颈上血,头可断,肢可裂,奋斗的精神不消灭。劳苦的群众们,快快起来起来团结。④这首歌在当时流传甚广,成为人们普遍传唱的革命歌曲。歌曲的传唱大大拓展了"二七"符号的传播空间。

文艺表演具有形象生动、引人入胜、观赏性强的特点,是民众生活中常见的一种娱乐休闲方式。民国时期,各地以"二七"事件为素材,创作出了丰富的文艺作品,并在纪念日仪式中或其他活动中进行表演。如1926年2月7日,在广东汕头,"由劳工剧社排演白话剧,剧名《二七血痕》,将军阀压迫人民惨杀工人种种状况,表演得非常显明,全场莫不感动"⑤;在肇庆,当晚第34团官兵及宣传养成所学员,在团部剧场表演新剧《"二七"惨案》及《高要农会惨案》,工

---

① 《二七学校校务委员会成立》,《民国日报》1927年2月16日,第1版。
② 《商学院学生举行二七座谈会》,《中华周刊》1937年第582期,第2页。
③ 罗章龙:《忆二七大罢工》,《文史资料选辑》编辑部:《文史资料选辑》(第23卷第66—68辑),中国文史出版社2000年版,第10页。
④ 徐士家:《中国近现代音乐史纲》,南海出版公司1997年版,第156—157页。
⑤ 《汕头之"二七"三周纪念大会》,《国民日报》1926年2月17日,第7版。

农兵学各界观看了这两出演剧，"情状极为真切，观者无不动容云"①。1927年，武昌国民党党务干部学校在武昌首义公园表演了新剧《二七血史》等。② 通过新剧表演再现了"二七"革命精神，进一步将"二七"符号所代表的政治意涵形象生动地传达给观众。

当时，观看影视作品成为一种新型的娱乐休闲方式。1934年，为生动再现"二七"烈士的光荣奋斗历史，激励民众，平汉铁路（京汉铁路）"拟将当年流血惨象，摄制影片"，并邀请了曾经参加"二七"大罢工且对摄制影片有经验的陈天参与其中。③ "二七"符号影视作品的生成，成为国民政府对民众进行社会教育的新型教化空间。

在艺术空间里，时人还创作出了赞美"二七"革命精神的美术作品。如1929年，《画报汇刊》发表了一副题为《"二七"是表现革命势力中，工人占了重要的地位》的画作；④1930年第57期的《华北画刊》发表了《中国国民党平汉铁路特别党部二七纪念大会宣传画》，且画面上配有文字"二月七日是吴逆佩孚惨杀本路工友的纪念日"。⑤

在信息传播空间里，邮票是民国时期民众日常生活中必不可少的通信必需品，因此邮票也成为传播"二七"符号的渠道。1947年，东北邮电管理局发行了一套纪念邮票。全套共4枚，邮票图案相同，面值分别为东北币1元、2元、5元、10元。邮票主图为高举铁锤的铁路工人及火车头，邮票两边为"中华民族解放万岁""工人阶级解放万岁"。⑥ "二七"纪念邮票的发行，把"二七"符号传播到了全国各地，大大拓展了"二七"符号的传播空间。

"二七"纪念日制度时间的形成和运作，是国共两党运用权力技术的结果。在纪念日仪式中，国共两党通过仪式操演来展示仪式主题，向民众灌输意识形态，达到社会动员的目的。"二七"纪念日制度时间运作的过程也是"二七"符

---

① 《各界举行"二七"纪念会之热烈》，《民国日报》1926年2月20日，第5版。

② 《党务干部学校表演二七血史》，《民国日报》1927年2月10日，第1版。

③ 《二七惨象将上银幕》，《平汉新生活》1934年第2期，第14页。

④ 《"二七"是表现革命势力中，工人占了重要的地位》，《画报汇刊》1929年10月。

⑤ 《中国国民党平汉铁路特别党部二七纪念大会宣传画》，《华北画刊》1930年第57期。

⑥ 郑州市总工会工运史研究室：《二七精神永放光辉》，化工部地质勘探公司印刷厂1993年版，第64页。

号不断被强化、被传播的过程。为全面建构"二七"符号，使"二七"精神永存，社会各界已经开始尝试建造能够永恒存在的物化空间。同时，在教育、文娱、信息传播等社会空间里，"二七"符号也在广泛传播。

第三节　政治符号与社会动员："二七"纪念与近代中国革命

政府或政党如何借助信息来组织集体记忆，不仅是个技术问题，而且是至关重要的政治问题。能否控制和拥有信息，形成宏大的话语支配权，直接影响到政府或政党的合法性问题。正如美国学者康纳顿所说："控制一个社会的记忆，在很大程度上决定了权力等级。"[1]因此，社会记忆作为政治权力的一个方面，常受到政府或政党的青睐。通过设定纪念日，来塑造社群记忆是政府或政党常常采用的一种重要形式。"二七"大罢工是中国近代史上一次影响深远的历史事件，直至今日，每年2月7日仍是纪念日。"二七"纪念日不仅是国共关系的晴雨表，且与近代中国革命密切相关。本节以国民大革命时期、土地革命战争时期、抗日战争时期及解放战争时期四个历史阶段为时间坐标，揭示"二七"纪念这一政治符号与近代中国革命的关系。

一、"二七"纪念与国民大革命

北洋时期，在列强的操纵下，军阀割据混战的局面愈演愈烈。二七惨案后，"打倒列强，铲除军阀"成为全国人民的共识。在这种革命形势下，以"联俄、联共、扶助农工"三大政策为政治基础的国共合作得以实现，革命统一战线正式建立。这一时期，国共双方皆依托现存政治环境重新阐释和塑造"二七"事件，把"二七"纪念建构成一个政治符号，并利用这一政治资源进行国民大革命动员。

二七惨案后，国共两党及社会各界均举行了多种形式的追悼和纪念活动，但并未形成固定的纪念日制度。自1924年2月7日，国共两党及社会各界就

---

① 　[美]保罗·康纳顿：《社会如何记忆》（纳日碧力戈译），上海人民出版社2000版，导论第1页。

已开始举行"二七"周年纪念活动,但直到 1925 年 2 月 7 日,京汉铁路长辛店工会始明确规定"二七"为平汉铁路(京汉铁路)永久纪念日及例假日。[①] 在国民大革命时期,国共两党每年都会组织或参与各种"二七"纪念活动,并通过大众传媒登载关于"二七"纪念的通讯报道、社论及宣传大纲等。

　　明确的历史所指往往是人们的行动指南。政府或政党在重大历史事件的纪念日常通过回溯那一历史事实,来暗示或宣传自身对过去历史的延续,从而获得社会认同。在"二七"纪念日仪式中,再现或回顾"二七"事件成为必不可少的一部分。如在 1925 年的"二七"纪念日,早期中共党员赵世炎指出:"中国军阀的主人翁靠山是外国帝国主义者;这次直接向工人进攻的是军阀,而间接主使的是外国帝国主义者。"[②] 又如 1926 年的"二七"纪念日,时任国民政府主席的汪精卫指出此次事件是"帝国主义嗾使军阀压迫中国民众、惨杀京汉路工人"的结果。[③] 由上述可见,关于"二七"事件的镇压责任人问题,国共两党皆将罪魁祸首归结为军阀及帝国主义者。这种阐释显然是为了突出当时中国革命所面临的两大历史任务:打倒帝国主义、打倒军阀。

　　阐释"二七"史事本身是为了从历史渊源上把自身目前的政治活动与"二七"事件联系起来,从而为自身政权的合法性寻找历史依据。因此,追溯事件的失败原因及经验教训则是其进一步的逻辑推演。这一时期,国共两党皆对"二七"事件失败的原因进行了深刻反思。中国共产党方面以彭述之的总结较有代表性,在 1925 年的"二七"纪念日,他从三个层面总结了大罢工失败的根本原因:一是中国共产党在京汉铁路的工会工作多在表面,没有注意到下层工人群众的组织工作;二是中国共产党没有与工人群众发生最密切的关系,没有深入到工人群众中去;三是没有认清吴佩孚等军阀是革命的对象。[④] 国民党方面对此也进行了分析总结,以 1927 年的"二七"纪念为例,国民党中央宣传委员会对"二七"失败的原因总结道,"第一,因为本党的势力仍未能充分发展。

---

　　① 《中国劳工运动史续编》编纂委员会:《中国劳工运动史》(第 3 编),竹利印刷事业有限公司 1966 年版,第 341 页。

　　② 世炎:《二七纪念与工人阶级》,《二七二周纪念册》1925 年 2 月,第 33 页。

　　③ 《粤各界举行二七纪念》,《民国日报》1926 年 2 月 18 日,第 2 版。

　　④ 述之:《二七斗争之意义与教训》,《向导周报》第 101 期(1925 年 2 月 7 日),第 842—844 页。

第二,工人没有预备,平日缺乏训练。第三,因在吴佩孚等军阀之后,更有帝国主义者之指挥","还有一点是我们应该注意的,就是当时的工人运动太过孤立"。① 从上述资料可以看出,国共两党对"二七"失败原因的阐释有着诸多相似之处:两党均将自身与"二七"事件联系起来;两党皆认识到工人组织的薄弱性、孤立性;均提到革命对象问题。这种诠释既是出于自身建设的需要,也是出于建立革命统一战线的需要。

在纪念活动中,回顾和阐释纪念对象的目的在于凸显其意义。这一时期,国共双方皆很注重借助"二七"纪念日这一固定时间,通过不断地赋予其意义来建构"二七"符号,进而服务于国民大革命。中国共产党主要从以下几个方面赋予"二七"事件以重大意义:第一,高度肯定了"二七"事件在中国革命史上的地位。如瞿秋白认为"二七"事件不仅是中国职工运动史上的一个关键,而且是民族革命运动史上的关键;②陈独秀认为"二七"运动是中国工人阶级开始和军阀血战的第一幕。③ 第二,中国共产党对"二七"的革命价值给予了充分肯定。如 1925 年的"二七",恽代英指出:"二七"一方面证明了无产阶级有担当今后革命事业的伟大资质;另一方面也说明了革命必须有流血牺牲。④ 第三,中国共产党从革命继承的角度对"二七"之意义进行了阐释。如 1927 年的"二七",中国共产党指出:"自从鸦片战争时广东平英团运动起,中间经过太平战争、义和团暴动、辛亥革命、五四运动、二七屠杀、五卅运动以至北伐及今年的一三运动,都可说是形成总的中国革命锁练(链)的无数的环。"⑤第四,中国共产党从世界革命的角度对"二七"的意义进行了诠释。1925 年,中国共产党的机关刊物《向导》发表《二七纪念与国际职工运动》一文,指出:"这个事件是有国际意义的,是十月革命怒潮所激起的国际职工运动奔腾澎湃流入远东之余

---

① 《中央工人运动宣传委员会为二七纪念告全国工人》,《民国日报》1927 年 2 月 7 日,第 4 版。

② 秋白:《一九二三年之二七与一九二五年之二七》,《向导周报》第 101 期(1925 年 2 月 7 日),第 846 页。

③ 独秀:《"二七"纪念日敬告铁路工友》,《向导周报》第 187 期(1927 年 2 月 7 日),第 1992 页。

④ F. M.(恽代英):《中国劳动阶级斗争第一幕》,《中国青年》第 3 卷第 65 期(1925 年 2 月 7 日),第 230 页。

⑤ 则连:《"二七"在中国革命运动史上的位置》,《中国青年》第 7 卷第 2 期(1927 年 1 月 29 日),第 29 页。

波。"①中国共产党对"二七"意义的上述几种诠释，旨在突出"二七"运动是中国革命进程中重要而正统的一部分，为国民大革命的合理合法性提供历史依据，也是服务于"联俄、联共、扶助农工"三大政策的需要。

国民党根据现实政治需要也对"二七"意义作出了多种阐释，且与中国共产党有着诸多相似之处。例如，关于"二七"事件在中国革命史上的地位，国民党方面也高度推崇。1926年，国民党在"二七"纪念通告中指出："他在中国革命史上占了极重大的地位，开民族革命的新纪元。"②对于"二七"事件的革命价值及与中国革命之间的继承关系，国民党方面也高度赞扬。1927年2月7日，国民党在广州《民国日报》发文指出"二七"烈士与黄花岗烈士之死，"同一伟大，同一样的有价值"，"'二七'革命是继续'三月廿九'的，也就是为着本党的民权主义、民族主义所振起，自'双十''五四'一点一滴归结到'二七'的工人反抗封建军阀的运动"③。尽管国民党方面对"二七"意义的阐释与中国共产党有着诸多相似或相近之处，但也存在着明显的差异。如上述国民党方面的阐释更多地将"二七"运动与国民党领导的"黄花岗起义""辛亥革命"相联接，突出孙中山三民主义中的民权主义、民族主义，这种阐释意在宣示国民党是"二七"运动的合法继承者及自身在国民革命中的领导权。

阐释纪念对象的最终目的总是服务于纪念活动组织者的现实需要的。这一时期，国共两党皆利用"二七"纪念为国民大革命进行社会动员。如在1924年的"二七"纪念日，早期中共党员陈为人在《为"二七"纪念告国人》一文中发出革命号召："请更看那为国民革命而奋斗的孙中山与国民党，现在还是在那反革命重围之中，孤军苦斗，我们应当快去直接或间接的援助他们肃清东江，移师北伐！"④这种号召不仅表达了中国共产党对国共合作政策的支持，而且也表达了对国民党在国民革命中领导地位的认可。在继承"二七"革命精神、打倒军阀、建立革命统一战线等一系列重大问题上，国民党的认识与中国共产党基本一致。如1926年2月4日，国民党在广州《民国日报》发表《"二七"纪念

---

① 超麟：《二七纪念与国际职工运动》，《向导周报》第101期（1925年2月7日），第847页。
② 《"二七"纪念大巡行通告》，《民国日报》1926年2月4日，第7版。
③ 《中央工人运动宣传委员会为二七纪念告全国工人》，《民国日报》1927年2月7日，第4版。
④ 为人：《为"二七"纪念告国人》，《向导周报》第53、54期（1924年2月20日），第405页。

大巡行通告》一文,呼吁民众"继续'二七'死难烈士的革命精神","打倒帝国主义走狗直系军阀吴佩孚、孙传芳"①。

在国共两党的宣传组织下,"二七"纪念取得了较好的社会动员效果。如1926年,长辛店工会举行了"二七"纪念日仪式。会后,"全体出场游行,队伍整齐,精神严肃",游行队伍沿途大呼"二七死难诸烈士万岁""打倒吴佩孚""打倒张作霖"等口号,"声震天地",并分散传单,如《工人自白》《劳工日刊》及国民党工人部所刊行的《二七三周纪念刊》等万余份,使得长辛店全镇几乎布满传单。游行取得了很好的宣传效果,在各界来宾乘专车返京时,"工人沿途欢呼致送,历久始散"②。同年,广东各界民众500余团体、10多万人也举行了"二七"纪念大游行,"由总领队徐成章及唐树指挥各团体,次第鱼贯出门,先学界、次工界,又次为军政界,一路拥挤非常,各团体均派人沿途散发传单,并高呼口号"③。可见,"二七"纪念产生了强烈的社会动员效果,使民众经受了一次深刻的思想教化,对"二七"符号形式了共同的社会记忆。

然而国共合作并非一帆风顺,两党之间的矛盾和分歧从未停息,双方之间的政争也映射到"二七"纪念中。早在1924年,国共合作刚刚建立之际,国共两党就在上海对"二七"纪念的领导权展开了争夺。当时,为维持大局,中国共产党最终派人参与了国民党人组织的"二七"一周年纪念大会。④ 一些反共的国民党右派甚至利用"二七"纪念进行反共宣传。同时,国民党方面还不忘利用"二七"纪念来凸显自身在国民大革命中的功绩。如1927年的"二七"纪念日,国民党在《中央工人运动宣传委员会为二七纪念告全国工人》一文中指出,"现在国民党的党军迅速地将欺骗工人的军阀打倒了","中国国民党把二七的仇人打倒了"⑤。国民党把大革命中取得的胜利完全归功于自身,对自己的革命伙伴——中国共产党,却只字未提。

为维护国共合作大局,反对部分国民党人破坏革命联合战线的行为及推

---

① 《"二七"纪念大巡行通告》,《民国日报》1926年2月4日,第7版。
② 《昨日长辛店之二七纪念会》,《晨报》1926年2月8日,第6版。
③ 《粤各界举行二七纪念》,《民国日报》1926年2月18日,第2版。
④ 任武雄:《中国共产党创建史研究文集》,百家出版社1991版,第575页。
⑤ 《中央工人运动宣传委员会为二七纪念告全国工人》,《民国日报》1927年2月7日,第4版。

进北伐的顺利进行，中国共产党利用“二七”纪念多次明确提出要维护革命统一战线。1927 年 2 月 7 日，邓中夏明确提出：“继续‘二七’精神前进！拥护国民党的农工政策到底！达到国民革命之迅速成功！”①同时，中国共产党也强调了自身在中国革命中的地位。如在武汉的“二七”纪念中，中国共产党提出“‘二七’是中国革命世界革命的纪念日，中国共产党是领导国内民众开始一切革命斗争的政党，‘二七’运动共产党的力量也是很大的”②。中国共产党再次强调要拥护国民党领导下的国民革命，并突出自身在“二七”运动中的功绩，一方面是为了维护团结，反对国民党破坏革命统一战线的行为；另一方面也意在表明自身也是中国革命事业的合法继承者。

在国民大革命时期，经过国共两党的不断阐释和塑造，“二七”纪念成为蕴含着“打倒帝国主义”“打倒军阀”的政治象征符号。在北伐中，这一政治符号成为国共两党进行社会动员的有力工具。在“二七”纪念问题上，两党既有共识与合作，也有分歧和冲突。革命是国共两党的共同诉求，分歧与冲突则是由两党在阶级利益、政治基础等方面的差异造成的，这些分歧和冲突反映了两党对革命领导权的争夺，预示着国共合作终将破裂的危机。

二、“二七”纪念与土地革命战争

国共第一次合作破裂后，两党对“二七”符号这一政治资源展开了激烈的争夺。随着国共关系的持续恶化及政治形势的变化，国民党对待“二七”纪念的态度经历了由积极扶持到严密防范的明显变化；中国共产党在革命根据地则一直坚持举行“二七”纪念活动。这一时期的国共两党都很注意利用“二七”纪念，宣扬各自继承“二七”革命事业的合法性与正统性，动员民众，讨伐对方。国民党在诠释“二七”的时候，侧重于攻击中国共产党在“二七”事件中的过失及与苏俄的关系，突出自己在国民大革命中的功绩。中国共产党则更注重将“二七”纪念与现实相联系，进行政治动员。

---

① 中夏：《“二七”与国民革命》，《人民周刊》第 41 期（1927 年 2 月 7 日），第 1 页。

② 周梦莲：《“二七”四周年武汉七十万民众之纪念盛会》，中华全国总工会工运史研究室等编：《二七大罢工资料选编》，工人出版社 1983 版，第 576 页。

（一）国民党的"二七"纪念

在土地革命战争初期,国民党统治下的区域仍在每年 2 月 7 日前后举行"二七"纪念活动。为垄断"二七"这一政治资源,部分国民党人积极奔走,拟将"二七"纪念日规定为国家法定劳动节。1928 年 1 月 31 日,国民党在上海召开了"二七"五周年纪念筹备会,推派代表向国民党中央党部请愿,请国民政府把"二七"规定为中国劳工纪念节。① 2 月 7 日,上海各界召开了"二七"五周年纪念大会,再次提议将"二月七日明令颁布为劳动纪念节"②。1929 年 2 月中旬,国民政府中央训练部将每年的 2 月 7 日正式规定为"京汉铁路工人罢工纪念日",与总理逝世纪念、黄花岗烈士殉国纪念等共同规定为各省党务训练所革命纪念节日,并规定纪念日当天"各省党务训练所,亟应举行庄严之仪式,于锻炼青年革命意志与激发青年革命情绪"③。

国共第一次合作破裂后,"二七"纪念成为国民党反共、反苏的工具。如 1928 年 2 月 7 日,国民党中央机关报《民国日报》的总编辑陈德徵发表《弁言》一文,他在文中指责中国共产党在"二七"事件中利用工人的牺牲来骗取俄国的援助。④ 再如 1929 年 2 月 7 日,国民党上海市党部举行了盛大的"二七"纪念,国民党对中国共产党指责道:"二七纪念为吴佩孚勾结帝国主义惨杀工人,共产党利用时机向苏俄买好感之纪念日,今吴佩孚虽已败逃,而帝国主义与共产党仍为吾国训政之障碍,吾人于二七纪念中应纷起作反帝与反共之工作,用慰二七死难之烈士。"⑤由上述可见,这一时期,国民党对"二七"史事的阐释主要侧重于攻击中国共产党与苏俄的关系。此外,国民党还利用"二七"纪念为自身的反共行为进行辩护,为当时国共关系、国苏关系的破裂寻找借口,借以把破坏国共合作及革命统一战线的责任转嫁给中国共产党,赢得民众对国民党政权的支持。

1930 年,国共关系进入"围剿"与"反围剿"的胶着状态。为防止中国共产

---

① 《京汉路二七惨案筹备会》,《民国日报》1928 年 2 月 1 日,第 1 版。
② 《上海京汉路二七纪念大会纪》,《申报》1928 年 2 月 8 日,第 13 版。
③ 《中央训练部规定纪念节日》,《申报》1929 年 2 月 18 日,第 9 版。
④ 德徵:《弁言》,《民国日报·觉悟副刊》1928 年 2 月 7 日。
⑤ 《二七惨案纪念会》,《民国日报》1929 年 2 月 7 日,第 2 版。

党利用"二七"纪念进行反对国民党的宣传,除平汉铁路(京汉铁路)外,国民政府不再通令各地机关及社会团体举行"二七"纪念活动。1931 年后,除平汉铁路(京汉铁路)外,国民政府开始严格限制各地举行"二七"纪念活动。如 1930年 2 月 7 日,当时的"援助留日被捕同胞会"决定在这一天举行市民大会,并进行游行示威,但"国民党当局对纪念'二七'十分惧怕,严禁大会的召开,他们在中途拦截赴会的群众,没收大会的旗帜及宣传品,抓走了大会的总指挥和一些群众"①。另据 1931 年 1 月 27 日的《申报》报道,上海军政警各机关也曾严密防范各界举行"二七"纪念活动。② 在国民党的严厉查禁下,国统区的"二七"纪念活动遂骤然冷寂。这一时期,在国民党统治区域,"二七"纪念活动主要由国民党控制下的平汉铁路(京汉铁路)举行,且一般都有国民党各级党政机关代表参加,纪念主题也大多是服务于国民党的现实政治需要的。其中,反共、剿共是其宣传的主题之一。

九一八事变后,民族危机日益严重,国民党却奉行"攘外必先安内"的基本国策。"二七"纪念成为国民党进行"剿共"战争动员的工具。在 1933 年的"二七"纪念中,《平汉路特别党部为二七纪念告全路工友书》一文指出纪念"二七"就要提倡努力"剿共"。③ 东北地区沦陷后,日本不断在我国华北地区制造一系列侵略事件。然而,国民党却置民族危亡于不顾,仍把中国共产党视为心腹之患。在 1935 年的"二七"纪念日,平汉铁路国民党特别党部在《"二七"惨案宣传大纲》中指出"剿共"为其主要任务。④ 可见,在土地革命战争时期,国民党的"二七"纪念是为其"剿共"政策服务的,"二七"符号成为国民党反共及加强战备的政治、军事动员工具。

(二)中国共产党的"二七"纪念

国共第一次合作破裂后,中国共产党认识到必须坚持统一战线中的革命领导权,建立巩固的工农联盟,建立革命军队。这一时期,中国共产党在革命

① 《北平反帝大同盟的前身》,中共北京市委党史研究室:《北京党史专题文选》,北京大学出版社1989 版,第 214 页。
② 《本埠防范二七纪念》,《申报》1931 年 1 月 27 日,第 13 版。
③ 《平汉路特别党部为二七纪念告全路工友书》,《铁路月刊:平汉线》1933 年第 35 期,第 3 页。
④ 本路(平汉路)特别党部:《"二七"惨案宣传大纲》,《铁路月刊:平汉线》1935 年第 59 期,第 8页。

根据地更加重视开展"二七"纪念活动,利用这一时机进行革命动员。"二七"符号开始从城市向中共苏区所在的广大农村地区传播。

作为二七大罢工的领导者,中国共产党一向重视"二七"纪念。国共关系破裂后,中国共产党开始独立举行"二七"纪念活动。1928年1月,中国共产党在《中央通告第三十号——关于"二七"纪念》中指出:"在这一周中,对于为职工运动死难诸先烈,无论党外党内的,通通要追悼,作一广大的宣传。"①1930年,中国共产党领导下的中华全国总工会明确宣布:"从本年二月一日至二月七日为全国工人'争自由运动周'。"②这一时期,中国共产党对"二七"意义的阐释主要是从"打倒帝国主义""打倒军阀"的角度进行的。如在1930年的"二七"纪念中,中国共产党发表了一系列纪念性文章,指出:"'二七'是中国劳苦群众反抗军阀的最初的一战!"③"二七运动首先提出'打倒帝国主义''打倒军阀'的口号。从辛亥革命直到二七运动之前,中间的革命总是在混沌的状态之下,谁也没有认识中国的革命对象是谁。中国共产党认识了中国革命的二大敌人,即提出'打倒帝国主义与军阀'的口号。"④

反对国民党政权、宣传苏维埃政权的合法性、反对日本帝国主义的侵略及为之进行军事动员,成为中国共产党在革命根据地开展"二七"纪念活动的主要内容。如1930年1月28日,中共闽西特委在"二七"纪念工作大纲中指出:"今年纪念'二七'更足以发动工人群众起来,使群众更加认识国民党军阀勾结帝国主义,不断的战争给以群众的痛苦,而执行反军阀混战。"⑤2月7日,中国共产党在《纪念二七与打倒军阀》一文中指出:"国民党军阀不断的混战,给全国劳苦民众以莫大的苦痛!""现在我们受国民党军阀压迫的痛苦,千百倍于'二七'时代",号召工人继承"二七"精神,打倒国民党军阀的统治。⑥ 1931年1

---

① 《中央通告第三十号——关于"二七"纪念》,中华全国总工会编:《中共中央关于工人运动文件选编》(上),档案出版社1985版,第228页。

② 《二七纪念:全国工人争自由运动》,《劳动》第22期(1930年2月7日),第1版。

③ 根:《纪念二七与打倒军阀》,《劳动》第22期(1930年2月7日),第4版。

④ 基:《二七运动开辟了中国革命的大道》,《劳动》第22期(1930年2月7日),第3版。

⑤ 《中共闽西特委通告二十八号——关于"二七"纪念工作大纲》,中共龙岩地委党史资料征集领导小组、龙岩地区行政公署文物管理委员会编:《闽西革命史文献资料》(第3辑),1982年版,第42页。

⑥ 根:《纪念二七与打倒军阀》,《劳动》第22期(1930年2月7日),第4版。

月 28 日，闽西苏维埃政府在"二七"纪念工作通告中指出："在今年纪念中，要提出反对军阀混战，发展革命战争，争取苏维埃政权的胜利的政治口号，去发动工人起来斗争。"①随着国民党对中国共产党的围剿日益加紧，扩大红军力量、进行战争动员成为中国共产党最为紧迫的中心任务。中共中央委员会在《中国共产党为"二七"纪念宣言》中号召民众："加入赤色工会，加入农民协会，雇农工会，贫民团，加入贫民协会，革命学生会和一切革命群众组织，加入红军，加入共产党，在共产党领导之下，为你们自己切身的政治经济的利益而斗争！"②1933 年 1 月 13 日，中共中央局在部署"二七"纪念工作时明确提出："此次纪念'二七'工作应以庆祝红军胜利加紧战争动员为中心问题。"③随后，中国共产党又在《中央局关于"二七"纪念宣传大纲》中提出"加紧一切战争动员工作"，"动员广大群众为了战争集中一切力量准备一切牺牲来粉碎敌人四次'围剿'与大举进攻"，面对日本帝国主义的侵略，中国共产党提出"加紧动员广大群众积极参加民族革命战争，全部粉碎敌人四次'围剿'与对中区大举进攻，来实际的反对日本和其他帝国主义"。④

各个革命根据地纷纷响应中共中央局的号召，举行了隆重的"二七"纪念大会，并以此为契机进行革命动员，取得了较好的效果。如 1933 年的"二七"纪念日，江西石城举行了阅兵、誓师及检阅地方武装等仪式，并成立了赤卫军军部及模范赤卫师部，有 5000 余人参加了此次检阅仪式，群众"表现出非常热烈的革命精神，尤其是誓师时会场的革命空气更加紧张，表现出个个有杀敌的决心"，在征收红军时，群众"报名的非常踊跃，在大会上计其报名的有五十八名"。⑤1933 年 9 月底至 1934 年上半年，国民党调集了百万兵力对中国共产党

① 《闽西苏维埃通告第十六号——关于"二七"纪念工作》，福建省总工会工运史研究室编：《福建工运史料汇编》，1983 年版，第 96—97 页。

② 《中国共产党为"二七"纪念宣言》，中华全国总工会编：《中共中央关于工人运动文件选编》（中），档案出版社 1985 版，第 117 页。

③ 《中央局通知（第二号）》，中共江西省委党史研究室、中共赣州市委党史工作办公室编：《中央革命根据地历史资料文库党的系统（4）》，江西人民出版社 2011 年版，第 2512 页。

④ 《中央局关于"二七"纪念宣传大纲》，中共江西省委党史研究室、中共赣州市委党史工作办公室编：《中央革命根据地历史资料文库党的系统（4）》，江西人民出版社 2011 年版，第 2515、2516、2518 页。

⑤ 《各地"二七"纪念盛况》，《红色中华》第 53 期（1933 年 2 月 16 日），第 2 版。

发动了"第五次围剿"。为粉碎国民党的进攻,中国共产党领导下的苏区加紧进行战争动员。如1934年,湘赣省工联决定在"二七"纪念日成立红军工人团。① 再如,中共四川省委"决定举行扩大红军的紧急动员","各县在'二七'纪念运动中要大大发动群众,深入消灭刘湘的宣传鼓动,为完成省委的决议而斗争"②。同年,中共河南省委在"二七"纪念节向铁路工人发出号召,"不为国民党运一兵一卒、一枪一弹去进攻苏区和红军,签名和募捐拥护红军,成立红军朋友会,反对国民党抽剥铁路经常费作为军费"③。由上述资料可见,在土地革命战争时期中国共产党举行的"二七"纪念主要是围绕着"反围剿"而展开的军事动员及政治宣传。

三、"二七"纪念与抗日战争

"七七"事变后,民族危亡空前严重。国共两党暂时搁置政治分歧,再次携起手来,共同抗日。这一时期,具有民族主义政治象征意义的"二七"符号自然受到中国共产党的高度重视。国民党方面则除平汉铁路(京汉铁路)尚有象征性的纪念活动外,其党政机关及国统区内的各社会团体基本不再举行"二七"纪念活动。

抗战时期,中国共产党更加注重从民族主义的角度来阐释"二七"事件,并强调民族统一战线的作用及自身在民族解放事业中的领导地位。1938年的"二七",中国共产党在《新华日报》发表社论《纪念"二七"要争取抗战胜利》一文,强调了民族统一战线的重要作用:"事实上正因有工人群众涌入国民革命队伍,形成国共两党之合作,才有一九二五—二七年大革命北伐之胜利,同时亦正因为一九二七年两度民族统一战线之破裂,使得日本帝国主义乘虚而入,才有'九一八'以来的空前国难,这是现在我们纪念'二七'应有的认识。"④在对"二七"进行诠释时,中国共产党强调了自身在工人阶级和抗战中的领导地位。

---

① 江西省档案馆编:《江西工人运动史料选编》,江西人民出版社1986年版,第635、636页。

② 《"二七"纪念前扩大红军的紧急动员,十天内送一千三百四十人到前方去》,四川省档案馆编:《川陕苏区报刊资料选编》,四川省社会科学院出版社1987年版,第194、195页。

③ 《河南省委关于"二七"纪念工作的决定》,中央档案馆、河南省档案馆编:《河南革命历史文件汇集1934》,1984年版,第30页。

④ 《纪念"二七"要争取抗战胜利》,《新华日报社论》第2期(1938年2月7日),第18页。

如在 1940 年的"二七"纪念中，早期中共工运领导人张浩提出："'二七'意义的伟大，就在于它指明了我们的革命的工人阶级，只有在工人阶级自己的政党——共产党领导之下，才能表现出它的伟大的力量与作用，这就等于一个强大的铁的军队，不能没有一个健全的指挥部、参谋部一样。"[①]再如 1944 年 1 月，中共山东分局在"二七"纪念工作大纲中指出："'二七'斗争的伟大历史意义是与共产党的领导分不开的，中国共产党的道路即是中国工人阶级彻底解放的道路。"[②]从以上论述可以看出，这一时期中国共产党对"二七"的阐释主要着眼于民族解放事业，强调民族统一战线的重要作用及中国共产党在工人阶级和革命中的领导权问题。这些阐释的目的是服务于以国共合作为基础的抗日民族统一战线，唤起民众抗日救国的爱国热忱。同时，中国共产党还汲取了第一次国共合作失败的教训，坚持中国共产党在革命中的领导权。

社会动员是政治符号的一项重要功能。在抗战高于一切的政治形势下，中国共产党的"二七"纪念主题基本是围绕着抗日救国这一历史使命而进行的。1937 年 9 月，以国共合作为基础的抗日民族统一战线建立。1938 年 2 月 7 日，中国共产党在《陕甘宁边区总工会为"二七"十五周年纪念宣言》中高度赞扬了国民政府领导下的抗日民族自卫战争和全国人民的团结抗日精神，并号召边区及全国工人"一致团结起来，组织起来，武装起来，拥护国民政府蒋委员长，坚持抗战到底，并帮助军队抗战，争取抗战的最后胜利"，要"巩固和扩大抗日民族统一战线"，"在抗日救国和共同建立民族独立，民主自由和民主幸福的新中国的共同目标之下，在民主集中和公开从事的方式之下，从行动上组织上统一起来，建立全国统一的职工组织。我们愿意成为全国的统一的职工组织的一部分并接受其领导"[③]。这一宣言表明了中国共产党对国民党领导下的抗日民族统一战线的支持与拥护，是服从国民政府领导的一种表示。同时，中国共产党通过这一宣言也意在警告国民政府要在"民主集中和公开从事的方式

---

①　张浩：《纪念"二七"的意义》，《解放》1940 年第 98、99 期，第 20 页。

②　《中共山东分局关于纪念"二七"进一步开展工会工作指示》，中华全国总工会编：《中共中央关于工人运动文件选编》（下），档案出版社 1986 年版，第 136 页。

③　《陕甘宁边区总工会为"二七"十五周年纪念宣言》，《中国工会运动史料全书陕西卷》编委会：《中国工会运动史料全书陕西卷》（上册），三秦出版社 2006 年版，第 262 页。

之下"来建立民族统一战线。同时,中国共产党在《新华日报》还发表了社论《纪念"二七"要争取抗战胜利》,指出"神圣抗战不仅需要继续并发扬'二七'的斗争与牺牲精神,而且需要能够在新形势下采用新的方式参加救亡工作,首先要求工人大众立刻组织起来并保持行动的统一,因为这是民族统一战线的基础,也是强化民族统一战线的基本方针","所以我们现在纪念'二七'的意义,首先就要发扬'二七'的奋斗精神来争取目前抗战的胜利"。① 在国家生死存亡关头,"二七"纪念活动成为中国共产党进行抗战动员的重要载体。

1938 年 10 月,抗战进入相持阶段,日军对国民党采取了"政治诱降为主,军事打击为辅"的方针。受这一政策影响,国民党不断制造反共摩擦事件,破坏抗日民族统一战线。为最大限度地维护团结,争取抗战胜利,1939 年 2 月 7 日,在延安"二七"纪念大会上,毛泽东强调了"中国工人阶级今天的伟大任务——抗日救国"②。在 1940 年的"二七"纪念中,针对国民党破坏统一战线、实现独裁统治的情况,张浩指出:"目前抗战三十个月以来,我们中国军事有进步,政治无进步!人民还没有绝对必需的民主自由。现在宪政运动的中心问题,是民主自由;开国民大会的中心问题,也是民主自由","中国无产阶级要获得斗争的胜利,就必要善于争取同盟军。"③透过上述资料可以看出,在民族危机空前严重之际,中国共产党利用"二七"纪念一面极力维护国共合作及抗日民族统一战线,一面或委婉或直接地表达了对国民党内外政策的不满,暴露了因国民党破坏所造成的抗日民族统一战线的分裂危机。

四、"二七"纪念与解放战争

抗战胜利后,国共两党的共同敌人消失了,两党积累的历史矛盾及政治分歧开始凸显。但在国内人民普遍厌战渴望和平的形势下,中国共产党为避免内战,实现国内和平,做出了极大努力。然而由于国民党对双方和平协定的破坏,解放战争最终爆发。

---

① 《纪念"二七"要争取抗战胜利》,《新华日报社论》第 2 期(1938 年 2 月 7 日),第 16—20 页。
② 《"二七"十六周年纪念》,《新中华报》1939 年 2 月 10 日。
③ 张浩:《纪念"二七"的意义》,《解放》1940 年第 98、99 合期,第 17—21 页。

(一)中国共产党对"二七"纪念的宣传与发动

解放战争时期,"二七"纪念遂成为中国共产党争取国内和平及进行解放战争的政治军事动员武器。此时,中国共产党利用"二七"纪念进行社会动员的方式和策略更趋成熟,通过多种措施,唤醒了工人阶级的主人翁意识,激发了工人群众的生产热情,掀起了增产立功运动的高潮。

纪念是塑造集体记忆的重要途径。解放战争时期,每逢"二七"纪念日到来之际,中共中央与中华全国总工会都会根据革命形势需要及时颁发文件,发布公告,阐释"二七"历史,并对"二七"纪念活动进行安排部署。各级工会组织通过召开纪念大会、座谈会、文艺表演、游行等一系列活动来再现"二七"历史场景,共同缅怀"二七"先烈,赋予"二七"精神新的时代内涵,使其符合现实政治需要,以达纪念之目的。因此,纪念"二七"不纯粹是为了怀旧,更是为了赋予"二七"与时俱进、与时俱新的精神价值。1947年国共两党正处于激烈对峙期,战争是两党对抗的主要形式。因此,这年中国共产党的"二七"纪念活动主要围绕增产支前而展开。2月7日,《人民日报》发表社论《纪念"二七"开展职工生产运动》指出,"贯彻劳资合作发展生产的方针,发动职工生产的热忱,支援前线,是我区一九四七年职工运动的方向","一切工厂矿山职员工人积极动员起来,发扬中国工人阶级艰苦奋斗、英勇献身的精神,努力发展工业生产,为自卫战争的前线服务,迎接光明到来!"[①]1948年初,一部分大城市及铁路、矿山已经解放,更多的大城市和铁路、矿山也将被解放。各解放区尤其是东北解放区,工业和铁路的建设正在积极进行,此种建设在今后必将更大规模地进行。因此,解放区的职工运动将被提到更加重要的地位。新华社纪念"二七"25周年社论指出,"二七"大罢工是中国工人阶级第一次伟大的反封反帝及与其走狗军阀的斗争,中国共产党的革命事业是对"二七"烈士施洋、林祥谦等同志所遗留下来的事业的继承。这样就把工人阶级的工业生产与中国共产党的解放事业联系起来,"解放区的革命的职工运动与蒋管区的革命的职工运动有同一的总目标,这个总目标就是争取工人阶级和一切被压迫人民的民众解放,建立新民主主义的中国","振兴工业是争取战争胜利的最首要的任务,也是建

---

① 《纪念"二七"开展职工生产运动》,《人民日报》1947年2月7日,第1版。

设新民主主义社会的最首要的任务"。① 1949 年初,解放战争已取得压倒性胜利,全国解放在即,建设人民民主专政的新中国成为中国共产党最为紧迫的政治目标。因此,2 月 5 日,中华全国总工会在《人民日报》发布新华社社论《中华全国总工会发布纪念"二七"宣传要点》指出几项宣传要点,要求各地举行形式多样的"二七"纪念活动,"要与目前反对国民党假和平、争取真正的民主的永久和平密切地联系起来";向工人宣传工人阶级成了民主政权的领导者,是国家的主人;密切工会与工人的联系,举办各种工人福利事业等。② 中国共产党通过"二七"纪念活动,宣扬"二七"工人的光荣革命传统,强调"二七"工人是反封反帝的先锋队、领导者,以树立工人阶级的革命形象,发挥其率先垂范作用,表达现实政治诉求,为当时充分地发动工人阶级和其他民众投身到反对国民党假和平、真内战的政治斗争中寻找历史合法性。

各区总工会高度重视,立即根据党中央和中华全国总工会的指示,向各级工会发起学习"二七"社论、开展增产立功运动的号召。各级工会积极组织发动,职工运动蓬勃发展。如晋冀鲁豫边区职工总会为纪念"二七",向全边区职工发出开展大生产运动的号召,"今年中国工人阶级伟大的'二七'纪念日,正处在爱国自卫战争走向反攻及全国民主运动高潮的前夜,全边区职工将如对日寇反攻时的英勇和热情,走进这一高潮,总会特号召全边区职工开展一个全面改造、全面提高的大生产运动"③。在 1949 年的"二七",北平、天津、沈阳、开封、延安等城市的工人都在这一天隆重地举行了纪念集会。"二七"当天,刚刚解放的北平市民 3 万余人以主人翁的身份,在东单练兵场举行了盛大的纪念会。会后,参加盛会的 81 个职工团体在北平市进行游行,秧歌队、高跷队、鼓乐队在游行队伍里边走边扭边唱,工人们无比兴奋地庆祝自己的节日,沿途高呼"我们解放了!""加强生产,支援解放战争!""永远跟着毛主席走!""反对假和平,拥护真和平!"等口号。晚上,北平九家戏院同时为工人的这一节日举行了庆祝晚会。④ 作为二七大罢工的发生地,郑州市市政府邀请了参加过二七大

① 《坚持职工运动正确路线反对"左"倾冒险路线》,《群众》1948 年第 2 卷第 6 期。
② 新华社:《中华全国总工会发布纪念"二七"宣传要点》,《人民日报》1949 年 2 月 5 日,第 1 版。
③ 《边区职工总会号召大力开展生产运动》,《人民日报》1947 年 2 月 7 日,第 1 版。
④ 新华社:《北平工人纪念"二七"伟大节日》,《人民日报》1949 年 2 月 13 日,第 1 版。

罢工的老工人和郑州解放以来在复工生产中立功的工人。郑州工人还展开募捐运动,慰问"二七"蒙难烈士的家属。参加过二七大罢工的铁路工人张立言在会上说:"我们工人已经走到'二七'时代所要求的光明大道,但是国民党反动派还没有完全消灭,解放军要过长江去解放全中国,我们铁路工人要把火车开到南京去! 开到广州去!"①在仪式营造的热烈、喜庆氛围中,民众在不同程度上形成了对"二七"纪念的共同记忆及对中国共产党政权合法性的认同感,并激发了群众对中国共产党及其政策的支持和拥护。

（二）支前立功运动的开展

为响应《人民日报》"二七"社论所提出的支前立功运动,边区和解放区的各公私企业的工会组织立即行动起来,采取多种措施,掀起了增产立功的热潮。太行邮局工会在邮务干部和工人中开展了为民立功运动,由工会与行政组织评功委员会提出立功标准为"随军邮局能保持前后方经常联系,保证前方将士能早看到报和信。后方保证能早得到消息"。根据以上标准,按四等评功。在各局站及个人之间开展竞赛,预期在秋后选举模范,总结运动。②哈尔滨市职工运动在生产立功支援前线的口号下,蓬勃开展。哈市市委提出哈市的基本任务是"增加生产,繁荣经济",要以仲裁、调解方式来解决劳资争执,使劳资双方在两利的原则下团结生产。在市委的号召下,哈市各私营企业有5000余名工人响应接受军工生产,并研究如何提高质量,订出计划。在市政企业中,已普遍开展生产立功运动。通过这次立功运动,还解决了企业生产中的一些问题:"（一）由于记功评功,促使干部钻研技术,并使生产有了具体标准。（二）由于人人订计划,组织订计划,使过去多少带有盲目性的生产,进入有计划的生产。（三）由于群众性的记功评功,每个人劳动强弱比较清楚,解决了过去评定工资的困难。（四）开始注重了技术上的学习与创造。"③在石家庄市委号召下,全市公私企业开展了"增产补损"的竞赛运动。在竞赛中,工厂中党、政、工组成竞赛委员会,成为统一的领导组织,行政上的生产计划与企业管理获得党和工会的有力支持。在运动中,加强与丰富了支部和职工会的工作内

---

①　新华社:《解放区各城市工人隆重纪念"二七"节日》,《人民日报》1949年2月19日,第1版。

②　《太行邮局开展立功竞赛　保证办好军邮》,《人民日报》1947年3月21日,第2版。

③　新华社:《生产立功支援前线　哈市职工运动蓬勃发展》,《人民日报》1948年3月20日,第2版。

容,改进了党政工在关系上不够协调的现象,使各方面的工作向前推进一步。①

为了支援解放战争,激发广大工人群众的生产积极性,在职工运动进行的过程中,各级工会组织不断改进工作方法,尤其是非常注重工人的福利工作。石家庄市铁路工会专门召开了"二七"老工人座谈会,宣布"凡曾参加'二七'罢工工友遗族失业者,政府决给予抚恤救济或介绍工作。参加罢工牺牲工友,决在石市立碑永志纪念"②。哈尔滨市围绕着生产立功支援战争,福利部创办了职工合作社供给工人低廉物品,登记并帮助失业工人就业,筹办工人医院,建立工人俱乐部,成立工人文艺工作团,加强对工人的业余教育。为培养工人干部,成立了工人中学,对工人开展短期培训,女工部组织了毛泽东青年团。③ 自从新华社纪念"二七"的社论发表后,石家庄市开始注意工厂的经营、管理,开始调整工资,进一步改善干部与原有职工的关系,重新成立或改造职工会,加强职工团结,注意职工的福利等工作。④ 1949 年初,石家庄又对公营企业工人工资做了全面调整,使普通工人的最低工资一般能维持两口人的生活。实行多劳多酬,技术高的工人工资高。同时,为保证工人工资能买到实物,不受物价上涨的影响和中间商的剥削,各公营工厂都建立了合作社。据统计,工人和家属在合作社买到的粮食价格一般低于市价 20％到 30％,工人生活得到较大改善。在私营工厂里,职工的工资、工时和福利,也得到了初步解决,工时一般不超过 12 小时,铁业工人已开始有了休假日。一位复工的长辛店工人向记者表达了他的欣喜之情:"世道变了,自个的工会办起来了,全是真心实意替人办事! 怎么说呢? 你看'二七'时失业老工人都上了班,'二七'烈士吴珍他媳妇领了一千斤米,做个买卖点补着,能过日子了。葛士贵他儿子,早先学手艺,叫国民党闹的去搞警务段,现在他自个愿学手艺,还叫学手艺,这不是明摆着么? 不说这,就是叫国民党刷下的那些手艺人,不是也上北平去登记投考了么? 过去,谁给俺们办过这些事? 你们说,共产党领导的世道,能有几个不乐意的呢?

① 石家庄市委:《石家庄市一年来的职工运动》,《人民日报》1949 年 4 月 15 日,第 1 版。
② 新华社:《"二七"罢工元老举行座谈会》,《人民日报》1947 年 12 月 18 日,第 1 版。
③ 新华社:《生产立功支援前线 哈市职工运动蓬勃发展》,《人民日报》1948 年 3 月 20 日,第 2 版。
④ 江南:《一年来的工业建设》,《人民日报》1948 年 12 月 13 日,第 1 版。

俺这伙子从前穷干活的谁都裂(咧)开了嘴了!"①

　　工人群众的政治权利与经济利益得到了合理的保障与改善,他们开始意识到自己是国家的领导阶级和主人翁,他们迫切要求提高自身政治文化水平,来实现自己国家和工业生产中的领导作用和主人翁的职责。如石家庄市职工会举办了各种形式的学习班,工人们掀起了学习的热潮:"举办的星期讲座有二千多工人参加,'职工小报'被工人们争夺着阅读,有二千九百余工人到工人训练班学习,有三百四十个优秀的工人,被保送到华北职工学校去深造。较大的公营工厂都组织有自己的俱乐部,里面放着各种书报和娱乐用品,工人秧歌队、工人剧团等差不多每厂都有,……铁路机厂建立的'技术研究会'有一百多职工参加,每日中午休息时间,互相研究传习技术。大兴纱厂建立分班学习制,每个工人每天有一小时的文化或政治学习。电话局职工的学习更加热烈,他们根据不同的程度分成三个学习小组,学习政治、文化、电磁学、有线电报等课,不仅没有迟到早退或不用心学习的现象,就是在下工休息或游戏的时候,也到处可以碰到职工们讨论问题或自己躲在角落里聚精会神的读书。并且,职工们学习的热情,也感染到他们的家属,每天清早,就可以看到三五成群的妇女走向电话局,这是电话局职工的家属们来参加文化学习的。三区工会在三月初举办私营行业职工的业余补习夜校,已有百多工人参加,自此,私营工厂工人的学习问题,也获得初步解决了。"②

　　为了进一步加强立功生产运动的动员效果,除重视提高工人的福利待遇外,精神和情感方面的动员工作也是必不可少的。因此,在给予工人群众物质利益的同时,还要从思想上加以感化和唤醒工人阶级的阶级觉悟和主人翁意识。今昔对比,忆苦思甜是各地开展思想政治教育的重要渠道。太行各业工会通过开展时事、翻身等思想政治教育,发起"想想过去,比比现在,看看将来"的思想教育运动,使工人认识到工厂是工人自己的,增加生产就是打了胜仗。提出"没功的立功,有功的功上加功",使工人们的自觉性提高,生产热情空前高涨,劳动竞赛普遍开展起来。③

---

① 逯斐:《俺要干到底——长辛店一个老工人的复工》,《人民日报》1949年4月17日,第4版。
② 田流:《解放了的石家庄工人》,《人民日报》1949年3月31日,第2版。
③ 《太行各业职工 平均增产百分之五十》,《人民日报》1947年5月2日,第2版。

　　"翻身诉苦复仇运动"是对工人阶级进行思想政治教育的另一种重要方式。通过工人、贫民中的典型人物,诉说自己被阶级敌人迫害、剥削的历史,激起群众普遍的阶级仇恨。诉苦的目的是从思想上、政治上启发阶级觉悟。如何将诉苦运动与立功生产动员结合起来是中国共产党开展"二七"纪念考虑的重要内容。曾生活在国民党统治时代的工人、贫民都曾不同程度地遭受过不同的苦,各自的"苦"很难汇聚成阶级情感和阶级意识,然而一旦给他们一个机会和平台,在公众场合将各自的苦楚集体表达出来,同病相怜之情会使诉苦者产生情感上的共鸣。于是,一个人的仇苦变成了群体仇苦,群体仇苦变成了阶级仇恨,产生仇苦的根源正是国民党。这种认识奠定了立功生产运动动员的情感基础。只要工人阶级的仇恨情绪被点燃,他们所表现出来的团结和积极性是让人震惊的。1947 年 12 月,石家庄市的工人、贫民热烈地开展了翻身诉苦复仇运动:"仅一、二两区已组织起来的贫民达八千七百余人。日前原石微发电厂工友组成清算委员会,向敌伪时代厂长韩慕乾展开斗争,清算出克扣工资及罚款数近两万万蒋币。全市回民在'人人诉苦,家家算账'的口号下,已组成二十一个贫民小组,拥有会员二百余人。回民纠察队连日协助市府捕获蒋匪石庄军统局重要特务数名。四区贫雇农、小贩等于召开代表会后,正着手组织贫农团,积极准备平分土地。二区人字街卖破烂的贫民向匪伪时代铜业公会会长、蒋匪街甲长、大恶霸奸特刘春年进行清算斗争,已获全胜。过去刘春年与卖破烂的贫民合伙买纸从中自肥之红利七千万元蒋币已全部追回。一区永安街六百余贫民斗争蒋匪第一区十八保队附奸特汪雨萍,因汪闻风逃逸,贫民组即将汪之财产全部查封。各地贫民会、贫农团于翻身运动中团结一致,并清除自己队伍中之流氓、化形地主。"①

　　"诉苦"作为一种情感动员方式,必须与立功生产运动相结合。因此,在工人群众中精心挑选"苦大仇深"的典型,成为诉苦的一个关键环节。当年曾参加过"二七"斗争的老工人常成为各地开展"诉苦"运动的先锋。在 1949 年的"二七"纪念中,张家口、唐山、菏泽等地举行了群众大会、座谈会。"二七"老工人杨振华、韩宝珠等到场发表了演讲,"讲到当时的工人领袖被统治阶级毒打、

---

① 新华社:《石庄市一、二两区八千多贫民组织起来》,《人民日报》1947 年 12 月 18 日,第 1 版。

枪杀、拘禁等各种迫害与威逼下的英勇壮烈事迹时,全体工人与到会群众激愤地高呼:'继承'二七'的革命传统,把革命进行到底,永远跟着毛主席走'等口号"。工、农、兵、学、商各界代表均对国民党所造成的各种罪行进行了控诉,来揭破国民党反动派的假和平阴谋。通过"诉苦",群众深切认识到只有彻底摧毁国民党的反动统治,人民才能得到真正的和平。①

提拔重用"二七"老工人和工人积极分子,使他们加入党组织,参与工厂管理工作,充分发挥其模范带头作用,是这一时期开展生产竞赛运动常用的方式之一。作为"二七"斗争的发源地,北平解放后,平汉铁路(京汉铁路)长辛店区成立了职工会筹委会,"二七"革命的老工人梅宝松、梅顺起、尚子安等任筹备委员,领导长辛店4000多名铁路职工,积极筹组正式职工会。② 在生产竞赛中获得特等模范的"二七"老工人计根生,已是67岁高龄。他本已到了"退休"的年龄,但他仍然坚持上工。他说:"我受苦受难40多年,就是为了这,工厂到底变成我们工人自己的了,我不老,我还得正经干它几年呢!""一年来,他总是飞跑着走路,他教授着他的技术给年轻的工友们。十月末,国民党匪军偷袭石家庄时,他抛开老妻弱孙,押送机器到安全地带去,这次竞赛,他更是欢欣若狂,上工前半小时就在工作室生火、扫地,给工人们准备好当天的活计。"③石家庄解放后,"铁路大厂'二七'老工人陈梅生当了本市四区区长,现在全市已有114个工人参加了区街政权的领导工作。在公营工厂里,工人已经成为企业的主人而参加了工厂管理,有的升任了厂长,有的升任了科长或参加了其他行政领导工作。铁路大厂原工程师王静斋去冬升任了厂长,不久前又升任了机务处的代理处长。据首届职工代表大会的统计,已经有181个工人参加了工厂行政领导工作,183个工人参加了平津的接管工作"④。在备战、复工和生产竞赛中涌现出的积极分子,有不少人加入了党和团组织。以石家庄为例,截至1949年2月,"新党员共2420人,仅公营工厂职工即占739人,约1/3弱。全市共发展青年团员1250名,只6个工厂单位即有468人。按去年12月底统计,市

---

① 《张家口、唐山、菏泽工人集会纪念"二七"》,《人民日报》1949年2月17日,第2版。
② 新华社:《北平区军管会成立铁道运输司令部》,《人民日报》1949年2月3日,第1版。
③ 田流、张深:《前进工厂在前进中》,《人民日报》1949年2月7日,第4版。
④ 田流:《解放了的石家庄工人》,《人民日报》1949年3月31日,第2版。

内区新党员中职工占 76.54％。说明了党在工人群众中已经打下了基础"。"新党员、团员在生产及各种工作中,一般表现好,能起带头作用"。①

中国共产党通过"二七"纪念,将党的军事需求、政治需求与工人阶级的利益需求和社会地位结合起来。利益的保障和社会地位的提高构成了工人阶级开展立功生产运动的直接动因。昔日干"脏活儿"的"臭工人"今日成了新社会的主人,劳动态度自然也与过去大不一样了。一位工人回忆说:"解放前,机器也像现在一样的飞速转动,但工友们不是互相聊天,就是偷偷的赌钱,机器干转不出活。"②现在,"工人们的劳动态度都有进步,上工早下工迟、自动加工是普遍现象。大家的口号是'咱们多流汗,前线少流血'。竞赛中工人并互相推动、检查、评判,表现了新民主主义公营企业中工人应有的高度自觉"③。在主人翁的精神感召下,各行各业生产成效十分显著,掀起了生产立功的高潮。邮政工人为了让前方早点看到报纸,持续加班加点,每个邮工每天走八十里以上。④ 军区炸弹厂自"二七"增产运动以来,逐步提高质量,工人们自动增加工时,产量大增,修理部 10 天完成了一个月的任务。⑤ 太行各业职工开展了减薪、献工、节约运动,两千余职工 80 天节约小米 42400 斤,献洋 260 余万元,献工 4751 个。⑥ 铁路工人大力支持中国共产党的解放战争,提出"解放军打到哪里,路就修到哪里","把火车开到南京去"的口号。⑦ 一位女工这样描述她现在的心情,"解放军像春神,给我们带来了愉快与光明;从此不再作奴隶,幸福的日子已来临"⑧。

中国共产党通过"二七"纪念活动发起增产立功运动,将自身正在进行的解放事业视为是对"二七"革命事业的继承,树立了工人阶级的主人翁意识,获得了工人阶级对自身政治合法性的支持,在党和工人阶级之间建构了一个利

---

① 石家庄市委:《石家庄市一年来的职工运动》,《人民日报》1949 年 4 月 15 日,第 1 版。
② 田流、张深:《前进工厂在前进中》,《人民日报》1949 年 2 月 7 日,第 4 版。
③ 新华社:《工人努力提高技术节省原料》,《人民日报》1948 年 5 月 15 日,第 4 版。
④ 《太行各业职工平均增产百分之五十》,《人民日报》1947 年 5 月 2 日,第 2 版。
⑤ 李香兰:《区炸弹厂厉行节约》,《人民日报》1947 年 8 月 1 日,第 2 版。
⑥ 《太行各业职工 平均增产百分之五十》,《人民日报》1947 年 5 月 2 日,第 2 版。
⑦ 《纪念"二七"千百万工人弟兄正为全部恢复铁路公路交通而斗争》,《战友》1949 年第 22 期。
⑧ 勇进:《解放了的北平工人与生产力》,《人民日报》1949 年 4 月 9 日,第 2 版。

益与命运共同体，确立了从工人阶级中汲取人力、物力的合法性、合理性。

第四节　新中国成立后"二七"符号的重塑与流变

新中国成立后，"二七"政治符号作为一种红色基因，受到中国共产党的重视。在中国共产党的推助和支持下，"二七"纪念日成为国家纪念日，"二七"纪念馆、纪念碑、烈士陵园等神圣空间在各地得以重新建造起来，这些神圣空间成为机关事业单位、军队、学校及工厂等单位的爱国主义教育示范基地。与此同时，"二七"政治符号的流播范围更为广泛，全国各地出现了以"二七"命名的行政区域、街道、学校、商业圈、广场等，出现了以纪念"二七"为主题的学术研讨会、文娱活动、竞赛等新的传播载体。为更好地传承"二七"革命精神，使之服务于社会主义建设的需要，中国共产党对"二七"政治符号的意涵进行了重塑。经过国家层面的宣传和塑造，"二七"符号的政治意涵发生了新的变化。

一、"二七"神圣空间的重构

空间是人类生活中的重要维度，它既代表一个物质性的空间场所，同时又是社会文化建构的产物，也是意识形态传输的重要载体。[①] "二七"神圣空间是专门纪念"二七"事件与先烈的场所。新中国成立后，为纪念中国共产党领导的京汉铁路工人大罢工事件，缅怀"二七"革命先烈，传承"二七"革命精神，党和政府在二七大罢工的发生地郑州、武汉、长辛店及"二七"烈士林祥谦等人的出生地福建闽侯等相继建成了一系列纪念空间。

郑州二七纪念塔。在所有纪念"二七"事件及烈士的空间场所中，郑州二七纪念塔是最为重要的神圣空间，它早已成为郑州市的标志性建筑。二七塔矗立于市中心二七广场中，是为纪念京汉铁路工人大罢工而修建的。1926 年10 月 15 日，二七大罢工工人司文德、汪胜友在此英勇就义。1951 年郑州市人民政府将西门外长春桥旧地扩建为二七广场，在广场中建立了一座 15 米高的木质二七纪念塔。因小塔位于汪、司二位烈士首级悬挂处，成为革命的象征，

---

① 陈蕴茜：《崇拜与记忆——孙中山符号的建构和传播》，南京大学出版社 2009 年版，第 325 页。

每年清明节人民群众自发在木塔周围敬献花圈,悼念革命烈士。1963年3月8日,经河南省委同意,郑州市委提出筹备资金兴建二七塔方案。1971年,郑州市政府请著名建筑设计师林乐义将木质的纪念塔改建成了钢筋混凝土结构,塔内设立了二七纪念馆。1971年9月29日,"二七纪念塔"落成,高63米,14层,是当时河南最高的建筑。二七纪念碑的设计采用联体双塔型,在总体布局中,把交通中心引向塔北,塔南专辟游览广场。两个塔体的平面各为不等边的六边形相互连接,一边为交通厅,一边为展览厅。塔高63米,上下14层,其中基座3层,为石栏环绕阅台;塔身11层,每层均有飞檐挑角,覆以绿色琉璃瓦。塔顶建有钟楼,六面直径2.7米的大钟,每一小时整点以悠扬悦耳的《东方红》乐曲报时。钟楼的上面还矗立着一根9米高的旗杆,上置红色五角星一枚。塔南门右侧有一棵松树,如今古柏翠松与高塔相互辉映,为广场四周商厦的繁华喧闹平添几多质朴端庄的景色。纪念塔设计端庄、气势雄伟。建筑设计采用了数字的暗喻手法:建筑面积为1923平方米,喻大罢工的发生时间1923年;两个塔设计各7层,喻"二七"。二七纪念塔于建成当年即对外开放,至今已有数百万人登塔瞻仰,接受革命传统教育。

二七广场。位于郑州市市中心,是解放路、二七路、人民路、西大街、德化街的交汇处,新中国成立后在设计施工期间,曾先后叫"六路口广场""解放广场"和"二七交通广场",面积4000余平方米。1952年辟为二七广场,成为革命纪念地之一。新中国成立初期,郑州全市性大型集会多在此举行,广场外围分布有阅报栏、广告栏,为市内文化宣传重要阵地。广场中央有二七纪念塔,登塔远眺,可饱览市区景色。20世纪80年代中后期,郑州市政府对二七广场进行改造,为维护二七纪念塔的尊严,郑州市城市规划部门作出规定:二七塔周围的建筑物,均不能超过二七塔的高度。因之,此后数年间,在二七纪念塔周围能看到一个奇特的景观:所有在二七塔旁的大商场、大酒店高度都低于二七塔,建筑整体上前低后高,呈现出梯形结构的特点,寓意为对二七塔的谦恭和尊敬。90年代,国内市场经济活跃,受此影响,郑州市形成了以二七广场为中心的"二七商圈",周边高楼林立,大厦凸起,二七纪念塔逐渐失去了其地标性地位。广场四周有华联商厦、商城大厦、天然商厦、亚细亚商场、友谊广场、亚细亚大酒店等,广场南为郑州市第一条步行街——德化街,北为店铺林立的北二七路。环二七广场的商业、服务设施群，集中呈现了郑州商贸城建设的成就。2020 年 5 月，依据二七纪念塔和二七广场的历史意义和价值，郑州市委、市政府决定将二七广场提档升级，重塑郑州城市记忆，将二七商圈建设成为郑州人的精神家园，回归复原二七广场政治性、纪念性广场的原貌，规划了约21000 平方米的二七广场。同时，为凸显二七纪念塔的庄严肃穆，形成清晰的广场界面，决定将二七广场周边建筑的高度控制在 28 米至 30 米之间，以烘托二七纪念塔，形成高度、立面、色彩等风貌一致，且与国家中心城市地位匹配的精神家园。经规划论证，决定保留与二七纪念塔毗邻的郑州友谊大厦 1－6层，拆除 7－20 层。

目前，以二七广场为中心，按照国际时尚现代的商业街区思路整体设计、统筹推进，重新梳理空间密度、建筑高度、形态风貌等，力争重塑郑州城市地标、彰显郑州个性、显现中原风采的理念正融会贯通于郑州的城市建设发展中。纪念塔周边的空间设计注重商业性和纪念性的共生，部分商业空间也加入了纪念性的元素。还原历史文脉，传承城市记忆，追忆红色足迹，弘扬红色精神已成为新时代郑州市城市文化的重要内涵。

二七纪念堂。位于郑州市钱塘路中段路西，当年普乐园所在地。新中国成立后，为了纪念二七大罢工，决定在郑州市钱塘路，即原京汉铁路总工会成立大会会场普乐园旧址，修建二七纪念堂。郑州二七纪念堂的设立同样体现出纪念空间的神圣性。二七纪念堂位于郑州市钱塘路中段路西，兴建于 1951年，1953 年 2 月 7 日落成，以后又陆续扩建，方成现今宏伟、壮丽的规模。纪念堂是一座可容 1500 多个座位的大厅，为每年纪念"二七"的集会场所，平时则放映电影，活跃职工文化生活。二七纪念堂正厅北侧设有二七陈列馆，为三层楼建筑。馆内西墙上，挂有施洋、林祥谦二烈士遗像，上边悬一复制的"劳工神圣"匾。在展览馆内，还展览有当时京汉铁路总工会章程草案和一深褐色的铜制"京汉铁路总工会会员证章"。它是郑州人民缅怀革命先烈，进行革命传统教育的场所。

三益街工人夜校旧址。位于郑州火车站东北约 300 米（三益街小学内）。原为"郑州湖北会馆"，1920 年北洋政府交通部创办，全称"京汉铁路郑州铁路职工学校"，有教员 4 人，其中赵子健是湖北共产主义小组创建人之一。后李大钊曾到该校宣传"十月革命",夜校成为中国共产党在河南最早组织工人运动、进行革命活动的场所。1987年3月4日,被公布为郑州市文物保护单位。

郑州烈士陵园。位于郑州市西南黄岗寺村北。郑州烈士陵园内由周恩来题写碑名的革命烈士纪念碑庄严宏伟,二七大罢工斗争牺牲烈士事迹陈列馆陈列内容生动翔实。园内革命烈士事迹陈列馆第一陈列室为二七大罢工纪念馆,共分三个单元:一是工运史上的光辉篇章,概括记述了二七大罢工斗争的历史。二是宁死不屈的战士,陈列了二七大罢工斗争中英勇牺牲的高斌、林祥谦、施洋、汪胜友、司文德5位烈士的事迹。三是永恒的纪念,阐明了二七大罢工斗争在中国工运史上的伟大意义。1992年被市政府命名为"郑州市青少年德育基地",1993年被团省委命名为"河南省青少年思想教育基地",1995年1月被中华人民共和国民政部命名为"爱国主义教育基地",1996年10月被中共郑州市委宣传部、郑州市教育委员会、共青团郑州市委命名为"郑州市爱国主义教育基地",陵园与武警郑州市支队、郑州铁路卫生学校、郑州市第54中学等25个学校和单位建立爱国主义教育基地共建单位,成为省会人民褒扬先烈开展革命传统教育的重要场所,每年接待前来参观、祭奠的社会各界群众达20余万人次,充分发挥了社会主义精神文明教育基地的作用。

郑州作为"二七名城",二七纪念塔及二七纪念堂是郑州市区重要的近现代建筑,位于郑州市中心的二七广场上。以二七纪念塔为标志开辟的二七纪念广场,通过德化街——钱塘路步行商业街为轴线,加上二七纪念堂和工人夜校等革命纪念地,形成了"二七历史文化名胜区"。郑州二七纪念馆被河南省委、省政府列为河南省5条"红色旅游路线"之一,为省内各单位开展党员先进性教育活动提供了良好阵地。二七纪念馆是河南省唯一一家国家级爱国主义教育基地。二七塔早已成为郑州市的标志性建筑,也是外地游客的必到之地。纪念馆经常爆满,每年参观者曾达23万人次之多。革命传统教育坚持"特色"不"忘本",不能"死等"要走出生,平时除做"二七"主题的"基本陈列"外,纪念馆还做了不少"延伸"性质的工作,与郑州市建设路一小、解放军郑州信息工程大学、郑州高炮学院、中州大学等30余所学校签订协议,成为他们的德育基地或政治学习基地;与河南电视台联合组织有关单位,在这里举行党员入党宣誓活动;与北京电视台联合组织研究二七历史,学习"二七精神"活动等。

与其他纪念馆不同的是，二七纪念馆不仅存在于郑州一地，在武汉江岸和北京长辛店也有同名的纪念馆。由于长辛店、郑州和江岸是京汉铁路的三个中心段，在京汉铁路工人大罢工中这三地均发挥了重要作用，且在二七惨案中均发生了严重的流血事件，因而出现了三地都有二七纪念馆的现象。

武汉二七纪念馆始建于 1956 年，位于武汉铁路分局江岸地区俱乐部旁，1958 年落成，1960 年 2 月 7 日始对外开放。全馆占地 10600 平方米，陈列馆138 平方米。纪念馆中有陈列室、资料室、接待室、办公室、外宾休息室等。砖瓦平房，有林木和石碑相互依托，显得庄重肃穆。馆前广场是 1951 年 7 月公审当年镇压京铁路工人运动的京汉铁路局局长赵继贤的会场。馆前设立了二七烈士纪念碑，占地 25 平方米，主碑 23.27 米，寓意 1923 年 2 月 7 日。正面"二七烈士纪念碑"7 个大字，是毛泽东主席 1958 年 9 月 16 日所题。碑的顶端是大鹏飞轮，碑的底座镶嵌锻铜汽笛。碑的两侧是高 3.1 米、长各 15 米的弧形雕塑群，内容是再现二七革命斗争的激烈场面。背面是"二七"纪念碑碑文。1975 年，中央决定重新修建武汉二七纪念馆，选址在解放大道 2499 号，占地27500 平方米，其中绿化面积 10200 平方米、广场 4000 平方米。纪念馆是一座二层楼的建筑，占地 3671 平方米。胡耀邦题写的"武汉二七纪念馆"的馆名塑铸在正门上方。二楼为 1200 平方米的展厅，展出 89 件珍贵文物，有国家一级文物 3 件，还有照片、图表、绘画、雕塑、模型、沙盘等展品。一楼是办公室、接待室等。馆内还珍藏有毛泽东、周恩来、邓小平、江泽民、李鹏等领导同志题词。武汉二七纪念馆自 1987 年 2 月 7 日正式开放以来，已接待国内外观众数百万人。武汉二七纪念馆被列为湖北省文物保护单位。

长辛店二七纪念馆与二七烈士墓毗邻。长辛店二七纪念馆是由全国总工会、铁道部和北京市共同投资修建，于 1987 年"二七"大罢工 64 周年之际落成。该纪念馆设计古朴典雅、格局对称，面积为 2300 平方米，馆内共设 8 个展室。馆内还展出许多珍贵的人物照片、文献，有 1918 年毛泽东同志与长辛店留法勤工俭学学员在北京的合影，毛泽东同志为纪念"二七"撰写的手稿等。长辛店二七纪念馆于 1987 年 2 月 7 日正式对外开放。彭真题写了馆名。长辛店二七纪念馆开馆不到半年就接待了来自日本、美国、比利时、联邦德国和海外侨胞及国内各界人士 1.1 万人次，取得了显著的社会效果。1993 年 6 月，北京市人民政府确定该馆为北京市青少年教育基地。

"二七"烈士陵园。为缅怀烈士,营造"二七"精神永存的物化空间,修建烈士陵园成为一种重要的形式。陵园选址常首先考虑烈士的出生地或牺牲地。在京汉铁路工人大罢工中,为捍卫总工会,有数十名工会领导人和工人为此献出了宝贵的生命。其中,影响最大、牺牲最为惨烈的莫过于劳工律师施洋和江岸工会会长林祥谦。因而,新中国成立后,党和政府为两位英烈建造了烈士陵园。

1953年,在政府的支持下,人们在武昌洪山修建了施洋烈士陵园。烈士墓由山脚迁至山腰,并建立了巍然挺拔的"施洋烈士纪念碑"和烈士半身塑像。塑像巨大,头戴中式小帽,上身着中式便衣,双目睽睽,器宇轩昂,令人肃然起敬。1957年1月,董必武为施洋墓碑题诗:二七工仇血史留,吴萧遗臭万千秋;律师应仗人间义,身殉名存烈士俦。这楷书题诗就镌刻在施洋半身塑像下的巨大石基上,表达了人民对镇压"二七"罢工、杀害先烈的刽子手吴佩孚、萧耀南的无比憎恨和对洋烈士的崇高评价。施洋烈士陵园落成后,每年有成千上万的民众前往瞻仰和凭吊。这一切,充分表达了工人阶级和人民对施洋等英烈的无限崇敬与深切怀念。进入21世纪,党和人民政府又在洪山施洋墓旁修建了施洋烈士纪念馆,以大量的图片和实物,再现了施洋烈士光辉的一生。如今,这里成了湖北省重要的红色教育基地和红色旅游的好去处,每日来参观的群众达数千人,表达了全国人民决心继续烈士遗志,高举中国特色社会主义伟大旗帜,沿着中国特色社会主义道路奋勇前进的坚强决心和意志。

1960年,林祥谦烈士陵园在福建闽侯县祥谦镇枕峰山山麓开始修建,1961年迁葬,1963年落成。陵园占地面积2.8万余平方米,建筑面积达5067平方米,内有烈士雕像、纪念堂、纪念馆、千人广场等纪念性建筑。陵园大门两边有"祥谦陵园"隶书石刻4个大字。沿3列3组126级石阶上山,即是雄伟的纪念堂。"二七烈士纪念堂"7个金光闪闪的大字为郭沫若所书。1985年10月,林祥谦烈士陵园被福建省列为文物保护单位,1989年11月被定为全国重点烈士纪念建筑物保护单位,1995年8月被命名为首批福建省爱国主义教育基地,2001年被中宣部列为第二批全国爱国主义教育示范基地之一。2004年,福建省对林祥谦陵园进行了一系列的整修。新建大门新增了浮雕;陵园进一步扩建，满足参观者休闲、娱乐的需要；改造纪念堂，运用声光电高科技，增强视听表现力和与参观者的互动；陵园绿化，保证陵园四季常青，为弘扬林祥谦精神提供坚实的物质载体。

二、"二七"符号在社会空间的流播

市政系统中的"二七"符号。道路是市政体统中的重要组成部分。每个地方的道路命名往往有着一定的含义，意味着这座城市特有的历史文化底蕴。有的道路以历史地名、历史人物来命名，有的是为突出地方特色，有的则寄托着美好愿望。

1951年2月7日，为纪念二七大罢工，郑州市人民政府通令长春路改为二七路。1952年2月7日，将汪胜友、司文德二烈士遇害的德化街长春桥旧址扩建为"二七广场"，以示对二七先烈的永久纪念。1955年，郑州市将二区改为二七区。此后数十年，二七区区划名称历经变迁，先后改称为"七一人民公社""二七区人民公社""二七区人民委员会""二七区革命委员会""二七区人民政府"。从上述称谓可以看出，不管名称如何变化，但大体上都保留了"二七"这一历史印记，行政区划名称的变化带有强烈的时代痕迹。

在武汉同样有以"二七"命名的道路、桥梁及街道办事处等。如武汉二七路，位于汉口江岸区解放大道西线和武汉长江二桥下桥处；二七街办事处辖区位于江岸区东部，东临长江，西南至黄浦路与新村街办事处辖相邻，西抵赵家条与后湖乡接壤，北以二七路与新村街办事处辖区交界。辖区于1952年正式设置政区，分属福建、永清两街人民政府和凤湖乡人民政府，1954年分别改为福建、永清、黄家墩三个街办事处。1959年，福建、新村两街办事处合并成立江岸区人民公社二七分社。1961年撤销，恢复街办事处。辖区为福建、黄浦两街办事处。1966年，福建改称二七，黄浦改称杭大。1971年，二七、杭大两街办事处合并成立二七街革命委员会，1979年改为二七街办事处。在武汉，以"二七"命名的还有武汉二七长江大桥。此外，在贵阳也有二七路，原名叫玉田坝，因沿路居民多为铁路职工，为纪念"二七"铁路工人大罢工，于1986年命名为二七路。

商业空间里的"二七"符号。在商业领域，"二七"符号最广为流传的莫过于"二七商圈"。20世纪90年代以来，二七路成为郑州市最繁华的商业街，人们将环绕二七纪念塔形成的经济圈称为"二七商圈"，这一带已成为郑州经济贸易最为活跃的区域之一。如今的"二七商圈"，已成为郑州商贸的一个大窗口、一个主战场。这里，商海沉浮每天都在上演。在二七广场这片不足0.5平方公里的土地上，日复一日，年复一年地打着没有硝烟的商战。这里，"二七"不再是一个政治符号，俨然成了一个火药味儿十足的商战符号。

艺术空间中的"二七"符号。在文化艺术领域，涌现出了一些以"二七"事件为题材的文学、艺术作品。20世纪五六十年代的老电影中有以此为题材的影片如《风暴》《革命自有后来人》等，影片生动地反映了大罢工中英雄人物的事迹。1950年，为纪念二七大罢工，中央人民广播电台制作了反映铁路工人修复铁路支援国家建设的广播剧《一万块夹板》，标志着新中国广播剧的诞生。1973年为纪念二七大罢工50周年，艺术家们创作的大型油画《工人夜校》收入《二七罢工史画选》，原作被郑州二七纪念堂收藏。在京剧《红灯记》中"李奶奶痛说革命家史"提到了京汉铁路工人大罢工，其中铁梅就是在大罢工中牺牲的烈士的后代。1998年，河南省委宣传部、省总工会在河南人民大会堂举办了"省会职工纪念'二七'大罢工75周年京剧晚会"，中国京剧院著名京剧表演艺术家刘长瑜率团前来为数千观众演出了优秀的现代京剧《红灯记》，为人们再现了当年二七大罢工运动中壮烈的场面。1987年，工厂电视中心和长辛店二七纪念馆联合摄制了反映"二七"大罢工斗争历史和工厂发展史的电视专辑《光辉的历程》，通过闭路电视向全厂职工家属播放，取得了很好的效果。此外，还有福建闽侯县闽剧院创作表演的现代闽剧《林祥谦》，福建省文艺音像出版社联合福州闽侯县委宣传部、北京海晏河清影视文化公司共同摄制的数字电影《少年林祥谦》。2009年，为迎接新中国成立60周年，中央电视台制作了专题纪录片《人民英模：工人阶级的不屈战士——林祥谦》，以缅怀这位中国工人运动的先驱、中国共产党早期的英烈。

为纪念"二七"英烈而创作的诗歌层出不穷，"铁头摧斧刃，浩气贯长虹"①，

---

① 《纪念"二七"革命烈士》，李尔重：《李尔重文集》（第一卷），作家出版社2000年版，第23—24页。

"自由争未得，被迫罢全工。千里钢轮辍，四方兵马攻。空拳当火器，徒步敌花骢。虽败荣犹著，英光永世红"[①]。近几十年来，"二七"纪念的重心开始向学术研究领域转移。学界与"二七"纪念馆每逢五、逢十"二七"周年纪念常举行全国性的学术研讨会。在研究和宣传"二七"精神方面成果累累，出版发行有关二七大罢工史、二七人物的地方志、年鉴约 1700 部，获国家、省、市级优秀成果奖近百部。

此外，"二七"符号在教育、工厂、信息传播系统等领域也有一定程度的传播。在教育系统，一些学校以"二七"命名，如"北京二七机车厂技工学校""郑州二七优智实验学校"。以"二七"命名的工厂有"铁道部北京二七机车工厂""北京二七车辆工厂""二七通信工厂"等。在信息传播系统，主要发行了一系列邮票。1983 年，国家邮政部特别发行了一套京汉铁路工人大罢工 60 周年纪念邮票，共 2 枚，面值人民币 8 分。第一枚主图为江岸"二七"烈士纪念碑，第二枚主图为郑州"二七"纪念塔。河南省邮票公司并于当天发行了自制的首日封，郑州市邮票公司为集邮爱好者加盖了纪念邮戳，图案为熊熊燃烧的火炬，象征着"二七"革命精神永放光芒。1993 年，郑州二七革命纪念馆、武汉二七纪念馆和河南省邮票公司联合发行了《京汉铁路工人大罢工七十周年纪念邮封》。1998 年，郑州二七纪念馆与省市集邮公司联合发行了一枚纪念"二七"大罢工 75 周年纪念封。

三、新中国成立后的"二七"纪念

新中国成立后，党和政府高度重视"二七"纪念。早在 1948 年 10 月 22 日，郑州解放后，郑州市人民政府将每年的 2 月 7 日定为二七大罢工纪念日，以永久纪念和缅怀牺牲的"二七"烈士。1949 年 12 月 23 日政务院发布《全国年节及纪念日放假办法》，将"二七"纪念日规定为国家纪念日。[②]

党和人民政府对"二七"老工人及烈士亲属从政治、生活和荣誉等方面给予了特别的关注和敬重。1956 年 4 月，毛泽东主席和刘少奇在北京亲切接见

---

① 《纪念"二七"四十周年》，正纲编：《伟人咏唱》（上卷），经济日报出版社 1998 年版，第 406 页。

② 孙琬钟：《中华人民共和国新编劳动人事政策法规全书（1—6 册）》，中国人事出版社 1999 年版，第 145 页。

了郑州铁路管理局"二七"老工人代表林茂湘。铁道部历任领导都十分关心"二七"老工人工作、生活情况。"二七"老工人谢世后,有的安葬在北京八宝山公墓,有的骨灰安置于烈士陵园,享受到很高的政治待遇。

新中国成立以来,党和国家领导人都很重视"二七"纪念,并题词纪念表达敬意,号召人民向"二七"先烈学习,为建设社会主义而奋斗。1958 年 9 月 16 日,毛泽东主席为江岸"二七烈士纪念碑"题字,并致函"向烈士们致以敬意"。1964 年 11 月,时任全国人大常委会委员长朱德为二七纪念堂题字"二七烈士永垂不朽"。全国人大常委会副委员长何香凝为纪念堂画了一幅梅花,象征烈士像寒梅那样斗傲霜雪。1983 年"二七"纪念前夕,《人民日报》刊登了邓小平、叶剑英、李先念、陈云等中央领导纪念二七大罢工六十周年的题词。邓小平的题词是:"中国工人阶级要发扬二七革命传统,为把我国建成现代化的,高度文明、高度民主的社会主义强国,为推进人类进步事业,而努力奋斗!"李先念的题词是:"中国工人阶级要发扬二七革命传统,永远不忘过去,正确对待现在,努力创造未来!"陈云的题词是:"纪念二七大罢工六十周年,为建设社会主义而奋斗!"1992 年 10 月 19 日,湖北省暨武汉市各界人士和全国铁路系统的代表隆重纪念"二七"烈士林祥谦 100 周年诞辰。时任中共中央总书记江泽民和国务院总理李鹏分别为纪念活动题词。江泽民为纪念活动题词:"弘扬二七烈士不屈不挠的革命精神,建设有中国特色的社会主义。"李鹏题词:"向林祥谦烈士学习,做共产主义坚定的信仰者。"1993 年 2 月 6 日,中共中央总书记江泽民、国务院总理李鹏分别为二七大罢工 70 周年题词。江泽民的题词是:"弘扬二七革命传统,争做四化建设先行。"李鹏的题词是:"发扬二七革命光荣传统,做改革和建设的主力军。"2009 年 9 月 10 日,在中共中央宣传部、中共中央组织部、中共中央统战部等 11 个部门联合组织的"100 位为新中国成立作出突出贡献的英雄模范人物和 100 位新中国成立以来感动中国人物"评选活动中,林祥谦被评为"100 位为新中国成立作出突出贡献的英雄模范人物"。

新中国成立后,工人阶级成为我国社会改革和社会主义建设的主力军。在中国共产党的领导下,100 年来逐步提炼出来的"英勇、团结、牺牲、奉献"的"二七"革命精神生生不息、延续发展,成为一种革命传统,成为中国共产党人建设新社会的一种强大精神武器。"二七"精神已经渗透到中国工人阶级的骨子里，扎根中国人民心中。"二七"革命精神作为一面旗帜、一种精神动力，长期激励和教育着工人阶级积极投身于中国共产党领导的波澜壮阔的革命、建设和改革事业中，为之流血牺牲、艰苦奋斗，并作出卓越的贡献。

小　结

这次大罢工事件所牵涉的北洋政府、商旅群体、工人群体及中国共产党等各方力量的利益无不因大罢工而受到重大损失。可以说，这是一场没有赢家的战斗。大罢工的失败，既带来了严重的消极影响，也产生了积极的社会效应。

大罢工发生之时，中国共产党尚处于初创期，缺乏群众运动的经验，因此在领导这次罢工事件中难免会犯一些错误，给工人群体和工运工作造成了巨大的损失，产生了一些消极的影响。对待这些损失我们要区别看待：有些损失是革命过程中不可避免地要付出的代价，如大罢工的发生给商旅群体所带来的不便和损失，这些不便和损失是中国共产党和京汉铁路总工会有所预见并尽量减少之后仍然难以避免的；有些损失则是社会进步过程中所采取的必要手段或要达到的一种政治目标，如大罢工对北洋政府造成的经济损失及北洋政府政治声誉的恶化；有些损失则是中国共产党如果在事先做了周密的准备和应对措施可以尽量避免或减少的，如二七惨案的发生和此次工人运动的挫败。

我们对这次大罢工所造成的社会影响要理性看待，忽略或回避这些消极影响则不能客观地认识这一时段的历史；若只看到这些负面效应而抹煞其背后的历史意义也是违背历史事实的。实际上，这次大罢工的失败有助于幼年的中国共产党及时发现工作中存在的不足，同时也使北洋政府的政治声誉严重恶化，进而引发了中国革命力量的重组和革命策略的调整，推动了中国劳动立法的进程。

二七惨案后，经过国共两党的不断塑造和赋予，"二七"纪念成为蕴含着"反对军阀""反对帝国主义"等多重象征意义的政治符号。随着政治形势及国共两党关系的变化，两党对"二七"事件及意义的阐释也不断与时俱新，且与现实政治需要密切相关。"二七"纪念不仅是国共关系的晴雨表,而且也是近代中国革命中一个有力的社会动员工具。纵观整个民国时期,国共两党对"二七"符号的拥有和阐释也经历了一个变化过程,从国共两党共同拥有,到两党互相争夺,再到中国共产党独自掌控"二七"符号的话语权。这种变化,一方面反映了中国共产党的政治动员和话语权掌控能力渐趋成熟,另一方面也反映了中国共产党作为一支革命力量的渐趋壮大。新中国成立后,中国共产党对"二七"符号进行了多维度重塑,"二七"符号成为"英勇、团结、牺牲、奉献"的新时代精神。

结　语

京汉铁路工人大罢工轰然起于各种矛盾的激化之中。它不仅表现了工人阶级郁积已久的愤怒,同时也包含着社会力量的成长、民众对国家政权的反抗,反映出 20 世纪 20 年代中国的革命化进程日益明显的趋势。在近代中国的社会变迁时序中,这场反抗风暴留给历史的余响是长久的。

生态学方法为本书研究提供了新的研究视角。尽管已有丰富的研究成果对京汉铁路工人大罢工发生的背景进行了多次探讨,但大多未能突破过去革命史的研究范式。本书突破这种固定的模式,把焦点放在相对复杂的地方环境上,并进行了细微的描述。从铁路工人工作、生活的生态环境方面查找引发集体行动的原因。当然,生态环境分析法并非等同于环境决定论。然而,一定程度上工人的集体行动与所处的特定生态系统有着某种必然的联系。当宏大的生态环境变得艰难而不稳定时,当工人因之面临生存威胁或遭受不公时,他们会对这种生态系统迅速作出反应,攻击性的生存性策略便由此产生,而这种策略便往往以集体行动的方式表现出来。

此次大罢工的历史意义是公认的,但却很少有学者去探讨它所发生的深刻原因,而这正是本书浓墨重彩之处——此次大罢工发生原因是本书试图说明的一个重要问题。这部分内容,笔者借鉴了社会史的研究方法。内源性因素往往最能体现事物变迁本身内在的潜能、倾向或趋势。然而,受"革命史范式"影响,在工运史研究中,学界往往将工人运动的起因归结于外力的作用,而忽视了对中国工人群体自身因素的分析,不能从工人阶级内部发现历史。实际上,工人阶级作为能动主体,在工人运动中常发挥着意想不到的主动作用。"能动作用被看成是社会有机体与生俱来的力量,是特定的、无需分析的、理所当然的生命原动力,它在社会生活及有方向的、不可逆的社会变迁中显示自己

345

的力量"①。因此,笔者认为大罢工爆发前夜工人阶级的不满情绪是此次历史事件发生的一个关键前提——生存面临的种种困境、分裂性因素及早期反抗传统的存在、自身力量的成长,所有这些因素叠加在一起,积聚成一股强大的反抗力量。外源性因素则常成为现象或事件发生的导火索或催化剂。因此,本书认为此次大罢工事件产生的外源性因素主要是社会和政治问题——国内外罢工思潮、自然灾荒、政党的介入及北京政府的高压政策成为此次大罢工事件发生的助燃剂。通过对罢工起因的分析,可窥见中国革命力量的来源及成长过程,进而发现中国工人运动与中国革命之间的联系。

关于京汉铁路工人大罢工的过程,已有多部著作进行了详细的描述。然而,对于大罢工所引起的即时反应,学界则关注不够。大罢工发生后,引起了社会关系的变动。工界、学界、商界、政界及西方列强表现出不同的倾向和反应,各方力量之间或结盟或博弈,其倾向或反应取决于他们自身的利益及在社会结构中所处的地位。经此一役,北京政府虽以武力取胜,但却声名狼藉,统治危机重重。这次强有力的集体行动事件的爆发,不仅是民国以来民权意识苏醒的产物,也是社会力量不断成长的结果。由此可观,20世纪20年代中国社会革命化的趋势日益明显。

此次大罢工事件给中国社会和中国革命带来的后续效应是值得令人深思的。经过百年的岁月沉淀,此次历史事件基本上已尘埃落定,这使得我们今天能以更加客观的心态及更为广阔的视野来重新审视它。历史发展的长河中,重大的革命事件虽总难以避免给现存社会造成一定的破坏和损失,但长远来看,则往往能在一定程度上推动社会的发展。革命是近代中国的主旋律,京汉铁路工人大罢工事件是当时社会矛盾与中国革命激烈碰撞的产物,自然被涂抹上浓厚的革命色彩。因之,它不仅仅是一起简单的工人罢工事件,更是一起革命事件。"二七"符号的百年建构和流播,彰显了中国人的革命情结和政治文化。

---

① ［波］彼得.什托姆普卡:《社会变迁的社会学》(林聚任等译),北京大学出版社2011年版,第184页。

参考文献

一、史料

(一)报刊

《申报》《晨报》《民国日报》《商报》《时报》《时事新报》《盛京日报》《大公报》《北京学生联合会日刊》《益世报》《京报》《新闻报》《社会日报》《汉口日报》《国民新闻》《舆论报》《群强报》《新中州报》《京汉公报》《江声日刊》《人民周刊》《新学生》《红色中华》《平汉铁路公报》《中华周刊》《劳动》《中国青年》《顺天时报》《劳动周刊》《中央日报》《中央周报》《新中华报》《新华日报》《铁路月刊平汉线》《努力周报》《交通公报》《交通丛报》《政府公报》《铁路职工》《解放》《向导周报》《新青年》《时兆月报》《东方杂志》《北京大学月刊》《工人周刊》《共产党》《中外经济周刊》《京汉铁路管理局公报》《共进》《劳动周报》《新华日报社论》《报国工业会会刊》《前锋》《先驱》《责任》《学汇》《劳动》《平汉新生活》《画报汇刊》《华北画刊》《再造》《战友》《二七二周纪念册》《人民日报》

(二)其他史料

1.《中华民国六法全书》,上海广益书局 1918 年版。

2. 王清彬、王树勋等:《第一次中国劳动年鉴劳动运动》(第 2 编),北平社会调查部 1928 年版。

3. 刘瑞璘、马云从等:《郑县志》,1931 年刻本。

4. 平汉铁路管理委员会:《平汉年鉴》,平汉铁路管理委员会 1932 年版。

5. 交通部铁道部交通史编纂委员会:《交通史路政编》,交通部铁道部交通史编纂委员会 1935 年版。

6. 曾仲鸣、陈政等:《铁道年鉴》(第 1 卷),商务印书馆 1936 年版。

7.徐百齐:《中华民国法规大全》,商务印书馆 1937 年版。

8.李厚基等:《福建通志》,1938 年刻本。

9.汪敬虞:《中国近代工业史资料》,科学出版社 1957 年版。

10.中华全国总工会中国职工运动史研究室:《中国历次全国劳动大会文献》,工人出版社 1957 年版。

11.人民铁路报编辑部编:《二七老工人访问记》,人民铁路报编辑部 1958 年版。

12.中华全国总工会中国职工运动史研究室:《中国工会历史文献(1921.7—1927.7)》,工人出版社 1958 年版。

13.中华全国总工会中国职工运动史研究室:《中国工运史料》,工人出版社 1958 年版。

14.《中国劳工运动史续编》编纂委员会:《中国劳工运动史》(第 3 编),竹利印刷事业有限公司 1966 年版。

15.宓汝成:《近代中国铁路史资料》,文海出版社 1977 年版。

16.中国革命博物馆党史研究室编:《党史研究资料》(第 3、4 集),四川人民出版社 1980 年版。

17.中华全国总工会中国工人运动史研究室:《中国工运史料》(1980 年第 2 期),工人出版社 1980 年版。

18.中国社会科学院现代史研究室:《马林在中国的有关资料》,人民出版社 1980 年版。

19.(清)蒋良骐:《东华录》,中华书局 1980 年版。

20.《党史资料丛刊第 2 辑》,上海人民出版社 1981 年版。

21.政协湖北省武汉市委员会文史资料研究委员会:《武汉文史资料(选辑)》(第 3 辑),1981 年版。

22.中国社会科学院近代史研究所翻译室编译:《共产国际有关中国革命的文献资料(1919—1928)》(第 1 辑),中国社会科学出版社 1981 年版。

23.中国革命博物馆:《北方地区工人运动资料选编》,北京出版社 1981 年版。

24.凌鸿勋:《中国铁路志》,沈云龙:《近代中国史料丛刊续编》(第 93 辑),文海出版社 1982 年版。

25. 中共龙岩地委党史资料征集领导小组、龙岩地区行政公署文物管理委员会:《闽西革命史文献资料》(第3辑),1982年版。

26. 中央档案馆、广东省档案馆编:《广东革命历史文件汇集(1922—1924)》(甲),1982年版。

27. 中央档案馆:《中共党史报告选编》,中共党史出版社1982年版。

28. 北京市总工会工人运动史研究组编:《北京工运史料》(第3期),工人出版社1982年版。

29. 湖北省总工会工运史研究室、武汉市总工会工运史研究室编:《工运史研究资料》(第1辑),湖北省总工会工运史研究室1982年版。

30. 湖北省总工会工运史研究室、武汉市总工会工运史研究室编:《工运史研究资料》(第4辑),1983年版。

31. 中华全国总工会工运史研究室等:《二七大罢工资料汇编》,工人出版社1983年版。

32. 福建省总工会工运史研究室编:《福建工运史料汇编》,1983年版。

33. 中央档案馆、河南省档案馆编:《河南革命历史文件汇集(1934)》,1984年。

34. 武汉市总工会工运史研究室:《武汉工运史研究资料》(第3辑),1984年版。

35. 孙武霞、许俊基编:《共产国际与中国革命资料选辑(1919—1924)》,人民出版社1985年版。

36. 西北政法学院法制史教研室编:《中国近代法制史资料选辑(1840—1949)》(第2辑),1985年版。

37. 中山大学历史系孙中山研究室、广东省社会科学院历史研究所、中国社会科学院近代史研究所合编:《孙中山全集》(第6卷),中华书局1985年版。

38. 安徽大学苏联问题研究所、四川省中共党史研究会编译:《苏联〈真理报〉有关中国革命的文献资料选编(1919—1927)》(第1辑),四川省社会科学院出版社1985年版。

39. 中华全国总工会编:《中共中央关于工人运动文件选编》,档案出版社1985年版。

40. 江西省档案馆编:《江西工人运动史料选编》,江西人民出版社1986年版。

41. 四川省档案馆编:《川陕苏区报刊资料选编》,四川省社会科学院出版社

1987年版。

42.政协湖北省委员会文史资料研究委员会编:《湖北文史资料》(第3辑),1987年版。

43.中华全国铁路总工会:《中国铁路工人运动史大事记(1881—1949)》,沈阳铁路局锦州分局印刷总厂1988年版。

44.向青:《共产国际和中国革命关系史稿》,北京大学出版社1988年版。

45.政协湖北省委员会文史资料研究委员会编:《湖北文史资料》(第1辑),1988年版。

46.李玉贞主编:《马林与第一次国共合作》,光明日报出版社1989年版。

47.中国铁路工会徐州分局委员会:《徐州铁路工人运动史大事记(1898—1987)》,中国铁路工会徐州分局委员会1989年版。

48.中央档案馆编:《中共中央文件选集(1921—1925)》(第1册),中共中央党校出版社1989年版。

49.(清)张之洞:《张文襄公全集》,中国书店1990年版。

50.河南省地方史志编纂委员会、河南省档案馆编:《河南新志》(上册),中州古籍出版社1990年版。

51.中华全国铁路总工会:《中国铁路工运史资料选编》,1990年版。

52.《中国地方志集成湖北府县志辑》,上海书店·巴蜀书社·江苏古籍出版社1991年版。

53.中国第二历史档案馆:《中华民国史档案资料汇编民众运动》(第3辑),江苏古籍出版社1991年版。

54.中共北京市委党史研究室:《北京革命史回忆录》(第1辑),北京出版社1991年版。

55.中国社会科学院近代史研究所编:《白坚武日记》(第1册),江苏古籍出版社1992年版。

56.中国第二历史档案馆:《中华民国史档案资料长编》,南京大学出版社1993年版。

57.郑州市总工会工运史研究室编:《二七精神永放光辉》,化工部地质勘探公司印刷厂1993年版。

58. 中共天津市和平区党史资料征集委员会编:《民主革命时期和平区地方党史资料汇编(1919—1936)》(上册),1993年版。

59. 河南省总工会编:《河南工运大事记》,河南人民出版社1995年版。

60. 季啸风、沈友益:《中华民国史史料外编》(第2册),广西师范大学出版社1996年版。

61. 郑州市地方史志编纂委员会:《郑州市志城市建设卷交通邮电卷》,中州古籍出版社1997年版。

62. 中共中央党史研究室第一研究部译:《联共、共产国际与中国国民革命运动(1920—1925)》,北京图书馆出版社1997年版。

63. 陈素秀编:《京汉铁路工人大罢工史料汇编》,河南人民出版社1999年版。

64. 《中国工会运动史料全书》总编辑委员会:《中国工会运动史料全书河南卷》(上册),中州古籍出版社1999年版。

65. 《文史资料选辑》编辑部:《文史资料选辑》(第23卷第66—68辑),中国文史出版社2000年版。

66. 武汉市档案馆编:《武汉老新闻》,武汉出版社2002年版。

67. 宓汝成:《中华民国铁路史资料(1912—1949)》,社会科学文献出版社2002年版。

68. 政协二七区委员会宣教文卫体史资委编:《二七区文史资料》(第1辑),2004年版。

69. 李文海:《民国时期社会调查丛编城市(劳工)生活卷》(下册),福建教育出版社2005年版。

70. 《中国工会运动史料全书陕西卷》编委会:《中国工会运动史料全书陕西卷》(上册),三秦出版社2006年版。

71. 政协二七区委员会宣教文卫体史资委:《二七区文史资料》(第2辑),2006年版。

72. 中共二大史料编纂委员会编:《中国共产党第二次全国代表大会》,中共党史出版社2006年版。

73. 中共中央党史研究室第一研究部:《共产国际、联共(布)与中国革命档案资料丛书》,中共党史出版社2007年版。

74. 中国第二历史档案馆:《北洋政府档案》,中国档案出版社出版 2010 年版。

75. 中共中央文献研究室中央档案馆:《建党以来重要文献选编(1921—1949)》(第 1 册),中央文献出版社 2011 年版。

76. 中共江西省委党史研究室、中共赣州市委党史工作办公室、中共龙岩市委党史研究室:《中央革命根据地历史资料文库党的系统》(4),江西人民出版社 2011 年版。

77. 张静如:《中国共产党全国代表大会史丛书从一大到十七大》(第 1 册),万卷出版公司 2012 年版。

78. 胡朴安:《中华全国风俗志》,气象出版社 2013 年版。

79.《中华民国史事纪要》(初稿),出版信息不详。

80. 司马璐:《中共党史暨文献选粹》(2),出版信息不详。

二、中文著作

1. 曾鲲化:《中国铁路现势通论戊编管理》(下),华华铁路学社 1908 年版。

2. 陈达:《中国劳工问题》,商务印书馆 1930 年版。

3. 叶恭绰:《遐庵汇稿》(下篇),上海书店 1930 年版。

4. 徐协华:《铁路劳工问题》,东方书局 1931 年版。

5. 王云五、李圣五主编:《劳工问题》,商务印书馆 1933 年版。

6. 王成森、沈达宏:《铁路管理》,商务印书馆 1933 年版。

7. 陈晖:《中国铁路问题》,新知识书店 1936 年版。

8. 何德明:《中国劳工问题》,商务印书馆 1938 年版。

9. 胡象:《二七大罢工》,上海人民出版社 1955 年版。

10. 郑州大学政治历史系:《"二七"大罢工斗争史》,河南人民出版社 1960 年版。

11. 长辛店机车车辆工厂编:《北方的红星》,作家出版社 1961 年版。

12. 曾鲲化:《中国铁路史》,沈云龙主编:《近代中国史料丛刊》(第 98 辑),文海出版社 1970 年版。

13. 李国祁:《中国早期的铁路经营》,台湾商务印书馆 1976 年版。

14. 铁道部郑州铁路局政治部:《二七罢工斗争史话》,河南人民出版社 1978

年版。

15. 何汉威:《京汉铁路初期史略》,香港中文大学出版社 1979 年版。

16. 邓中夏:《中国职工运动简史(1919—1926)》,人民出版社 1979 年版。

17. 张国焘:《我的回忆》(第 1 册),东方出版社 1980 年版。

18. 宓汝成:《帝国主义与中国铁路(1847—1949)》,上海人民出版社 1980 年版。

19. 罗章龙:《京汉工人流血记》,河南人民出版社 1981 年版。

20. 邓中夏:《邓中夏文集》,人民出版社 1983 年版。

21. 包惠僧:《包惠僧回忆录》,人民出版社 1983 年版。

22.《中国工人运动的先驱》(第 1 集),工人出版社 1983 年版。

23. 董鉴鸿:《中国城市建设发展史》,明文书局 1984 年版。

24. 罗章龙:《椿园载记》,生活·读书·新知三联书店 1984 年版。

25.《阮啸仙文集》编辑组:《阮啸仙文集》,广东人民出版社 1984 年版。

26. 钱传水:《中国工人运动简史》,安徽人民出版社 1985 年版。

27. 刘明逵:《中国工人阶级历史状况》(第 1 卷),中共中央党校出版社 1985 年版。

28. 张瑞德:《平汉铁路与华北的经济发展(1905—1937)》,"中研院"近代史研究所 1987 年版。

29. 中共福建省委党史资料征委会、福建省民政厅:《福建革命烈士传》(二),福建人民出版社 1987 年版。

30. 王建初、孙茂生:《中国工人运动史》,辽宁人民出版社 1987 年版。

31. 中共北京市委党史研究室:《第一次国共合作在北京》,北京出版社 1989 年版。

32. 中共北京市委党史研究室:《北京党史专题文选》,北京大学出版社 1989 版。

33. 王天奖、庞守信、王全营等:《河南近代大事记》,河南人民出版社 1990 年版。

34. 中华全国铁路总工会:《中国铁路工运史资料选编》,1990 年版。

35. 任武雄:《中国共产党创建史研究文集》,百家出版社 1991 年版。

36. 曾宪林、曾成贵等:《中国大革命史论》,中共党史出版社 1991 年版。

37. 王永玺:《中国工会史》,中共党史出版社 1992 年版。

38. 王晓华、李占才:《艰难延伸的民国铁路》,河南人民出版社 1993 年版。

39. 中国铁路史编辑研究中心:《二七革命斗争史》,当代中国出版社 1993 年版。

40. 呼和浩特铁路局工会工运史研究室:《京包铁路工人运动史话》,内蒙古人民出版社 1993 年版。

41. 王宝善:《郑州工人运动史》,河南人民出版社 1995 年版。

42. 戴逸主编:《中国近代史通鉴(1840—1949)五四运动与国民革命》,红旗出版社 1997 年版。

43. 徐士家:《中国近现代音乐史纲》,南海出版公司 1997 年版。

44. 中共济南市委党史研究室、济南市档案馆编:《济南的接管与社会改造》,济南出版社 1998 年版。

45. 刘明逵、唐玉良:《中国工人运动史》,广东人民出版社 1998 年版。

46. 林公武、黄国盛:《近现代福州名人》,福建人民出版社 1999 年版。

47. 金士宣、徐文述:《中国铁路发展史(1876—1949)》,中国铁道出版社 2000 年版。

48. 中共中央党校党史教研部:《中国共产党重大历史问题评价》(第 1 册),内蒙古人民出版社 2001 年版。

49. 陈志凌:《中共党史人物传精选本》(第 6 卷),人民日报出版社 2001 年版。

50. 田子渝、曾成贵:《八十年来中共党史研究》,湖北人民出版社 2001 年版。

51.《伟大的历程》编委会:《伟大的历程》,中共党史出版社 2001 年版。

52. 宓汝成:《中华民国铁路史资料(1912—1949)》,社会科学文献出版社 2002 年版。

53. 刘明逵:《中国近代工人阶级和工人运动》(第 3 册),中共中央党校出版社 2002 年版。

54. 黄华新、陈宗明:《符号学导论》,河南人民出版社 2004 年版。

55. 皮明庥:《武汉通史晚清卷》(下),武汉出版社 2005 年版。

56. 朱从兵:《李鸿章与中国铁路》,群言出版社 2006 年版。

57. 中共郑州市二七区委宣传部:《二七记忆》(下),郑州市金秋彩色印务有限公司 2008 年版。

58. 蔡少卿:《中国近代会党史研究》,中国人民大学出版社 2009 年版。

59. 张希坡:《中国近代法律文献与史实考》,社会科学文献出版社 2009 年版。

60. 朱从兵:《张之洞与粤汉铁路——铁路与近代社会力量的成长》,合肥工业大学出版社 2011 年版。

61. 曹荣:《项英》,中国工人出版社 2012 年版。

62. 叶鹏飞:《中国工运历史人物传略林祥谦》,中国工人出版社 2012 年版。

63. 刘玉堂、赵毓清:《中国地域文化通览湖北卷》,中华书局 2013 年版。

64. 王永玺、赵巧萍主编:《新编中国工会史》,中国工人出版社 2013 年版。

65. 陈独秀:《陈独秀文集》(第 2 卷),人民出版社 2013 年版。

66. 池子华:《流民问题与近代社会》,合肥工业大学出版社 2013 年版。

67. 孙自俭:《民国时期铁路工人群体研究——以国有铁路为中心(1912—1937)》,郑州大学出版社 2013 年版。

68. 王珍宝:《中国工会转型及其困境——以上海社区工会组织运作为例》,上海大学出版社 2014 年版。

69. 江沛:《中国近代铁路史资料选辑》,凤凰出版社 2015 年版。

70. [英]艾伦·胡特:《英国工会运动简史》(朱立人、蔡汉敖译),世界知识社 1954 年版。

71. [苏]叶·伊万诺夫主编:《科学技术革命与工会》(刘统畏、张玉坤译),工人出版社 1984 年版。

72. [日]池上嘉彦:《符号学入门》(张晓云译),国际文化出版公司 1985 年版。

73. [日]中村三登志:《中国工人运动史》(王玉平译),工人出版社 1989 年版。

74. [美]裴宜理:《华北的叛乱者与革命者(1845——1945)》(池子华、刘平译),商务印书馆 2007 年版。

75. [美]保罗·康纳顿:《社会如何记忆》(纳日碧力戈译),上海人民出版社 2000 版。

76. [美]艾米莉·洪尼格:《姐妹们与陌生人:上海棉纱厂女工(1919—1949)》(韩慈译),江苏人民出版社 2011 年版。

77. [波]彼得·什托姆普卡:《社会变迁的社会学》(林聚任等译),北京大学出版社 2011 年版。

78. [美]裴宜理:《上海罢工——中国工人政治研究》(刘平译),江苏人民出版社 2012 年版。

79. [美]贝弗里·J.西尔弗:《劳工的力量:1870 年以来的工人运动与全球化》(张璐译),社会科学文献出版社 2016 年版。

80. Paul Frederick Brissende, *THE I. W. W. : A Study of American Syndicalism*, Longmans, Green & Co. Agent, 1920.

81. Cheng Lin, *The Chinese Railways*, China United Press, 1935.

82. Gail Hershatter, *The Works of Tianjin*, 1900-1949, Stanford University Press, 1986.

三、中文论文

1. 林德龙:《试论京汉铁路工人大罢工》,《郑州大学学报》1980 年第 1 期。

2. 房文祖:《关于京汉铁路工人大罢工的领导问题》,《党史研究资料》1981 年第 1 期。

3. 肖甡:《也谈京汉铁路大罢工的领导问题》,《党史研究资料》1981 年第 3 期。

4. 钱枫:《"二七"大罢工对第一次国共合作的影响》,《江汉论坛》1983 年第 3 期。

5. 孔蕴浩:《"二七"罢工是我党单独领导的》,《近代史研究》1984 年第 2 期。

6. 田子渝:《中国第一次工人运动高潮首推武汉的原因初探》,《中南民族学院学报》1986 年第 3 期。

7. 张攀学:《对历史教材中"二七罢工"提法的一点商榷意见》,《历史教学》1986 年第 10 期。

8. 何学善:《二七大罢工、黄花岗起义的称谓应该更正》,《江汉论坛》1987 年第 11 期。

9. 高惟源:《党领导下的工人先驱——"二七"烈士曾玉良》,《党史纵横》1991 年第 6 期。

10. 杨鹏、刘玉华:《试论党对京汉铁路工人大罢工的领导》,《北京党史研究》

1992 年第 5 期。

11. 王安平:《中国无产阶级以独立政治力量登上历史舞台的标志探析》,《四川师范学院学报》1993 年第 2 期。

12. 严徽青、马节松:《二七罢工领导人史文彬去向析》,《春秋》1995 年第 1 期。

13. 杨鹏、陈素秀:《中共领导的早期京汉铁路工人运动》,《北京党史研究》1995 年第 2 期。

14. 谢毅:《不应被遗忘的"二七"英雄康景星》,《高校理论战线》1997 年第 8 期。

15. 饶东辉:《民国北京政府的劳动立法初探》,《近代史研究》1998 年第 1 期。

16. 贾立臣:《试析陈独秀在二七惨案前后的思想变异》,《安徽史学》1998 年第 4 期。

17. 王继民、于洪伟:《项英与武汉工人运动》,《炎黄春秋》2001 年第 5 期。

18. 谢今时、刘春生:《"二七"风暴中的项英》,《武汉文史资料》2003 年第 1 期。

19. 徐有礼:《苏俄政府在华策略与京汉铁路工人罢工》,《许昌学院学报》2003 年第 4 期。

20. 郑志廷、李凤伟:《试论吴佩孚制造"二七惨案"的背景》,《历史教学》2003 年第 8 期。

21. 胡云霞:《"二·七"惨案前后共产国际联吴政策的演变》,《西南交通大学学报》2004 年第 3 期。

22. 梁建中:《吴佩孚制造"二七"惨案的真相》,《中州古今》2004 年第 4 期。

23. 苏全有:《曹锟与二七大罢工》,《史学月刊》2004 年第 9 期。

24. 张军:《秘密社会与第一次工人运动高潮》,《求索》2005 年第 1 期。

25. 刘秋阳:《中共发展都市苦力工人运动艰难的原因分析》,《党史文苑》2008 年第 18 期。

26. 李秀奇:《郑州与京汉铁路大罢工》,《纵横》2009 年第 12 期。

27. 林友华:《中共最早英烈林祥谦和施洋率先垂范的党员本色》,《福建党史月刊》2009 年第 20 期。

28. 赵富海:《百年郑州大移民》,《二七》2011 年第 1 期。

29. 赵付科:《中共早期纪念活动与马克思主义中国化》,《当代世界与社会主义》2011 年第 6 期。

30. 杨玉荣、余冬林:《媒体视域中的"京汉铁路大罢工"》,《海军工程大学学报》2011 年 6 月。

31. 陈龙:《北京政府时期铁路工人研究》,安徽师范大学硕士论文,2012 年。

32. 孙自俭:《民国铁路工人群体研究》,华中师范大学博士论文,2012 年。

33. 《论郑州城市人口的变迁》,《二七》2012 年第 1 期。

34. 李自华:《中国劳动组合书记部北方分部成立情况及初期工作的新考释》,《中共党史研究》2012 年第 10 期。

35. 刘秀红:《民国北京政府时期铁路劳工社会保障立法述论》,《扬州大学学报》2012 年第 6 期。

36. 多化良:《铁路职工夜校的时代回响》,《二七》2013 年第 1 期。

37. 王昊军:《"二七"大罢工中的林育南》,《党史文汇》2013 年第 8 期。

38. 孙自俭:《中国近代铁路工人的职业、地域来源》,《求索》2013 年第 9 期。

39. 李良明、黄飞:《中共早期领导人与大革命失败前的"二七"纪念》,《中共党史研究》2013 年第 11 期。

40. 于安龙:《"二七"大罢工中张国焘的作用探析》,《北京党史》2014 年第 3 期。

41. 徐有礼:《论中国国民党与京汉铁路工人大罢工》,《中州学刊》2014 年第 6 期。

42. 常颖:《包惠僧在北京地区的革命活动》,《北京党史》2015 年第 1 期。

43. 朱从兵:《中国铁路史研究方法漫谈》,《社会科学辑刊》2017 年第 4 辑。

44. 黄华平:《铁路视域下近代淮河流域社会力量的成长》,《西南交通大学学报》2018 年第 3 期。

45. 刘佳:《"工会再造"与马克思主义工会学说中国化》,《现代哲学》2020 年第 1 期。

46. [苏]B.H.尼基福罗夫:《苏联史学界对中国工人运动和共产党诞生的研究》,《社科研究》1984 年第 3 期。

47. [荷]托尼·赛奇:《二七罢工斗争是一次发人深省的经历》(李谦译),《史林》1989 年第 3 期。

48. 卢鹏、俞祖华:《全民抗战时期〈新华日报〉有关"二七"纪念的抗日话语研究》,《档案与建设》2022 年第 12 期。

49. 彭音:《"二七精神"的历史特质和科学内涵探析》,《中共郑州市委党校学报》2022 年第 3 期。

50. 王武:《"二七"精神新探》,《郑州航空工业管理学院学报》(社会科学版) 2023 年第 1 期。

图书在版编目(CIP)数据

京汉铁路工人大罢工再研究 / 刘莉著. —杭州：
浙江大学出版社,2024.3
ISBN 978-7-308-23483-2

Ⅰ.①京… Ⅱ.①刘… Ⅲ.①京汉铁路罢工(1923)—
研究 Ⅳ.①K261.307

中国国家版本馆 CIP 数据核字(2023)第 006208 号

京汉铁路工人大罢工再研究

刘 莉 著

责任编辑	蔡 帆	
责任校对	徐凯凯	
封面设计	周 灵	
出版发行	浙江大学出版社	
	(杭州市天目山路 148 号 邮政编码 310007)	
	(网址:http://www.zjupress.com)	
排 版	浙江大千时代文化传媒有限公司	
印 刷	广东虎彩云印刷有限公司绍兴分公司	
开 本	710mm×1000mm 1/16	
印 张	22.75	
字 数	376 千	
版 印 次	2024 年 3 月第 1 版 2024 年 3 月第 1 次印刷	
书 号	ISBN 978-7-308-23483-2	
定 价	79.00 元	